What's Up?
Desafios ao Direito

INTELIGÊNCIA ARTIFICIAL – USO DE DADOS PESSOAIS – COVID-19 – DIREITO À SAÚDE – CRIANÇAS, ADOLESCENTES E IDOSOS NO MUNDO DIGITAL – BIOTECNOLOGIA E BIOÉTICA

2022

Coordenadores

Ana Cláudia Scalquette
Patrícia Vanzolini
Renata da Rocha
Rodrigo Arnoni Scalquette

ALMEDINA

***WHAT'S UP?* DESAFIOS AO DIREITO**
INTELIGÊNCIA ARTIFICIAL – USO DE DADOS PESSOAIS – COVID-19 – DIREITO À SAÚDE – CRIANÇAS, ADOLESCENTES E IDOSOS NO MUNDO DIGITAL – BIOTECNOLOGIA E BIOÉTICA

COORDENADORES: Ana Cláudia Scalquette, Patrícia Vanzolini, Renata da Rocha e Rodrigo Arnoni Scalquette

DIRETOR ALMEDINA BRASIL: Rodrigo Mentz
EDITORA JURÍDICA: Manuella Santos de Castro
EDITOR DE DESENVOLVIMENTO: Aurélio Cesar Nogueira
ASSISTENTES EDITORIAIS: Isabela Leite e Larissa Nogueira
ESTAGIÁRIA DE PRODUÇÃO: Laura Roberti

DIAGRAMAÇÃO: Almedina
DESIGN DE CAPA: FBA

ISBN: 9786556276519
Outubro, 2022

Dados Internacionais de Catalogação na Publicação (CIP)
(Câmara Brasileira do Livro, SP, Brasil)

What's Up? : desafios ao direito : inteligência artificial : uso de dados pessoais : Covid-19 : direito à saúde : crianças, adolescentes e idosos no mundo digital : biotecnologia e bioética / coordenadores Ana Cláudia Scalquette...[et al.]. – São Paulo : Almedina, 2022.

Vários autores.
Outros coordenadores: Patrícia Vanzolini, Renata da Rocha, Rodrigo Arnoni Scalquette
Bibliografia.
ISBN 978-65-5627-651-9

1. Artigos – Coletâneas 2. Bioética 3. Biotecnologia 4. COVID-19 – Pandemia – Aspectos jurídicos 5. Direito à saúde 6. Inteligência artificial – Direito 7. Proteção de dados pessoais I. Scalquette, Ana Cláudia. II. Vanzolini, Patrícia. III. Rocha, Renata da. IV. Scalquette, Rodrigo Arnoni.

22-117341 CDU-340.114

Índices para catálogo sistemático:

1. Artigos : Coletâneas : Direito 340.114

Cibele Maria Dias – Bibliotecária – CRB-8/9427

Este livro segue as regras do novo Acordo Ortográfico da Língua Portuguesa (1990).

EDITORA: Almedina Brasil
Rua José Maria Lisboa, 860, Conj.131 e 132, Jardim Paulista | 01423-001 São Paulo | Brasil
editora@almedina.com.br
www.almedina.com.br

SOBRE OS COORDENADORES

ANA CLÁUDIA SCALQUETTE

Doutora em Direito Civil pela Universidade de São Paulo (USP). Mestre em Direito Político e Econômico pela Universidade Presbiteriana Mackenzie (UPM). Professora de Direito Civil da Faculdade de Direito da UPM. Pesquisadora internacional do *Osservatorio sui Diritti umani, Bioetica, Salute, Ambiente, vinculado à Università Degli Studi di Salerno/Italia.* Ex-Presidente da Comissão Especial de Biotecnologia e Biodireito da Ordem dos Advogados do Brasil (OAB/SP) – triênio 2016-2018. Coordenadora do Grupo de Pesquisa CNPq de Biodireito & Desenvolvimento Tecnológico – GBio. Titular da cadeira n. 68 da Academia Paulista de Letras Jurídicas (APLJ). Titular da cadeira n. 33 da Academia Mackenzista de Letras (AML). Advogada. Presidente da Comissão Permanente de Estágio e Exame de Ordem da OAB/SP. Conselheira Seccional da Ordem dos Advogados do Brasil Secção São Paulo (triênio 2022/2024).

PATRÍCIA VANZOLINI

Doutora e Mestre em Direito pela Pontifícia Universidade Católica de São Paulo. Presidente da Ordem dos Advogados do Brasil – Secção São Paulo – OAB/SP. Diretora Adjunta do Instituto M133. Advogada Criminalista Sócia do escritório – Brito e Vanzolini Advogados Associados. Professora da Universidade Presbiteriana Mackenzie e do Complexo Educacional Damásio de Jesus. Professora convidada da Escola Superior da Magistratura e da Escola Superior do Ministério Público. Autora do “Manual de Direito Penal” pela Editora Saraiva dentre outras obras. .

RENATA DA ROCHA

Doutora em Filosofia do Direito PUC-SP. Professora de Biodireito da Faculdade de Direito da Universidade Presbiteriana Mackenzie. Professora da Pós Graduação em Direito Médico USP – Ribeirão e da Escola Paulista de Direito. Membro do Comitê de Bioética do Hospital do Coração.

RODRIGO ARNONI SCALQUETTE

Doutor em Filosofia do Direito e do Estado pela Pontifícia Universidade Católica de São Paulo (PUC/SP). Mestre em Direito Político e Econômico pela Universidade Presbiteriana Mackenzie (UPM). Especialista em Direito Público e Privado pela Faculdade de Direito Professor Damásio de Jesus. Especialista em Direito do Consumidor pela Universidade Bandeirante. Professor de História do Direito e Direito Penal na Faculdade de Direito da Universidade Presbiteriana Mackenzie. Professor Pesquisador do Grupo de Pesquisa CNPq/GBio – Novas Fronteiras da Ciência Jurídica. Líder do Polo São Paulo da Comissão Permanente de Estágio e Exame de Ordem da Ordem dos Advogados do Brasil – Seção Paulo (OAB/SP). Advogado.

SOBRE OS AUTORES

ALESSANDRA SALVO

Graduada em Direito pela Facoltà di Scienze Giuridiche da Università degli Studi di Salerno. Mestre em Sicurezza economica, geopolitica e intelligence e em Studi Diplomatici pela Società Italiana per l'Organizzazione Internazionale (SIOI).

ALEXIS COUTO DE BRITO

Doutor em Direito Penal pela USP. Pós doutor pelas Universidades de Coimbra e Salamanca. Professor de Direito penal, processual penal e execução penal da Universidade Presbiteriana Mackenzie. Professor de graduação e pós graduação stricto sensu da Faculdade autônoma de Direto de São Paulo.

ALEXIS NSAMZINSHUTI

Senior Research Associate in Supply Chain Management Université Libre de Bruxelles (ULB).

ALINE ALBUQUERQUE

Pesquisadora Visitante no Instituto Bonavero de Direitos Humanos da Universidade de Oxford. Pós-Doutorado em Direitos Humanos e Pesquisadora Visitante do Centro de Direitos Humanos da Universidade de Essex. Pós-Doutorado em Direito Humano à Saúde e Pesquisadora Visitante no Instituto de Direitos Humanos da Universidade de Emory, Estados Unidos. Professora Credenciada da Pós-Graduação em Bioética da Universidade de Brasília. Diretora do Instituto Brasileiro de Direito do Paciente. Advogada da União.

ANA CLÁUDIA POMPEU TOREZAN ANDREUCCI

Cursando Pós Doutoramento em Comunicação, Direitos e Novas Narrativas na Escola de Comunicações e Artes da Universidade de São Paulo (ECA/USP). Possui Pós Doutoramento em Direitos Humanos pelo Centro de Estudos Avançados da Universidade Nacional de Córdoba, Argentina; em Novas Narrativas na ECA/USP. Instituto Ius Gentium, Universidade de Coimbra, Portugal. Doutora e Mestre pela PUC/SP. Graduada em Jornalismo pela Faculdade de Comunicação Social Cásper Líbero e em Direito pela Universidade Presbiteriana Mackenzie (UPM). Professora do Curso de Graduação em Direito da UPM. Professora Convidada do Curso de Pós Graduação Lato Sensu da ECA/USP. Vice-líder do Grupo de Pesquisa – CriaDirMack- o direito à vez e à voz de crianças e adolescentes da Faculdade de Direito da UPM. Membro do Instituto de Direito da Criança e do Adolescente (IBDCRIA).

ANA FLÁVIA MESSA

Doutora em Direito Público pela Universidade de Coimbra. Doutora em Direito Público pela Universidade de São Paulo. Mestre em Direito Político e Econômico pela Universidade Presbiteriana Mackenzie. Membro da Academia Paulista de Letras Jurídicas. Membro do Conselho Científico da Academia Brasileira de Direito Tributário. Membro do Conselho Editorial da *International Studies on Law and Education*. Professora da Graduação e Pós-Graduação da Universidade Presbiteriana Mackenzie. Investigadora integrada na equipa do JusGov (no âmbito das atividades do JUSLAB e do ETEC) da Universidade do Minho.

ANDRÉ G. DIAS PEREIRA

Professor da Faculdade de Direito da Universidade de Coimbra. Diretor do Centro de Direito Biomédico da Universidade de Coimbra.

ANNA PAULA SOARES DA SILVA

Mestranda em Direito Político e Econômico pela Universidade Presbiteriana Mackenzie. Especialista em Direito Médico e Hospitalar pela Escola Paulista de Direito e em Processo Civil e em Direito do Consumidor pela UniDomBosco. Graduada em Direito pela Universidade Presbiteriana Mackenzie. Pesquisadora do Grupo de Pesquisa CNPq de Biodireito & Desenvolvimento Tecnológico – GBio. Secretária-Geral da Comissão Permanente de Estágio e Exame da Ordem da OAB/SP (triênio 2022/2024). Professora convidada da graduação e da pós-graduação em Medicina da Faculdade Israelita de Ciências da Saúde Albert Einstein. Advogada.

ANNE SANT'ANNA
Médica, com atuação em Geriatria desde 1996. Pós-graduação em Geriatria e Gerontologia pela Universidade Federal Fluminense.

CAMILO MANCHOLA CASTILLO
Doutor em Bioética. Professor do doutorado e mestrado em Bioética da Universidade de Brasília. Membro do comitê executivo da Redbioética da UNESCO. Pesquisa temas relacionados à saúde global, à bioética narrativa, e à interface entre bioética, educação, relações internacionais e saúde pública no Centro Internacional de Bioética e Humanidades, Cátedra UNESCO de Bioética da Universidade de Brasília, Brasil.

CARLOS GUSTAVO MOIMAZ MARQUES
Professor da Faculdade de Direito do Centro Universitário Adventista – UNASP/EC e do curso de Pós-graduação em Direito do Trabalho da Universidade Presbiteriana Mackenzie/SP. Doutor em Direito Político e Econômico pela Universidade Presbiteriana Mackenzie e Mestre em Direito das Relações Sociais pela PUC/SP. Realizou estágio de pós-doutorado no "Mediterranea International Center for Human Rights Research". Procurador Federal.

CONCEIÇÃO FERREIRA DA CUNHA
Professora Associada da Escola do Porto – Faculdade de Direito da Universidade Católica Portuguesa; Coordenadora da Secção do Porto do Centro de Estudos e Investigação em Direito; Mestrado, Doutoramento e Lecionação na área das ciências jurídico-criminais.

DANILO CARLOTTI
Cientista de dados. Mestre e Doutor em Direito pela Universidade de São Paulo. Pós-doutorado em economia pelo INSPER e pós-doutorando em ciência da computação pela Universidade de São Paulo.

DÉBORA GOZZO

Pós-doutorado pelo *Max-Planck-Institut für ausländisches und internationales Privatrecht*, Hamburgo/Alemanha. Doutora em Direito pela Universidade de Bremen/Alemanha. Mestre em Direito pela Universidade de Münster/Alemanha, e Universidade de São Paulo. Professora Titular de Direito Civil/USJT. Professora Titular do Mestrado em Ciência do Envelhecimento/USJT; *Visiting Professor do Institut für Deutsches, Europäisches und internationales Medizinrecht, Gesundheitsrecht und Bioethik der Universitäten Heidelberg und Mannheim*/Alemanha. *Fellow do Center for Advanced Studies in the Humanities*, Bonn/Alemanha. *Visitingprofessor do Referenzzentrum für Bioethik in den Biowissenschaften*, Bonn/Alemanha. *Research Fellow* do Max Planck Institut, Hamburgo/Alemania. Membro-fundadora da *Academia Iberoamericana de Derecho de Família y de las Personas*. Líder do Grupo de Pesquisa CNPq "Do início ao fim da vida: uma discussão bioética sobre as inovações tecnológicas do século XXI"/USJT. Finalista do Prêmio Jabuti/2012. Advogada e Consultora.

FÁBIO RAMAZZINI BECHARA

Coordenador e Professor do Programa de Mestrado e Doutorado em Direito Político e Econômico da Universidade Presbiteriana Mackenzie. Doutor em Direito pela Universidade de São Paulo. Global Fellow no Woodrow Wilson International for Scholars (Washington, DC). Líder do Grupo de Pesquisa "Direito Penal Econômico e Justiça Internacional" da Universidade Presbiteriana Mackenzie. Promotor de Justiça em São Paulo.

FERNANDO NAVARRO CARDOSO

Professor Titular da Universidade Las Palmas de Gran Canária (Espanha).

FERNANDO RISTER DE SOUSA LIMA

Professor Permanente do Programa de Pós-graduação (mestrado/doutorado) em Direito Político e Econômico da Universidade Presbiteriana Mackenzie (UPM). São Paulo-SP, Brasil.

GILBERTO BERGSTEIN

Doutor em Direito Civil pela Universidade de São Paulo. Especialista em Responsabilidade Civil pela FGV-Direito. Professor convidado da Faculdade de Medicina Albert Einstein, das Pós-Graduações da Faculdade de Direito da USP e da Faculdade de Medicina da UNIFESP. Advogado.

GUSTAVO DA CUNHA LIMA FREIRE

Professor Associado III do Departamento de Morfologia da Universidade Federal do Rio Grande do Norte (UFRN)/Disciplinas: Histologia e Fundamentos de Bioética e Tanatologia, Doutorado em Ciências Morfológicas ("Universidad Complutense de Madrid"), Graduação em Farmácia/UFRN e Direito/Faculdade Natalense para o Desenvolvimento do Rio Grande do Norte, Especialista em Direito Público e Autor dos livros Ética para a Bioética/CRV e Bioética e Direito: Temas Atuais/EDUFRN.

KARLA PATRÍCIA CARDOSO AMORIM

Professora Associada III do Departamento de Medicina Clínica da Universidade Federal do Rio Grande do Norte (UFRN), Programa de Pós-graduação em Saúde Coletiva/UFRN e do Programa de Pós-graduação em Saúde da Família/UFRN-RENASF. Graduação em Odontologia e Direito pela UFRN. Mestrado em Odontologia Social/UFRN. Doutorado em Ciências da Saúde/UFRN. Pós-doutorado em Bioética/Universidade de Brasília.

MARIA CAROLINA NOMURA-SANTIAGO

Advogada, jornalista, professora. Mestre em Direito Civil Comparado pela Pontifícia Universidade Católica de São Paulo (PUC-SP), Diploma de *Estudios Avazados en Derecho Internacional y Relaciones Internacionales* pela Universidad Complutense de Madrid. Especialista em Direito de Família e Sucessões pela Escola Paulista de Direito. Membro do Instituto Brasileiro de Responsabilidade Civil.

MARIA PAULA RIBEIRO DE FARIA

Professora Associada de Direito Penal da Escola de Direito do Porto da Universidade Católica Portuguesa. Investigadora do CEID – *Católica Research Centre for the Future of Law* – Centro de Estudos e Investigação em Direito, da Faculdade de Direito da Universidade Católica.

MARTHA ELISA MONSALVE CUELLAR

Professora da Universidad la Gran Colombia. Doutora em Direito e Ciências Políticas pela mesma Universidade. Mestre em Direitos Humanos pelo Instituto Berg. Especialista em Seguridade Social pela Universidad de Castilla-La Mancha. Membro de Número da Academia Ibero-americana de Direito do Trabalho e Seguridade Social. Presidenta do Instituto Latino-americano de Direito do Trabalho e da Seguridade Social – ILTRAS. Conselheira Técnica do Grupo de Empregadores e assiste da Conferência Internacional do Trabalho desde 1989. Presidenta do ILERA-Colômbia. Professora Convidada de Universidades Latino-americanas e Europeias. Coordenadora de inúmeros livros coletivos. Autora de artigos para livros e revistas especializadas. Conferencista Internacional e Nacional.

MATTEO FINCO

Assegnista di ricerca presso il Università degli Studi "La Sapienza" di Roma, Dipartimento di Scienze Sociali ed Economiche.

MAX FILIPE SILVA GONÇALVES

Engenheiro de Produção, pós graduado em Engenharia de Produção. Mestre em Energia (Eficiência Energética em Logística e Transportes). Doutor em Engenharia de Materiais e Nanotecnologia em colaboração com o Grupo de Pesquisa de Física de Plasma (Departamento de Física do Instituto Tecnológico de Aeronáutica – ITA). Membro do Grupo de Pesquisa MackLogs, com estudos aplicados à logística e cadeia de suprimentos e logística reversa. Diretor Presidente do Fórum Capixaba de Engenharia de Produção. Membro da Comissão de Direito Urbanístico da Ordem dos Advogados do Brasil – São Paulo.

MICHELLE ASATO JUNQUEIRA

Doutora e Mestre em Direito Político e Econômico pela Universidade Presbiteriana Mackenzie-UPM. Especialista em Direito Constitucional com extensão em Didática do Ensino Superior. Líder do grupo de pesquisa CNPq "Criadirmack: o direito à vez e à voz de crianças e adolescentes". Vice-líder do grupo de pesquisa "Políticas Públicas como Instrumento de Efetivação da Cidadania". Pesquisadora no grupo CNPq "Estado e Economia no Brasil". Coordenadora do Comitê de ética em pesquisa envolvendo seres humanos da UPM. Coordenadora de Pesquisa da Faculdade de Direito da UPM. Professora do curso de graduação em Direito da mesma instituição. Membro do Instituto de Direito da Criança e do Adolescente (IBDCRIA).

ROBERTO ANDORNO
Doutor em Direito pelas Universidades de Buenos Aires e Paris-Est-Créteil. Pesquisador e Coordenador do Programa de Doutorado em Bioética no Instituto de Ética Biomédica e História da Medicina, Universidade de Zurique, Suíça. Professor associado com agregação, Faculdade de Direito da Universidade de Zurique.

ROBSON DO BOA MORTE GARCEZ
Bacharel em Teologia e em Direito. Licenciado em Filosofia. Mestre em Comunicação e Letras e mestre em Ciências da Religião. Tem especialização em Direito Constitucional, bem como em Diplomacia Corporativa e Empreendedorismo. Ministro da Igreja Presbiteriana do Brasil, advogado e professor universitário. Membro do grupo de estudos e pesquisas Religião, Linguagem e Confessionalidade – RELICON, do Centro de Educação, Filosofia e Teologia da Universidade Presbiteriana Mackenzie.

RUI FERREIRA
Doutor em Direito pela Universidade de Santiago de Compostela (Espanha). Mestre em Direito, na menção de jurídico-económicas, pela Faculdade de Direito da Universidade do Porto. Licenciado em Direito, na menção de jurídico-económicas, pela Faculdade de Direito da Universidade de Lisboa. Professor-Adjunto no Instituto Superior de Entre Douro e Vouga (ISVOUGA). Assistente Convidado no Instituto Politécnico de Bragança (IPB). Investigador do JUSGOV. Membro Honorário do Instituto de Advogados Brasileiros. Juiz-Árbitro no Centro de Arbitragem Administrativa (CAAD). Advogado.

RUTE TEIXEIRA PEDRO
Professora da Faculdade de Direito da Universidade do Porto (FDUP) e investigadora do Centro de Investigação Jurídica-Económica (CIJE) da mesma Faculdade. Associada do Centro de Direito Biomédico e do Centro de Direito de Família da Faculdade de Direito da Universidade de Coimbra. Membro do Centre of Family Law da University of Cambridge. Doutora em Direito pela FDUP e Mestre em Ciências Jurídico-Civilísticas pela Faculdade de Direito da Universidade Católica Portuguesa. Membro honorário da Academia Mackenzista de Letras da Universidade Presbiteriana Mackenzie – São Paulo.

THAÍS N. CESA E SILVA

Advogada, Mestre e Doutoranda em Direito Civil na Faculdade de Direito da Universidade de Coimbra.

URSULA C. BASSET

Advogada. Doutora em Ciências Jurídicas (UCA/Argentina). Professora Titular com Dedicação Especial à Investigação em Direito de Família e em Direito das Sucessões (UCA/Argentina). Diretora da *Revista EDFA* (UCA). Diretora dos Cursos de Especialização em Família UCALP e UCASAL. Secretária Geral da *International Society of Family Law*, e da *Academia Iberoamericana de Derecho de Familia y de las Personas*. Membro do Instituto de Bioética da Academia Nacional de Ciências Morais e Políticas. Membro da Subcomissão de Redação do Código Civil e Comercial argentino, no que respeita o regime patrimonial no matrimônio. *Research Fellow do Max-Planck-Institut für ausländisches und internationales Privatrecht* – Hamburgo/Alemanha. Prêmio Accésit da Academia Nacional de Direito 2012.

VITULIA IVONE

Professore abilitato ordinario di Istituzioni di Diritto Privato presso il Dipartimento di Scienze giuridiche dell'Università degli Studi di Salerno. Titolare dell'insegnamento di Diritto civile e di Nozioni giuridiche fondamentali. Già docente incaricata dell'insegnamento in Diritto dell'impresa industriale (aa. aa. 2010-2011 e 2011-2012), Facoltà di Ingegneria, Università degli Studi di Salerno. Già membro del Collegio dei Docenti del Dottorato di ricerca in "Diritto internazionale e diritto interno in materia internazionale" presso l'Università degli Studi di Salerno. Già membro del Collegio dei Docenti del Dottorato Disciplina Libertà della Concorrenza (sede Perugia). Già membro del Collegio dei Docenti della "Scuola di specializzazione delle professioni legali" di Salerno. Già Direttore del Comitato Scientifico della Fondazione della Scuola Medica Salernitana. Membro commissione brevetti e spin off (Università Salerno) del Comitato Scientifico delle riviste "Biodiritto", "Cuadernos de Bioetica" (Argentina), Direito imobiliario (Brazil). Componente della Commissione per gli esami di abilitazione all'esercizio della professione di avvocato (dal 2005 al 2016). Membro della Juristen Vereinigung, dell'Institut fur Kunst und Recht (Germania) e della S.I.S.D.I.C. Membro dell'Academia das Letras della Universidade Presbiteriana Mackenzie.

ZÉLIA LUIZA PIERDONÁ

Professora da Faculdade de Direito da Universidade Presbiteriana Mackenzie, vinculada à Graduação e ao Programa de Pós-graduação em Direito Político e Econômico. Doutora em Direito do Estado pela PUC/SP. Mestre em Direito das Relações Sociais, também pela PUC/SP. Realizou estágio de pós-doutorado na Universidade Complutense de Madri. Procuradora Regional da República.

NOTA DA COORDENAÇÃO

Em pleno século XXI, na conhecida era digital, as informações fluem quase que na velocidade da luz. A tecnologia vem "nos" conectando, cada vez mais, e vem "se" conectando, também, com todas as áreas da Ciência Jurídica. Das mais tradicionais àquelas tidas como contemporâneas.

Para o profissional do Direito é bastante difícil acompanhar as mudanças na velocidade que elas acontecem, considerando, sobretudo, a especificidade de todas as matérias envolvidas.

É exatamente esta a proposta deste livro "*What's Up*? Desafios ao Direito". Compartilhar com profissionais e estudantes o que pesquisadores e juristas das mais diversas áreas investigam e enfrentam em suas rotinas da vida prática para que se possa, ainda que de forma muito mais instigante do que elucidativa, informar e atualizar os leitores que sobre esta obra se debruçarem.

"*O que está acontecendo?*" Os artigos aqui apresentados não contam apenas com o trabalho de renomados autores nacionais, mas com as suas reflexões unidas às dos juristas e pesquisadores internacionais, vinculados às Universidades e Instituições reconhecidas mundialmente como a Universidade do Porto, *Universidad Catolica Argentina Santa Maria de los Buenos Aires,* Universidade Católica Portuguesa, Universidade de Coimbra, Universidade de Zurique, *Université Libre de Bruxelles,* UNESCO, *Società Italiana per l'Organizzazione Internazionale* (SIOI), *Universidad la Gran Colombia, Università degli Studi di Salerno/Italia,* Instituto Superior de Entre Douro e Vouga (ISVOUGA), *Universidad de Las Palmas de Gran Canaria e Università degli Studi "La Sapienza" di Roma.*

Esperamos contribuir, destarte, com a difusão de novas ideias e novos olhares, enfrentando, com técnica apurada e olhar atento, diversas questões jurídicas desafiadoras do início desta terceira década do século XXI.

Desejamos uma boa leitura e que a pesquisa continue!

PROFA. DRA. ANA CLÁUDIA SCALQUETTE
PROFA. DRA. PATRÍCIA VANZOLINI
PROFA. DRA. RENATA DA ROCHA
PROF. DR. RODRIGO ARNONI SCALQUETTE

PREFÁCIO

Por nímia deferência dos coordenadores deste livro, *What's Up? Desafios ao Direito*, com publicação da renomeada Editora Almedina, Professores Doutores Ana Cláudia Scalquette, Patrícia Vanzolini, Renata da Rocha e Rodrigo Arnoni Scalquette, fui convidada para prefaciar este trabalho conjunto, que congrega excelentes professores e estudiosos, irmanados no ideal comum de trazer a lume aspectos da modernidade da Ciência Jurídica, que foi fortemente impactada com os avanços da tecnologia na era digital, fazendo com que a *palavra* encontrasse outra abordagem, diferente da oratória; outro veículo, diferente do papel; outro argumento, diferente da lógica do discurso; outra forma de convencer, diferente da arte de encantar.

Um impacto de tal ordem que arrastou todos os profissionais interessados na compreensão da Vida para uma mesma sala de conversas.

O professores coordenadores deste livro têm trajetórias acadêmicas distintas: Ana Cláudia Scalquette caminha pelo Direito Civil, com bagagem de direitos humanos, economia, bioética e atuação como Advogada de Família; Patrícia Vanzolini é Presidente da Ordem dos Advogados de São Paulo, onde inaugura um novo tempo de realizações, marcado pelo envolvimento igualitário de todos na luta pelo fortalecimento da Classe dos Advogados, a par de sua experiência exitosa como professora de Direito Penal e de Advogada Criminalista; Renata da Rocha, com formação em Filosofia do Direito, dedica-se à Bioética e ao Direito Médico, trazendo sua experiência acadêmica para influenciar o magistério e a lida corporativa; Rodrigo Arnoni Scalquette é filósofo do direito, com os olhos voltados para as novidades da Ciência Jurídica e com presença importante nesse rico laboratório do magistério do Direito Público e do

Direito Penal. Todos transitam com facilidade entre os professores de direito, convivem com alunos de direito e enfrentam a realidade difícil de viver o resultado da aplicação da lei e da força do comando jurisdicional sobre a experiência humana de nosso tempo e lugar.

O grupo de profissionais reunidos por eles neste livro carrega consigo a variedade de suas vivências acadêmicas e profissionais, com experiência em pesquisa, em muitos países, de muitos lugares e de muitas línguas: doutores em direito, cientistas políticos, teólogos, humanistas, comunicadores, jornalistas, engenheiros, estudiosos do biodireito, médicos, profissionais que dedicam seu tempo a compreender os segredos do direito do trabalho, das perspectivas no envelhecimento da população, dos segredos da vida digital, da era da informática, da economia e do direito internacional, da riqueza e da pobreza, do anseio de vida longa e do aproveitamento da saúde, do gozo da individualidade e da vida em família; da segurança na velhice. Cientistas que se preocupam com a abastança e a fome. Em suma: estudiosos multifacetados com o olhar voltado para a grandiosidade da Vida!

Este trabalho, realizado na metrópole paulistana, encontra em sua diversidade espaço propício de observação. Aqui a vida pulsa de um jeito diferente: arde no estupor da grandiosidade do espaço ocupado e se encolhe na solidão da comunicação sem o som da palavra; acorda com o barulho dos que vibram sua força de trabalho e dorme nos desvãos dos viadutos.

Não sabemos qual o espaço do *homo digitalis*. Talvez ele não conheça os desvãos dos viadutos; talvez tenha medo do barulho da cidade grande. Ou tenha perdido a noção de espaço e por isso não saiba o que significa permanecer. Talvez saiba que não há espaço para todos e imponha para si próprio uma dinâmica de exclusão.

Quantos segredos para esses navegantes de espaços novos, sem emergência de saúde pública, soltos num mundo sem regras. Engatinhando como criancinhas, apesar da longevidade; manejando o espaço digital como faz o demente com sua lucidez, nos convidando a experimentar outra forma de estar no mundo; ou desaparecendo somente depois, em tempo muito posterior ao de sua morte.

Reinventando o permanecer, com sua voz, sua imagem perpetuada.

As estruturas de segurança estão em polvorosa. Quem pode impor o quê e para quem no espaço em que não se permanece; em um lugar que não tem dono; sob o domínio da inteligência de quem não é; manipulando o comportamento de quem não se conhece; pagando o preço com moeda que não existe e incluindo pessoas no mundo que já não importa.

Somente a morte e a dor nos retira desse ambiente de solidão?

À pergunta *What's Up?* espera-se uma resposta que aplaque a sensação de contradição que perturba o observador; ou a resposta para um caminho que, em meio a tanta comunicação, não fomente a solidão; ou uma lógica que, fruto de tanta inteligência, não nos retire a poesia; uma rapidez, que em meio a tanta facilidade, não nos provoque a sensação de imperfeição; uma linha de interlocução, que diante de tanta clareza, não nos roube o sonho; uma conexão, que em meio a tanto burburinho, não nos retire a palavra; um tempo, que de tanto aproveitamento, não nos roube a Vida.

Essa é a aflição dos autores, que eles pretendem nos comunicar, para dizer que há um espaço onde tudo faz sentido, ainda que o poeta diga que confunde tempo e espaço, para, em seguida, afirmar melodiosamente "*que a linha de mundo é uma reta fechada...jornada de luz consumida e reencontrada*".[1]

PROFA DRA. ROSA MARIA DE ANDRADE NERY
Professora Associada de Direito Civil da PUC-SP, Advogada em SP

[1] Paulo Vanzolini, Tempo e espaço, canção.

SUMÁRIO

1.
FAMÍLIA E SOCIEDADE TELEMÁTICA NO SÉCULO XXI: UMA ABORDAGEM LUSO-BRASILEIRA

ANA CLAUDIA SILVA SCALQUETTE
RUTE TEIXEIRA PEDRO

Introdução

Pesquisar tema que se relacione com a Família sempre foi um desafio. Compreensível em razão da evolução de sua própria concepção, mas, ainda, da complexidade inata aos seres humanos.

Some-se a esta multifacetada realidade o papel do Direito enquanto ciência e, nas últimas décadas, o impacto trazido pela tecnologia às relações humanas.

Redes sociais, mundo digital, conexão, progresso científico... avanços que se bem utilizados auxiliam as pessoas e o convívio em sociedade. Contudo no que se refere à família e à sua proteção jurídica, a tecnologia inicialmente facilitadora também traz complexidade.

Facilitação e complexidade serão igualmente ressaltadas no presente artigo que evidenciará os avanços jurídicos tanto no Brasil quanto em Portugal em matéria de tutela jurídico-legislativa no que se refere ao impacto da tecnologia nas relações familiares.

1. Tecnologia e filiação no direito brasileiro

O impacto da tecnologia no Direito de Família é sentido desde a concepção de seus novos membros, ou seja, na filiação.

No Brasil, desde 1984, são praticadas técnicas médicas de fertilização *in vitro* para auxiliar casais ou pessoas com dificuldade reprodutiva[2].

A tecnologia, nesta área médica, se tornou parte da realidade brasileira apenas 6 (seis) anos após ter sido praticada pela primeira vez no mundo, pois o primeiro nascimento de "bebê de proveta" ocorreu na Inglaterra, em 1978, com a chegada de Louise Brown.[3]

O direito positivado brasileiro, por seu turno, em que pese o pioneirismo da área médica, está aquém do cenário mundial, pois o único dispositivo legal que aborda de forma expressa a reprodução assistida[4] é o artigo 1.597 do Código Civil Brasileiro que prevê as hipóteses de presunção de filiação.

Para que se possa compreender mais precisamente o alcance do referido dispositivo, segue sua transcrição:

> *Art. 1.597. Presumem-se concebidos na constância do casamento os filhos:*
> *I – nascidos cento e oitenta dias, pelo menos, depois de estabelecida a convivência conjugal;*
> *II – nascidos nos trezentos dias subsequentes à dissolução da sociedade conjugal, por morte, separação judicial, nulidade e anulação do casamento;*
> *III – havidos por fecundação artificial homóloga, mesmo que falecido o marido;*
> *IV – havidos, a qualquer tempo, quando se tratar de embriões excedentários, decorrentes de concepção artificial homóloga;*
> *V – havidos por inseminação artificial heteróloga, desde que tenha prévia autorização do marido.*

Logo de pronto se pode notar que as técnicas da inseminação e fecundação/concepção, nas modalidades homóloga e heteróloga[5] são citadas

[2] Em 7 de outubro de 1984, nasceu no Brasil, na região metropolitana de Curitiba, mais especificamente na cidade de São José dos Pinhais, Ana Paula Caldeira, a 1ª bebê nascida após a utilização de técnica de fertilização in vitro em nosso país. SCALQUETTE, Ana Cláudia Silva. **Estatuto da Reprodução Assistida**. São Paulo: Saraiva, 2010, p.22.

[3] **Ibidem**, p. 21.

[4] Em Portugal se utiliza a expressão "Procriação Medicamente Assistida".

[5] Heteróloga é a técnica em que se utiliza o material genético de pelo menos um doador, enquanto deve-se entender "por concepção artificial homóloga aquela realizada com

no dispositivo, mais precisamente em seus incisos III, IV e V, mas, infelizmente, de forma imprecisa e não igualitária[6].

No inciso III, por exemplo, somente se previu a possibilidade de presunção de filiação *post mortem* em caso de falecimento do marido e não da esposa. O que se poderia pensar é que para que o nascimento pudesse ocorrer a viúva devesse estar viva, por óbvio. Todavia se se utiliza a chamada cessão temporária de útero para pessoas vivas, por qual razão não se poderia utilizar a técnica após a morte? Outro equívoco é a presunção deste inciso ocorrer apenas para a fecundação homóloga. Por que não para a heteróloga, ou seja, aquela que é feita com material genético de doador(a)?

Já no inciso IV o desrespeito é quanto à igualdade entre filhos, preconizada pela Constituição Federal Brasileira no artigo 227, parágrafo 6º, a saber: *Os filhos, havidos ou não da relação do casamento, ou por adoção, terão os mesmos direitos e qualificações, proibidas quaisquer designações discriminatórias relativas à filiação.*

Neste inciso somente consideram-se filhos por presunção os havidos de embriões excedentários decorrentes da concepção artificial homóloga, mas por que não há presunção de filiação para os excedentários decorrentes da concepção artificial heteróloga? Não seriam também estes presumidamente filhos?

Apenas para destacar o quão infeliz foi o legislador brasileiro neste tema da filiação decorrente de reprodução humana assistida, no início da década de 90, o jurista italiano Cesare Massimo Bianca já exaltava o papel da doutrina para não se permitir a criação, em termos de filiação

material genético de ambos os cônjuges". GAGLIANO, Pablo Stolze. PAMPLONA FILHO, Rodolfo. **Novo curso de Direito Civil.** 7ª ed. São Paulo: Saraiva, 2017, p.633.

[6] Sempre é bom recordar que o projeto de lei que originou o Código Civil, aprovado em 2002, surgiu na década de 70, ou seja, anterior ao texto Constitucional de 1988. Nas palavras de Flávio Tartuce: "A novel codificação civil teve uma longa tramitação no Congresso Nacional, com seu embrião no ano de 1975, ocasião em que o então Presidente da República, Ernesto Geisel, submeteu à apreciação da Câmara dos Deputados o Projeto de Lei 634-D, com base em trabalho elaborado por uma Comissão de sete membros, coordenada por Miguel Reale. Como se nota, portanto, o projeto legislativo surgiu no "ápice" da ditadura militar que imperava no Brasil. TARTUCE, Flávio.Direito. **Civil 1: Lei de Introdução e Parte Geral**. 11ª ed. Rio de Janeiro: Forense. São Paulo: Método, 2015, p. 75.

decorrente do emprego das técnicas de fecundação artificial, de uma nova categoria de marginalizados sociais – *"emarginati sociali"*, mas palavras do autor[7].

Por fim, no inciso V, presumem-se filhos os havidos por inseminação heteróloga, mas desde que haja prévia autorização do marido. A autorização da esposa/companheira é dispensável? Pode-se entender que a gravidez é uma espécie de autorização tácita ou que o marido responde pelo casal o que seria um claro desrespeito à igualdade de gênero, garantida pelo artigo 5º, inciso I, da Constituição Federal?

Além desta falha inconcebível, há também outra. Faz-se menção apenas à inseminação heteróloga, como se somente sêmen de terceiro pudesse ser utilizado. Por que não também óvulos doados? Neste caso a técnica teria de ser a fertilização e não a inseminação como previsto. Mais um desrespeito para com o dispositivo constitucional supracitado que garante igualdade entre homens e mulheres no Brasil.

Quanto ao necessário tratamento isonômico de todos os integrantes da família, apropriadas as palavras de Guilherme Calmon Nogueira da Gama ao dissertar que

> a grande função da família atual é a de servir aos seus integrantes, de maneira harmônica e coordenada, sem que o exercício dos direitos de um integrante viole ou afaste os direitos e os interesses dos demais.[8]

Ainda que a realidade portuguesa passe a ser abordada em itens subsequentes, não se pode deixar de destacar que a falta de paridade entre integrantes da família não foi apenas uma preocupação brasileira. Nas lições da jurista portuguesa Rute Teixeira Pedro:

[7] BIANCA, Cesare Massimo. **Il Familiare debole: l'impegno di giustizia del nuovo diritto do famiglia.** *In* **La civilistica italiana dagli anni '50 ad oggi: Tra crisi dogmática e riforme legislative.** Padova: Casa Editrice Dott. Antonio Milani, 1991, p.93.

[8] GAMA, Guilherme Calmon Nogueira da. **Princípios Constitucionais de Direito de Família: guarda compartilhada à luz da Lei n. 11.698/08 – família, criança, adolescente e idoso.** São Paulo: Atlas, 2008, p. 118.

Este défice de individualização subjetiva na atuação dos membros da família concorria, a par de outros fatores, para a edificação de um enquadramento familiar desfavorável à autoconformação dos efeitos jurídicos das relações familiares, mesmo que ela concernisse apenas à sua componente patrimonial. Ademais faltava um dos pressupostos necessários ao florescimento da atividade negocial que era o da afirmação da igualdade das pessoas que se perfilam como partes contratantes e que, através de acordo, configuram os efeitos jurídicos da relação jurídica de que são titulares. Note- se que não se tratava de uma situação constatada noutros domínios do direito civil de à igualdade formal não corresponder uma igualdade material: no âmbito familiar, inexistia o reconhecimento, ainda que meramente formal, da igualdade, já que a estrutura desnivelada caracterizava, por natureza, as relações familiares.[9]

Outras tantas incongruências poderiam ser ressaltadas sobre o tema da tecnologia médica destinada à procriação[10], mas uma abordagem mais vertical demandaria um texto específico sobre o tema. Aqui o que se pretende evidenciar é que o impacto do uso da tecnologia, neste aspecto específico trazido pela ciência médica, pelo menos no Brasil, mesmo quase após 40 (quarenta) anos de existência, ainda não foi absorvido. O processo legislativo brasileiro, conhecidamente moroso, ainda não conseguiu apresentar respostas efetivas a todos os problemas acima citados e também a outros tão relevantes quanto, como os que envolvem questões

[9] PEDRO, Rute Teixeira. **A visão personalista da família e a afirmação de direitos individuais no seio do grupo familiar a emergência de um novo paradigma decorrente do processo de constitucionalização do direito da família.** *In* OLIVEIRA, Nuno Manuel Pinto; CRORIE, Benedita Mac (Org.) ***Pessoa, Direito e Direitos*** *– Colóquios 2014/2015.* Portugal: Universidade do Minho, 2016, p. 318-319.

[10] Sobre jurisprudência do Tribunal Europeu dos Direitos do Homem e a Reprodução medicamente assistida, vide PEDRO, Rute Teixeira. **A jurisprudência do Tribunal Europeu dos Direitos do Homem e o Biodireito.** *In* **Biotecnologia, Biodireito e saúde: novas fronteiras da ciência jurídica**. São Paulo: Editora Foco, 2019, pp. 24-33. Coordenadores Ana Cláudia Silva Scalquette e Rodrigo Arnoni Scalquette.

sucessórias e de controle de impedimentos matrimoniais[11]. Nesta equação sobra tecnologia médica e falta tutela jurídica específica[12].

2. Tecnologia no início e no final dos relacionamentos no direito brasileiro

No que se refere à tecnologia aplicada aos relacionamentos familiares, cumpre esclarecer que, em regra, no Brasil, a família pode ser formada pelo casamento ou pela união estável. É também reconhecida constitucionalmente a família monoparental[13], formada por um dos genitores com sua prole. O impacto da tecnologia nesta última pode ser concentrado na questão da filiação, vez que não há relacionamento amoroso entre parceiros a ser analisado, portanto, reitera-se a observação quanto à falta de regulamentação legislativa da aplicação e uso das técnicas médicas reprodutivas, aqui, sobretudo, quanto à possível maternidade ou paternidade solo.

No que se refere ao modelo mais tradicional de família, sabe-se que para a realização do casamento é necessária a celebração formal que deve

[11] Para aprofundamento do tema vide Scalquette, Ana Cláudia Silva. **Reprodução Humana Assistida: do direito à ao direito da.** *In* **Biotecnologia, Biodireito e saúde: novas fronteiras da ciência jurídica**. São Paulo: Editora Foco, 2019, pp. 47-81. Coordenadores Ana Cláudia Silva Scalquette e Rodrigo Arnoni Scalquette.

[12] O PL 115/2015 visa a instituir o Estatuto da Reprodução Assistida e, em seus 106 artigos, prevê uma proteção principiológica bastante detalhada, uma tutela civil que busca disciplinar as mais diversas situações de direito privado – indo desde a relação médico paciente até a distribuição de herança para a filiação *post mortem* –, além de uma disciplina administrativa para controle do uso e aplicação das técnicas reprodutivas com a criação de um Conselho Nacional de Reprodução Assistida e a tutela penal com a tipificação de mais de duas dezenas de novos crimes específicos para a reprodução humana. Projeto de Lei disponível em: https://www.camara.leg.br/proposicoesWeb/fichadetramitacao?idProposicao=945504. O anteprojeto que deu origem ao Estatuto da Reprodução Humana foi idealizado pela Profa. Dra Ana Cláudia Scalquette, a pedido da Comissão de Biotecnologia e Estudos sobre a Vida da OAB/SP, permaneceu em Consulta Pública por 180 (cento e oitenta dias) no site da OAB/SP, até que foi apresentado no Congresso Nacional pelo então Deputado Eleuses Paiva (PSD/SP). Atualmente, o projeto, reapresentado pelo deputado Juscelino Rezende Filho (PRP/MA), tramita, em regime de prioridade, sob o número 115/2015.

[13] Artigo 226, § 4º da Constituição Federal: Entende-se, também, como entidade familiar a comunidade formada por qualquer dos pais e seus descendentes.

ser precedida de processo de habilitação, entendido como uma espécie de controle preventivo efetivo por parte do Estado para evitar casamentos entre pessoas impedidas e evitar, portanto, possíveis futuras ações de nulidade ou anulação em hipóteses específicas.

Como também se sabe, desde o primeiro trimestre de 2020, existe uma pandemia mundial que impediu a realização de atos de celebração como os que até então se vinha procedendo, como os atos matrimoniais.

De se pensar, portanto, que a tecnologia passou a permitir, como ocorreu com o campo educacional, que os atos matrimoniais pudessem ser celebrados de forma *on line*. Infelizmente não, pelo menos não de forma integrada em todo o território nacional.

Houve, em alguns Estados da federação, por força de provimentos ou portarias de Corregedorias Gerais de Justiça, como no caso do Acre[14], a autorização para que tais atos nupciais fossem realizados de forma virtual, em caráter excepcional e nos termos dispostos nos referidos documentos. Segundo relatório da Associação de Registradores do Estado de Pernambuco, no início da pandemia, de 17 de março até 30 de abril de 2020, foram realizados 432 casamentos no Estado.[15] Cite-se, ainda, a Portaria n. 6.405/2020 da Corregedoria Geral de Justiça de Minas Gerais que também permitiu a realização de atos matrimoniais no Estado, ao instituir projeto-piloto para a realização de atos notariais e de registro em meio digital.[16]

Embora possa ser claramente identificada a ação de vanguarda destes Estados, a opção por regular casamentos virtuais, ou seja, por videoconferência não conquistou, até então, a adesão uniforme.

Em que pese a não uniformidade de possibilidade de casamentos utilizando-se a via eletrônica, como vimos, a abertura trazida pela Cor-

[14] Provimento COGER N. 13/2021 – Disponível em: https://www.tjac.jus.br/wp-content/uploads/2021/07/Provimento_COGER_TJAC_13_2021.pdf . Acesso em 2 de dezembro de 2021.

[15] Relatório disponível em https://www.tjpe.jus.br/documents/10180/132214/relat%C3%B3rio+casamentos+Arpen-PE.pdf/a0896ed3-0004-1bd6-fd5d-b786eb71d4cf. Acesso em 2 de dezembro de 2021.

[16] Portaria disponível em https://www.tjmg.jus.br/data/files/33/22/0D/C6/502A1710A75CA7176ECB08A8/portaria%206405-2020.pdf. Acesso em 2 de dezembro de 2021.

regedoria Nacional de Justiça no Provimento n. 100/2020[17] em que são estabelecidas normas gerais sobre a prática de atos notariais eletrônicos em todos os tabelionatos do país permitiu a formalização de uniões estáveis por meio eletrônico.

Como é cediço, para que a união estável seja constituída não há a obrigatoriedade de qualquer registro ou procedimento formal. Se os companheiros desejarem fazê-lo, porém, tanto podem utilizar contratos particulares ou escrituras públicas. Ambas as opções são possíveis no meio digital.

Contratos particulares hoje são facilmente assinados por programas como *DocuSign* por exemplo. No que tange às escrituras públicas, o Provimento n. 100/2020 acima citado abriu a possibilidade de que escrituras públicas pudessem ser lavradas por meio eletrônico. No parágrafo único do artigo 3º do Provimento, determina-se quais são os requisitos que o ato notarial deverá conter, a saber:

> *Art. 3º. São requisitos da prática do ato notarial eletrônico:*
> *I – videoconferência notarial para captação do consentimento das partes sobre os termos do ato jurídico;*
> *II – concordância expressada pela partes com os termos do ato notarial eletrônico;*
> *III – assinatura digital pelas partes, exclusivamente através do e-Notariado;*
> *IV – assinatura do Tabelião de Notas com a utilização de certificado digital ICP-Brasil;*
> *IV – uso de formatos de documentos de longa duração com assinatura digital;*

Já no parágrafo único do referido artigo, estabelece-se o que a videoconferência deverá conter:

> *Parágrafo único: A gravação da videoconferência notarial deverá conter, no mínimo:*
> *a) a identificação, a demonstração da capacidade e a livre manifestação das partes atestadas pelo tabelião de notas;*
> *b) o consentimento das partes e a concordância com a escritura pública;*
> *c) o objeto e o preço do negócio pactuado;*

[17] Provimento disponível em https://atos.cnj.jus.br/atos/detalhar/3334. Acesso em 2 de dezembro de 2021.

d) a declaração da data e horário da prática do ato notarial; e

e) a declaração acerca da indicação do livro, da página e do tabelionato onde será lavrado o ato notarial.

Como se pode aferir, os Corregedores do Conselho Nacional de Justiça ao idealizarem o Provimento n. 100/2020 buscaram atribuir o máximo de credibilidade ao ato notarial, pois, como sabemos, são os praticados por pessoas que gozam de fé pública e, desta forma, exigem segurança redobrada para que sejam evitados vícios, defeitos ou quaisquer outras causas de nulidade.

Diante desta possibilidade trazida pelo Provimento, a formalização da União Estável passou a ser mais facilmente conseguida do que a celebração do casamento, pois para esta, como vimos acima, ainda não há uniformidade nos Estados federativos Brasileiros.

Registre-se que "a união estável está consolidada jurídica e socialmente como núcleo familiar sem que se possa estabelecer qualquer hierarquia que a torne inferior ao casamento"[18], mas, de toda sorte, evidencia-se aqui uma situação paradoxal pois a Constituição Federal Brasileira determina que a "lei deve facilitar a conversão da União Estável em casamento"[19], mas, na prática, não há esta facilitação[20], tampouco a facilidade para a celebração do ato nupcial em plena sociedade telemática do século XXI.

No que tange ao divórcio, destaque-se que desde 2007, por força da Lei n. 11.441, admite-se a modalidade extrajudicial, ou seja, aquela efe-

[18] SCALQUETTE, Ana Cláudia Silva. **Família & Sucessões**. 8ª edição. São Paulo: Almedina, 2020, p.82.

[19] Art. 226. A família, base da sociedade, tem especial proteção do Estado.

(...)

§ 3º Para efeito da proteção do Estado, é reconhecida a união estável entre o homem e a mulher como entidade familiar, devendo a lei facilitar sua conversão em casamento

[20] Nas palavras de Maria Berenice Dias, "A Constituição recomenda que a lei facilite a conversão da união estável em casamento (CF 226, § 3º). O Código Civil, no entanto, deixou de obedecer a dita recomendação ao determinar que o pedido seja dirigido ao juiz, para ser posteriormente levado ao registro civil (CC 1.726). Ora, exigir a interferência judicial não é facilitar. É burocratizar. É onerar." DIAS, Maria Berenice. **Manual de direito das famílias**. 12ª. ed. São Paulo: Revista dos Tribunais, 2017, p. 277.

tivada por escritura pública, desde que seja consensual e que não haja filhos menores ou incapazes.

Desde então a discussão surgiu para saber se a presença física do cônjuge poderia ser dispensada. Para elucidar tal questão, oportunas as lições de Rolf Madaleno:

> A Resolução 35, de 24 de abril de 2007 disciplina a aplicação da Lei 11.441/07, e o artigo 36 da Resolução do CNJ dispensa o comparecimento pessoal das partes à lavratura da escritura pública de separação e divórcio consensuais, podendo ser representados por mandatário constituído, desde que por instrumento público com poderes especiais, descrição das cláusulas essenciais e prazo de validade de 30 dias. [21]

Desta feita, pode-se afirmar que, de alguma forma, já havia sido relativizada a exigência de presença física das partes no divórcio consensual no Brasil há mais de uma década, mas, certamente, a imersão no meio digital, causada pela pandemia, fez com que a presença física pudesse ser substituída por presença em videoconferência e assinatura com certificado digital, algo que, não fosse a gravidade da pandemia e a necessidade de isolamento e/ou distanciamento sociais, indubitavelmente, levaria mais algumas décadas para se tornar uma prática rotineira.

Como se pode observar nos apontamentos retro apresenta, a tecnologia surge como facilitadora, mas, também, apresentando especificidades que se não bem reguladas podem ensejar situações juridicamente complexas.

Sobre o aspecto dual da tecnologia no âmbito dos relacionamentos humanos e não apenas quanto aos aspectos jurídicos, interessantes as reflexões de Conrado Paulino da Rosa, sobre a aproximação e o distanciamento causado pelas novas ferramentas tecnológicas, como segue:

> Assim como as ferramentas da modernidade permitiram a proximidade com aqueles que estão fisicamente distantes, tivemos outra consequência: o perto ficou longe. Existem mães que chamam seus filhos para jantar por mensa-

[21] MADALENO, Rolf. **Manual de direito de Família.** Rio de Janeiro: Forense, 2017, p. 98.

gens de texto (SMS) ou via Facebook. Mesmo assim, quando conseguem tirar a prole da "bolha virtual" os pais ainda têm que disputar a atenção dos filhos com as mensagens via whatsApp, que não param de chegar, desafiando os tímpanos dos que estão à mesa e a capacidade de concluir um pensamento com cada interrupção. [22]

O sociólogo polonês Zygmunt Bauman também destaca este viés antagônico das relações *on* e *off line:*

> Os contatos online têm uma vantagem sobre os offline: são mais fáceis e menos arriscados – o que muita gente acha atraente. Eles tornam mais fácil se conectar e se desconectar. Casos as coisas fiquem "quentes" demais para o conforto, você pode simplesmente desligar, sem necessidade de explicações complexas, sem inventar desculpas, sem censuras ou culpa. Atrás do seu laptop ou iPhone, com fones no ouvido, você pode se cortar fora dos desconfortos do mundo offline. Mas não há almoços grátis, como diz um provérbio inglês: se você ganha algo, perde alguma coisa. Entre as coisas perdidas estão as habilidades necessárias para estabelecer relações de confiança, as para o que der e vier na saúde ou na tristeza, com outras pessoas. Relações cujos encantos você nunca conhecerá a menos que pratique. O problema é que, quanto mais você busca fugir dos inconvenientes da vida offline, maior será a tendência a se desconectar.[23]

De toda sorte, muito ainda há para ser estudado e pesquisado, pois o impacto da tecnologia sobre as relações humanas, não apenas as afeitas à família, demanda uma revisitação do direito, dos mais seguros e sólidos conceitos que até o início deste século pareciam suficientes para que a harmonia da vida em sociedade fosse garantida. Nas palavras de Rosa Maria Nery e Nelson Nery Jr., "pelas extraordinárias performances que as novidades da sociedade da informação nos permitem conhecer, não é

[22] ROSA, Conrado Paulino da. **iFamily: um novo conceito de família?** São Paulo: Saraiva, 2013, pp.96-97.

[23] BAUMAN, ZYGMUNT. **Vivemos tempos líquidos. Nada é para durar**. In Isto é. Disponível em: https://istoe.com.br/102755_VIVEMOS+TEMPOS+LIQUIDOS+NADA+E+PARA+DURAR+/. Acesso em 3 de dezembro de 2021.

descabido supor a existência de uma "pessoa outra", com subjetividade toda própria e descolada de sua identidade primeira"[24], concluindo os autores que "de qualquer maneira, o direito reconhece no ambiente virtual uma dramática – porque desconhecida – experiência existencial, que merece atenção própria e é urgente"[25].

Esta dramaticidade e outras tantas como o aprofundamento das desigualdades, exacerbado pela falta de acesso ou acesso precário à rede mundial de computadores, de uma forma ou de outra, se relacionam com o direito e com a família, célula base da sociedade, razão pela qual sente, em primeiro lugar, todas as consequências da falta ou da má regulamentação de determinada matéria no âmbito jurídico.

Feitas as considerações sobre a interseção da tecnologia com a Família no arcabouço normativo brasileiro, espera-se que tanto a lentidão do poder legislativo para absorver os desafios trazidos pelo avanço tecnológico quanto a desigualdade por ele causada possam ser minimizadas no Brasil para que a vida harmônica em família e, por seu turno, em sociedade possa ser garantida.

3. Tecnologia e família no direito português

Também no ordenamento jurídico português não se ignoram as consequências da revolução digital em curso. O direito luso não é alheio à evolução científica e tecnológica potenciada pela profusão de utensílios eletrónicos, muitos deles interconectáveis (*smart things*). A multiplicação destes instrumentos, que integram a denominada *Internet of Things* e que promoveram a intensificação da revolução tecnológica que já vinha ocorrendo, fazem com que se possa dizer que, hoje, vivemos "no enxame"[26].

Como um dos sinais mais recentes da atenção dedicada pelo legislador português a esta matéria, destaca-se a Carta Portuguesa de direitos humanos na era digital e que foi aprovada pela Lei 27/2021, de 17

[24] Nery, Rosa Maria de Andrade de; Nery Jr., Nelson. **Instituições de Direito Civil: Direitos de Personalidade** (Direito de humanidade). São Paulo: Editora Revista dos Tribunais, 2017, p. 110.

[25] **Idem**.

[26] Han, Byung-Chul, **No enxame. Reflexões sobre o digital**. Lisboa: Relógio d`água, 2016, *passim*.

de maio. Aí se prevê que "a República Portuguesa participa no processo mundial de transformação da Internet num instrumento de conquista de liberdade, igualdade e justiça social e num espaço de promoção, proteção e livre exercício dos direitos humanos, com vista a uma inclusão social em ambiente digital" (artigo 1º, nº 1). Importa, também, salientar a proclamação feita na mesma Carta de que "as normas que na ordem jurídica portuguesa consagram e tutelam direitos, liberdades e garantias são plenamente aplicáveis no ciberespaço" (artigo 2º, nº 2).

A emergência do *homo digitalis*[27] dá-se também no contexto familiar e este fenômeno ocorre em tempo de "liquidez" das relações interindividuais[28] e de "desaparecimento de rituais"[29], na sociedade atual onde já predominava o individualismo.

O avanço científico-tecnológico e a omnipresença dos instrumentos eletrónicos e digitais, de uso pessoal e doméstico, geraram múltiplas repercussões no âmbito familiar, quer no desenrolar da vida familiar – família *in facto esse* –, quer na conformação dos procedimentos de constituição e dissolução das relações familiares (que sejam dissolúveis) – família *in fieri et ut exstinguatur*.

Esta evolução foi acentuada pelo contexto pandémico em que vivemos e também promovida pelas medidas de combate e prevenção à disseminação do vírus SARS-Cov-2 (determinação de distanciamento social, restrições de movimentos e, em certos períodos, imposição de confinamento).

[27] O "*homo digitalis*", característico do "enxame digital" em que vivemos, não é um mero "*homo electronicus*". O mundo habitado pelo homem digital apresenta uma "topologia completamente diferente". **Idem**, em especial, pp. 22 a 26.

[28] Sobre a liquidez, como característica da modernidade, veja-se BAUMAN, Zygmunt, **Liquid Modernity. Cambridge:** Cambridge Polity Press, 2003, e, em especial, sobre as manifestações desta tendência nas relações afetivas e familiares, BAUMAN, Zygmunt, **Amor líquido**. Tradução de Carlos Alberto Medeiros, Lisboa: Relógio d`água, 2006.

[29] HAN, Byung-Chul, **Do desaparecimento dos rituais. Uma topologia do presente**. Lisboa: Relógio d`água, 2020. Os rituais "são actos simbólicos" que "estabilizam a vida", dando origem a "uma comunidade sem comunicação". Ora, como o Autor constata, "A comunicação digital está a converter-se hoje cada vez mais numa comunicação sem comunidade" e, desta forma, há uma erosão das estruturas comunitárias com promoção de um "narcisismo colectivo", pp. 9 a 21.

Como resultará do que se dirá nas próximas secções nem todas as consequências da transformação verificada são consequências nefastas. Há efeitos que podem considerar-se positivos. Na verdade, o uso da tecnologia permite um maior contacto e, portanto, possibilita a proximidade (ainda que virtual) entre os membros da família que se encontrem geograficamente distanciados, facilita o desempenho de certas tarefas domésticas, agiliza procedimentos, possibilitando a atenuação da carga burocrática e a economia de tempo, no que respeita ao *iter* conducente à constituição ou à extinção/modificação de certas relações familiares ou à sua menção no registo civil, e permite mesmo ultrapassar obstáculos que a natureza coloca à concretização de certas opções biográficas que originam a formação de laços familiares parentais.

Nas próximas secções vamos reportar-nos, de forma muito sucinta, a múltiplas e variadas áreas em que se vem dando a interseção entre a família e a tecnologia sob a égide do direito (português). Ainda que nos refiramos aos avanços tecnológicos em geral, centraremos a nossa atenção naqueles que fazem da nossa sociedade uma sociedade crescentemente telemática.

Procuraremos dar uma visão panorâmica das problemáticas sem intuito de esgotar o tratamento dos temas. Vamos, pois, apontar áreas de confluência entre a família e a tecnologia, enunciando questões a que o direito vem sendo (e continuará a ser crescentemente no futuro) desafiado a proporcionar uma resposta.

4. Tecnologia e a relação paterno-filial no direito português

Se estamos a referir-nos às consequências advindas dos avanços científicos e tecnológicos para o âmbito familiar, é incontornável uma referência, ainda que brevíssima, à possibilidade de recurso às técnicas de procriação medicamente assistida. Em Portugal, diversamente do que acima vimos acontecer no Brasil, trata-se de matéria regulada por lei. Na verdade, o regime que lhe é aplicável encontra-se previsto na Lei nº 32/2006, de 26 de julho – conhecida, justamente, como Lei da Procriação medicamente assistida (PMA)[30] – e que veio dar cumprimento à incumbência constitu-

[30] A Lei nº 32/2006, de 26 de julho, já sofreu múltiplas alterações, nomeadamente pela Lei nº 59/2007, de 4 de setembro, pela Lei nº 17/2016, de 20 de junho, pela Lei nº 25/2016,

cional de o Estado Português regular o uso dessas técnicas, à luz da alínea e) do nº 2 do artigo 67º da Constituição da República Portuguesa. É assim possível, em certos casos, o recurso a tais técnicas no processo de geração de uma criança com quem se virão a estabelecer laços de parentalidade.

Segundo o artigo 6º da referida Lei (doravante LPMA), em que é delimitado o âmbito de beneficiários das técnicas de PMA, o recurso a estas técnicas é permitido, em Portugal, a todas as mulheres independentemente do estado civil e da respetiva orientação sexual e também a casais formados por homem e mulher ou por duas mulheres, quer se trate de pessoas casadas entre si ou que vivam em união de facto uma com a outra (artigo 6º da LPMA)[31].

As técnicas de PMA devem ser ministradas, exclusivamente, em centros públicos ou privados expressamente autorizados para o efeito pelo Ministro da Saúde (artigo 5º, nº 1 da LPMA) e o seu uso encontra-se sujeito ao respeito pelo princípio da "dignidade humana de todas as pessoas envolvidas" e pelo princípio da proibição da discriminação baseada no património genético ou no facto de se ter nascido em resultado da utilização de técnicas de PMA (artigo 3º da LPMA).

O âmbito de aplicação da PMA, considerando a previsão normativa vertida na referida lei, é, em Portugal, amplo, abrangendo múltiplas técnicas[32] e admitindo-se mesmo a PMA heteróloga com recurso a doação

de 22 de agosto, pela Lei nº 58/2017, de 25 de julho, pela Lei nº 49/2018, de 14 de agosto, pela Lei nº 48/2019, de 8 de julho, pela Lei nº 72/2021, de 12 de novembro e, finalmente, muito recentemente, pela Lei nº 90/2021, de 16 de dezembro de 2021.

[31] Exige-se apenas que, em qualquer caso, os "beneficiários" das técnicas, na terminologia usada pela Lei, sejam pessoas que tenham completado 18 anos de idade, a menos que se trate de adultos em relação aos quais – por se encontrarem impossibilitados, "por razões de saúde, deficiência, ou pelo seu comportamento, de exercer, plena, pessoal e conscientemente, os seus direitos ou de, nos mesmos termos, cumprir os seus deveres" (artigo 138º do Código Civil Português) –, tenha sido decretada uma medida de acompanhamento nos termos dos artigos 138º e ss do mesmo Código e desde que a respetiva sentença de acompanhamento vede o recurso às técnicas de PMA.

[32] O regime previsto na referida lei respeita a várias técnicas de PMA, como sejam a inseminação artificial, a fertilização *in vitro*, a injeção intracitoplasmática de espermatozoides, a transferência de embriões, gâmetas ou zigotos, o diagnóstico genético pré-implantação e outras técnicas laboratoriais de manipulação gamética ou embrionária equivalentes ou subsidiárias (artigo 2º, nº 1 da LPMA).

por terceiros[33] de espermatozoides, ovócitos e embriões. Esta possibilidade é admitida "quando, face aos conhecimentos médico-científicos objetivamente disponíveis, não possa obter-se gravidez ou gravidez sem doença genética grave através do recurso a qualquer técnica que utilize os gâmetas dos beneficiários e desde que sejam asseguradas condições eficazes de garantir a qualidade de gâmetas" (artigo 10 da LPMA).

Reconhece-se também o recurso *post mortem* à PMA nas situações previstas no artigo 22º da LPMA, recentemente reformado pela Lei nº 72/2021, de 12 de novembro[34]. Nos termos do nº 1 desse preceito:

> *"De forma a concretizar um projeto parental claramente estabelecido e consentido, e decorrido o prazo considerado ajustado à adequada ponderação da decisão, é lícito, após a morte do marido ou do unido de facto:*
> *a) Proceder à transferência* post mortem *de embrião;*
> *b) Realizar uma inseminação com sémen da pessoa falecida*[35].

A possibilidade de recurso *post mortem* à PMA existe quando tenha havido recolha (por receio de futura esterilidade) de sémen de um homem, para fins de inseminação da mulher com quem ele esteja casado ou viva em união de facto. Essa possibilidade é reconhecida se aquele

[33] Note-se que os terceiros dadores não são nunca qualificados como progenitores da criança que vai nascer (artigo 10º, nº 2), estabelecendo-se a parentalidade dessa criança, nos termos do artigo 20º, em relação à(s) pessoa(s) beneficiária(s) que tenha(m) consentido no recurso à técnica de PMA.

[34] A Lei nº 72/2021, de 12 de novembro aditou um artigo novo à Lei da PMA (artigo 22º-A), disciplinando os requisitos do consentimento para a inseminação *post mortem*. O consentimento para a inseminação *post mortem* "deve ser reduzido a escrito ou registado em videograma, após prestação de informação ao dador quanto às suas consequências jurídicas" (nº 1), podendo constar do documento em que é prestado o consentimento informado para o recurso às técnicas de PMA (previsto e regulado no artigo 14º da Lei de PMA), desde que, nesse caso, "conste de cláusula autónoma". Prevê-se ainda que o documento de prestação de consentimento autorizando a inseminação *post mortem* "é comunicado ao Conselho Nacional de Procriação Medicamente Assistida para efeitos do seu registo centralizado".

[35] Antes da entrada em vigor da Lei nº 72/2021, de 12 de novembro, era apenas permitido a transferência post mortem de embrião. Excluía-se a inseminação *post mortem*, ainda que o falecido nela tivesse consentido.

homem falecer durante o período estabelecido para a conservação do sémen, tendo ele prestado consentimento para a inseminação *post mortem*[36].

A criança que vier a nascer em consequência da inseminação *post mortem* de que resultou uma gravidez será tida como filha do homem falecido (artigo 23º, nº 1 da LPMA). Esta solução também se aplicará, em princípio[37], quando a prática seja concretizada em violação dos requisitos previstos na lei para a inseminação *post mortem* (artigo 23º, nº 2 da LPMA).

No que respeita ao recurso *post mortem* à PMA, o legislador dedicou, em especial, alguma atenção à matéria relativa aos efeitos sucessórios que, por força da constituição desse vínculo de paternidade, se produzirão[38]. Assim, prevê-se, hoje, que, se a inseminação tiver sido concretizada com consentimento do falecido para a possibilidade de inseminação *post mortem*, "a herança do progenitor falecido mantém-se jacente durante o prazo de três anos após a sua morte, o qual é prorrogado até ao nascimento completo e com vida do nascituro caso esteja pendente a realização dos procedimentos de inseminação" (atigo 23º, nº 5 da LPMA)[39].

[36] Se o homem não tiver prestado consentimento para a inseminação *post mortem*, o sémen é destruído, nos termos do artigo 22º, nº 3 da LPMA.

[37] Ressalva-se apenas a situação prevista no artigo 20º, nº 3 da LPMA e que se passa a expor. Quando há desrespeito pelos requisitos legais, a criança não será considerada filha do falecido se, à data da inseminação, a mulher tiver contraído casamento ou viver, há pelo menos dois anos, em união de facto com outro homem que tenha prestado consentimento para tal ato, nos termos legais previstos no artigo 14º. Nesse caso, a paternidade estabelece-se em relação a esse outro homem, em consonância, aliás, com o previsto no artigo 20º da mesma lei, não podendo haver impugnação da paternidade assim estabelecida, na medida em que se manda aplicar o disposto no nº 3 do artigo 1839º do CCP. O facto de se estabelecer o vínculo de paternidade em relação a esse outro homem, não prejudica o direito de a criança conhecer a sua identidade genética como expressamente se prevê no artigo 23, nº 4 da LPMA.

[38] Como bem destaca Ana Cláudia Scalquette, reportando-se à PMA *post mortem*, "A grande dificuldade que vislumbramos é quanto aos direitos patrimoniais sucessórios para os filhos havidos por fecundação homóloga post mortem" (p. 338 e, mais desenvolvidamente, sobre a questão sucessória, pp. 209 e ss). SCALQUETTE, Ana Cláudia. **Estatuto da Reprodução Assistida**. São Paulo: Saraiva, 2010.

[39] Na hipótese de ter faltado consentimento do falecido para a possibilidade de inseminação *post mortem*, havendo prejuízo de "interesses patrimoniais de terceiros, designadamente direitos sucessórios", a lei determina que sobre os autores da inseminação recairá o dever

No ordenamento jurídico português, também se deu a aceitação, em certos casos, da validade da celebração de contratos de gestação de substituição[40], nos termos do artigo 8 da LPMA na redação que lhe foi dada pela lei nº 25/2016, de 22 de agosto. O Tribunal Constitucional, no seu Acórdão nº 225/2018, de 24 de abril, veio depois declarar inconstitucionais, com força obrigatória e geral, a maioria das normas previstas para a gestação de substituição (8 dos 12 números do artigo 8 da LPMA) [41], pelo que, consequentemente, houve um período de vazio legal que durou pouco mais de 3 anos e sete meses[42] e inviabilizou o recurso a tais contratos. Finalmente, foi adotado um novo regime pela Lei nº 90/2021, de 16 de dezembro de 2021, que entrará em vigor no dia 1 de janeiro de 2022. A possibilidade de celebração de contrato de gestação de substituição continua a ser admitida a título excecional ("nos casos de ausência de útero, de lesão ou de doença deste órgão ou outra situação clínica que impeça de forma absoluta e definitiva a gravidez da mulher", artigo 8, nº 2) desde que se verifique um conjunto de requisitos previstos na lei. Exige-se, assim, que o contrato de gestação de substituição apresente, neces-

de indemnizar os lesados, sem prejuízo da efetivação da responsabilidade criminal prevista na lei (artigo 23, nº 7 da LPMA).

[40] Nos termos do art. 8º, nº 1 da LPMA, na redação que lhe foi dada pela Lei nº 25/2016, de 22 de agosto, e que continua hoje vigente, "entende-se por «gestação de substituição» qualquer situação em que a mulher se disponha a suportar uma gravidez por conta de outrem e a entregar a criança após o parto, renunciando aos poderes e deveres próprios da maternidade".

[41] Deve, no entanto destacar-se que, apesar deste juízo de desconformidade à Constituição da República Portuguesa, do regime aprovado em 2016, o Tribunal Constitucional afirmava que a "permissão a título excecional da gestação de substituição (...) corresponde a uma opção" tida por *não arbitrária e favorecedora* de bens constitucionalmente protegidos, reconhecendo, por isso, que o regime então adotado pelo legislador português *per se* não er incompatível, "em princípio", com a Constituição da República Portuguesa (DR, 1ª Série, nº 87, de 7 de maio de 2018, p. 1919).

[42] Nesse período, a Assembleia da República aprovou o Decreto nº 383/XIII que introduziria alteração à Lei nº 32/2006, de 26 de julho, reformando o artigo 8º da Lei, preceito relativo à gestação de substituição. Tendo normas desse decreto sido submetidas a fiscalização preventiva da constitucionalidade, o Tribunal Constitucional voltou a proferir um veredicto de inconstitucionalidade no Acórdão nº 465/2019, de 18 de setembro de 2019.

sariamente, natureza gratuita[43] (artigo 8º, nº 2) e tenha caráter formal. Deve, por isso, ser celebrado por escrito (artigo 8º, nº 13), demandando-se que contenha um conteúdo mínimo obrigatório previsto nas alíneas a) a m) do nº 13 do artigo 8º da LPMA. Prevê-se também que, entre as partes envolvidas na celebração do referido contrato, não poderá existir uma relação de subordinação económica, nomeadamente de natureza laboral ou de prestação de serviços (artigo 8º, nº 8). Exige-se, ademais, autorização prévia do Conselho Nacional de PMA – que deve supervisionar todo o processo –, antecedida de audição da Ordem dos Médicos e da Ordem dos Psicólogos (artigo 8º, nº 5). Acresce ainda que, em caso de gestação de substituição, a procriação medicamente assistida só poderá ser parcialmente heteróloga, havendo, portanto, sempre recurso aos gâmetas de, pelo menos, um dos respetivos beneficiários, não podendo, ademais, a gestante de substituição, em caso algum, ser a dadora de qualquer ovócito usado no concreto procedimento em que é participante (artigo 8º, nº 4). Sem que nos possamos alongar mais neste ponto, não podemos deixar de sublinhar que – sendo esta uma das grandes novidades da Lei nº 90/2021, de 16 de dezembro de 2021 – se reconhece agora à gestante[44] o direito de revogar livremente o seu consentimento até ao momento em que ocorra o registo da criança nascida em consequência da gestação de substituição (artigo 8º, nº 10 da LPMA).

Apesar da amplitude de possibilidade de recurso à PMA nos termos da referida Lei, há práticas expressamente proibidas pelo legislador (artigo 7 da LPMA), considerando os objetivos a que se dirigem. É, assim, excluída a clonagem reprodutiva "tendo como objetivo criar seres humanos geneticamente idênticos a outros", bem como o recurso às técnicas de PMA "para conseguir melhorar determinadas características não médicas do

[43] Excetua-se apenas o pagamento à gestante do valor correspondente às despesas decorrentes do acompanhamento de saúde efetivamente prestado, incluindo as relacionadas com transportes (artigo 8, nº 7 da LPMA).

[44] Note-se que, por força do nº 3 do artigo 8º na redação que lhe foi dada pela Lei 90/2021, de 16 de dezembro de 2021, "a gestante de substituição deve ser, preferencialmente, uma mulher que já tenha sido mãe, sem prejuízo das concretas circunstâncias do caso o poderem impedir".

nascituro, designadamente a escolha do sexo"[45] ou para a criação de "quimeras ou híbridos"

Depois desta referência muito breve ao impacto do progresso científico e tecnológico na geração de um novo ser humano com o qual se criam laços familiares, vamos considerar agora, concretamente, algumas repercussões do avanço tecnológico no plano da comunicação (a denominada digitalização característica da sociedade telemática que estamos a viver).

Quando uma criança nasce, quer tenha sido gerada naturalmente pela prática de relações sexuais, quer tenha sido gerada com recurso a uma técnica de PMA), o seu nascimento e a respetiva progenitura (jurídica) devem ser objeto de registo[46]. Na verdade, o nascimento e a filiação são factos obrigatoriamente sujeitos a registo, nos termos das alíneas a) e b) do nº 1 do artigo 1 do Código Registo Civil Português (doravante CRCP), e, nessa medida, esses factos só podem ser invocados depois de registados (artigo 2º do CRCP)[47].

As entidades com competência para lavrar o registo de nascimento são as conservatórias do registo civil e as unidades de saúde (art. 100º do CRCP). Em todos os hospitais e maternidades públicos e em alguns hospitais privados existem balcões "Nascer Cidadão"[48]. No contexto vivido na sequência da declaração pela OMS da situação de pandemia a nível mundial, em março de 2020, houve o encerramento dos balcões "Nascer Cidadão", existentes nas unidades de saúde. Em alternativa, para além da

[45] Nos termos do nº 3 do artigo 7 da mesma Lei, não são abrangidos por esta proibição "os casos em que haja risco elevado de doença genética ligada ao sexo, e para a qual não seja ainda possível a deteção direta por diagnóstico genético pré-implantação, ou quando seja ponderosa a necessidade de obter grupo HLA (*human leukocyte antigen*) compatível para efeitos de tratamento de doença grave".

[46] O nascimento regista-se lavrando um assento de nascimento. A filiação regista-se mediante menção no assento de nascimento e mediante averbamento ao registo de nascimento.

[47] Sobre a obrigatoriedade de registo civil e os efeitos do registo, veja-se Lopes, Joaquim de Seabra, **Direito dos registos e do notariado**, 11ª edª.Coimbra: Almedina, 2020, pp. 30 e ss.

[48] Veja-se **https://justica.gov.pt/Servicos/Nascer-cidadao**

possibilidade de registo presencial numa conservatória de registo civil, os pais podiam pedir *online* o registo de nascimento dos seus bebés[49].

O registo civil *online* foi criado com a intenção de "tornar a vida das pessoas mais simples"[50], na medida em que há um conjunto de atos de registo civil que passaram a poder efetuar-se "a partir de casa, ou de outro local com acesso à Internet, de forma simples, cómoda e rápida, evitando a deslocação dos cidadãos aos serviços de registo"[51]. Esta facilitação manifesta-se logo quanto ao registo de nascimento e de filiação. Veremos, mais à frente, que a facilitação estende-se a outros domínios.

Uma vez lavrado o assento de nascimento, há comunicação, imediatamente e por via eletrónica, "dos dados relevantes para efeitos de inscrição da criança nos serviços de segurança social e de saúde e, se tal for solicitado pelos pais ou por outros representantes legais, nos serviços de finanças" (artigo 102º-A do CRCP). Encontramos, aqui, patente, a preferência legal pelo recurso a mecanismos eletrónicos como forma expedita de comunicação e que se encontra disseminada por vários pontos do ordenamento jurídico português, como teremos oportunidade de referir *infra*.

Finalmente, num trabalho em que se procura enunciar, enquadrando juridicamente, alguns desafios que os progressos tecnológicos e científicos, no âmbito familiar, colocam ao direito, não pode desconsiderar-se o problema da exposição da criança/jovem no meio digital, seja por ato próprio da mesma, seja por ato dos seus pais[52]. É, muito frequente, no

[49] In **https://justica.gov.pt/Servicos/Registar-nascimento.**

[50] Veja-se **https://www.civilonline.mj.pt/CivilOnline/**. Através do registo civil online, para além dos atos referidos noutras partes deste trabalho, pode também solicitar-se e consultar-se certidão (online) de registo de casamento, nascimento, óbito, perfilhação e declaração de maternidade. **Idem.**

[51] **Idem.**

[52] Sobre a qualificação das informações sobre as relações familiares como dados pessoais, "cujo tratamento deve estar sujeito a particulares requisitos e exigências", considerando também a necessidade de proteção de dados pessoais entre familiares, *vide* SILVEIRA, Luís Lingnau da. **Família e protecção de dados pessoais.** In **Comemorações dos 35 Anos do Código Civil e dos 25 Anos da Reforma de 1977**, Vol. I, Coimbra: Coimbra Editora, 2004, pp. 861 e ss. Mais recentemente, e dirigindo-se à problemática descrita em texto, CRUZ, Rossana Martingo. **A divulgação da imagem do filho menor nas redes sociais e o superior interesse da criança.** In **Direito e Informação na Sociedade em Rede:**

contexto atual, que, quer os momentos mais significativos da vida (aniversários e outros momentos festivos, viagens, sucessos escolares, por exemplo), quer os momentos mais corriqueiros (refeições, passeios, por exemplo), sejam registados em imagens que, depois, não raras vezes, são colocadas na internet, numa página de uma rede social, com possibilidade de acesso por um círculo mais ou menos vasto de pessoas. A disponibilização *online* destes registos fotográficos ou de vídeo pode, em certos casos, nomeadamente quando reveladores de facetas mais íntimas ou menos abonatórias da criança/jovem, revelar-se atentatórios dos seus direitos de personalidade.

Desta nova realidade podem extrair-se várias consequências, nomeadamente no que respeita aos comportamentos exigíveis àqueles que exercem as responsabilidades parentais e que, em regra, são os pais. Por um lado, dentro do dever, que sobre eles recai, de educar os filhos deve incluir-se a preparação dos mesmos para uma atuação responsável no mundo da internet, informando-os dos riscos, definido limites e restrições e impondo mesmo proibições de utilização das ferramentas eletrónicas. Assim, sem prejuízo do respeito pela vontade que a criança/jovem exteriorize[53] e que deve ser avaliada, em função da sua maturidade[54], os pais devem pautar a sua atuação pelo respeito pelo "superior interesse da criança" que, sendo um conceito indeterminado, tem que ser densificado em concreto, através de uma apreciação casuística.

atas. IV Colóquio luso-brasileiro Direito e informação. Luísa Neto e Fernanda Ribeiro (org.), ebook, Porto: Faculdade de Direito e Faculdade de Letras da Universidade do Porto (acessível in: https://www.up.pt/press/books/978-989-746-101-9-978-989-8648-81-5), 2016, pp. 279 e ss.

[53] No ordenamento jurídico português, reconhecem-se oportunidades múltiplas para a manifestação da vontade da criança e do jovem, nomeadamente com o reconhecimento e atribuição do direito de audição ou participação no processo de tomada de uma decisão por uma autoridade pública, da criança e do jovem. Hoje, no direito positivo português, o princípio da "audição obrigatória e participação" está consagrado no artº 4º al. j) e no art. 84º da Lei de Proteção de Crianças e Jovens e Perigo. Em qualquer caso deve aplicar-se o regime previsto nos artº 4º nº 1, al. c)) e art. 5º do Regime Geral do Processo Tutelar Cível, aprovado pela Lei nº 141/2015, de 8 de setembro.

[54] Martins, Rosa, **Poder Paternal Vs Autonomia da Criança e do Adolescente?**. In **Lex Familiae – Revista Portuguesa de Direito da Família**, Ano 1, nº 1, Coimbra Editora, 2004, pp. 65 e ss.

Se os pais atuarem em desrespeito dessa diretriz nuclear, as reações para o incumprimento podem encontrar-se, desde logo, no concreto âmbito familiar, podendo, em casos de especial gravidade, haver repercussões nos termos de exercício das responsabilidades parentais, se se puder afirmar que houve infração culposa dos deveres em relação aos filhos, com grave prejuízo destes, ou se se puder provar que não se encontram em condições de cumprir esses deveres (art. 1915º do CCP e art. 52º do Regime geral do processo tutelar cível, Lei 141/2015 de 8 de setembro). Acresce que, estando em causa direitos tutelados constitucional e civilmente, podem ser chamadas à colação outras medidas, nomeadamente em caso de produção de danos, o funcionamento da responsabilidade civil[55].

5. Tecnologia e relação matrimonial no direito português

Também no âmbito da relação matrimonial se manifestam as consequências do avanço tecnológico e da revolução digital em curso. Vamos, por isso, enunciar numa perspetiva panorâmica, algumas dessas repercussões.

Agruparemos as nossas observações em duas subsecções. Num primeiro momento consideraremos os aspetos relacionados com a constituição da relação matrimonial[56] e num segundo momento atentaremos nos aspetos que respeitam à dissolução ou modificação dessa relação.

5.1. No que respeita à constituição da relação matrimonial

Como se sabe, o casamento como contrato (art. 1577º do CCP) forma-se através do encontro das declarações negociais dos dois contraentes (o consentimento matrimonial de cada um dos nubentes) exteriorizadas

[55] Trata-se de um instituto cujo funcionamento no âmbito familiar coloca questões complexas e que dividem a doutrina portuguesa. Veja-se *infra* a nota 76.

[56] Usamos esta expressão para nos referirmos à disciplina jurídica respeitante ao casamento *in fieri*, ie, ao casamento como ato, considerando em particular, aquilo que sói denominar-se "formalidades do casamento" onde, tradicionalmente se incluem o processo preliminar de casamento, a celebração do casamento e o registo do mesmo. Não nos centraremos, portanto, apenas nem sequer especialmente no contrato de casamento que constitui ato criador do vínculo matrimonial. Usamos, portanto, a expressão com a amplitude que, comummente, a doutrina portuguesa lhe atribui.

na cerimónia solene de casamento (regulada nos artigos 153 e seguintes do CRCP)[57].

O ordenamento jurídico português mantém a exigência de que o consentimento matrimonial deve ser atual. Assim, a vontade dos nubentes só é relevante quando manifestada no próprio ato da celebração do casamento (artigo 1617 do CCP). Consequentemente, nesse ato, para além do conservador, devem estar presentes os dois nubentes, ou, na medida em que se admite a representação de um deles (artigo 1620º do CCP), nessa hipótese, deve estar presente um dos nubentes e o procurador do outro (artigo 154º do CRCP). Não se aceita, aqui, portanto, ainda hoje, a utilização de meios telemáticos e, portanto, a celebração do casamento à distância não é admitida.

Diversamente se passam as coisas no que respeita, às formalidades que devem ser observadas anteriormente à celebração do casamento. Antes dessa celebração, deve decorrer o processo preliminar de casamento para aferir da capacidade matrimonial dos nubentes, nomeadamente para averiguar se não se verifica nenhum dos impedimentos matrimoniais previstos na lei (art. 1599º e seguintes do CCP). Esse processo é organizado por uma conservatória de registo civil (artigo 134º do CRCP), iniciando-se com a declaração daqueles que pretendem contrair casamento[58], manifestando essa vontade e requerendo a instauração do referido processo (artigo 135º do CRCP). Ora, admite-se, hoje, que o início desse processo

[57] Vamos centrar a nossa atenção no casamento civil comum sob forma civil. O ordenamento jurídico português acolhe a possibilidade de celebração do casamento segundo os ritos da Igreja Católica e segundo os ritos de outras Igrejas ou comunidades religiosa consideradas radicadas em Portugal, nos termos do artigo 37º da Lei da Liberdade Religiosa (Lei 16/2001, de 22 de junho). Sobre a caracterização do sistema matrimonial português, veja-se Oliveira, Guilherme de, **Manual de Direito da Família**. 2ª edição. Coimbra: Almedina, 2021, pp. 73 e ss.

[58] A declaração pode ser feita pessoalmente ou por intermédio de procurador, como resulta do artigo 135º, nº 1 do CRCP. Tratando-se de casamento católico, a declaração pode ainda ser prestada pelo pároco competente para a organização do processo canónico, sob a forma de requerimento por si assinado (artigo 135º, nº 2) e, tratando-se de casamento civil sob forma religiosa (i.e., sob a forma prevista por alguma religião que possa ser considerada radicada em Portugal nos termos do artigo 37º da Lei da Liberdade Religiosa, como se referiu na nota anterior), pode ainda ser prestada pelo ministro do culto da igreja ou comunidade religiosa, mediante requerimento por si assinado.

se dê mediante apresentação presencial do respetivo requerimento em qualquer conservatória do registo civil ou mediante a sua apresentação *online*. Assim, nos termos do artigo 136º nº 1 do CRCP, a declaração para casamento deve constar de documento com aposição do nome do funcionário do registo civil ou de documento assinado pelos nubentes e apresentado pessoalmente, pelo correio ou por via eletrónica[59].

A preferência legal pela comunicação pela via eletrónica manifesta-se em várias soluções adotadas a propósito do processo preliminar de casamento. Exemplificamos com a situação que se passa a expor. No caso de casamento civil sob forma religiosa, deve ser oficiosamente comprovada a qualidade do ministro do culto que presidirá à celebração do casamento e a sua credenciação para a prática do ato através de comunicação, preferencialmente por via eletrónica, com a igreja ou comunidade religiosa, sem prejuízo da apresentação pelos nubentes dos respetivos documentos (artigo 137º, nº 6 do CRCP). Subsequentemente, a conservatória deverá comprovar, também preferencialmente por via eletrónica, junto do registo de pessoas coletivas religiosas a radicação da igreja ou comunidade religiosa no País nos termos do artigo 37 da Lei da Liberdade religiosa e a competência dos órgãos para a emissão dos documentos necessários (artigo 137º, nº 6 do CRCP).

Uma vez celebrado, o casamento, como facto sujeito a registo (artigo 1, nº 1, alínea d) do CRCP), deve ser registado[60]. O assento de casamento civil não urgente celebrado em território português é lavrado por ins-

[59] Note-se que "se o processo tiver sido requerido por intermédio da Internet, findo o processo a conservatória remete aos requerentes uma notificação por e-mail ou SMS." **https://www.civilonline.mj.pt/CivilOnline/Casamento/legislacao.jsp.** Se os nubentes, na declaração inicial ou posteriormente, manifestarem a intenção de celebrar casamento católico ou casamento civil sob forma religiosa, e se, no processo preliminar se concluir que os nubentes são capazes de casar, o conservador emite, dentro do prazo de um dia, um certificado no qual se declara que os nubentes podem contrair casamento. Ora, esse certificado deve ser remetido oficiosamente e, sempre que possível, por via eletrónica, ao pároco ou ao ministro do culto competente, respetivamente (artigo 146, nº 3 e 4 do CRCP). Aqui se manifesta, mais uma vez, a preferência pelos meios eletrónicos para a comunicação, corolário da digitalização em curso.

[60] Sobre o registo de casamento, nomeadamente a sua natureza e efeitos, veja-se COELHO, Pereira e OLIVEIRA, Guilherme de, **Curso de direito da família, Vol. I – Introdução: direito matrimonial**, 5ª ed., Coimbra, Imprensa da Universidade de Coimbra, 2016, pp.

crição[61]. Mas, noutras situações (artigo 53º, nº 1, alíneas c), d) e e) do CRC) o assento é lavrado por transcrição. É o que acontece, por exemplo, quanto aos casamentos católicos e aos casamentos civis sob forma religiosa celebrados em território português[62]. Nesses casos, o registo faz-se por transcrição do duplicado do assento paroquial ou do duplicado do assento lavrado no livro de registo ou em arquivo eletrónico da igreja ou da comunidade religiosa radicada em Portugal. Os duplicados devem ser remetidos à Conservatória de Registo Civil, respetivamente, pelo pároco e pelo ministro do culto oficiante do casamento civil sob forma religiosa. Ora, nos procedimentos relativos à operação de transcrição, a lei manifesta mais uma vez preferência pelas comunicações por via eletrónica. Podemos ilustrar o que acabamos de referir com a menção do disposto no artigo 169º, nº 7, no artigo 172º, nº 1, no artigo 174º, nº 2, no artigo 187º, no artigo. 187º-B, nº 1 e no artigo 187º-C, nº 2 do CRC.

A utilização de meios eletrónicos conjugada com a previsão de prazos curtos para a prática dos atos relativos ao procedimento de transcrição promovem a celeridade da concretização do registo do casamento e, portanto, a redução do período temporal que medeia entre a celebração do casamento e a sua transcrição. Esta é uma preocupação do legislador no regime que conformou à luz da regra da retroatividade dos efeitos do registo prevista no artigo 1670º do CCP e no artigo 188º do CRCP[63]. Na verdade, os efeitos do casamento retrotraem-se à data da sua celebração, ressalvando-se apenas "os direitos de terceiro que sejam compatíveis com os direitos e deveres de natureza pessoal dos cônjuges e dos filhos, a não

333 a 351 e 376 a 383 e, também, PINHEIRO, Jorge Duarte, **O direito da família contemporâneo**. 7ª edição. Coimbra: Gestlegal, 2020, pp. 417 a 425 e 430 e 431.

[61] Também é lavrado por inscrição o assento do casamento civil não urgente realizado no estrangeiro perante agente diplomático ou consular português (artigo 52º, al e) do CRCP).

[62] É o que sucede, também, relativamente à transcrição dos assentos de casamentos civis urgentes celebrados em território português e dos assentos de casamentos católicos ou civis, celebrados no estrangeiro, perante as autoridades locais competentes, por portugueses ou por estrangeiros que adquiram a nacionalidade portuguesa (artigos 53º, alíneas c) *in fine* e d) do CRCP).

[63] Sobre os efeitos retroativos do registo, veja-se COELHO, Pereira e OLIVEIRA, Guilherme de, **Curso de direito da família, Vol. I – Introdução: direito matrimonial**, 5ª ed., Coimbra, Imprensa da Universidade de Coimbra, 2016, pp. 339 e 340.

ser que, tratando-se de registo por transcrição, esta tenha sido feita dentro dos sete dias subsequentes à celebração" (nº 2 dos artigos acabados de referir). É, pois, afã do legislador que o registo ocorra dentro do prazo de 7 dias na medida em que, nesse caso, a retroatividade dos seus efeitos é plena.

5.2. No que respeita à dissolução por divórcio ou modificação da relação matrimonial por separação de pessoas e bens

Também no que respeita à dissolução por divórcio e à modificação da relação matrimonial por separação de pessoas e bens[64], podem considerar-se algumas repercussões do avanço tecnológico e da revolução digital em curso, o que procuraremos fazer nas próximas páginas.

O regime previsto para o divórcio é aplicável, *mutatis mutandis*, à separação de pessoas e bens. Por consequência, nas observações que faremos nas próximas páginas consideraremos, em especial, a hipótese de dissolução de casamento por divórcio, nos termos dos art. 1773º e ss, sabendo que elas valerão, com as devidas adaptações, para a situação de decretamento da separação de pessoas e bens (artigos 1794º. e ss).

Em Portugal, prevêem-se duas modalidades de divórcio (e de separação de pessoas e bens): o divórcio por mútuo consentimento e o divórcio sem consentimento de um dos cônjuges (artigo 1793º do CCP). No primeiro caso, o divórcio radica na vontade concordante dos dois cônjuges quanto à decisão de dissolver o casamento e caracteriza-se pela desnecessidade de apresentação de uma causa para esse efeito. No segundo caso, o divórcio pressupõe um pedido formulado por um dos cônjuges contra o outro, com base na rutura definitiva do casamento que pode decorrer da verificação de uma situação subsumível a uma das quatro alíneas do artigo 1781º do CCP[65].

[64] Referimo-nos, aqui, à separação de pessoas e bens que está regulada nos artigos 1794º e seguintes do Código Civil. Segundo o artigo 1795º-A, a separação de pessoas e bens não produz a dissolução do vínculo conjugal, mas determina a extinção dos deveres de coabitação e assistência, sem prejuízo da manutenção do direito a alimentos. No que respeita aos aspetos patrimoniais, a separação produz os efeitos produzidos pela dissolução do casamento.

[65] Sobre este regime, veja-se PEDRO, Rute Teixeira, **Anotações aos artigos 1773 a 1795º do CCP**, in **Código Civil Anotado**, Coordenação Ana Prata, 2ª edição, Coimbra: Almedina, 2020, pp. 717 e ss.

Ora, se os cônjuges, para além do acordo relativo ao decretamento do divórcio (ou separação de pessoas e bens), alcançarem os acordos sobre as matérias previstas no nº 1 do artigo 1775º do CCP – os denominados acordos complementares do divórcio –, o pedido de divórcio (ou separação de pessoas e bens) por mútuo consentimento subscrito por ambos pode ser apresentado em qualquer conservatória de registo civil (artigo 271º do CRCP e artigo 12º, nº 2 do Decreto-lei 272/2001, de 13 de outubro). Ora, esse pedido pode ser apresentado *online*[66], quando o divórcio (ou separação de pessoas e bens) respeitar a um casamento de cidadãos portugueses, ou brasileiros a quem tenha sido concedido o estatuto geral de igualdade de direitos e deveres[67]/[68]. Apresentado o requerimento, seguir-se-á o procedimento previsto no artigo 1776º do CCP e no artigo 14º do Decreto-lei 272/2001, de 13 de outubro[69].

O contexto pandémico veio promover a aceleração do processo de digitalização em curso e também, no âmbito que ora se considera, se fez notar a necessidade de avançar nesse sentido[70]. Assim se explica a iniciativa aprovada em reunião de Conselho de Ministros a 22 de julho

[66] Veja-se https://www.**civilonline.mj.pt/CivilOnline/Divorcio/avisoCertificado.jsp.**

[67] O estatuto geral de igualdade de direitos e deveres encontra-se previsto no decreto-lei nº 154/2003, de 15 de julho que regulamentou a aplicação do Tratado de Amizade, Cooperação e Consulta entre a República Portuguesa e a República Federativa do Brasil, assinado em Porto Seguro em 22 de Abril de 2000, no que respeita ao regime processual de atribuição e registo do estatuto de igualdade aos cidadãos brasileiros residentes em Portugal e aos cidadãos portugueses residentes no Brasil.

[68] O pedido pode ser formulado pelos próprios cidadãos (portugueses ou brasileiros com o estatuto referido) que, para além do cartão de cidadão e leitor adequado, devem ter assinatura digital ativada, caso necessitem de submeter documentos assinados ou por advogados e solicitadores em representação desses cidadãos, através da utilização de certificado digital que comprove a sua qualidade profissional. https://www.civilonline.mj.pt/CivilOnline/

[69] Trata-se de um procedimento muito expedito, se não existirem filhos menores, caso em que é necessária a intervenção do Magistrado do Ministério Público o que pode alongar o procedimento.

[70] Como se lê no preâmbulo do diploma a que se vai fazer referência de seguida em texto "Em face da evolução da situação epidemiológica em Portugal, mantém -se a conveniência em adotar medidas que possam contribuir para minimizar as interações sociais, correspondendo ao mesmo tempo à crescente procura de serviços online".

de 2021 e que conduziu ao Decreto-lei nº 126/2021, de 30 de dezembro que aprovou o regime jurídico a aplicar "à realização, através de videoconferência, de atos autênticos, termos de autenticação de documentos particulares e reconhecimentos". Em vista da implementação deste regime, que se pretende "inovador", o Ministério da Justiça disponibiliza uma plataforma informática que servirá de suporte à realização daqueles atos (artigo 2º do referido diploma). Passam, assim, a poder realizar-se à distância sessões de videoconferência relativas a atos e procedimentos para os quais, atualmente, é exigida a presença física dos intervenientes perante diversas entidades, nomeadamente, entre outras, conservadores, notários e advogados. Abrangem-se no âmbito deste novo regime os atos relativos ao processo de separação ou divórcio por mútuo consentimento cuja decisão seja da competência das Conservatórias de registo civil e que se encontra regulado pelo Decreto-Lei nº 272/2001, de 13 de outubro (artigo 1º, nº 2, alínea b)). Os intervenientes nos atos acederão à plataforma através de uma área reservada, podendo praticar um conjunto variado de atos, nomeadamente a submissão de documentos instrutórios, a prestação do consentimento para a gravação audiovisual dos atos e acesso às sessões de videoconferência (artigo 3º). Trata-se de um regime temporário: entrará em vigor em 4 de abril de 2022 e vigorará durante de dois anos. Será objeto de uma monitorização contínua e findo esse período de vigência será avaliado "com ponderação do seu nível de implementação, do seu âmbito de aplicação, do modelo tecnológico de suporte à realização dos atos e respetiva sustentabilidade financeira" (art. 14º).

A digitalização crescente também se refletiu na mediação familiar, podendo a intervenção do sistema de mediação familiar[71] ser solicitada

[71] O sistema público de Mediação Familiar foi criado, em Portugal, pelo Despacho 18778/2007 de 13 de Julho e, em 2008, o legislador previu, no artigo 1774º CCP, o dever de informação sobre a existência e os objetivos da mediação familiar por parte da Conservatória de Registo Civil e do Tribunal, entidades com competência para apreciar os pedidos de divórcio, nas modalidades previstas no artigo 1773º do CCP. Sobre a mediação, veja-se, por todos, Cruz, Rossana Martingo, **Mediação familiar: limites materiais dos acordos e o seu controlo pelas autoridades**. Coimbra: Coimbra Editora, 2011.

online por meios eletrónicos[72], nomeadamente por formulário electrónico ou por mail[73].

A crescente digitalização da vida familiar matrimonial pode revelar-se a outro nível. Se é certo que a utilização de instrumentos inteligentes, de uso pessoal e doméstico, pode facilitar tarefas da vida quotidiana (tarefas de confeção de comida, de limpeza de objetos e espaços, por exemplo), também é verdade que alguns deles podem potenciar o incumprimento dos deveres conjugais previstos no art. 1672º do Código Civil. A telematização, através do uso de redes sociais e de aplicações várias pode multiplicar ocasiões para o desrespeito pelos deveres conjugais. Pense-se, por exemplo, no dever de fidelidade[74]. Não sendo, hoje, a violação dos deveres conjugais causa *a se* fundamentadora de divórcio, podem, no entanto, os comportamentos de violação desses deveres ser reveladores da "rutura definitiva do casamento" para efeitos da alínea d) do artigo 1781º do CCP.

A propósito do rasto telemático dos comportamentos violadores de deveres conjugais, emergirá a questão do relevo jurídico que pode ser reconhecido aos vestígios dessa natureza que sejam recolhidos. Surge, desde logo, a problemática da utilização de provas que sejam obtidas com acesso a contas de *mail*, contas de aplicações, contas de redes sociais do outro cônjuge.

A questão poderá surgir no âmbito de ações de divórcio (ou separação de pessoas e bens) sem consentimento de um dos cônjuges, nomeadamente por se pretender utilizar esses elementos com o intuito de provar a verificação de comportamentos que seja tradutores da "rutura definita do casamento" (artigo 1781º, alínea d) CCP). Mas podem também surgir no âmbito de processos relativos a pedidos de indemnização entre

72 https://www.civilonline.mj.pt/CivilOnline/Divorcio/avisoCertificado.jsp

73 Pode também ser solicitada por contacto telefónico.

74 Destacam-se a este propósito alguns resultados de um estudo publicado na *Computers in Human Behavior*, Segundo esse estudo, foi detetada uma conexão entre as taxas de divórcio a nível estadual nos EUA e ao número de contas *per capita* no *facebook*, assim como uma conexão entre aquelas taxas e a presença no *facebook*. Concluiu-se, ademais, que a qualidade de vida do casal é 11% superior quando não se usam redes sociais e também que 1/3 dos divórcios começa com um *affair online*. Veja-se referência a esse estudo in https://www.mckinleyirvin.com/resources/digital-divorce-a-guide-for-social-media-digital/how-social-media-affects-marriage/

os cônjuges, ao abrigo do artigo 1792º[75] e ainda no âmbito de processos relativos à regulação do exercício das responsabilidades parentais, uns e outros potenciados pelo contexto de crise da relação matrimonial de que vimos falando[76].

Finalmente, num trabalho que procura dar uma visão panorâmica dos reflexos do avanço tecnológico e da revolução digital em curso no direito da família, não pode deixar de se fazer referência ao relevo dos *bens digitais* na liquidação das relações patrimoniais. Na verdade, desde logo, quando haja lugar à partilha do património comum do casal nos regimes de comunhão, poderão emergir problemas relacionados com a titularidade de criptomoeda que um número crescente de pessoas vem adquirindo.

Conclusões

No périplo que fizemos nas páginas anteriores, pudemos apresentar uma visão panorâmica dos desafios que a revolução científica e tecnológica, nomeadamente no seio de uma sociedade telemática como esta em que vivemos, coloca ao direito.

Como vimos, da panóplia de efeitos produzidos, há aspetos muito positivos e outros mais negativos que foram trazidos pelo progresso.

[75] Parece-nos que, ao abrigo do nº 1 do artigo 1792º CCP, podem ser formulados pedidos indemnizatórios por danos decorrentes da violação de deveres conjugais. A doutrina não é, no entanto, pacífica em Portugal. Para uma referência a duas posições distintas, com menção a outras referências doutrinais, veja-se Coelho, Francisco Manuel de Brito Pereira, **S.T.J. – Acórdão de 12 de maio de 2016: Deveres conjugais e responsabilidade civil – estatuto matrimonial e estatuto pessoal (não matrimonial) dos cônjuge**, in **Revista de Legislação e Jurisprudência**, pp. 41 e ss (anotação a partir da p. 54), Oliveira, Guilherme de, **Responsabilidade civil por violação dos deveres conjugais**, in ***Lex Familiae* – Revista Portuguesa de Direito da Família**, Ano nº 16, nº 31 e 32, 2019, pp. 17 a 43, e Pedro, Rute Teixeira, **A responsabilidade Civil como (derradeira) manifestação de juridicidade dos deveres conjugais?, Anotação ao Acórdão do Supremo Tribunal de Justiça (2ª Secção) de 12.5.2016, Proc. 2325/12.3TVLSB.L1.S1**, in **Cadernos de Direito Privado**, nº 61, abril/junho de 2018, pp. 33 e ss.

[76] A questão da utilização de dados obtidos por um dos progenitores numa conta de *mail* do outro progenitor foi objeto de apreciação e decisão no caso *MP v. Portugal* (Queixa nº 27516/14) e que conduziu à decisão do Tribunal Europeu dos Direitos Humanos de 7 de setembro de 2021.

Caberá ao direito, promover os primeiros, fazendo-os frutificar e procurar travar ou atenuar os segundos.

Ficou patente também que as respostas que os ordenamentos jurídicos brasileiro e português apresentam para algumas questões, apesar dos pontos em comum, são assaz diversos. Nota-se, por exemplo, que há uma intervenção legislativa mais intensa em certas áreas no ordenamento luso do que no brasileiro. Veja-se, a esse propósito, o tratamento legislativo, com sucessivas reformas, algumas muito recentes, sobre a procriação medicamente assistida.

Referências

BAUMAN, Zygmunt. **Amor líquido**. Tradução de Carlos Alberto Medeiros, Lisboa: Relógio d`água, 2006.

—. **Liquid Modernity. Cambridge:** Cambridge Polity Press, 2003.

—. **Vivemos tempos líquidos. Nada é para durar**. *In* Isto é. Disponível:https://istoe.com.br/102755_VIVEMOS+TEMPOS+LIQUIDOS+NADA+E+PARA+DURAR+/. Acesso em 3 de dezembro de 2021.

BIANCA, Cesare Massimo. **Il Familiare debole: l'impegno di giustizia del nuovo diritto do famiglia**. *In* **La civilistica italiana dagli anni '50 ad oggi: Tra crisi dogmática e riforme legislative**. Padova: Casa Editrice Dott. Antonio Milani, 1991.

COELHO, Pereira e Oliveira, Guilherme de. **Curso de direito da família, Vol. I – Introdução: direito matrimonial**, 5ª ed., Coimbra, Imprensa da Universidade de Coimbra, 2016.

COELHO, Francisco Manuel de Brito Pereira. **S.T.J. – Acórdão de 12 de maio de 2016: Deveres conjugais e responsabilidade civil – estatuto matrimonial e estatuto pessoal (não matrimonial) dos cônjuge**, in **Revista de Legislação e Jurisprudência**, pp. 41 e ss.

CRUZ, Rossana Martingo. **A divulgação da imagem do filho menor nas redes sociais e o superior interesse da criança**. In **Direito e Informação na Sociedade em Rede: atas. IV Colóquio luso-brasileiro Direito e informação**. Luísa Neto e Fernanda Ribeiro (org.), ebook, Porto: Faculdade de Direito e Faculdade de Letras da Universidade do Porto (acessível in: https://www.up.pt/press/books/978-989-746-101-9-978-989-8648-81-5), 2016, pp. 279 e ss.

—. **Mediação familiar: limites materiais dos acordos e o seu controlo pelas autoridades**. Coimbra: Coimbra Editora, 2011.

DIAS, Maria Berenice. **Manual de direito das famílias.** 12ª. ed. São Paulo: Revista dos Tribunais, 2017.

GAGLIANO, Pablo Stolze. PAMPLONA FILHO, Rodolfo. **Novo curso de Direito Civil.** 7ª ed. São Paulo: Saraiva, 2017.

GAMA, Guilherme Calmon Nogueira da. **Princípios Constitucionais de Direito de Família: guarda compartilhada à luz da Lei n. 11.698/08 - família, criança, adolescente e idoso.** São Paulo: Atlas, 2008.

HAN, Byung-Chul. **Do desaparecimento dos rituais. Uma topologia do presente.** Lisboa: Relógio d`água, 2020.

—. **No enxame. Reflexões sobre o digital.** Lisboa: Relógio d`água, 2016.

LOPES, Joaquim de Seabra. **Direito dos registos e do notariado**, 11ª ed.. Coimbra: Almedina, 2020.

MADALENO, Rolf. **Manual de direito de Família**. Rio de Janeiro: Forense, 2017.

MARTINS, Rosa, **Poder Paternal Vs Autonomia da Criança e do Adolescente?**. In **Lex Familiae - Revista Portuguesa de Direito da Família**, Ano 1, nº 1, Coimbra Editora, 2004, pp. 65 e ss.

NERY, Rosa Maria de Andrade de; NERY JR., Nelson. **Instituições de Direito Civil: Direitos de Personalidade** (Direito de humanidade). São Paulo: Editora Revista dos Tribunais, 2017.

—. **Manual de Direito da Família**. 2ª edição. Coimbra: Almedina, 2021.

OLIVEIRA, Guilherme de, **Responsabilidade civil por violação dos deveres conjugais**, in ***Lex Familiae* - Revista Portuguesa de Direito da Família**, Ano nº 16, nº 31 e 32, 2019, pp. 17 e ss.

PEDRO, Rute Teixeira. Rute Teixeira, **Anotações aos artigos 1773 a 1795º do CCP**, in **Código Civil Anotado**, Coordenação Ana Prata, 2ª edição, Coimbra: Almedina, 2020, pp. 717 e ss.

—. **A responsabilidade Civil como (derradeira) manifestação de juridicidade dos deveres conjugais?, Anotação ao Acórdão do Supremo Tribunal de Justiça (2ª Secção) de 12.5.2016, Proc. 2325/12.3TVLSB.L1.S1**, in **Cadernos de Direito Privado**, nº 61, abril/junho de 2018, pp. 33 e ss.

—. **A jurisprudência do Tribunal Europeu dos Direitos do Homem e o Biodireito.** *In* **Biotecnologia, Biodireito e saúde: novas fronteiras da ciência jurídica**. São Paulo: Editora Foco, 2019. Coordenadores Ana Cláudia Silva Scalquette e Rodrigo Arnoni Scalquette.

—. **A visão personalista da família e a afirmação de direitos individuais no seio do grupo familiar a emergência de um novo paradigma decorrente do**

processo de constitucionalização do direito da família. *In* OLIVEIRA, Nuno Manuel Pinto; CRORIE, Benedita Mac (Org.) ***Pessoa, Direito e Direitos*** *– Colóquios 2014/2015*. Portugal: Universidade do Minho, 2016.

PINHEIRO, Jorge Duarte. **O direito da família contemporâneo**. 7ª edição. Coimbra: Gestlegal, 2020.

ROSA, Conrado Paulino da. **iFamily: um novo conceito de família?** São Paulo: Saraiva, 2013.

SCALQUETTE, Ana Cláudia Silva. **Família & Sucessões**. 8ª edição. São Paulo: Almedina, 2020.

—. **Estatuto da Reprodução Assistida**. São Paulo: Saraiva, 2010.

—. **Reprodução Humana Assistida: do direito à ao direito da**. *In* **Biotecnologia, Biodireito e saúde: novas fronteiras da ciência jurídica**. São Paulo: Editora Foco, 2019. Coordenadores Ana Cláudia Silva Scalquette e Rodrigo Arnoni Scalquette.

SCALQUETTE, Ana Cláudia Silva; SCALQUETTE, Rodrigo Arnoni. **Análise Contemporânea da Tutela dos Casos Difíceis: o precedente no direito brasileiro.** *In* 60 Desafios do Direito: Direito na Sociedade Contemporânea. Volume 1. Coordenadores: Ana Cláudia Silva Scalquette e José Francisco Siqueira Neto; Organizadores: Carlos Eduardo Nicoletti Camillo e Gianpaolo Poggio Smanio. São Paulo: Atlas, 2013.

SILVEIRA, Luís Lingnau da. **Família e protecção de dados pessoais**. In **Comemorações dos 35 Anos do Código Civil e dos 25 Anos da Reforma de 1977**. Vol. I, Coimbra: Coimbra Editora, 2004, pp. 861 e ss.

TARTUCE, Flávio.Direito. **Civil 1: Lei de Introdução e Parte Geral**. 11ª ed. Rio de Janeiro: Forense. São Paulo: Método, 2015.

Websites consultados

CONSELHO NACIONAL DE JUSTIÇA BRASILEIRO – https://www.cnj.jus.br/

Governo Português XXII (páginas dos comunicados do Conselho de Ministros Português – https://www.portugal.gov.pt/pt/gc22/governo/comunicados-do-conselho-de-ministros

Registo Civil *online* Português – https://www.civilonline.mj.pt/CivilOnline/

TRIBUNAL DE JUSTIÇA DE PERNAMBUCO – https://www.tjpe.jus.br/

TRIBUNAL DE JUSTIÇA DO ESTADO DO ACRE – https://www.tjac.jus.br/

TRIBUNAL DE JUSTIÇA DO ESTADO DE MINAS GERAIS – https://www.tjmg.jus.br/

2.
MATERNIDAD SUBROGADA Y LA SUBVERSIÓN DEL PARENTESCO

DÉBORA GOZZO
URSULA C. BASSET
MARIA CAROLINA NOMURA-SANTIAGO

Introducción

Si, por un lado, la reproducción humana asistida posibilitó que las personas pudieran realizar el anhelo de la maternidad/paternidad, de otro lado, trajo problemas y debates muy profundos acerca de la filiación. Es especial cuando se trata de la maternidad subrogada. En muchos países, la prática es permitida y reglamentada oficialmente. En otros, como es caso de Brasil y Argentina, no hay normas legislativas que traten específicamente de la maternidad subrogada – aunque Argentina tenga una ley sobre la Reproducción Humana Asistida, sancionada en 2013 y regule, desde 2015, la determinación de la filiación por técnicas de reproducción humana asistida em su nuevo Código Civil y Comercial.

El resultado de la existencia de ese tipo de prática sin que sea expresamente reglamentada trae problemas de orden filosófico y pragmatico acerca de la determinación de la filiación de un niño(a) cuya madre no será aquella a quién le dio la luz.

En el presente texto, las autoras analizan algunos de los principales puntos controvertidos, especialmente bajo el prisma de cómo opera em la praxis juridica la maternidad subrogada en Argentina y Brasil, respectivamente. El método utilizado há sido el bibliográfico y jurisprudencial.

1. Entendiendo la maternidad subrogada

La maternidad subrogada es el proceso por el cual la mujer se embaraza para dar a la luz a un hijo(a) que no será suyo. O sea, cuando nacer, el niño o niña será dado a la persona requirente ya sea por beneficencia o por um contrato oneroso. Sin entrar en las polémicas que rodean la designación de la práctica, esta es conocida también con los nombres de gestación por sustitución, alquiler de vientre, alquiler de útero, gestación subrogada, vientre sustituto, subrogación materna, maternidad por otro, maternidad sustituta, entre otras denominaciones[1].

Es importante subrayar que la distinción entre la procreación carnal y la medicamente asistida es la posibilidad de reproducción heteróloga, es decir, que el material genético proceda de una tercera persona, ajena a la pareja. Puede ser reproducción heteróloga unilateral *a pater*, cuando el espermatozoide es de tercero, o *a mater*, cuando hay la donación de óvulos[2]. En la maternidad subrogada tradicional, la mujer es generalmente inseminada com el material genético del padre del niño y así, es tanto la madre genética como la madre gestacional. Sin embargo, en el embarazo subrogado, la mujer cede su útero para gestar un embrión que ha sido concebido en laboratorio con el material genético de los padres biológicos. Así, el lazo de parentesco entre aquél que va a nacer con la mujer que lo llevó en el vientre resulta uno asunto a definir por el derecho, que, desde tiempos inmemoriales determina la maternidad por el parto.

La practica es antigua[3], pero con el advenimiento de las técnicas de reproducción asistida, se abre la posibilidad de que haya hijo genética-

[1] Martínez-Muñoz, K. X. y Rodríguez-Yong, C. A. (2021). La maternidad subrogada: tendencias de regulación en Latinoamérica*Revista Jurídicas, 18*(1), 74-90. https://doi.org/10.17151/ jurid.2021.18.1.5. Acceso en: 24.nov.2021.

[2] Gama, Guilherme Calmon Nogueira da. *A nova filiação.* Rio de Janeiro: Renovar, 2003, p. 473.

[3] En el libro del Génesis, Sarai, la esposa de Abraham, es infértil. Su deseo de quedar embarazada la lleva a entregar a su esclava egipcia en brazos de su marido, para asegurar la descendencia. Será Agar, la extranjera o la exiliada, en referencia a la lengua árabe, quien dará a luz al primer hijo de Abraham. Pestre, Elise. Maternidade do exílio. Quando

mente propio sin embarazo. Hasta el vínculo genético se há complejizado com los últimos desarrollos de la ciencia pues hoy día es posible la concepción de un embrión con material genético de tres personas[4]; la gestante puede ser de una de las dos mujeres en una pareja lesbiana y el aporte de gametos de la otra; la gestación puede ser de beneficencia pero también onerosa lo que abre a la consideración de asuntos delicados derivados de la vulnerabilidad de gestantes y niños gestados, críticas de algunos feminismos y en todo caso, la institución de un mercado de reproducción asistida en el mundo, entre algunos de los asuntos a considerar.

La gestación de substitución[5] puede ser onerosa, altruista, o prohibida. En algunas regiones de los Estados Unidos, y países como Ucrania, Colombia, Grecia, Chipre, Russia e Kenia, la mujer es contratada para gestar el hijo de otra. En esos países, hay una verdadera industria de reproducción humana asistida, en la cual agencias eligen la gestante, supervisan de todo el embarazo, con cuidados de salud, y garantizan la entrega del bebé a los padres contratantes. Proveen estructuras de seguridad jurídica para garantizar que la mujer que gestó el bebé no realizará maniobras tendientes a conservarlo, que no huirá con el niño y que los comitentes podrán ingresar em el país de destino con el niño. Son ingenierías jurídicas. No contratos complejos y conexos. El pago para ese pro-

o deslocamento favorece a fertilidade. ágora (Rio de Janeiro) v. XVII n. 1 jan/jun 2014 71-83. Disponible en: https://www.scielo.br/pdf/agora/v17n1/a05v17n1.pdf. Acceso en: 22 nov.2021.

[4] Bebê com DNA de "três pais" nasce na Grécia. Disponible en: https://revistagalileu.globo.com/Ciencia/noticia/2019/04/bebe-com-dna-de-tres-pais-nasce-na-grecia.html. Acceso em: 22.nov.2021.

[5] "A expressão "maternidade de substituição", apesar de muito divulgada e de vir consagrada na nossa lei e nos dois projetos de lei em apreciação, pode ser indicadora de equívocos e ambiguidades éticas e antropológicas, por supor como tacitamente aceite a fragmentação da maternidade biológica (genética e uterina), social e jurídica. O CNECV optou pela expressão gestação de substituição e gestante de substituição, que traduzem as realidades objetivas que medeiam o processo que pode decorrer entre a transferência/implantação uterina do embrião humano e eventual parto no fim da gravidez evolutiva. Pereira, André Dias. Disponible en: https://portal.cfm.org.br/images/PDF/2019_direito_medico_dias_pereira.pdf. Acceso en: 22.nov.2021.

cedimiento, a depender del país donde ocurra la gestación, puede superar USD 150 mil dólares americanos[6].

Siempre puede haber problemas – y muchos de ellos – pueden existir, por ejemplo, si el bebé nace con alguna deficiencia y los padres biológicos no lo quieren por esta razón. Es lo que pasó con el caso conocido como "Baby Gammy" en Tailandia, en 2013. Una pareja de australianos contrató una mujer para generar sus hijos que nacieron gemelos: un niño y una niña. El niño nació con síndrome de down y la niña, totalmente saludable. Los padres, entonces, quedaron con la niña y dejaron el hijo, que se quedó con la mujer que le generó en su vientre. El caso fue aún más polémico después que se descubrió que el padre había sido condenado por abuso sexual de menores[7]. En 2012, en los Estados Unidos, una pareja de Connecticut contrató a una madre gestacional y cuando se enteraron que el bebé de unas 20 semanas tenía los síndromes de herotaxis, que son varias anomalías que suelen involucrar el corazón y otros órganos –, pidieron a la gestatrix que abortara, pagando la cantidad de USD $ 10,000, además de los $ 22,000 ya pagados por el embarazo. La madre gestacional se negó y se cambió a un estado donde, al nacer, la niña sería legalmente su hija. Al nacer, la niña fue entregada en adopción a la familia Harrell, en Massachusetts. La niña murió en 2020, a la edad de 8 años[8].

[6] Disponible en: https://globalstarsurrogacy.com/surrogacy/?gclid=EAIaIQobChMIi-ZWT57bM6gIViIORC h0mWwJyEAAYASAAEgLoTPD_BwE. También: https://www.ivfconceptions.com/countries-where-surrogacy-is-legal/. Acceso em 22.nov.2021. Llamamos la atención sobre el hecho de que en la pandemia causada por Covid-19, varios bebés nacidos en Ucrania (y otros países donde la práctica está permitida) no pudieron ser entregados a sus padres biológicos porque las fronteras estaban completamente cerradas: https://www.bionews.org.uk/page_146777. Acceso en: 22 nov.2021.

[7] Disponible en: https://www.dailymail.co.uk/news/article-8528141/Baby-Gammys-family-learn-father-David-Farnells-death-Bunbury-Western-Australia.html. Acesso en: 22 nov.2021

[8] Cohen, Elizabeth. Girl in famous surrogacy case dies at age 8. *CNN*. Disponible en: https://edition.cnn.com/2020/08/04/health/seraphina-surrogate-death/index.html. Cohen, Elizabeth. Surrogate offered $10,000 to abort baby. *CNN*. Disponible en: https://edition.cnn.com/2013/03/04/health/surrogacy-kelley-legal-battle/index.html. Acceso en: 22.nov.2021.

En países como Brasil, Portugal, Australia, Canada, entre muchos otros, la gestación subrogada solamente puede ser altruista, esto es, es legal en tanto la mujer que ofrece su vientre no obtenga a cambio un beneficio económico. El principio sigue el Convenio relativo a los derechos humanos y la biomedicina que en su capítulo VII, artículo 21 Prohibición del lucro, declara que: "El cuerpo humano y sus partes, como tales, no deberán ser objeto de lucro."

En Brasil, como será visto adelante, ese tipo de practica no tiene reglamentación jurídica especifica sino la Resolución del Consejo Federal de Medicina (n. 2.294/2021[9]) que determina que la gestación de substitución o cesión temporaria de útero solamente puede ser altruista y la persona que gestará el embrión debe ser pariente hasta el cuarto grado. En Argentina, la maternidad subrogada no está reglamentada por ninguna norma, aunque sea una realidad, y no tenga sido contemplada por la Ley Nacional de Fertilización Asistida (26.862/2013).

En Argentina, la práctica resultaba expresamente regulada en el Anteproyecto de Código Civil y Comercial como práctica altruista pero con controles débiles por parte de la autoridad judicial. El nuevo Código Civil y Comercial suprimió esta regulación, y, en su lugar, determina la maternidad por el parto, aún en las técnicas de reproducción humana asistida (Art. 562 CCC). Ello no ha impedido a varios jueces declarar esse articulo inconstitucional y homologar convenios a veces onerosos, a veces altruistas, de maternidades subrogadas llevadas a cabo em el país, o simplemente inscribir el hijo a nombre de los comitentes de la práctica, en líneas generales, sin verificar la idoneidad de los comitentes o si hubo o no trata de niños.

Pero, hay países que simplemente prohiben la gestación de substitución, mismo que sin compensación económica, como es el caso de Finlandia, Francia, Alemania, Islandia, Italia, Paquistán, China, Servia, España, Suiza y Suecia. Dentre los principales argumentos para la prohibición, como es el caso de Alemania especificamente, están que la subrogación viola la protección del embrión (Embryo Protection Act) y es vista como contraria a la moral[10].

[9] Disponible en: https://portal.cfm.org.br/images/stories/biblioteca/codigo%20de%20etica%20medica.pdf. Acceso en: 23 nov. 2021.

[10] NOMURA-SANTIAGO, Maria Carolina. *Post Mortem*: a questão sucessória dos embriões criopreservados. São Paulo: Liberars, 2021. p. 45.

El *Human Fertilization and Embryology Act* que es el comité de ética más importante de Inglaterra, inspirado en el *Warnock Report* presenta tres argumentos principales para que la gestación de substitución sea banida, aunque en aquél país ese tipo de reproducción sea permitida: i) no debería haber terceros involucrados en una relación exclusiva (madre y hijo); (ii) existe la posibilidad de un vínculo intrauterino entre la mujer embarazada y el feto que, si se rompe, podría ser perjudicial para el niño; (iii) existen riesgos importantes para la madre sustituta, aunque es posible que algunas mujeres no quieran tener a un hijo por razones estéticas. Se concluye que los contratos de maternidad por subrogación son imposibles de se cumplir y, por lo tanto, deben ser considerados ilegítimos[11].

Otro problema de esos contractos de adhesión con el centro de salud y la madre subrogada son que sitúa la determinación de la filiación en un contexto contractual de una relación entre adultos: los pretensos progenitores en un contrato deciden la filiación del hijo que va a nacer. "El hijo es el gran ausente, teórico y práctico, de esta transacción. En cualquier otra circunstancia esto hubiera espeluznado. Y es que en el derecho comparado esta solución espeluzna, porque el contrato es apenas un elemento concurrente o casi un elemento previo requerido para que sobre la base del consentimiento nazcan las fuentes de determinación de la filiación. El haber contractualizado la filiación, es un error conceptual", como recuerda Ursula Basset:

> El elegir el tenor de fondo de la voluntad de adultos cambia el eje de la filiación. El punto de partida ya no es el verdadero quicio del régimen filiatorio, que es la configuración ab initio de todas las reglas de acuerdo al interés superior del niño, sino que ab initio se analiza el derecho de los padres a engendrar, y después de que engendraron (y así situaron al niño en una situación determinada en relación a sus derechos y a su identidad) recién entonces, frente al hecho consumado se consideran (a posteriori) los derechos de los niños. Es así como, el derecho opta por una perspectiva, por mirar la realidad no desde los 'ojos del niño' sino desde los derechos del subjetivos del adulto. Cuando se opera la confusión entre contrato de servicios entre el

[11] Field, Martha A. (1987) "Surrogate Motherhood: The Legal Issues," *NYLS Journal of Human Rights:* Vol. 4 : Iss. 2 , Article 5. Disponible en: https://digitalcommons.nyls.edu/journal_of_human_rights/vol4/iss2/5. Acceso en: 21 nov.2021.

> centro de salud y los adultos y el establecimiento de la filiación, el derrotero es inevitable: se cambia el eje, y por lo tanto se invierten los principios aplicables. (...) De hecho, a diferencia de lo que sucede en el derecho filiatorio, los derechos del niño son un principio que configura y determina todas las reglas e incluso limita fuertemente la voluntad de los padres en aras del interés del niño previamente a, y después de la concepción y el nacimiento; en el derecho contractual y médico, los derechos del niño aparecen ante el hecho consumado, vienen cercenados desde su concepción, porque en realidad, el niño no es visto como sujeto, sino como objeto del contrato[12].

Por fin, no se puede olvidar que una de las razones para la prohibición de la maternidad subrogada, o vientre subrogado, es que en esos contratos, se ha esgrimido que estos conllevan la "cosificación" de la mujer, pues se trata a esta como un "envase"; atentan contra la moral y las buenas costumbres, y en consecuencia, su práctica implica un objeto ilícito; prescinden del interés del niño; afectan los principios generales en materia de liación y constituyen un mecanismo de trata de personas [Proyecto de Ley S-2439/07 (Argentina); Proyecto de Ley S-3859/05 (Argentina)[13]. En ese sentido, Michael Shapiro analiza las razones por las que las personas eligen técnicas de reproducción asistida y argumenta que el abanico de posibilidades trae consigo todo tipo de conflictos, especialmente morales. En el caso específico de la maternidad subrogada, Shapiro dice que hay una tendencia a considerar inmoral a la madre que presta su útero para dar a luz al hijo generado a cambio de dinero. Pero, al mismo tiempo, ¿no sería también inmoral la motivación de perpetuar la

[12] Basset, Ursula C. Maternidad subrogada: determinar la filiación por el parto ¿es contrario a los derechos humanos? La Ley. 02 mayo de 2016. Disponible en: http://www.saij.gob.ar/ursula-basset-maternidad-subrogada-determinar-filiacion-parto-es-contrario-derechos-humanos-dacf160481-2016-05-02/123456789-0abc-defg1840-61fcanirtcod?&o=20&f=Total%7CFecha%7CEstado%20de%20Vigencia%5B5%2C1%5D%7CTema/Derecho%20civil/. Acceso en: 24.nov.2021.

[13] Martínez-Muñoz, K. X. y Rodríguez-Yong, C. A. (2021). La maternidad subrogada: tendencias de regulación en Latinoamérica. *Revista Jurídicas*, *18*(1), 74-90. https://doi.org/10.17151/ jurid.2021.18.1.5. Acceso en: 24 nov.2021.

existencia mediante la procreación de un hijo así generado? ¿Dónde, en ese caso, estaría la protección en el interés superior del niño?[14]

A pesar de polémica y ambigua, dentro de la realidad de muchas familias, esta es una solución posible y legitima, especialmente para parejas homosexuales o en que la mujer no tenga la posibilidad física del embarazo.

2. El establecimiento del parentesco y la maternidad subrogada

La determinación de la filiación es uno de los mayores desafíos del derecho, en especial, del derecho contemporáneo, cuyas reglas ponen en crisis una serie asunciones y paradigmas. Es que, la filiación humana es un hecho complejo[15].

Por siglos, el aforismo legal *mater sempre certa est* (la madre es siempre cierta) era indiscutible. Madre era quién daba a la luz al niño o niña. El padre, a su vez, era reconocido como siendo suyo, el hijo que nascia de su esposa: *Pater is est quem justae nuptiae demonstrant* (el padre es aquél que se demuestra en el matrimonio)[16].

El parentesco que reposara en los lazos de sangre, estableciendo la presunción de filiación, era, así, absoluta. Con las técnicas de reproducción asistida, ha sido posible desvincular el material genético del nascituro con el de la pareja idealizadora del proyecto parental, y la filiación pasó también a ser determinada por la afectividad, en lo que el grande

[14] Shapiro, Michael H.. Illicit Reasons and Means for Reproduction: On Excessive Choice and Categorical and Technological Imperatives, 47. *Hastings L.J.* 1081 (1996). Disponible en: https://repository.uchastings.edu/hastings_law_journal/vol47/iss4/7. Acceso en: 23 nov.2021.

[15] Basset, Ursula C. Maternidad subrogada: determinar la filiación por el parto ¿es contrario a los derechos humanos? La Ley. 02 mayo de 2016. Disponible en: http://www.saij.gob.ar/ursula-basset-maternidad-subrogada-determinar-filiacion-parto-es-contrario-derechos-humanos-dacf160481-2016-05-02/123456789-0abc-defg1840-61fcanirtcod?&o=20&f=Total%7CFecha%7CEstado%20de%20Vigencia%5B5%2C1%5D%7CTema/Derecho%20civil/. Acceso en: 24.nov.2021.

[16] Gozzo, Débora; Ligiera, Wilson Ricardo. Maternidade de substituição e a lacuna legal: questionamentos. Civilistica.com. Rio de Janeiro, a. 5, n. 1, 2016. Disponível em: <http://civilistica.com/maternidade-de-substituicao-e-a-lacuna-legal-questionamentos/>. Acesso en: 21.nov.2021.

maestro brasileño João Baptista Villela, denominó "desbiologización de las relaciones parentales"[17].

De esa manera, la presunción de maternidad, que era absoluta, pasó a ser relativizada a cuenta de las transformaciones de los vínculos oriundos de las técnicas de reproducción humana asistida. Así, la madre, hoy día, puede ser la mujer que gestó el hijo en su vientre, o ser solamente la donante del gameto, sin el embarazo. La madre puede aún ser aquella que realizó todos los trámites requeridos para que el niño(a) venga al mundo, pero sin ningún parentesco genético o de gestación con él. La presunción de paternidad, sin embargo, sigue igual. O sea, es el padre aquél que es el marido o compañero de la madre; y, en los casos de fertilización heteróloga (cuando el material genético no es del marido) el padre és aquél que dio su consentimiento.

En los casos de gestación subrogada, todavía, hay otro problema: cuando el óvulo que generó el embrión es de la misma mujer que lo lleva en el vientre. Es decir: ella es la madre gestacional y la madre biológica del bebé. Mientras, la mujer que tiene el proyecto de ser madre y que contrató la gestante, no tendrá cualquier parentesco con el niño. Será, entonces, su madre adoptiva. Y esa es la más importante cuestión de ese tipo de reproducción.

Fallo emblemático ha sido de la "Baby M", en los Estados Unidos, en 1985. La pareja Elizabeth y William Stern no podían tener hijos. Contrataron a Mary Beth Whitehead, de 29 años, para generar su hijo, y seria paga para eso. Mary fue inseminada artificialmente con el esperma de William y firmó el contrato que decía que entregaria el bebé, renunciando a sus derechos maternos. Pero, cuando nació el bebé, Mary se negó a dársela a los Sterns y huyó a Florida. La pareja demandó a Mary para recuperar al niño. En primera instancia, el juez entendió que el contrato debía cumplirse. En segunda instancia, se defendió que el contrato era inválido e ilegal. Sin embargo, la custodia de la niña fue entregada a los Stern, en el

[17] VILLELA, João Baptista. Desbiologização Da Paternidade. *REVISTA DA FACULDADE DE DIREITO DA UFMG*, [S.l.], n. 21, p. 400-418, fev. 2014. Disponible en: <https://www.direito.ufmg.br/revista/index.php/revista/article/view/1156>. Acceso en: 24 nov.2021.

que el hombre era su padre biológico, ya que el juez entendió que tenían mejores condiciones para mantener a "M"[18].

Según Phillis R. Silverman, uno de los abogados de Mary Whitehead, las madres sustitutas son incapaces de comprender el impacto que tendrá en ellas la entrega de un hijo. "Una cosa es estar de acuerdo en abstracto con el parto de un hijo, y otra, muy distinta, es dar a luz a un ser humano, y después del nacimiento dejarle en los brazos de otra mujer"[19]. Por esa razón, solamente pueden ser madres sustitutas aquellas que ya tienen la experiencia de la maternidad. Y, aún así, muchas veces, es difícil para a la mujer entregar al bebé luego después de su nacimiento.

En Portugal, el debate sobre el criterio legal de maternidad gira al alrededor de la llamada vinculación intencional y genética y la vinculación gestacional. El criterio del vinculo intencional otorga una importancia fundamental al ligamiento genético, considerando que el uso de material genético es condición para que al menos uno de los miembros de la pareja pueda determinar su paternidad / maternidad. El criterio del vinculo gestacional, a su vez, se basa en el hecho de que el embarazo y el parto son, en sí mismos, un vínculo único. Según André Dias Pereira, el Tribunal Constitucional de Portugal valora más el critério gestacional[20].

Es decir, existen dos tipos principales de parentesco: el biológico y el afectivo, lo que en Brasil recibió el nombre de maternidad o paternidad socioafectiva, incluso, reconocido por el Consejo Nacional de Justicia, en el Provimiento 63 de 2017.

En Argentina, el artículo 558 que remplaza el antiguo 240 del Código Civil establece que la filiación puede tener lugar por naturaleza, mediante técnicas de reproducción humana asistida, o por adopción. Se establece que cualquier de las filiaciones tiene los mismos efectos, en otro ensayo de igualación formal y abstracta, que luego el texto contradice ("conforme

[18] HABERMAN, Clyde. Baby M and the Question of Surrogate Motherhood. *The New York Times*. 23.Mar.2014. Nova York. Disponible en: https://www.nytimes.com/2014/03/24/us/baby-m-and-the-question-of-surrogate-motherhood.html. Acceso en: 25 nov.2021.

[19] Relatório de Phillis de Silverman. *Apud*. LEITE, Eduardo de Oliveira. Procriações Artificiais e o Direito. São Paulo: Revista dos Tribunais, 1995, p. 418.

[20] Dilemas da PMA em Portugal e na Europa. Disponible en: https://portal.cfm.org.br/images/PDF/2019_direito_medico_dias_pereira.pdf. Acceso en: 23 nov.2021.

a las disposiciones de este Código"). El número de vínculos filiatorios se limita a dos[21]. Es necesario señalar que la jurisprudencia ha hecho un interpretación libre sobre estas reglas también. Y hay casos que declaran la inconstitucionalidad de la regla de bioparentalidad, y declaran paternidades socioafectivas convergentes. Por otra parte, toda vez que la filiación adoptiva es abierta y existe la adopción del progenitor afín (padrastro, madrastra), que puede ser simple o plena, la multíparentalidad es uma referencia abierta en el derecho filiatorio argentino. Es decir, la materia prima de los factores y perfiles de determinación de la filiación en Argentina ya es compleja, con o sin la maternidad subrogada.

La Convención de los Derechos del Niño[22], la jurisprudencia de la Corte Interamericana de Derechos Humanos se inclina visiblemente por el paradigma biológico-genético. Pero, la regla de determinación por el parto, es la más "convencional" (concorde con la interpretación que se hace de las Convenciones) de todas las reglas de determinación, de hecho es el presupuesto de todos los fallos relativos a la protección de familia (art. 17, CADH), sin perjuicio de que tal vez esas maneras de concebir la familia ya no respondan con total sintonía a las expectativas de algunas nuevas familiares[23].

Otro punto muy importante y que llama la atención, son los conflictos que la maternidad subrogada internacional causa a la identidad del niño nacido por medio de ese tipo de practica. Sabemos que hay dos tipos de criterios para determinar la nacionalidad de una persona: *jus solis* (derecho al suelo, al territorio, donde la persona que nazca en determinado país es nacional de aquella localidad); y el *jus sanguinis* (derecho de san-

[21] Basset, Ursula. C. (2012). Filiación : consideraciones generales [en línea]. En Análisis del proyecto de nuevo Código Civil y Comercial 2012. Buenos Aires : El Derecho. Disponible en: http://bibliotecadigital.uca.edu.ar/repositorio/contribuciones/filiacion-consideraciones-generales-basset.pdf. Acceso en: 23 nov.2021.

[22] Basset, Ursula C., "Derecho del niño a la unidad de toda su identidad", La Ley-2011-1005-1015, ponencia que fue votada por unanimidad en las XXIV Jornadas Nacionales de Derecho Civil.

[23] Basset, Ursula. C. (2012). Filiación : consideraciones generales [en línea]. En Análisis del proyecto de nuevo Código Civil y Comercial 2012. Buenos Aires : El Derecho. Disponible en: http://bibliotecadigital.uca.edu.ar/repositorio/contribuciones/filiacion-consideraciones-generales-basset.pdf. Acceso en: 23 nov.2021.

gre, o sea, si, por ejemplo, los padres son brasileños, el hijo así también lo es, mientras haga nascido en otro país).

Situación emblemática de ese tipo de conflicto es el caso Balaz. En 2008, una pareja alemana contrató una gestación de substitución en Índia utilizando los gametos del señor Balaz y huevos donados, donde nacieron dos gemelos. Sin embargo, los Balaz no pudieron regresar a Alemania con los bebés y la pareja tuvo que quedar en Índia por dos años hasta que pudieron adoptar los niños a traves de la ley alemana, pero solamente después que el gobierno de Índia reconoció los bebés como sus ciudadanos. Mientras tanto, los niños se quedaron sin ninguna ciudadania, ni alemana ni tampoco indiana[24].

En muchos países en los cuales la maternidad subrogada es prohibida como Alemania, Francia y España, traer el niño que nazca en otro país puede ser un problema. En los conocidos fallos Mennesson vs. France y Labassee vs. France, el Tribunal Europeo de Derechos Humanos determinó que la recusa en conferir la ciudadanía a los niños violan sus derechos de personalidad[25].

De hecho, una forma de terminar el problema de la transnacionalidad del niño es la utilización de la adopción, que es una forma de no permitir la salida del bebé sin ofender el ordenen publico interno del país donde este nació. Sin embargo, esa hipótesis no es ajena de critica, pues la adop-

[24] SANTIAGO, Juliana Faria. Gestação por substituição: a ordem pública internacional e o melhor interesse do menor. Tesis de Maestrado. p. 25. Disponible en: https://repositorio.unb.br/bitstream/10482/39024/1/2020_JulianaFariaSantiago.pdf. Acceso en: 24 nov.2021.

[25] "The Court observed that the French authorities, despite being aware that the children had been identified in the United States as the children of Mr and Mrs Mennesson and Mr and Mrs Labassee, had nevertheless denied them that status under French law. It considered that this contradiction undermined the children's identity within French society. (...) The effects of the refusal to recognise a parent-child relationship in French law between children born following surrogacy treatment abroad and the couples who had the treatment were not confined to the couples, but also extended to the children. Their right to respect for their private life, which implied that everyone should be able to establish the essence of his or her identity, including his or her parentage, was significantly affected. There was therefore a serious issue as to the compatibility of the situation with the children's best interests, which must guide any decision concerning them." Disponible en: hudoc.echr.coe.int. Acceso en: 24 nov.2021.

ción y la gestación subrogada son institutos muy distintos[26]. Mientras la adopción es un acto totalmente altruista, en la gestación subrogada el procedimiento, no necesariamente lo es.

2.1 En Argentina

En Argentina, la maternidad subrogada jamás ha recibido recepción, legislativa. El Proyecto de Ley S-3859/05, por ejemplo, determinaba que quien suscribiera o participara en un contrato de maternidad subrogada podía ser condenado a una pena que oscilaba entre los 4 y 8 años de prisión, y también se buscó prohibir a través del Congreso la maternidad subrogada en ambas modalidades – pagas y altruistas – (Proyecto de Ley S-2439/07). Sin embargo, el anteproyecto del Código Civil y Comercial adoptó um postura más flexible, pues unicamente prohibía la maternidad subrogada en la cual mediaba el pago de una remuneración[27].

Actualmente, la filiación es determinada sobre tres vias factibles: la filiación por naturaleza, adopción (com las salvedades indicadas más arriba, sobre la complejizacion de los elementos y criterios para determinar la filiación a partir de los nuevos horizontes introducidos por el Código Civil y Comercial de 2015) y por medio de técnicas de reproducción humana asistida, reglamentadas por la Ley n. 26.862, sancionada en 2013. La regla de determinación de filiación por el parto del art. 562 del Código Civil y Comercial de la Nación (Ley 26.994 de 2014) sigue vigorosa, o sea, la madre es aquella que da la luz:

> Artículo 562. – Voluntad procreacional. Los nacidos por las técnicas de reproducción humana asistida son hijos de quien dio a luz y del hombre o de la mujer que también ha prestado su consentimiento previo, informado y libre en los términos de los artículos 560 y 561, debidamente inscripto en el

[26] Santiago, Juliana Faria. Gestação por substituição: a ordem pública internacional e o melhor interesse do menor. Tesis de Maestrado. p. 32. Disponible en: https://repositorio.unb.br/bitstream/10482/39024/1/2020_JulianaFariaSantiago.pdf. Acceso en: 24 nov.2021.

[27] Martínez-Muñoz, K. X. y Rodríguez-Yong, C. A. (2021). La maternidad subrogada: tendencias de regulación en Latinoamérica*Revista Jurídicas, 18*(1), 74-90. https://doi.org/10.17151/ jurid.2021.18.1.5. Acceso en 24 nov.2021.

Registro del Estado Civil y Capacidad de las Personas, con independencia de quién haya aportado los gametos.

Sin embargo, como la practica de la maternidad subrogada no tiene una regulación expresa y específica (su regulación se deduce del prohibición de realizar contratos sobre el cuerpo humano, Art 17 CCC, la prohibición de que los contratos tengan por objeto lo que sea contrario al orden y moral publicas y el ya citado Art. 562), algunos jueces entienden jueces entienden ser inconstitucional el Art. 562. Uno de los primeros fallos en Argentina es el de 2013[28], en lo cual resultó procedente acceder a la inscripción como hija de una niña concebida bajo la modalidad de maternidad subrogada. La justificativa ha sido que en la República Argentina no existe aún regulación legal que habilite o prohíba, en su caso, el acceso a la maternidad mediante la subrogación de vientre utilizando material genético de la propia pareja, dicha solución es la que más responde al interés superior de la nacida y este principio ha sido reconocido por la Convención sobre los Derechos del Niño -que a partir de la reforma a la Carta Magna de 1994 goza de jerarquía constitucional, conf. Art. 75 inc. 22º, CN- y por la ley 26.061 de Protección Integral de los Derechos de los Niños, Niñas y Adolescentes. En su sentencia, la juez María Bacigalupo de Girard, dijo:

> La gestación por sustitución importa comprender la existencia de una disociación entre la maternidad genética, la maternidad gestacional y la maternidad social, originada por el acceso a técnicas de reproducción humana asistida, por parte de quienes pretenden acceder a la construcción de un vínculo parental (...).
> Así se ha sostenido que si bien el concepto jurídico del interés superior del niño es indeterminado, no es menos cierto que 'el niño no estaría en este mundo de no haberse recurrido a la gestación por sustitución por parte de una o dos personas que desearon fervientemente su existencia; tanto lo qui-

[28] Inscripción de nacimiento, juzgado civil 86. Disponible en: http://www.saij.gob.ar/juzgado-nacional-civil-nacional-ciudad-autonoma-buenos-aires--inscripcion-nacimiento-fa13020016-2013-06-18/123456789-610-0203-1ots-eupmocsollaf. Acceso en: 24 nov.2021.

sieron, que no pudiendo hacerlo por otro método recurrieron a uno que implica dificultades de todo tipo (legales, económicas, fácticas, etc.).'

En este caso, y en al menos una treintena más, los jueces han considerado su potestad validar en casos concretos la maternidad subrogada (Argentina no tiene sistema de precedente, por eso los fallos solo obligan en el caso particular y no tienen alcance general), pese a la clara intención del legislador de excluirla del Código Civil y Comercial. Así, otro ejemplo, es el Juzgado de Familia de Lomas de Zamora No. 7[29], que declaró la inconstitucionalidad del artículo 562 del Código Civil y Comercial de la Nación "en cuanto no reconoce la maternidad de la mujer que ha expresado su voluntad procreacional mediante el consentimiento informado, sino la de la mujer que da a luz". Esta decisión resulta relevante, pues el texto declarado inconstitucional parecía desconocer los contratos de maternidad subrogada, habida cuenta que consideraba como madre únicamente a la persona que había dado a luz al recién nacido[30].

De hecho, como sostuvo Ursula Basset, sin dejar de advertir que Argentina admite las técnicas de reproducción humana asistida en su legislación -pero deliberadamente excluyó la determinación de la filiación por el deseo en el caso de la maternidad por subrogación-, es necesario revisar la matriz de análisis en todos los casos de filiación: el riesgo es crear nuevos adultocentrismos. Es decir, crear un derecho en el cuál el niño sea objeto, y la democratización de las relaciones de familia sea una retórica vacua. La filiación por técnicas de reproducción humana asistida es una filiación y no puede escapar a los principios generales de la materia, en especial a la protección universal de los niños[31].

[29] Disponible en: https://www.scba.gov.ar/guia/localidades.asp?localidad=BANFIELD,+LOMAS%20DE%20ZAMORA&marcadores=-34.743468,-58.429348&reparticion=Juzgado%20de%20Familia%20N%BA%20%A07&edificio=Camino%20Pres.%20Juan%20Domingo%20Peron%20%20Intersecci%F3n:%20Larroque&id=222&idrep=1316. Acceso en: 24 nov.2021.

[30] Martínez-Muñoz, K. X. y Rodríguez-Yong, C. A. (2021). La maternidad subrogada: tendencias de regulación en Latinoamérica*Revista Jurídicas*, *18*(1), 74-90. https://doi.org/10.17151/ jurid.2021.18.1.5. Acceso en: 24 nov.2021.

[31] Basset, Ursula C. Maternidad subrogada: determinar la filiación por el parto ¿es contrario a los derechos humanos? La Ley. 02 mayo de 2016. Disponible en: http://www.

2.2 En Brasil

La Constitución Federal de 1988, en su artículo 226, § 7º, que fue replicado en el artículo 1.565, § 2º del Código Civil, garantiza a las parejas el derecho a ejercer libremente su planificación familiar, que implica decidir si tener o no hijos, cuántos niños deseen, y que el Estado deve proporcionar el conjunto de información necesaria para tomar una decisión consciente y responsable, así como la oportunidad de recurrir a la medicina reproductiva para posibilitar el embarazo. Es, por lo tanto, considerado un derecho fundamental.

En Brasil, la presunción de maternidad es de la mujer que dio la luz, aún que no haya una ley que así lo escriba, distintamente de lo que ocurre con los padres, cuya presunción de paternidad se encuentra en el artículo 1.597 del Código Civil[32]:

> Art. 1.597. Se presume que los hijos se conciben en la constancia del matrimonio:
> I – nacido ciento ochenta días, como mínimo, después de haber establecido la relación conyugal;
> II – nacido dentro de los trescientos días siguientes a la disolución de la sociedad conyugal, por fallecimiento, separación judicial, nulidad y nulidad del matrimonio;
> III – habido por fecundación artificial homologa, aunque fallecido el marido;

saij.gob.ar/ursula-basset-maternidad-subrogada-determinar-filiacion-parto-es-contrario-derechos-humanos-dacf160481-2016-05-02/123456789-0abc-defg1840-61fcanirtcod?&o=20&f=Total%7CFecha%7CEstado%20de%20Vigencia%5B5%2C1%5D%7CTema/Derecho%20civil/. Acceso en: 24 nov.2021.

[32] Traducido libremente del texto original: Art. 1.597. Presumem-se concebidos na constância do casamento os filhos: I – nascidos cento e oitenta dias, pelo menos, depois de estabelecida a convivência conjugal; II – nascidos nos trezentos dias subsequentes à dissolução da sociedade conjugal, por morte, separação judicial, nulidade e anulação do casamento; III – havidos por fecundação artificial homóloga, mesmo que falecido o marido; IV – havidos, a qualquer tempo, quando se tratar de embriões excedentários, decorrentes de concepção artificial homóloga; V – havidos por inseminação artificial heteróloga, desde que tenha prévia autorização do marido. Disponible en: http://www.planalto.gov.br/ccivil_03/leis/2002/l10406compilada.htm. Acceso en: 25 nov.2021.

IV – habidos, a cualquier tiempo, cuando se tratar de embriones excedentes de concepción artificial homóloga;
V – habido por inseminación artificial heteróloga, desde que tineta previa autorización del marido.

Sin embargo, las hipótesis legales actuales no cubren el uso de óvulos donados ni el embarazo unicamente, pues aunque el artículo 1.597, V, del Código Civil se refiere a la reproducción heteróloga, deja claro que sólo habría necesidad de autorización del marido – no de la mujer. Así, se entiende que la ley se refiere a la concepción realizada en proprio útero y con su proprio óvulo. Por lo tanto, no se menciona la reproducción heteróloga femenina[33].

En ese sentido, el enunciado 129 del CJF propone el cambio del artículo 1.597 del Código Civil brasileño con la siguiente redacción: "Art. 1.597-A. "La maternidad se asumirá por embarazo. Párrafo único: En los casos de utilización de técnicas de reproducción asistida se establecerá la maternidad a favor de quien aportó el material genético, o quien, habiendo planificado el embarazo, utilizó la técnica de reproducción asistida heteróloga.". La propuesta de cambio[34] busca la igualdad de género, ya que el artículo 1.597 autoriza al hombre infértil o estéril a utilizar técnicas de reproducción asistida para superar su discapacidad reproductiva, el Código Civil no puede dejar de proporcionar el mismo trato a la mujer.

Como dicho, aunque existan proyectos de ley en Brasil desde 1997 sobre reproducción humana asistida, hasta hoy, el país no tiene ninguna ley especifica sobre el tema. Es el Consejo Federal de Medicina (CFM), el Consejo de Justicia Federal (CJF) y el Consejo Nacional de Justicia (CNJ)

[33] Gozzo, Débora; Ligiera, Wilson Ricardo. Maternidade de substituição e a lacuna legal: questionamentos. Civilistica.com. Rio de Janeiro, a. 5, n. 1, 2016. Disponível em: <http://civilistica.com/maternidade-de-substituicao-e-a-lacuna-legal-questionamentos/>. Acceso en: 25.nov.2021. (traducción libre del original)

[34] Jornadas de direito civil I, III, IV e V : enunciados aprovados / coordenador científico Ministro Ruy Rosado de Aguiar Júnior. – Brasília : Conselho da Justiça Federal, Centro de Estudos Judiciários, 2012. Disponible en: https://www.cjf.jus.br/cjf/corregedoria-da-justica-federal/centro-de-estudos-judiciarios-1/publicacoes-1/jornadas-cej/EnunciadosAprovados-Jornadas-1345.pdf. Acceso en: 23 nov.2021.

que, por meio de resoluciones y provimientos intentan reglamentar estos temas, pero sin el respaldo de ley originaria. En ese sentido, la Resolución 2.294/2021 del CFM tiene un capitulo específico sobre la gestación subrogada y determina, dentre otros puntos, que solo es posible entre personas de la misma família y ese acto tiene que ser gratuito[35].

Unicamente en los casos en que la mujer no tiene nadie en su família para ayudarla a generar su hijo, el Órgano acepta una mujer ajena a su núcleo familiar, como es el caso de una amiga. Sin embargo la madre subrogada no podrá recibir dinero por sus servicios[36]. En Brasil, la remuneración de una mujer para ser madre sustituta está fuera de cualquier posibilidad jurídica, con base en el artículo 199, §4º de la Constitución Federal de 1988[37].

> Otro punto importante de la gestación subrogada es el anonimato del donante de gametos y de la mujer que gestó el bebé. De um lado, el CFM determina que la donación de material genético debe ser anónima. Pero, el Provimiento 63 de 2017, de CNJ, determina la quiebra de um anonimato. Um eso, el intento es garantizar aquela persona nacida de reproducción humana asistida su derecho a conocer su origen biológica, y que pueda concretizar el libre desarrollo de su personalidad y dignidad. Sin embargo, um los casos de embarazo por sustitución, el nombre de la gestante informado um el Certificado de Nacimiento (DNV) dejará de aparecer um el registro. Además, el conocimiento de la ascendencia biológica no importará para reconocer el vínculo de parentesco entre el donante y la persona generada a través de la reproducción asistida. Antes de um Provimiento, para acceder el registro del hijo, era necesaria la autorización judicial[38].

[35] VII – SOBRE A GESTAÇÃO DE SUBSTITUIÇÃO (CESSÃO TEMPORÁRIA DO ÚTERO), CFM. Disponible en: https://www.in.gov.br/en/web/dou/-/resolucao-cfm-n-2.294-de-27-de-maio-de-2021-325671317. Acceso en: 24 nov.2021.

[36] Gozzo, Débora. Ponencia en el Congreso de Derecho de Daños, ocurrido en la Universidad Catolica de Buenos Aires, en 2019.

[37] Gama, Guilherme Calmon Nogueira da. *A nova filiação*. Rio de Janeiro: Renovar, 2003. p. 854.

[38] Gozzo, Débora. O Registro de Nascimento na Reprodução Artificial Humana: Provimento nº 52/2016 do CNJ, *in: Revista Magister de Direito Civil e Processual Civil*. Porto Alegre: Magister, 2016, vol. 72, p.36-60.

Conclusión

Si en tiempos antiguos el parentesco era reconocido por lazos de sangre, hoy día, no solamente con la reproducción humana asistida, sino también por la trascendencia del concepto de dignidad humana, la filiación es reconocida también por sus lazos de afectividad. La madre, que antes era solamente aquella que dava la luz, actualmente es reconocida como aquella que concibió la idea del proyecto parental y buscó su concretación por medio de la gestación subrogada. O sea, esa mujer no es considerada menos madre que la otra que tuvo un embarazo.

Sin embargo, es inevitable llamar la atención sobre el hecho de que el proyecto familiar es, en principio, un acuerdo de adultos, cuya voluntad procreacional traerá consecuencias para el hijo. Por lo tanto, resulta imperioso resguardar la veracidad registral del niño, aunque él tenga el mismo ADN de sus padres, pero haya sido gestado por una otra mujer. Eso es preservar la intimidad, dignidad y personalidad del bebé.

Referencias

BASSET, Ursula C. **Maternidad subrogada: determinar la filiación por el parto ¿es contrario a los derechos humanos?** La Ley. 02 mayo de 2016. Disponible en: http://www.saij.gob.ar/ursula-basset-maternidad-subrogada-determinar-filiacion-parto-es-contrario-derechos-humanos-dacf160481-2016-05-02/123456789-0abc-defg1840-61fcanirtcod?&o=20&f=Total%7Cfecha%7Cestado%20de%20Vigencia%5B5%2C1%5D%7Ctema/Derecho%20civil/. Acceso en 24 nov.2021.

BASSET, Ursula. C. (2012). **Filiación : consideraciones generales [en línea].** *En Análisis del proyecto de nuevo Código Civil y Comercial 2012.* Buenos Aires : El Derecho. Disponible en: http://bibliotecadigital.uca.edu.ar/repositorio/contribuciones/filiacion-consideraciones-generales-basset.pdf. Acceso en 23 nov.2021.

BASSET, Ursula C., **"Derecho del niño a la unidad de toda su identidad"**, La Ley-2011-1005-1015, ponencia que fue votada por unanimidad en las XXIV Jornadas Nacionales de Derecho Civil.

COHEN, Elizabeth. **Girl in famous surrogacy case dies at age 8.** *CNN.* Disponível em: https://edition.cnn.com/2020/08/04/health/seraphina-surrogate-death/index.html.

COHEN, Elizabeth. **Surrogate offered $10,000 to abort baby**. *CNN.* Disponible en:: https://edition.cnn.com/2013/03/04/health/surrogacy-kelley-legal-battle/index.html. Acceso en: 22 nov. 2021.

FIELD, Martha A. (1987) "**Surrogate Motherhood: The Legal Issues**," *NYLS Journal of Human Rights:* Vol. 4 : Iss. 2 , Article 5. Disponible en: https://digitalcommons.nyls.edu/journal_of_human_rights/vol4/iss2/5. Acceso um: 21 nov.2021.

GAMA, Guilherme Calmon Nogueira da. ***A nova filiação***. Rio de Janeiro: Renovar, 2003.

GOZZO, Débora; LIGIERA, Wilson Ricardo. **Maternidade de substituição e a lacuna legal: questionamentos**. Civilistica.com. Rio de Janeiro, a. 5, n. 1, 2016. Disponible en: <http://civilistica.com/maternidade-de-substituicao-e-a-lacuna-legal-questionamentos/>. Acceso en: 21.nov.2021.

GOZZO, Débora. **Ponencia en el Congreso de Derecho de Daños**, ocurrido en la Universidad Catolica de Buenos Aires, en 2019.

GOZZO, Débora. **O Registro de Nascimento na Reprodução Artificial Humana: Provimento nº 52/2016 do CNJ**, *in: Revista Magister de Direito Civil e Processual Civil.* Porto Alegre: Magister, 2016, vol. 72, p.36-60.

HABERMAN, Clyde. **Baby M and the Question of Surrogate Motherhood**. *The New York Times.* 23.Mar.2014. Nova York. Disponible en: https://www.nytimes.com/2014/03/24/us/baby-m-and-the-question-of-surrogate-motherhood.html. Acceso um: 25 nov.2021.

LEITE, Eduardo de Oliveira. **Procriações Artificiais e o Direito.** São Paulo: Revista dos Tribunais, 1995.

MARTÍNEZ-MUÑOZ, K. X. y Rodríguez-Yong, C. A. (2021). **La maternidad subrogada: tendencias de regulación** en Latinoamérica *Revista Jurídicas, 18*(1), 74-90. https://doi.org/10.17151/ jurid.2021.18.1.5. Acceso en: 24 nov.2021.

NOMURA-SANTIAGO, Maria Carolina. ***Post Mortem*: a questão sucessória dos embriões criopreservados.** São Paulo: Liberars, 2021.

PEREIRA, André Dias. Disponible en: https://portal.cfm.org.br/images/PDF/2019_direito_medico_dias_pereira.pdf. Acceso en: 22 nov.2021.

SANTIAGO, Juliana Faria. ***Gestação por substituição*: a ordem pública internacional e o melhor interesse do menor.** Tesis de Maestrado. P. 25. Disponible en: https://repositorio.unb.br/bitstream/10482/39024/1/2020_JulianaFariaSantiago.pdf. Acceso en: 24 nov.2021.

SHAPIRO, Michael H.. **Illicit Reasons and Means for Reproduction**: On Excessive Choice and Categorical and Technological Imperatives, 47. *Hastings L.J.* 1081

(1996). Disponible en: https://repository.uchastings.edu/hastings_law_journal/vol47/iss4/7. Acceso en: 23 nov.2021.

VILLELA, João Baptista. **Desbiologização Da Paternidade.** *Revista da Faculdade de Direito da UFMG*, [S.l.], n. 21, p. 400-418, fev. 2014. ISSN 1984-1841. Disponible en: <https://www.direito.ufmg.br/revista/index.php/revista/article/view/1156>. Acceso en: 24.nov.2021.

3.

PRECISAMOS FALAR SOBRE CRIANÇAS, ADOLESCENTES E IDOSOS NO MUNDO DIGITAL: DIREITOS, PROTEÇÕES E INCLUSÕES EM DIÁLOGOS CONSTRUTIVOS

MARIA PAULA RIBEIRO DE FARIA
ANA CLAUDIA POMPEU TOREZAN ANDREUCCI
MICHELLE ASATO JUNQUEIRA

Introdução

Big Data, inteligência artificial, algoritmos, internet das coisas, automação, entre outros agremiam-se para transformar e atingir uma nova onda revolucionária própria da sociedade pós-moderna no 3º Milênio. Denominada de Revolução 4.0 ou 4ª Revolução Industrial, seu núcleo está centrado na informação, celeridade e automação dos processos. Sim, o admirável Mundo Novo já é uma realidade. Revoluções – e esse fenômeno pode ser vislumbrado desde a 1ª Revolução Industrial- rompem paradigmas, estabelecem novos processos e causam estranheza na Ordem Social.

Podemos olhar as Revoluções a partir dos impactos negativos, entretanto, ao tecermos análises pelos aspectos positivos, sistemas podem ser aperfeiçoados e conquistas serão estabelecidas. Na atualidade, a Indústria 4.0 pode ser compreendida como um sistema de automação e tecnologia informacional, internet das coisas e inteligência artificial voltada para a celeridade nos processos.

A 4ª Revolução como a Revolução Informacional, transparência das comunicações e dos Dados, da celeridade e busca pela transparência.

A hiperconectividade associada aos dados armazenados em software de gestão na nuvem pode aprimorar a aceleração comunicacional, bem como o fortalecimento do Big Data com a explosão informacional trará mecanismos a partir de algoritmos responsáveis por identificação de processos de trabalho de maneira mais célere, sistematizada e transparente.

No frenesi das inovações e descobertas, mudanças são rotineiras e desafiam as menores escalas de tempo. Tudo se transforma muito rápido e a humanidade, por essência, sempre questiona o desconhecido, a rapidez e as novas máquinas. Novas máquinas, novas técnicas são assombros para alguns e um caleidoscópio de infinitas possibilidades de construtos de desenvolvimento social para outros.[1] Perspectivas que se confrontam em antíteses e que são extremamente importantes para se chegar ao equilíbrio[2]. E é na linha do equilíbrio e da ponderação[3] que antigo

[1] Sobre a temática ver "Essa sociedade, que nasceu como sociedade da informação e que, com as redes sociais, se tornou sociedade do conhecimento, porque produz conhecimento em tempo real, desfez as antigas estruturas de poder, ao mesmo tempo em que deu à luz novas. Cada vez mais trocas conceituais são diretamente realizadas, novos acordos são feitos, alguns absolutamente inéditos. Não apenas pessoas antes isoladas puderam ganhar poder, mas, com acesso cada vez mais democratizado à informação, uma geração de jovens, munidos de algum conhecimento e muita ousadia, produziu novos centros geradores de lucro e desfizeram antigos, ao mesmo tempo em que criou novos modelos de negócios, novos modelos de gestão, e inspirou novas lideranças". MOSÉ, Valério. **A escola e os desafios contemporâneos: organização e representação**.Rio de Janeiro: Civilização Brasileira, 2013, p.23.

[2] Sobre o tema ver "(...) redes são estruturas abertas capazes de expandir de forma ilimitada, integrando novos nós desde que consigam comunicar-se dentro da rede, ou seja, desde que compartilhem os mesmos códigos de comunicação (por exemplo, valores ou objetivos de desempenho). Uma estrutura social com base em redes é um sistema aberto altamente dinâmico suscetível de inovação sem ameaças ao seu equilíbrio." CASTELLS, M. **A sociedade em rede: Vol.1. A era da informação: Economia, sociedade e cultura** (2 ed.). São Paulo: Paz e Terra, 1999, p. 499.

[3] Por outro lado "A infodemia tem sido um problema nos tempos pós-modernos, em especial, em tempos de COVID-19 e pode ser considerada como "um grande aumento no volume de informações associadas a um assunto específico, que podem se multiplicar exponencialmente em pouco tempo devido a um evento específico, como a pandemia atual. Nessa situação, surgem rumores e desinformação, além da manipulação de informações com intenção duvidosa. Na era da informação, esse fenômeno é amplificado pelas redes sociais e se alastra mais rapidamente, como um vírus". Organização Pan-Americana da

e moderno devem se mesclar, avanços tecnológicos e proteção integral devem se unir em prol do que nos faz humanos.

O ciberespaço também passou a ser chamado simplesmente de "rede", um meio de comunicação surgido da interconexão mundial dos computadores. A cibercultura é a expressão da aspiração de construção de um laço social, que não seria fundado nem sobre links territoriais, nem sobre relações institucionais, nem sobre relações de poder, mas sobre a reunião de centros de interesses comuns, sobre o jogo, sobre o compartilhamento do saber, sobre a aprendizagem colaborativa, sobre processos abertos de colaboração."[4] O digital que poderia ser compreendido até então como instrumento para a se manter distância, transmuta-se para se trazer a aproximação.

À medida em que os sujeitos interagem com a tecnologia, a conectividade dos computadores potencializa a criação e a comunicação em uma dimensão social e familiaridade com uma cultural digital plena e livre e assim "multiplicam-se as misturas culturais, acelera-se a sociodiversidade, emergem novos valores, intensifica-se o volume de informações, abrem-se possibilidades para variadas formas de comunicação e de diferentes linguagens, o que potencializa os processos de aprendizagem e produção de conhecimento colaborativa, na interatividade, na multivocalidade, nas dinâmicas das redes.[5] As redes podem potencializar o

Saúde – OPAS. Organização Mundial da Saúde – OMS. Repositório Institucional para Troca de Informações – Iris. Fichas Informativas COVID-19: entenda a infodemia e a desinformação na luta contra a COVID-19 [Internet]. Brasília: Organização Pan-Americana da Saúde; 2021. Disponível em: https://iris.paho.org/handle/10665.2/52054?locale-attribute=pt. Acesso em 10 nov.2021.

[4] A circulação de conteúdos – por meio de diferentes sistemas de mídia, sistemas administrativos de mídias concorrentes e fronteiras nacionais – depende fortemente da participação ativa dos consumidores. Meu argumento aqui será contra a ideia de que a convergência deve ser compreendida principalmente como um processo tecnológico que une múltiplas funções dentro dos mesmos aparelhos. Em vez disso, a convergência representa uma transformação cultural, à medida que consumidores são incentivados a procurar novas informações e fazer conexões em meio a conteúdos de mídia dispersos.LÉVY, Pierre. **Cibercultura**. São Paulo: 34, 1999, p.130.

[5] *Ibidem.*

direito à participação e à voz desde que implementadas a partir de um processo de construção colaborativa.[6]

Por outro lado, o admirável mundo digital se não se fizer acompanhar de redes protetivas e regulação de direitos pode levar a inúmeras consequências sociais, acentuando desigualdades em especial aos mais vulneráveis neste processo. Entre os muitos vulneráveis nossos olhares atentos no presente artigo dizem respeito às crianças, adolescentes e idosos que são chamados a participarem de conexões virtuais para o exercício de inúmeras atividades cotidianas a depender de inclusões digitais.

Assim, dar visibilidade ao tema é de extrema necessidade para despertar a consciência sobre o tema a envolver inúmeros fatores culturais, e entre eles, o Direito e sua vocação normativa para regular as relações sociais e projetar mudanças sociais em um esforço mútuo, dinâmico e igualitário buscando tornar possível a articulação de diferentes atores sociais, rompendo com o ciclo da desigualdade, da exclusão digital, da exploração nas redes e da injustiça social. Acreditamos na necessidade dos debates para uma agenda projetiva com ampla participação popular e na busca constante da implementação de políticas públicas para o cumprimento do projeto de bem viver de crianças, adolescentes e idosos em tempos de convergência digital.

[6] Sobre direito à voz e à participação, Nicky Couldry, professor de *Media and Communications* na Universidade de Londres, sustenta que vivemos, no mundo contemporâneo, em uma "crise de voz" nos domínios político, econômico e cultural. Segundo ele, os seres humanos são capazes, e efetivamente o fazem, de criar uma "narrativa de si" e do seu lugar no mundo. "Voz" é um termo que pretende demonstrar essa capacidade de se criar uma "narrativa de si" e do mundo, segundo Couldry, mas ter voz nunca é suficiente. O indivíduo precisa saber que sua voz interessa. Na verdade, a oferta de voz eficaz é crucial para a legitimidade das democracias modernas; e mesmo o lado econômico e cultural da vida tem oferecido voz de diversas maneiras. No entanto, temos fomentado usos que favorecem modos de organizar a vida cotidiana de maneiras que ignoram a voz e que assumem que ela não importa". Lima, Marcus Antônio Assis. **Do 'direito à voz' à 'voz como valor': cultura e política no neoliberalismo**. Intercom, Rev. Bras. Ciênc. Comun., São Paulo , v. 35, n. 1, p. 335-337, June 2012 . Available from <http://www.scielo.br/scielo.php?script=sci_arttext&pid=S1809-58442012000100017&lng=en&nrm=iso>. Acesso 11 nov. 2021.

1. E para navegar nas redes digitais, bóias de proteção integral para crianças e adolescentes

Vulnerabilidade e desigualdade são vocábulos que se apresentam de forma plural quando falamos da práxis no direito da criança e do adolescente.

Apesar da arquitetura normativa protecionista, nacional e internacional, que sustenta a estrutura temática, as narrativas concretas e cotidianas noticiam a recorrente afronta aos Direitos Humanos e o não respeito aos direitos infantojuvenis são uma constante. Crianças e adolescentes possuem a condição jurídica de "pessoas em condição peculiar de desenvolvimento", as quais devem ser protegidas integralmente, em um pacto solidário entre família, sociedade e Estado, com absoluta prioridade, responsável por garantir primazia a este grupo, em todas as esferas de interesse, quer seja, judicial, extrajudicial, administrativo, social ou familiar, condição esta que não está aberta a indagações ou ponderações sobre o interesse a tutelar em primeiro lugar, já que a escolha foi consignada por inúmeros Tratados Internacionais e legislações locais.

A partir de 1988, temos no âmbito das crianças e adolescentes, a construção de uma nova narrativa e um marco divisório para compreensão do *status* desse público alvo, personagens, a partir daí, considerados como protagonistas, ou na expressão dogmática, sujeitos de direito.

Enfeixados numa rede de princípios protetivos arquitetonicamente sistematizados na Carta Magna de 1988 e repetidos, posteriormente, no Estatuto da Criança e do Adolescente, Lei 8069/90, estão sublinhadas as proteções destinadas a estes novos sujeitos de direito.[7]

Cabe ressaltar que o art. 227 da CF/88 – inspirado nos ditames da Declaração Universal dos Direitos da Criança de 1959 e fruto de grandes deliberações – traduziu um querer, um *mens legislatoris* dos Constituintes de 1988, em especial, garantindo às crianças e adolescentes um *status* constitucional diferenciado, responsável por desencadear políticas

[7] Pensar na infância, sem qualquer demagogia ou manipulação, como sujeito de direitos, consiste, em primeiro lugar, em especificar o sentido e o alcance de seus direitos humanos [...] Estou convencido de que é também (ainda que não exclusivamente) na democratização do uso das novas técnicas idôneas para a efetivação dos direitos, que talvez esteja um dos caminhos apropriados para a superação das exclusões. MENDEZ, Emílio Garcia. **Infância e Cidadania na América Latina**. São Paulo: Hucitec, 1994, p.201.

públicas e interpretações judiciais mais contemporâneas e que, no fim do percurso, conduzirão à igualdade e a promoção da justiça e do bem-estar social na sociedade brasileira.

Ao eleger como a base o que se convencionou nominar de "Doutrina da Proteção Integral", quis o legislador sublinhar a necessidade de proteção plena e especial ao público infanto-juvenil, a qual se justifica em virtude da maturidade física e mental em desenvolvimento.

As disposições constitucionais sobre a criança e o adolescente acompanham as previsões da Declaração Universal dos Direitos da Criança, adotada pela ONU em 20 de novembro de 1959[8], nos seguintes termos: "a criança, em virtude de falta de sua maturidade física e mental, precisa de proteção e cuidados especiais, inclusive proteção legal apropriada antes e depois do nascimento". Ainda, a Convenção dos Direitos da Criança, em 20 de novembro de 1989, obrigando os países signatários a adotar em sua legislação interna seus três princípios básicos: proteção especial como ser em desenvolvimento; o desenvolvimento da criança no seio de sua família; a prioridade da criança para todas as nações signatárias, a proteção integral é a razão fundante dessa Convenção.

Em tempos digitais e que nos interessa analisar no presente artigo a infância e a adolescência estão sendo redesenhadas e no novo milênio, seriam a primeira geração a vir ao mundo rodeada por mídias sociais, atribuindo-se a elas papéis variados, de não apenas como meros espectadores[9],

[8] Sobre o tema ver Pinto, Felipe Chiarello de Souza; Junqueira, Michelle Asato; Andreucci, Ana Claudia Pompeu Torezan. O papel inspirador da Declaração Universal dos Direitos Humanos na construção histórica dos direitos de crianças e adolescentes. Arruda, Eloisa de Souza & PEREIRA, Flávio de Leão Bastos.**1948 -2018 70 anos da Declaração Universal dos Direitos Humanos.** São Paulo: Imprensa Oficial, 2018.

[9] Vide "Computadores, tablets, smartphones não causam estranhezas, e com muita "naturalidade" essas crianças descobrem como se comunicar e fazer amizades por meio da conversação online e trocas frequentes de mensagens. Aprender, brincar e se comunicar, produzir e difundir narrativas de suas experiências, e desejos e sonhos também fazem parte do mundo infantil conectado. Nesse sentido, para além de qualquer possível sensação de estranheza, essas crianças consideram os dispositivos tecnológicos e as chamadas novas tecnologias digitais como verdadeira extensão de si mesma"Couto, Edvaldo Souza. **A infância e o brincar na cultura digita**l. Perspectiva, Florianópolis, v. 31, n. 3, 897-916, set./dez. 2013 disponível em http://www.perspectiva.ufsc.br . Acesso em 10 out..2021.

mas também produtores no cenário da cibercultura, o que levou o referido teórico a chamá-la de "Geração Net".[10]

Dados estatísticos da pesquisa TIC Kids Online Brasil, 2018 na qual cerca 24,3 milhões de crianças e adolescentes brasileiros, entre 9 e 17 anos são usuários de internet, o que corresponde a 86% do total de pessoas dessa faixa etária no país. Contudo, a pesquisa também revela a desigualdade social em relação aos usuários, vez que as parcelas mais vulneráveis da população, crianças e adolescentes, das classes D e E, bem como, as que estão na Região Nordeste do país, são as menos incluídas digitalmente.[11]

O Comitê para os Direitos da Criança, da Organização das Nações Unidas, incluiu em seu comentário nº 5, a primazia do interesse da criança, o que o torna bússola diretiva para aplicação em todos os âmbitos de direitos, desde a efetiva produção normativa, implementação de políticas públicas, entre outros. No âmbito digital a Organização das Nações Unidas, incluiu também o Comentário Geral nº 25 datado de 2021, que estabelece diretrizes sobre os Direitos das Crianças em relação ao ambiente digital,[12] observando a necessidade de se promover segurança para este público nas redes digitais e traça obrigações e diretivas para que os Estados, bem como as empresas sejam responsáveis em promover a proteção integral e dotada de prioridade absoluta para crianças e adolescentes nas relações virtuais.[13]

[10] Tapscott, Dan. **Geração Digital: a crescente e irreversível ascensão da Geração Net**. São Paulo: Makron Books, 1999, p.12.

[11] Disponível em https://agenciabrasil.ebc.com.br/geral/noticia/2019-09/brasil-tem-243--milhoes-de-criancas-e-adolescentes-utilizando-internet. Acesso em 8 set.2021.

[12] Sobre o tem aver "Tamanha é essa transformação que não basta nos colocarmos ante a essa realidade como espectadores fascinados, mas precisamos analisar quais os reais efeitos que essas mudanças têm sobre nossas vidas, especialmente no que tange à dependência que as tecnologias causam em nossa visão de mundo, especialmente na cultura da infância, e as expectativas de emancipação socioeducacional". Habowski, A. C.; Teoria Crítica da tecnologia e educação: desafios contemporâneos. 2019. 153f. (Dissertação) – Mestrado em Educação. Universidade La Salle, Canoas, 2019. Disponível em: Acesso em: 24 set. 2021.

[13] Disponível em https://criancaeconsumo.org.br/noticias/onu-lanca-novo-comentario--geral-sobre-dire itos-da-crianca-em-relacao-ao-ambiente-digital/. Acesso em 10 set.2021.

Denota-se que é cabal a preocupação do legislador da LGPD no firmamento do princípio da solidariedade ou da cooperação, resgatando o compartilhamento de responsabilidades entre família, comunidade, sociedade e Estado, asseverando-se que todos são corresponsáveis pelo desenvolvimento integral da criança e do adolescente, em especial, na ambiência virtual.

No Brasil, Lei Geral de Proteção de Dados (LGPD), Lei 13.709/2018, preocupou-se em estabelecer explicitamente um artigo de número 14, voltado à proteção de dados relativos à criança e ao adolescente, objetivando disciplinar conceitos, informações, regulamentações, limites e penalidades. A legislação pátria inspirou-se na União Europeia e em sua *General Data Protection Regulation (GDPR),* em vigor desde maio de 2018, garantido a crianças e adolescentes proteções especiais, entre outros, para efeitos de comercialização, de criação de perfis, e serviços com direcionamento específico para esse público.[14]

A LGPD dialoga com as fontes legais, entre elas, Constituição Federal de 1988, Estatuto da Criança e do Adolescente e, no plano internacional, com a Convenção sobre os Direitos da Criança de 1989, ao enfocar princípios que regem a interpretação construtiva da matéria, entre eles, proteção integral, prioridade absoluta, solidariedade, melhor interesse, entre outros.

O melhor interesse da criança constitui-se como um dos vetores hermenêuticos para as questões que envolvam a temática. Princípio dos mais imperativos para o tema, traduz-se como bússola para a otimização decisória diante do caso concreto. Para muitos doutrinadores considerado um princípio etéreo, vago e de pouca clareza, mas que pode assumir contornos mais pragmáticos quando ponderado em casos concretos. Somos da opinião que ante à crescente datificação de crianças e adolescentes, a nova legislação surge para lançar luzes e acender o debate contínuo sobre o que seria o melhor interesse, na atualidade, ganhando contornos cada

[14] Disponível em https://prioridadeabsoluta.org.br/areas-de-atuacao/midia-e-informacao/protecao-de-dados/lei-geral-de-protecao-de-dados/. Acesso 10 set.2021.

vez mais efetivos de direito à voz, à participação e à manifestação nos casos em que crianças e adolescentes estiverem envolvidos.[15]

Em nossa opinião, e já que se trata de lei protetiva, e tanto crianças e adolescentes são considerados como sujeitos de direitos, vulneráveis e em desenvolvimento, e nos termos também do Código Civil de 2002, que considera a maioridade civil aos 18 anos, o legislador da LGPD poderia ter optado por também inserir o adolescente como destinatário desta proteção. Por outro lado, lançando luzes em uma interpretação construtiva extensiva, em casos de dilemas processuais e jurídicos, a Convenção Internacional sobre os Direitos da Criança de 1989, ratificada pelo Brasil, considera criança como sujeito de direito de 0 a 18 anos incompletos e poderá ser conclamada a resolver a questão hermenêutica pró vulnerável.

Importante também para a centralidade do debate são as contribuições do Instituto Alana, sobre a consulta pública do UNICEF – Fundo das Nações Unidas para infância a partir do documento *"Policy Guidance on AI for Children"* (Diretrizes de políticas de IA para crianças), desenvolvido em parceria com o governo da Finlândia para a promoção e defenda dos direitos de crianças e adolescentes a partir da tecnologia digital e das inteligências artificiais, balizando práticas éticas e combatendo os excessos e falhas do uso não ético de tais tecnologias[16].

[15] Sobre o melhor interesse e direito à voz ver ANDREUCCI, Ana Claudia Torezan; JUNQUEIRA, Michelle Asato. Crianças visíveis e direito à voz como direito humano fundamental: contributos jurídico-sociais do marco legal da primeira infância para o desenho de políticas públicas participativas no Brasil. ***Cuadernos de Dereito Actual***, Santiago de Compostela, n. 7, p. 289-303, 2017. Disponível em: < http://www3.eca.usp.br/sites/default/files/form/biblioteca/acervo/producao-academica/002865815.pdf >.

[16] Como leciona Alessandra Borelli "aquele que cria, aprimora e recria produtos e serviços destinados a eles [crianças e adolescentes], sem dúvida, possui responsabilidade que deve ser traduzida no compromisso de, do início ao fim, pensar no melhor interesse da criança". P design, uma forma das empresas aprimorarem o seu contato com o público esclarecendo sua política de privacidade. A técnica consiste na utilização do design para apresentar as questões jurídicas de forma direcionada ao seu destinatário. Em outras palavras, o método permite que as empresas coloquem os termos jurídicos em linguagem mais acessível e inteligível aos diretamente atingidos por aquela norma. Assim, por meio das ferramentas que o legal design incorpora no viés jurídico, será possível estabelecer novas estratégias e meios que façam as crianças e adolescentes–e seus pais–entenderem exatamente o que está envolvido em um simples click. BORELLI, , A. **O tratamento de dados de crianças**

Um tema de extrema relevância e que ganhou contornos ainda mais acentuados nos tempos pandêmic7os em razão do isolamento social e o digital como forma de aproximação e convergência humanitária. A conexão digital como forma de aproximar, mas ao mesmo tempo, o excesso das redes, das conexões, fez-se acompanhar de inúmeros debates sobre saúde mental, necessidade de desconexão e a educação digital para o uso moderado, ético e saudável de tais ambientes para crianças e adolescentes. Sobre o tema, o Instituto Alana traz reflexões para o aprimoramento do Guia Internacional destacando que:

> É essencial tanto para o bem-estar da criança quanto para a sustentabilidade ambiental que se *respeite e incentive momentos de desconexão,* ou seja, de pausas no uso de tecnologias. Grande parte dos sistemas de Inteligência Artificial utilizados no ambiente digital são feitos de forma a alimentar o chamado design persuasivo que impera em plataformas e aplicativos utilizados por crianças e adolescentes com a finalidade de mantê-los presos às telas. Isso acaba interferindo no seu desenvolvimento integral e no seu direito à cultura, ao lazer e à brincadeira fora do ambiente digital.[17]

As plataformas de Inteligência Artificial devem incentivar à criança e o adolescente a momentos de desconexão, em especial, com a consolidação do direito humano fundamental ao brincar. O brincar consiste em uma integração com o meio ambiente, pois atividades lúdicas propiciam a crianças a assimilação de valores, o desenvolvimento de habilidades motoras, bem como intensifica regras de sociabilização, respeito e convivência com outras crianças[18]. Também pelo brincar, a imaginação e a criatividade caminham juntas, pois no jogo de faz de conta, crianças assumem papéis diferenciados, recriam percepções e aproximam o real

no âmbito do General Data Protection Regulation. In: Comentários ao GDPR: Regulamento Geral de Proteção de Dados da União Europeia. MALDONADO, V. N., & OPICE BLUM, R. (coords.). São Paulo: Thomson Reuters Brasil, 2018, p.156.

[17] Disponível em https://criancaeconsumo.org.br/noticias/Inteligência Artificial centrada nos direitos das crianças. Acesso em 20 ago.2021.

[18] RIBEIRO, P. S. **Jogos e brinquedos tradicionais**. Petrópolis: Vozes, 1994, p.56.

do imaginário.[19] O desenvolvimento da confiança, a empatia, o desenvolvimento motor, bem como mental são inerentes ao brincar.[20]

O direito de brincar como um direito de liberdade é equilíbrio e felicidade. A liberdade faz com que a criança seja autora das escolhas que lhe interessam, fortalecendo a construção da sua autonomia de acordo com a sua lógica própria.[21]

O brincar é direito da criança e possibilita seu desenvolvimento pleno: O brincar é essencialmente um direito de liberdade da criança que é reconhecida como pessoa com interesses, desejos e vontades muito singulares. Por isso, deve ser garantido já que é sua realidade bem como um elemento indispensável para que ela se desenvolva de forma plena e saudável. O brincar é a manifestação da liberdade da criança e é reconhecido como um direito porque somente ela pode exercê-lo por si contando com o apoio, o respeito e o estímulo do adulto.[22]

Winnicott considera que o ato de brincar "é o fazer em si, em tempo e espaço próprios; um fazer que se constitui de experiências culturais, que é universal e próprio da saúde, conduz aos relacionamentos grupais, podendo ser uma forma de comunicação consigo mesmo e com os outros.[23].

O brincar encontra não apenas a magia da ludicidade, mas também contribui para uma maior significação do sujeito, a que tempo for, na medida em que prioriza relações sociais, desenvolve mediações com objetos sensoriais, fantasia personagens reais e de ficções, contribuindo

[19] Mota, M. do C.; Chaves, P. **Brinquedoteca hospitalar "nosso cantinho": relato de uma experiência de brincar.** In: Carvalho, A,: Salles, F.; Guimarães, M. et al. Brincar (es). Belo Horizonte: Editora UFMG, 2005. p. 167-180.

[20] Moyles J. **Só brincar? O papel do brincar na educação infantil.** Porto Alegre: Artmed, 2002, p. 22.

[21] Curtis, A. **O brincar em diferentes culturas e em diferentes infâncias.** *In*: Moyles, J. A excelência do brincar: a importância da brincadeira na transição entre educação infantil e anos iniciais. Porto Alegre: Artmed, 2006, p.40.

[22] Franco, R.r.; Batista, C.V.M. **A criança e o brincar como um direito de liberdade**. *In* Anais eletrônicos VII Congresso nacional de educação – Educere e V Encontro Nacional sobre Atendimento Escolar Hospitalar. Curitiba: Champagnat, 2007, p. 1446-1458. Disponível em: http://www.pucpr.br/eventos/educere/educere2007/anaisEvento/arquivos/CI-200-12.pdf, p.1450.Acesso em 18.ago.2021.

[23] Winnicott, D. W. **O brincar e a realidade.** Rio de Janeiro: Imago, 1975, p. 73.

para a formação em plenitude do ser humano, assim pode se dizer que "[...] A brincadeira é a atividade espiritual mais pura do homem neste estágio e, ao mesmo tempo, típica da vida humana enquanto um todo – da vida natural interna no homem e de todas as coisas. Ela dá alegria, liberdade, contentamento, descanso externo e interno, paz com o mundo [...] A criança que brinca sempre, com determinação auto-ativa, perseverando, esquecendo sua fadiga física, pode certamente tornar-se um homem determinado, capaz de auto-sacrifício para a promoção do seu bem e de outros... Como sempre indicamos o brincar em qualquer tempo não é trivial, é altamente sério e de profunda significação"[24].

O uso excessivo de aplicativos, plataformas virtuais possibilitam relações virtuais, mas quando em excesso dificultam a interação com familiares a amigos próximos. De novo e mais uma vez o caminho da ponderação e o necessário para o equilíbrio na utilização dos recursos tecnológicos e digitais. O debate sobre a necessidade de políticas públicas perpassam pela Saúde Pública e o uso saudável das redes, cabendo citar:

> É impossível pensar nas novas gerações separadas dos meios digitais e da internet, no entanto, equilibrar seus efeitos apresenta-se como um grande desafio. Verifica-se necessidade de atuação conjunta e interdisciplinar dos atores que possam promover proteção integral de crianças e adolescentes: escola, pais, responsáveis, comunidade e Estado. A efetivação do direito à saúde no meio virtual deve ser pauta de discussão e criação de protocolos e medidas exclusivas para os adolescentes quanto à prevenção de todas as formas de violência, por meio de uma linguagem clara e compatível com o seu cotidiano. Portanto, é necessário auxiliar no desenvolvimento do protagonismo das ações e medidas que devem ser adotadas.[25]

[24] KISHIMOTO, Tizuko Morchida. **Froebel e a concepção de jogo infantil**. In: (org), *O brincar e suas teorias*.. São Paulo: Pioneira, 2002, p. 57-78.

[25] SALES, S. S.; COSTA, T. M. da .; GAI, M. J. P. . Adolescentes na Era Digital: Impactos na Saúde Mental. **Research, Society and Development**, *[S. l.]*, v. 10, n. 9, p. e15110917800, 2021. DOI: 10.33448/rsd-v10i9.17800. Disponível em: https://rsdjournal.org/index.php/rsd/article/view/17800. Acesso em: 23 ago. 2021.

Pesquisas científicas publicadas pela *American Psychiatric Association* noticiam que diante do aumento do envolvimento dos adolescentes com internet, o transtorno do jogo virtual foi incluído no Manual Diagnóstico e Estatístico de Transtornos Mentais (DSM-5) como uma nova condição que busca compreender e auxiliar por meio de pesquisas clínicas e experiências relacionadas à tecnologia, mais especificamente aos jogos virtuais. Entre os sintomas e consequências estão ansiedade, transtornos de fobia de convivência social, entre outros.[26]

No Brasil, sobre a necessidade de se regular o uso e o tempo em frente as telas virtuais em prol de um desenvolvimento sadio de crianças, indispensáveis são as recomendações da Sociedade Brasileira de Pediatria (SBP) recomenda:

> O tempo de uso diário ou a duração total/dia do uso de tecnologia digital seja limitado e proporcional às idades e às etapas do desenvolvimento cerebral-mental-cognitivopsicossocial das crianças e adolescentes. [...] Estabelecer limites de horários e mediar o uso com a presença dos pais para ajudar na compreensão das imagens. Equilibrar as horas de jogos online com atividades esportivas, brincadeiras, exercícios ao ar livre ou em contato direto com a natureza. [...] Conversar sobre valores familiares e regras de proteção social para o uso saudável, crítico, construtivo e pró-social das tecnologias usando a ética de não postar qualquer mensagem de desrespeito, discriminação, intolerância ou ódio. Desconectar. Dialogar. Aproveitar oportunidades aos finais de semana e durante as férias para conviver com a família, com amigos e dividir momentos de prazer sem o uso da tecnologia, mas com afeto e alegria. [27]

A Lei Geral de Proteção de Dados no Brasil apesar de ocupar neste momento um papel de extrema importância, pois atualiza os códigos e impõe a abertura de novas culturas no âmbito legal e normativo de proteção de dados de crianças e adolescentes, não enfoca de maneira detalhada aspectos do chamado direito à desconexão, mas acreditamos que para maior êxito deverá estar aliada à promoção de uma cultura para a edu-

[26] *Ibidem.*

[27] Disponível em: https://www.lepetitpediatria.com.br/a-crianca-e-o-adolescente-na-era-digital/. Acesso em 10 nov. 2021.

cação digital, com a criação novos espaços de reflexão sobre a ambiência virtual, a convivência em tempos de rede, sempre pautadas por uma visão colaborativa, protegida e o tema da desconexão como pauta e agenda protetivas de direito se faz absolutamente necessário.

2. A prevenção e a punição da violência digital contra os mais velhos no ordenamento jurídico-penal português

A violência digital contra os mais velhos (*digital elder abuse*) tem que ser estudada no contexto mais geral da análise dos crimes cometidos contra os mais velhos e da vulnerabilidade pela idade[28]. O uso das novas tecnologias permite às pessoas mais velhas manter a sua autonomia e independência na realização de tarefas da vida diária e aquisição de serviços, possibilitando-lhes ao mesmo tempo manter o contacto com familiares, amigos, e mesmo com as autoridades em caso de perigo, mas este uso não é isento de riscos, sendo necessário discutir a proteção da integridade destes utilizadores num domínio onde se cruzam todo o tipo de pessoas. Quais são os riscos que correm as pessoas mais velhas ao utilizar a *internet*? Como podemos proteger estes utilizadores vulneráveis contra esses riscos? Que ensinamentos nos deixou a epidemia de *Covid-19* sob o ponto de vista da utilização da internet pelos mais idosos e o que disse da sua vulnerabilidade relativamente aos crimes praticados neste domínio? Estas são apenas algumas das questões que se colocam a este propósito, e a que tentaremos responder no contexto do direito penal português.

A sociedade portuguesa tem revelado menor sensibilidade em relação ao problema da violência contra os mais velhos do que em relação à violência contra mulheres e contra crianças, o que tem provocado a desadequação e a insuficiência de algumas soluções de direito penal no tratamento dos crimes contra vítimas vulneráveis com idade avançada que

[28] Para uma visão global do problema que é colocado ao direito português pelos crimes cometidos contra os mais velhos, ver Ribeiro de Faria, Paula, *Os crimes praticados contra idosos,* Universidade Católica Editora, Porto, 3ª edição, 2019, e também Ribeiro de Albuquerque, José e Paz, Margarida, **Adultos – Idosos dependentes ou especialmente vulneráveis,** Vol. II, Imprensa Nacional Casa da Moeda, Lisboa, 2018. No direito norte americano, oferece a mesma perspetiva a obra de Payne, Brian K., *Crime & Elder Abuse, an integrated perspective,* Charles C. Thomas Publisher Ltd, Springfield, Illinois, 3ª edition, 2011.

assim ficam expostas a maiores perigos. Constitui um exemplo paradigmático do que se diz a evolução do regime associado ao crime de violência doméstica previsto pelo art. 152º do Código Penal. O art. 152º do Código Penal consagra o crime de violência doméstica que inclui todas as formas de violência física ou psicológica pontual, ou reiterada, em relações conjugais ou análogas, e sobre pessoas vulneráveis, nomeadamente em razão da idade, deficiência, doença, gravidez ou dependência económica, que *coabitem* com o agressor[29]. A prática deste crime deixa associar-se a penas acessórias como a proibição de contacto com a vítima, incluindo o afastamento da residência ou do local de trabalho desta, a obrigação de frequência de programas específicos de prevenção da violência doméstica, e a proibição do exercício de responsabilidades parentais, da tutela, ou do exercício de medidas relativas a maior acompanhado, e permite a aplicação da lei de proteção das vítimas de violência doméstica, Lei nº 112/2009, de 16 de setembro, que estabelece medidas específicas de proteção e assistência das vítimas. Por outro lado, convém sublinhar que a violência psicológica que é muito comum ter lugar contra estas vítimas (a diminuição do valor da pessoa idosa, as afirmações constantes de que não é mais necessária, que podia morrer, que é um encargo para a família),

[29] Para uma caracterização do crime de violência doméstica e respetivas sanções, consultem-se a anotações ao art. 152º, do Código Penal (*violência doméstica*), de Taipa de Carvalho, A., in *Comentário Conimbricense do Código Penal,* Vol. II, Coimbra, Coimbra Editora, 2ª edição, 2012, págs. 511 e ss., Pinto de Albuquerque, Paulo, *Comentário do Código Penal,* Universidade Católica Editora, Lisboa, 3ª edição, 2015, págs. 588 e ss., e Miguez Garcia/Castela Rio, *Código Penal, Parte Geral e Especial, com notas e comentários,* Almedina, Coimbra, 3ª edição, 2018, págs. 699 e ss.. Sobre o crime de violência doméstica, podem consultar-se, entre outros, Beleza, Teresa Pizarro, *Violência Doméstica,* in RCEJ, nº 8, 2008, págs. 281 e ss., Brandão, Nuno, *A tutela penal especial reforçada da violência doméstica* in Julgar, nº 12, 2010, págs. 9 e ss., Fernandes, Catarina/Moniz, Helena/Magalhães, Teresa, *Avaliação e controlo do risco na violência doméstica* in RCEJ, 2013-I, págs. 271 e ss., Ferreira, Elisabete, *Da intervenção do Estado na questão da violência conjugal em Portugal,* Almedina, Coimbra, 2005, Grams, Ana Clara/Magalhães, Teresa, *Violência nas relações de intimidade. Avaliação de risco,* in RPDC, 22, 2011, págs. 75 e ss., Lamas Leite, André, *A violência relacional intima: reflexões cruzadas entre o direito penal e a criminologia,* in Julgar, nº 12, 2010, págs. 25 e ss., Manita, Celina, *Violência doméstica: compreender para intervir. Guia de boas práticas para profissionais e instituições de apoio às vítimas,* Comissão para a Cidadania e Igualdade de Género, 2009.

apenas pode ser punida no ordenamento jurídico-penal português através deste tipo legal de crime, uma vez que o desgaste emocional que está associado a esta forma de violência não se integra nos tipos legais de crime que preveem e punem as ofensas à integridade física, a não ser que os seus efeitos se repercutam na saúde ou na integridade corpórea da vitima.

Após inúmeras chamadas de atenção por parte da opinião pública, da doutrina penal, e dos aplicadores do direito, para o facto de que a violência exercida pelos pais contra os filhos menores durante o regime de visitas correspondente à regulação das responsabilidades parentais em caso de divórcio, não podia ser qualificada como violência doméstica, uma vez que apesar da vulnerabilidade da vítima, a alínea d) do art. 152º, nº 2, exigia a coabitação com o agressor, o legislador português modificou recentemente o regime legal para reforçar a proteção destas vítimas vulneráveis, tendo criado uma nova alínea e), no nº 2, desta norma, que passou a estabelecer que constitui violência doméstica a violência exercida contra menor descendente do agressor, do seu cônjuge, de pessoa com quem mantenha relação análoga à dos cônjuges, ou do pai ou mãe de outros filhos, ainda que com ele não coabite. A Lei nº 57/2021, de 16 de agosto, ao mesmo tempo que ampliou o âmbito de aplicação subjetivo do art. 152º, em relação às vitimas menores, continuando a exigir a coabitação entre a vitima e o agressor em relação às restantes vítimas vulneráveis pela idade (se o neto, ou o filho da pessoa de idade que não vive com ela, durante as raras visitas que lhe faz, a maltrata física ou psicologicamente, não comete o crime de violência doméstica), veio consagrar a possibilidade de conferir proteção psico-social e por tele assistência às vítimas deste crime, e criou uma base de dados de violência contra as mulheres e violência doméstica, a abranger crimes como o homicídio e as ofensas à integridade física graves, e outros crimes como o crime de violação, mutilação genital feminina ou perseguição. Por outro lado, a previsão do crime de violência doméstica foi alargado de forma a incluir as condutas destinadas a impedir o acesso ou fruição aos recursos económicos e patrimoniais próprios ou comuns por parte do agressor, tratando-se de condutas que afetam com frequência vítimas idosas que podem não coabitar com os agressores[30] [31].

[30] Já em 2007, Quintela de Brito, Teresa, e outros, **Direito Penal – Parte Especial: lições, estudos e casos,** Coimbra, Coimbra Editora, 2007, criticavam a "gritante desigual-

Esta reforma legislativa esqueceu por completo os interesses de tutela dos vulneráveis por idade avançada, deficiência ou doença, que não coabitem com o agressor, não lhes permitindo beneficiar das vantagens oferecidas pelo regime da violência doméstica, quando a verdade é que se trata de situações de vulnerabilidade totalmente idênticas às que dizem respeito aos menores ou às vítimas de violência nas relações conjugais ou análogas[32]. Esta diferença de tratamento das várias formas de vulnerabilidade permite falar de uma violação do princípio da igualdade constitucionalmente consagrado por parte do legislador, e mesmo de uma

dade de tratamento" da pessoa particularmente indefesa resultante da exigência da coabitação. No entanto, esta desigualdade agravou-se ainda mais com a recente intervenção do legislador que veio estabelecer diferenças entre vitimas vulneráveis através da criação da alínea e) relativa aos menores (na prática, passamos a ter vítimas vulneráveis que são mais vulneráveis do que outras).

[31] O Relatório **Portugal mais velho – por uma sociedade onde os direitos não têm idade**, elaborado pela APAV – Associação Portuguesa de Apoio à Vítima, e da autoria de Dias, Isabel, de outubro de 2020, https://apav.pt/publiproj/images/yootheme/PDF/RelatorioPortugalMaisVelho.pdf (consultada pela última vez em 5 de novembro de 2021), pág. 56, sublinha de forma clara a iniquidade que representa a exigência da coabitação com o agressor para as pessoas idosas vulneráveis no caso do crime de violência doméstica, muito embora a proposta que é feita vá no sentido do alargamento do conceito de coabitação. Parece-nos, de outra forma, que assim como se delimita o âmbito da violência conjugal ou sobre menores a certas e determinadas pessoas que mantém determinadas relações de proximidade ou familiares com outras, é essa relação de parentesco ou de "vida doméstica" que deve servir para qualificar como violência doméstica aquela que toma por vitima uma pessoa de idade vulnerável (independentemente da coabitação)

[32] É verdade que a Lei nº 130/2015, de 4 de setembro, que consagra o Estatuto da vítima e os direitos das vítimas especialmente vulneráveis, que define como as vítimas "cuja especial fragilidade resulte, nomeadamente, da sua idade, do seu estado de saúde ou de deficiência, bem como do facto de o tipo, o grau e a duração da vitimização haver resultado em lesões com consequências graves no seu equilíbrio psicológico ou nas condições da sua integração social" (art. 3º, nº 1, b), atribui vários direitos a estas vítimas – entre as quais as pessoas idosas – em sede de inquirição e prestação de depoimentos, permitindo-lhes proceder a declarações para memória futura no âmbito do inquérito, o acesso a estruturas de acolhimento subsidiadas pelo Estado, estabelecendo também a proibição da sua identificação pelos órgãos de comunicação social. No entanto, a proteção que é conferida às vítimas de violência doméstica, e o leque de penas acessórias aplicáveis a este crime é substancialmente mais vasto, e não existem razões objetivas que justifiquem a diferenciação de tratamento entre as vítimas vulneráveis pela "menor" idade e a "maior" idade.

inconstitucionalidade por omissão, uma vez que existe uma obrigação constitucional de tutela legislativa dos grupos mais vulneráveis que aqui é cumprida de forma totalmente desigual e discriminatória pelo Estado (abuso da coletividade ou estrutural[33]).

Como se vê, a proteção dos mais velhos no nosso ordenamento jurídico ainda é preterida em relação às necessidades das crianças e das vitimas de violência de género, não existindo razão atendível para esta diferenciação uma vez que os pedidos de ajuda dirigidos às associações de apoio à vitima relativamente à prática de crimes contra idosos têm vindo a aumentar de forma sustentada (Estatísticas da APAV – Relatórios anuais[34]). São crimes invisíveis, com elevadas cifras negras, sendo duvidoso se o grau de vulnerabilidade das pessoas idosas não é, pelo menos em certos casos, maior do que o das crianças e das mulheres vítimas de violência doméstica e de outro tipo de crimes. Na realidade, as crianças normalmente frequentam a creche ou a escola, as mulheres adultas trabalham e dispõem de redes de amigos e de familiares, enquanto o idoso, sobretudo quando se encontra acamado, está completamente isolado e à mercê do agressor. O idoso tem frequentemente dificuldades de locomoção e de fala que tornam particularmente difícil, senão inviável, o acesso à polícia e à justiça, e as consequências do crime que o afetam, são devastadoras, podendo acelerar o processo de morte[35].

[33] Payne, Brian K., *Crime & Elder Abuse, ob.cit.*, pág. 66, define este abuso como o abuso que tem origem na coletividade como um todo, podendo exteriorizar-se através da atuação ou da omissão de entidades com responsabilidades legislativas e governamentais, e consistindo em formas mais ou menos concretas de discriminação contra os mais velhos, o que designa como *idadismo* ou *ageísmo* (dá como exemplo a inexistência de medidas administrativas que permitam a evacuação rápida de pessoas deficientes ou idosas de locais de acidente).

[34] Da análise destes relatórios é possível concluir que o número de vítimas idosas tem vindo a aumentar de ano para ano. Em https://apav.pt/apav_v3/index.php/pt/estatisticas-apav (consultado pela última vez em 5 de novembro de 2021).

[35] Ribeiro de Faria, Paula, **Os crimes praticados contra idosos**, *ob.cit.*, p. 97:"É comum ouvir dizer que é mais fácil vitimizar crianças do que adultos, mas esta afirmação genérica esquece que há adultos que vivem sozinhos, sem possibilidade de contactar com o exterior, e que sofrem de diminuições cognitivas e de movimentos que os impedem de aceder pelos próprios meios à polícia, não obstante as linhas telefónicas de alarme que têm vindo a ser criadas e divulgadas junto da população mais velha. Sem diminuir o sofrimento das

A vulnerabilidade devido à idade avançada da vítima merece, por conseguinte, uma maior atenção e proteção por parte do Direito Penal, também em relação ao cibercrime, sendo necessário concretizar o conceito de vulnerabilidade em relação a este tipo de condutas criminosas. A vulnerabilidade das pessoas mais velhas neste domínio resulta naturalmente da falta de familiaridade com o uso das funcionalidades informáticas, uma vez que não aprenderam a lidar com elas na escola, ou durante a vida ativa, e não sabem muitas vezes identificar os riscos, mas decorre também muitas vezes de limitações físicas, mentais e cognitivas, que as convertem num alvo fácil de ataques praticados por meios tecnológicos. Não nos vamos deter sobre a definição de idade avançada e de vulnerabilidade pela idade, uma vez que temos por adquirido que a terceira idade corresponde aproximadamente aos 65 anos e à idade da reforma, e que esta fronteira etária não é particularmente relevante para o Direito Penal quando se refere à vulnerabilidade da vítima de um crime[36]. Esta vulnerabilidade varia consoante o tipo de crime que está em causa, pelo que um indivíduo pode ser vulnerável a um crime cometido por meios tecnológicos, e não ser vulnerável a um ataque de natureza pessoal porque é corpulento, ou porque domina artes marciais (é mais relevante a vulnerabilidade psicológica e a falta de perceção dos perigos no caso do cibercrime, e mais relevante a vulnerabilidade física no caso de um crime contra a vida ou a integridade física). Também é importante, sob o ponto de vista da identificação da vulnerabilidade, avaliar o impacto que a prática do crime pode ter sobre a vítima (os efeitos de uma burla cometida pela *internet* contra um idoso podem comprometer severamente o seu bem-estar e a sua saúde – se o idoso perde, por exemplo, a sua reforma, ou vê a sobrevivência ameaçada por falta de recursos).

Atualmente a utilização de meios informáticos, incluindo *smartphones*, é comum em todas as faixas etárias, tendo sido instrumentos fundamentais para combater o isolamento social durante a pandemia de Covid-19, sobretudo das pessoas mais velhas e mais frágeis que corriam

crianças vítimas, é sabido que o coração das pessoas facilmente se deixa tocar pelo que é pequeno e frágil e que a imposição da escolaridade obrigatória torna mais visível o abuso que é praticado contra elas".

[36] *Ibidem*, pp. 15 e ss..

um maior risco de contrair a doença, e que ficaram fechadas em casa e em instituições. A distância social, a suspensão de serviços presenciais fundamentais como, por exemplo, os serviços bancários e de saúde, a necessidade de obter bens de primeira necessidade como alimentos e remédios, a menor disponibilidade temporal dos familiares para ajudar e resolver problemas, e o medo de contrair a doença, tornaram as pessoas idosas e doentes extremamente dependentes dos serviços e da comunicação *online*[37], e ao mesmo tempo mais vulneráveis a fraudes e roubos de identidade. Na verdade, os ataques praticados mediante o uso de meios tecnológicos já não se limitam a comprometer o sistema operativo ou o *hardware* de computadores ou de *smartphones*, mas são dirigidos aos próprios utilizadores atrás da máquina, que se tornam vítimas de crimes que normalmente apenas eram praticados no mundo real (o furto de carteiras nos transportes públicos, ou a burla através da venda enganosa de produtos ou serviços porta a porta, ou por *telemarketing*, transferiu-se para o mundo virtual).

A oferta de bens e de serviços através da *internet* também tem vindo a aumentar com uma diversidade e uma complexidade cada vez maior. As ferramentas tecnológicas vão progressivamente substituindo a relação presencial e o contacto humano no domínio dos seguros, da atividade bancária, na prestação de certos cuidados de saúde, e na venda e aquisição de produtos farmacêuticos, o que aumenta o nível de *stress* dos utilizadores mais velhos pouco familiarizados com estes instrumentos, e o risco de utilizações pouco corretas. Estes riscos que já existem, quer na utilização de serviços sincronizados, em que o utilizador e o prestador do serviço comunicam diretamente *on-line*, como na vida real (consulta médica feita por vídeo conferência), quer nos serviços dessincronizados, como portais de compras *on-line*, ou de *on-line banking*, ou no uso de *email*, em que não é estabelecida uma relação direta com o interlocutor, vão forçosamente multiplicar-se à medida que vão surgindo portais cada vez mais abrangentes e a necessidade de utilizar diferentes canais de comunicação e terminais, como telemóveis e redes de comunicação de alta

[37] Makaroun, Lena K./Bachrach, Rachel L./Rosland, Ann-Marie, **Elder Abuse in the time of Covid-19 – increased risks for older adults and their caregivers**, in Am. J. Geriatric Psychiatry, 2020, august, págs. 876 e ss..

velocidade. Ao nível da saúde, por exemplo, vai passar a ser comum a compra automática de medicamentos, a otimização da administração da insulina a doentes diabéticos, e a monitorização dos níveis de glicose em ordem a diminuir os riscos de hipoglicemia, e de complicações agudas e crónicas associadas à diabetes. O uso da tecnologia pode ser adaptada às necessidades e às preferências das pessoas doentes, mas o seu manuseamento exige um certo nível de conhecimentos e habilidades por parte do utilizador sob pena de riscos graves para a sua saúde e mesmo para a sua vida.

Os riscos decorrentes da utilização dos meios tecnológicos não se limitam naturalmente aos riscos de um "mau uso", mas incluem os riscos de comportamentos abusivos por parte de terceiros. O crime cibernético ou cibercrime (em inglês, *cybercrime*) abrange todas as atividades ilícitas praticadas através da internet, por meio de dispositivos como computadores e telemóveis, que colocam em perigo ou prejudicam interesses relevantes dos utilizadores. Também neste domínio tem-se vindo a prestar maior atenção ao *ciberbullying,* e aos riscos dos desafios dirigidos *on-line* a crianças e jovens que podem comprometer a sua vida e integridade física (o desafio da baleia azul, e o desafio do sal e do gelo), do seu envolvimento em perigosas redes de jogos de azar, e da exposição da intimidade da vítima criança ou jovem que a pode vir a prejudicar no futuro, pouco se dizendo sobre a necessidade de proteger os mais velhos contra crimes cometidos pela *internet* embora constituam vítimas preferenciais de crimes patrimoniais praticados *on-line* ou mediante a utilização de informação disponibilizada *on-line*[38].

Uma das técnicas mais utilizadas para a prática do cibercrime consiste no *phishing* que se destina a obter ilicitamente dados pessoais de outra pessoa, como palavras passe, números de contas bancárias ou cartões de crédito, ou informações da segurança social. O autor do crime faz-se passar por uma pessoa ou empresa de confiança e envia *emails* a pedir esta informação com os mais variados pretextos (a necessidade de modificar a

[38] A verdade é o que o fenómeno do cibercrime afeta um número crescente de idosos por todo o mundo, representando anualmente nos Estados Unidos um prejuízo de 40 biliões de dólares https://cisomag.eccouncil.org/cybercrimes-older-adults/ (consultada pela última vez em 8 de novembro de 2021).

palavra passe, por exemplo; durante a fase aguda da pandemia de Covid-19, muitas pessoas receberam emails supostamente enviados pela OMS ou por organizações de ajuda humanitária pedindo dados de natureza sensível), ou utiliza *malware,* em que a vítima clica sobre imagens ou *links* permitindo o acesso do pirata ao sistema e à informação armazenada. Muito embora este tipo de ataque possa dirigir-se a qualquer pessoa, é inegável que as pessoas mais velhas que estão menos familiarizadas com estas tecnologias são mais vitimizadas, revelando-se assim a sua vulnerabilidade, sendo o ataque muitas vezes precedido da identificação de vítimas com estas características. A *internet* também pode ser utilizada para a prática de crimes que há muito pouco tempo atrás apenas eram praticados presencialmente como a burla, ou a usura. Durante a pandemia, muitas pessoas de idade receberam emails a pedir dinheiro para a realização de ensaios para a vacina contra a Covid-19, ou para reforçar os fundos da segurança social que estava em risco de perder a sustentabilidade, mas a *internet* pode ser utilizada em contextos de normalidade para dirigir pedidos de ajuda às pessoas mais velhas, dizendo, por exemplo, que um neto estudante de Erasmus se encontra doente num outro país e que precisa de dinheiro que o burlão fará o favor de transferir (normalmente o criminoso revela um conhecimento aprofundado da vida e das relações pessoais daquele para quem pede ajuda, tornando o golpe mais crível). Muitas vezes a mera resposta a estes emails é rodeada de perigos, uma vez que a informação sobre a vítima passa a constar de listas de destinatários que podem ser utilizados para ataques de engenharia social mais sofisticados.

Muitos idosos doentes ou acamados foram consultados pelo telefone ou através de vídeo conferência durante a pandemia. Esta modalidade de contacto síncrono tem evidentemente vantagens, porque permite a observação de doentes que de outra forma não podiam ser consultados e o conhecimento do ambiente doméstico em que se encontram inseridos, tornando possível a identificação de situações de perigo, ampliando também as hipóteses de participação dos cuidadores que normalmente não têm disponibilidade para participar nas consultas presenciais e que se mostram mais abertos acerca das suas dificuldades quando são ouvidos a partir de casa, mas também deixa rodear-se de riscos relacionados com a dificuldade de avaliar certas situações e doenças à distância, e com a impossibilidade de saber se o idoso se encontra verdadeiramente sozinho existindo suspeitas de abuso (se o cuidador está presente pode ocultar com facilidade sinais de abuso ou de negligência, sugerindo alguns autores que certas consultas sejam feitas fora do horário marcado de forma a evitar a preparação de "cenários"[39]). Este problema não se relaciona diretamente com a questão do *cibercrime* pelo que não se justifica o seu desenvolvimento (eventuais casos de negligência profissional através da internet deverão ser avaliados de acordo com os critérios gerais de apuramento da negligência tendo em conta as especificidades de que se rodeia esta forma de exercício da medicina ou da prestação de cuidados de saúde).

Como é que a lei portuguesa protege os utilizadores da *internet* contra as ameaças e as consequências do cibercrime? Portugal aprovou a Lei do cibercrime, a Lei nº 109/2009, de 15 de setembro, transpondo para a ordem jurídica interna a Decisão Quadro nº 2005/222/JAI, do Conselho, de 24 de Fevereiro, relativa a ataques contra sistemas de informação. Esta lei prevê o crime de *falsidade informática* (art. 3º), o crime de *dano relativo a programas ou a outros dados informáticos* (art. 4º)[40], de *sabotagem informática* (art. 5º), o crime de *acesso ilegítimo* (art. 6º)[41], de *intercepção ilegítima* (art. 7º), e de *reprodução ilegítima de programa protegido* (art. 8º)[42], mas nenhum destes crimes se encontra configurado como um crime de natureza patrimonial, no sentido de que nenhum deles supõe o prejuízo

[39] MAKAROUN, Lena K./ BACHRACH Rachel L./ ROSLAND Ann-Marie, ***Elder Abuse***, *ob.cit.*, pág. 878.

[40] Como exemplo da aplicação deste tipo legal de crime, confira-se o Acórdão do Tribunal da Relação de Lisboa de 27 de junho de 2019, Proc. nº 1429/09.4JDLSB.L2-9 (http://www.dgsi.pt/jtrl.nsf/33182fc732316039802565fa00497eec/a25d5255a59ac3188025842a004725da?OpenDocument consultada pela última vez em 8 de novembro de 2021).

[41] Acórdão do Tribunal da Relação de Lisboa, de 26 de março de 2019, Proc. nº 348/12.1JDLSB.L1-5 (http://www.dgsi.pt/jtrl.nsf/33182fc732316039802565fa00497eec/599ea1fbddbfed01802583cf005007ab?OpenDocument, consultada pela última vez em 8 de novembro de 2021).

[42] Existe ampla jurisprudência sobre a repercussão destes crimes nos direitos autorais, mas constitui um exemplo de uma decisão a envolver a punição por este crime, o Acórdão do Tribunal da Relação de Lisboa, de 8 de setembro de 2015, Proc. nº 89359/10.7YIPRT.L1-7 (http://www.dgsi.pt/jtrl.nsf/33182fc732316039802565fa00497eec/fad21837c6821f2880257ec9002e97da?OpenDocument, consultada pela última vez a 8 de novembro de 2021).

patrimonial da vítima, tratando-se de crimes contra a confiança dos sistemas informáticos.

Esta lei conta já com mais de dez anos de aplicação pelos tribunais, sendo de notar a tendência dos tribunais superiores de relacionar estes crimes com crimes de natureza idêntica na vida real, e com os crimes contra o património. A proteção da vítima pode também justificar em muitos casos a aplicação de normas de direito do consumo. Como exemplo desta aplicação encontramos o Acórdão do Tribunal da Relação do Porto, de 24 de abril de 2013[43], onde pode ler-se: "I. Comete o crime de falsidade informática aquele que cria informaticamente contas, nas quais produz dados de perfil não genuínos de outra pessoa, através da utilização dos seus dados pessoais que, simulando ser a própria, introduz no sistema informático, para criar, via *internet*, um sítio próprio da plataforma da rede social *facebook,* imagem psicológica, carácter, personalidade e identidade daquela pessoa, que não correspondem à realidade, com intenção de serem considerados genuínos; e, através daquelas contas, fingindo ser tal pessoa, divulgar conteúdos íntimos da sua vida pessoal, provocando dessa forma engano, com intenção de que fossem tomadas por verdadeiras e reais, aquelas contas, dessa forma causando prejuízo á honra e imagem de tal pessoa, como era seu desiderato. II. Neste crime, o prejuízo não tem de ser patrimonial, pois o bem jurídico que nele se protege não é o património, mas a confidencialidade, integridade e disponibilidade de sistemas informáticos, das redes e dados informáticos".

Por sua vez, o Acórdão do Tribunal da Relação do Porto, de 14 de setembro de 2016, entendeu que o crime de burla informática (art. 221º do Código Penal) e o crime de falsidade informática (art. 3º da lei do cibercrime) protegem bens jurídicos diferentes, pelo que o autor dos factos devia ser punido por concurso efetivo de crimes, tendo o Acórdão do Tribunal da Relação do Porto, de 17 de setembro de 2014, punido por concurso efetivo de crimes o agente que capturou em multibanco a informação existente na banda magnética de um cartão de crédito (crime de falsidade informática, previsto pelo art. 3º da lei do cibercrime) e fabri-

[43] (http://www.dgsi.pt/jtrl.nsf/33182fc732316039802565fa00497eec/609dbfa1afdc073b80258389004dbb60?OpenDocument, consultada pela última vez em 8 de novembro de 2021), o Acórdão do Tribunal da Relação do Porto

cou posteriormente um cartão de crédito falso com inserção da banda magnética clonada do cartão verdadeiro (crime de contrafação de moeda falsa, arts. 262º, nº 1, e 267º, nº 1, alínea c), do Código Penal).

Existe com frequência um concurso efetivo entre os crimes previstos pelo cibercrime e os crimes de burla consagrados pelo Código Penal. O crime de burla caracteriza-se pela criação intencional de um erro que é aproveitado para benefício económico do agente e supõe o prejuízo patrimonial da vitima (arts. 217º e ss., do Código Penal). Fala-se em burla informática (art. 221º) nos casos em que ocorre a interferência no resultado do tratamento de dados, a estruturação incorreta de programas informáticos, a utilização incorreta ou incompleta de dados, a utilização de dados sem autorização ou intervenção não autorizada no processamento como meio para obter o enriquecimento ilegítimo, o que pode acontecer em alguns destes casos. Ao mesmo tempo, o art. 218º do Código Penal prevê o crime de burla agravada sempre que o agente se aproveite de situação de especial vulnerabilidade da vítima, em razão de idade, deficiência ou doença (alínea c)), para os mesmos fins, pelo que pode ser necessário resolver o problema do concurso entre estas duas normas quando a vítima é uma vítima vulnerável devido, por exemplo, a idade avançada e falta de experiência na utilização da *internet.* Parece-nos que a prioridade de aplicação deve ser concedida nestes casos ao art. 218º, e à burla agravada, que oferece uma proteção mais específica à vítima (mas este crime só existe quando é explorada a vulnerabilidade da vítima, não quando o crime é praticado de forma indiferenciada através de técnicas de *phishing* dirigidas de forma indiferenciada a múltiplos destinatários, e em que a burla ocorre sem que o agente saiba quem está do outro lado da rede, uma vez que o tipo legal exige a intenção da exploração da vulnerabilidade da vítima, caso em que serão aplicadas as sanções previstas para o cibercrime praticado e para o crime de burla agravada).

A burla pode ser antecedida de manobras de perseguição da vítima que podem também ter lugar num momento posterior para manter o engano (*cyberstalking*). A insistência sobre o idoso pode traduzir-se em coação (se o idoso for constrangido a uma ação ou uma omissão através de violência ou ameaça com mal importante) mas pode não chegar a ser verdadeira coação, integrando nesse caso um outro crime contra a liberdade: o crime de perseguição (art. 154-A). Noutros casos, são feitas manobras de aproximação romântica, sendo muitas vezes utilizados perfis falsos com fotografias de pessoas reais (frequentemente militares ou aviadores). Normalmente estas pessoas declaram rapidamente o seu amor pela vítima e contam-lhe histórias enternecedoras sobre as necessidades financeiras que enfrentam, que não lhes permitem fazer viagens, pagar despesas médicas urgentes, ou ajudar familiares, em ordem a enganar o interlocutor e extorquir-lhe dinheiro, informação, ou proceder à lavagem de dinheiro[44].

O que deve ser feito para proteger os idosos destes estratagemas sem os afastar da internet? A confiança é um elemento essencial das transações e da comunicação *on-line* pelo que é fundamental preservá-la para assegurar a utilização destas tecnologias (como vimos, a confiança na integridade dos sistemas informáticos é mesmo o bem jurídico tutelado pela lei do cibercrime). Esta confiança pode dizer respeito ao sistema adotado para proteger os elementos de informação e a própria pessoa, às palavras passe, à assinatura digital e à encriptação de informação, aos mediadores, ou seja, às pessoas que constituem a face humana de um serviço, ou pode relacionar-se com a totalidade do sistema, incluindo infra-estruturas e pessoas. Tal como em relação à prática de outros crimes, é necessário estar atento e saber reconhecer os sinais de abuso (o excesso de dependência de uma pessoa mais velha das redes sociais pode significar que está a ser manobrada por um determinado contacto, a ocultação da identidade da pessoa com quem fala na *internet* também deve ser encarada com suspeição), e ensinar os mais velhos a distinguir entre os "amigos" e os "inimigos" na *internet.* É útil aumentar a literacia informática das pessoas mais velhas através de "clínicas digitais", capazes de ensinar os mais velhos a usar as novas tecnologias e adaptar-se às novas realidades que vão surgindo, e pode ser interessante disponibilizar voluntários "médicos digitais" *on-call*, para ajudar a encomendar produtos *on-line*, fazer pagamentos bancários e transferências e usar ferramentas como o *Teams.*

[44] De acordo com relatórios do FBI, a burla de confiança ou romântica foi a sétima forma de burla mais denunciada e a segunda mais dispendiosa de acordo com as queixas recebidas e as perdas sofridas pelas vítimas. Conferir https://www.ic3.gov/Media/Y2019/PSA190805 (consultada a última vez em 8 de novembro de 2021).

Os médicos digitais podem funcionar como provedores ou *Ombudsmen* digitais com o encargo de acompanhar determinados utilizadores de maior risco e de proteger os seus interesses. Estes representantes que, na prática, são "acompanhantes do idoso para as novas tecnologias", utilizando a nomenclatura associada ao regime atual do maior acompanhado (a lei permite a designação de mais do que um acompanhante em caso de incapacidade, podendo ser escolhido um acompanhante para assuntos financeiros, um acompanhante para a saúde, e outro ou outros acompanhantes consoante as necessidades), devem ser profissionais com os conhecimentos informáticos necessários para atuar como instrutores ou professores das pessoas mais velhas (explicando termos informáticos, a forma de acesso a determinados *sites*, por exemplo, de saúde). Ao mesmo tempo, e tal como acontece em relação aos menores, pode pensar-se em criar restrições de acesso a determinados sites, ou ao contacto comercial com pessoas idosas através da *internet* bloqueando certos utilizadores (esta solução tem o risco da possível menorização indevida da pessoa de idade).

Já vimos que a proteção das vítimas do cibercrime é garantida em termos gerais pela lei do consumo, pela lei do *cibercrime*, e pelos tipos legais de crime de burla, de usura e de perseguição, entre outros, sendo muitos destes crimes agravados pela idade da vítima. O crime digital contra idosos justifica, no entanto, uma reflexão séria da sociedade e do legislador, integrada numa visão de conjunto sobre o tratamento dos crimes contra os mais velhos. Pensamos que a tutela dos direitos dos mais velhos no ordenamento jurídico português poderia beneficiar com a previsão autónoma desses direitos e dos crimes que podem vitimizar este grupo de pessoas vulneráveis à semelhança do que acontece com o *Estatuto do idoso brasileiro*. Sabemos que esta posição não é unanime na doutrina, uma vez que há autores que entendem que a consagração autónoma dos direitos dos mais velhos pode gerar a sua estigmatização conduzindo à sua identificação com sinais de pobreza, isolamento e fragilidade. Não existindo diferenças entre os direitos de que são titulares e os direitos dos restantes cidadãos, não haveria razão suficiente para autonomizar o seu tratamento. Não concordamos com este ponto de vista, uma vez que esta posição leva a "esconder" a vulnerabilidade das pessoas de idade, desobrigando a sociedade de resolver os problemas destas pessoas, muitos deles gerados pela forma deficiente como se encontra estruturada. A partir do momento em que se autonomiza o tratamento de um grupo de pessoas vulneráveis (os menores, os doentes, os emigrantes) conferindo-lhe mecanismos de discriminação positiva, e formas de tratamento específicas, o Estado e o legislador passam a estar obrigados, sob pena de violação do princípio da igualdade de tratamento, a encarar da mesma forma as diferenças de outros grupos e a fornecer soluções adequadas aos seus problemas. De resto, a autonomização legal dos crimes cometidos contra os mais velhos, além de permitir criar tipos legais de crime dirigidos à tutela das necessidades específicas destas pessoas, também permite estruturar de forma mais adequada os mesmos tipos legais de crime, sem obrigar a modificar os tipos legais previstos no Código Penal em função de um grupo particular de destinatários. Também não é pacífica a necessidade de criar um regime paralelo ao da *Lei de proteção das crianças e jovens em risco* para pessoas com mais de 65 anos, associado ao funcionamento de comissões de proteção de adultos, e à imposição do dever de denúncia obrigatória de situações de risco e eventuais crimes que as tomem como vítimas[45], embora a nossa opinião a este propósito seja francamente positiva. O paralelismo de situações entre menores e idosos vulneráveis, impõe o paralelismo das soluções legislativas e a mesma disponibilidade de meios de proteção. Não há razão para considerar que a existência e o funcionamento destes mecanismos legais podem contribuir para reforçar a discriminação contra estas pessoas, assim como não se sustenta que a sua existência em relação aos menores se repercute negativamente sobre

[45] *Relatório Portugal mais velho, ob.cit.*, p. 60. Dias, Isabel, defende neste relatório que em lugar da criação de comissões de proteção para as pessoas mais velhas, a solução passaria pela criação de uma estrutura para as vulnerabilidades, dedicada a todos os cidadãos que experienciem vulnerabilidades. Muto embora sejamos da opinião de que a multiplicação de regimes específicos pode com facilidade conduzir a situações de desigualdade de tratamento, como aquelas a que assistimos em relação aos menores e às vítimas de violência de género, não deixamos de considerar que uma estrutura com competências tão amplas é incapaz de cumprir os seus objetivos, na medida em que não são as mesmas as vulnerabilidades e as necessidades de intervenção em relação a uma pessoa idosa e a um jovem imigrante que é discriminado no local de trabalho devido à sua raça ou orientação sexual. A não ser que esta estrutura funciona por secções, o que, na verdade, vale o mesmo do que reconhecer autonomia a cada uma das estruturas e dos grupos.

o seu reconhecimento como cidadãos e portadores de direitos. Além de que, e este parece-me um argumento fundamental a favor de formas de regulamentação e de proteção específicas em relação às pessoas mais velhas, convém não esquecer que a lei tem um papel importantíssimo na criação de significados sociais, e que a discussão dos problemas e a reflexão sobre a necessidade de tutela dos idosos tem que transitar urgentemente para a agenda política e social dos vários países.

Sob o ponto de vista específico do cibercrime, Portugal já tem uma unidade nacional de combate ao cibercrime e à criminalidade tecnológica (policia judiciária), designada por UNC3T, a quem cabe a prevenção, deteção e investigação do cibercrime, e tem apostado no chamado policiamento de proximidade que promove a relação entre as polícias e a comunidade com o objetivo de prevenir a criminalidade, tendo em vista a implementação de um modelo de policiamento que contemple as necessidades da população idosa, a participação ativa e a colaboração das populações na prevenção dos crimes contra estas vítimas, e a divulgação de conselhos de prevenção do crime junto destas pessoas. Além disso, é fundamental o reforço do apoio e da vigilância por vizinhos e por outros conhecidos das vítimas, bem como de familiares (os netos podem dar uma ajuda inestimável aos avós onde se trata da utilização de novas tecnologias) como forma de tornar o uso dos meios tecnológicos menos inseguro. Na verdade, os objetivos nesta matéria são simples (embora difíceis de atingir): proteção e segurança.

Conclusões

Pois bem, quando falamos em convergência digital o vocábulo vulnerabilidade também é chamado ao centro da discussão. A desinformação digital e a não proteção integral propositalmente dirigida a vulneráveis tem consequências ainda maiores, na medida em que se aproveita da incapacidade destes grupos de pessoas hipossuficientes. Neste sentido, podemos considerar para fins destes estudos que crianças, adolescentes e idosos guardam similitudes e são considerados como vulneráveis em muitos aspectos da vida cotidiana e, em especial, no que diz respeito ao mundo digital e às revoluções tecnológicas que se fazem tão presentes na contemporaneidade.

Há que se pensar as nascentes tecnologias a partir de novas estratégias culturais e educacionais para a inclusão de novos participantes no processo de agremiação cibernética de modo a esclarecer, aproximar e resgatar a compreensão do existir humano em suas amplas interfaces, em especial, a existência para uma cidadania digital.

Já que não é possível, diante da realidade que ora se apresenta, garantir que crianças, adolescentes e idosos estarão sempre a salvo dessa realidade, é preciso que sejam treinados a se proteger perante esse novo mundo, o que só é possível por meio do fomento à educação como um processo contínuo e que se presta à formação para a cidadania e desenvolvimento do direito à cultura digital ética, inclusiva e responsável.

Referências

ANDREUCCI, Ana Claudia Torezan; JUNQUEIRA, Michelle Asato. Crianças visíveis e direito à voz como direito humano fundamental: contributos jurídico-sociais do marco legal da primeira infância para o desenho de políticas públicas participativas no Brasil. ***Cuadernos de Dereito Actual***, Santiago de Compostela, n. 7, p. 289-303, 2017.

BELEZA, Teresa Pizarro. **Violência Doméstica**, in RCEJ, nº 8, 2008.

BRANDÃO, Nuno. **A tutela penal especial reforçada da violência doméstica** in Julgar, nº 12, 2010.

BORELLI, A. **O tratamento de dados de crianças no âmbito do General Data Protection Regulation**. In: Comentários ao GDPR: Regulamento Geral de Proteção de Dados da União Europeia. MALDONADO, V. N., & OPICE BLUM, R. (coords.). São Paulo: Thomson Reuters Brasil, 2018.

CASTELLS, M. **A sociedade em rede: Vol.1. A era da informação: Economia, sociedade e cultura** (2 ed.). São Paulo: Paz e Terra, 1999.

COUTO, Edvaldo Souza. **A infância e o brincar na cultura digital**. Perspectiva, Florianópolis, v. 31, n. 3, 897-916, set./dez. 2013 disponível em http://www.perspectiva.ufsc.br . Acesso em 10 out..2021.

CURTIS, A. **O brincar em diferentes culturas e em diferentes infâncias**. *In*: MOYLES, J. A excelência do brincar: a importância da brincadeira na transição entre educação infantil e anos iniciais. Porto Alegre: Artmed, 2006.

FRANCO, R.R.; BATISTA, C.V.M. **A criança e o brincar como um direito de liberdade**. *In* Anais eletrônicos VII Congresso nacional de educação – EDUCERE e V Encontro Nacional sobre ATENDIMENTO Escolar Hospitalar. Curitiba:

Champagnat, 2007, p. 1446-1458. Disponível em: http://www.pucpr.br/eventos/educere/educere2007/anaisEvento/arquivos/CI-200-12.pdf, p.1450.Acesso em 18.ago.2021.

GRAMS, Ana Clara;Magalhães, Teresa. **Violência nas relações de intimidade. Avaliação de risco,** in RPDC, 22, 2011.

HABOWSKI, A. C. **Teoria Crítica da tecnologia e educação: desafios contemporâneos.** 2019. 153f. (Dissertação) – Mestrado em Educação. Universidade La Salle, Canoas, 2019. Disponível em: Acesso em: 24 set. 2021.

LAMAS Leite, André. **A violência relacional intima: reflexões cruzadas entre o direito penal e a criminologia,** in Julgar, nº 12, 2010.

MANITA, Celina. **Violência doméstica: compreender para intervir. Guia de boas práticas para profissionais e instituições de apoio às vítimas,** Comissão para a Cidadania e Igualdade de Género, 2009.

LÉVY, Pierre. **Cibercultura.** São Paulo: 34, 1999.

LIMA, Marcus Antônio Assis. **Do 'direito à voz' à 'voz como valor': cultura e política no neoliberalismo.** Intercom, Um. Bras. Ciênc. Um., São Paulo , v. 35, n. 1, p. 335-337, June 2012 . Available from <http://www.scielo.br/scielo.php?script=sci_arttext&pid=S1809-58442012000100017&lng=en&nrm=iso>. Acesso 11 nov. 2021.

MAKAROUN, Lena K./Bachrach, Rachel L./Rosland, Ann-Marie, **Elder Abuse in the time of Covid-19 – increased risks for older adults and their caregivers,** in Am. J. Geriatric Psychiatry, 2020.

MENDEZ, Emílio Garcia. **Infância e Cidadania na América Latina.** São Paulo: Hucitec, 1994.

MOSÉ, Valério. **A escola e os desafios contemporâneos: organização e representação.**Rio de Janeiro: Civilização Brasileira, 2013.

MOTA, M. do C.; CHAVES, P. **Brinquedoteca hospitalar "nosso cantinho": relato de uma experiência de brincar.** In: CARVALHO, A,: SALLES, F.; GUIMARÃES, M. et al. Brincar (es). Belo Horizonte: Editora UFMG, 2005.

MOYLES J. **Só brincar? O papel do brincar na educação infantil.** Porto Alegre: Artmed, 2002.

PINTO DE ALBUQUERQUE, Paulo. **Comentário do Código Penal.** Universidade Católica Editora, Lisboa, 3ª edição, 2015.

PINTO, Felipe Chiarello de Souza; JUNQUEIRA, Michelle Asato; ANDREUCCI, Ana Claudia Pompeu Torezan. O papel inspirador da Declaração Universal dos Direitos Humanos na construção histórica dos direitos de crianças e adolescentes.ARRUDA, Eloisa de Souza & PEREIRA, Flávio de Leão Bastos.**1948 -2018 70 anos da Declaração Universal dos Direitos Humanos.** São Paulo: Imprensa Oficial, 2018.

PEREIRA, Flávio de Leão Bastos.**1948 -2018 70 anos da Declaração Universal dos Direitos Humanos.** São Paulo: Imprensa Oficial, 2018.

QUINTELA DE BRITO, Teresa, e outros. **Direito Penal – Parte Especial: lições, estudos e casos.** Coimbra, Coimbra Editora, 2007.

RIBEIRO DE ALBUQUERQUE, José e Paz, Margarida, **Adultos – Idosos dependentes ou especialmente vulneráveis,** Vol. II, Imprensa Nacional Casa da Moeda, Lisboa, 2018.

RIBEIRO DE FARIA, Paula. **Os crimes praticados contra idosos**, Universidade Católica Editora, Porto, 3ª edição, 2019.

SALES, S. S.; COSTA, T. M. da .; GAI, M. J. P. . Adolescentes na Era Digital: Impactos na Saúde Mental. **Research, Society and Development**, *[S. l.]*, v. 10, n. 9, p. e15110917800, 2021. DOI: 10.33448/rsd-v10i9.17800. Disponível em: https://rsdjournal.org/index.php/rsd/article/view/17800. Acesso em: 23 ago. 2021.

TAPSCOTT, Dan. **Geração Digital: a crescente e irreversível ascensão da Geração Net**. São Paulo: Makron Books, 1999.

WINNICOTT, D. W. **O brincar e a realidade**. Rio de Janeiro: Imago, 1975.

4.
LONGEVIDADE, IDADISMO (*AGEISM*) E AUTONOMIA NA ERA DA BIOTECNOLOGIA: DESAFIOS NO ÂMBITO DA BIOÉTICA, DO BIODIREITO E DOS DIREITOS HUMANOS

ANDRÉ G. DIAS PEREIRA
RENATA DA ROCHA
THAÍS N. CESA E SILVA

Introdução

A segunda metade do século XX se caracteriza por grandes transformações sociais com destaque para o envelhecimento populacional como um fenômeno mundial. Dentre os fatores que contribuíram para o aumento da longevidade tem-se, por um lado, a diminuição da fertilidade, que pode ser compreendida através de diferentes perspectivas, por exemplo, a partir da liberdade de escolha reprodutiva que se verifica com o advento dos métodos contraceptivos; e, por outro lado, o aumento da expectativa de vida guarda relação também com a redução da mortalidade, observada em virtude do desenvolvimento da biotecnologia que resultou no aumento de terapias, fármacos e tratamentos que possibilitaram maior cuidado com a saúde.

Assim, o Centro Regional de Informações para a Europa Ocidental, órgão ligado à Organização das Nações Unidas, adverte que atualmente a Europa tem cerca de 25% da população com 60 anos ou mais e que até o ano de 2050 aproximadamente 245 milhões de pessoas terão 80 anos ou mais[1].

Essa realidade impacta diferentes setores sociais e reclama não apenas o estabelecimento de políticas públicas capazes de assegurar o envelhecimento ativo e saudável, como também impõe uma mudança de comportamento da sociedade com relação à população idosa que tem sofrido preconceito relacionado à idade.

A discriminação em razão da idade, ainda sem denominação definitiva, tem recebido diferentes nomenclaturas como *etarísmo, ageísmo, idadismo* e até mesmo *velhofobia*. O Relatório Mundial sobre Idadismo, produzido pelo Organização Mundial de Saúde, em 18 de março de 2021, informa que estes termos denunciam situações em que a idade é o fator determinante para a categorização e a divisão das pessoas, infundindo-lhes prejuízos e injustiças[2].

A Assembleia Geral das Nações Unidas, antevendo as profundas alterações que o envelhecimento da população promoveria no século XXI, considerando os diferentes domínios da sociedade, desde o acesso aos bens de consumo e serviços, com reflexos no sistema econômico e financeiro, até questões relacionadas aos direitos fundamentais, como transporte, moradia e saúde, convocou, no ano de 1982, a primeira Assembleia Mundial sobre Envelhecimento, por meio da qual se instituiu o Plano Internacional de Ação de Viena[3]. Em 1991, a Assembleia Geral adotou a Resolução n. 46, que elenca os Princípios das Nações Unidas para Pessoas Idosas e consubstancia um rol de direitos relativos à independência, assistência, participação, autorrealização e dignidade desta população[4].

[1] Centro Regional de Informações para a Europa Ocidental. Disponível em https://unric.org/pt/envelhecimento/ Acesso em 06.011.21.

[2] Relatório Mundial sobre Idadismo. Disponível em https://www.who.int/pt/publications/i/item/9789240020504 Acesso em 06.11.21.

[3] Plano de Ação Internacional para o Envelhecimento. Disponível em http://www.observatorionacionaldoidoso.fiocruz.br/biblioteca/_manual/5.pdf Acesso em 06.11.21

[4] Princípios das Nações Unidas para Pessoas Idosas. Adotados pela resolução 46/91 da Assembleia Geral das Nações Unidas, de 16 de dezembro de 1991. Disponível em https://idoso.mppr.mp.br/arquivos/File/Direitos_dos_Idosos_-_Principios_das_Nacoes_Unidas_para_o_Idoso.pdf
Acesso em 08.11.21.

A Conferência Internacional sobre Envelhecimento se instaurou no ano seguinte, em 1992, e teve como escopo acompanhar o Plano de Ação, seguir a recomendação da Conferência da Assembleia Geral da ONU e declarar o ano de 1999 como o Ano Internacional das Pessoas Idosas, instituindo o Dia Internacional das Pessoas Idosas, a ser celebrado no dia 1º de outubro de cada ano.

Em 2002, o movimento de afirmação, reconhecimento e conscientização da necessidade de se implementar uma política internacional sobre envelhecimento avançou, realizando-se a Segunda Assembleia Mundial sobre o Envelhecimento, em Madrid, adotando-se doravante a Declaração Política e o Plano Internacional de Ação de Madrid sobre o Envelhecimento, por meio do qual se exigia mudanças em todos os níveis no que concerne ao envelhecimento populacional no século XXI[5].

Desde então vinte anos se passaram e o desafio de garantir à população idosa um envelhecimento ativo, saudável, autônomo, não como uma benesse, mas como um direito, permanece. A construção de um arcabouço normativo pautado nos valores dos Direitos Humanos é incipiente e o estigma que recai sobre a pessoa idosa, necessariamente entendida como frágil, obrigatoriamente identificada como vulnerável e automaticamente percebida como incapaz de deliberar autonomamente sobre questões acerca da sua própria vida, ainda carece ser superado.

Esta compreensão equivocada e descolada das iniciativas globais, que buscam promover o respeito à liberdade e autodeterminação da pessoa idosa, se faz notar, sobretudo, quando se trata de escolhas e de decisões relacionadas à sua saúde, isto porque, à noção pré-concebida de que a pessoa idosa é vulnerável em razão da idade, acresce-se a vulnerabilidade que decorre da sua condição de paciente, somadas, essas situações convergem para o desrespeito à autodeterminação da pessoa idosa nos cuidados em saúde, objeto de reflexão no presente estudo.

Cumpre destacar, ainda, que a pesquisa intenciona cotejar o tratamento dispensado à autonomia do paciente idoso à luz de duas realidades distintas, quais sejam, por um lado aquela experimentada pelo direito

[5] Centro Regional de Informações para a Europa Ocidental. Disponível em https://unric.org/pt/envelhecimento/ Acesso em 06.011.21.

português, *a priori* alinhada com os parâmetros propostos pelos organismos internacionais que orientam para o respeito à autodeterminação do paciente idoso e, por outro, pela legislação brasileira, dissonante neste aspecto.

Assim, tomando como referencial teórico os Direitos Humanos dos Pacientes (DHP), ramo do Direito Internacional dos Direitos Humanos, que se constitui em um modelo bioético de análise e resolução de conflitos em saúde, o presente artigo investiga a restrição ao direito humano de autodeterminação do paciente idoso, frente ao incremento da sua vulnerabilidade, em razão de sua condição de saúde. No que tange ao aspecto metodológico, trata-se de pesquisa bibliográfica, alicerçada em estudos desenvolvidos no campo dos direitos humanos e da bioética.

1. Consagração dos direitos dos idosos no ordenamento jurídico português

a parcela idosa da população portuguesa cresce progressivamente, por forma que representa um grupo social significativo e, muitas vezes, carente. Os direitos dos idosos, por conseguinte, ocupam um espaço cada vez mais expressivo no âmbito jurídico. Entretanto, nem sempre a tutela prática desses direitos, mormente no âmbito dos cuidados de saúde, mostra-se devidamente adequada.

O aumento da expectativa de vida deve-se, sobretudo, aos avanços da biotecnologia, que permitem o alcance de melhores níveis de saúde e, assim, uma maior longevidade humana. Essa realidade acarreta desafios de todo o tipo, designadamente desafios bioéticos, que impõem a necessidade de uma reformulação do pensamento e tratamento em relação ao papel da pessoa idosa e às fases da vida de idade mais avançada. Essencialmente, a conjugação entre os avanços biotecnológicos no sentido de melhores níveis de saúde e a devida proteção da autonomia do idoso no âmbito dos cuidados de saúde corresponde precisamente à necessária ascensão da pessoa idosa à condição que verdadeiramente sempre lhe pertenceu, mas com muitos obstáculos pôde ser exercida: uma pessoa adulta com plena capacidade decisória em saúde.

Neste sentido, os direitos das pessoas idosas em Portugal vêm positivados em diversos diplomas, tanto nacionais, como internacionais e europeus. Cumpre, em primeiro lugar, analisar tais documentos normativos, para que se parta fundamentadamente à abordagem da problemática em apreço.

2. Constituição da República Portuguesa (CRP)

O artigo 72º da Constituição da República Portuguesa (CRP) consagra o direito à terceira idade, sendo que os seus números 1 e 2 estabelecem o seguinte:

> 1. As pessoas idosas têm direito à segurança económica e a condições de habitação e convívio familiar e comunitário que respeitem a sua autonomia pessoal e evitem e superem o isolamento ou a marginalização social.
> 2. A política de terceira idade engloba medidas de carácter económico, social e cultural tendentes a proporcionar às pessoas idosas oportunidades de realização pessoal, através de uma participação activa na vida da comunidade.

Note-se que o próprio texto constitucional português prevê expressamente a necessidade de respeito pela autonomia pessoal das pessoas idosas, bem como a sua participação ativa na vida comunitária, denotando uma preocupação em assegurar a independência dessa parcela da população. Aproveitando a análise da Constituição, cumpre mencionar o disposto no artigo 8º, que harmoniza, recepciona e integra no ordenamento jurídico português as normas e os princípios de direito internacional geral ou comum (nº 1), assim como as normas constantes de convenções internacionais regularmente ratificadas ou aprovadas (nº 2). Tais disposições justificam a abordagem do tópico seguinte, relativo ao direito internacional e europeu aplicável em Portugal.

3. Direito internacional e europeu

A nível internacional, é de referir a Resolução nº 46/91, da Assembleia Geral das Nações Unidas, de 16 de dezembro de 1991, já supramencionada introdutoriamente, que estabelece os princípios das Nações Unidas para as pessoas idosas.

Com especial interesse, ressalte-se a Convenção sobre os Direitos das Pessoas com Deficiência, adotada na Assembleia Geral das Nações Unidas, em Nova Iorque, a qual foi aprovada pela Resolução da Assembleia da República nº 56/2009, de 30 de julho, e ratificada pelo Decreto do

Presidente da República nº 71/2009, de 30 de julho. Também conhecida como Convenção de Nova Iorque, estabelece relativamente aos idosos o dever dos Estados Partes de, designadamente:

> Art. 25º, *b*: Providenciar os serviços de saúde necessários às pessoas com deficiência, especialmente devido à sua deficiência, incluindo a detecção e intervenção atempada, sempre que apropriado, e os serviços destinados a minimizar e prevenir outras deficiências, incluindo entre crianças e idosos;
>
> Art. 28º, nº 2, *b*: Assegurar às pessoas com deficiência, em particular às mulheres e raparigas com deficiência e pessoas idosas com deficiência, o acesso aos programas social e aos programas de redução da pobreza;

A nível europeu, a Carta dos Direitos Fundamentais da União Europeia (2000) dispõe no seu artigo 25º que "*[a] União reconhece e respeita o direito das pessoas idosas a uma existência condigna e independente e à sua participação na vida social e cultural*". Mais uma vez, deparamo-nos com a proteção legal da independência e do envolvimento social ativo da população idosa. É de destacar, igualmente, no âmbito do Conselho da Europa, a Recomendação CM/Rec (2014) 2 do Comité de Ministros dos Estados-Membros sobre a promoção dos direitos humanos das pessoas idosas, cujo escopo é promover, proteger e garantir o pleno gozo de todos os direitos humanos e liberdades fundamentais por todas as pessoas idosas em condições de igualdade e promover o respeito por sua dignidade inerente.

4. Direito Interno

A nível interno português, para além da norma constitucional supramencionada, os direitos dos idosos são tutelados designadamente pelo Código Civil e pelo Regime Jurídico do Maior Acompanhado, que trouxe profundas alterações àquele. O Novo Regime do Maior Acompanhado (Lei nº 49/2018, de 14 de agosto), impulsionado e inspirado pela já mencionada Convenção sobre os Direitos das Pessoas com Deficiência, acarretou mudanças de extrema relevância no Código Civil português, designadamente no que respeita ao regime das incapacidades e do antigo instituto da interdição e inabilitação. Relativamente ao que interessa ao presente trabalho, releva enfatizar que "na actual formulação ampla que permite o recurso às medidas de acompanhamento cabem as pessoas idosas e/ou doentes"[6].

Já o artigo 1874º do Código Civil português estabelece deveres mútuos de respeito, auxílio e assistência entre pais e filhos. No mais das vezes, essa reciprocidade de cuidados parte dos filhos aos pais quando estes já são pessoas idosas, o que destaca a intenção da disposição legal de proteger os pais na velhice. É de sublinhar que a mais significativa forma de expressão do mencionado dever de assistência corresponde à prestação de alimentos, cuja regulação vem disposta nos artigos 2003º e seguintes do Código Civil português. Com especial interesse neste âmbito, verifica-se a norma do artigo 2009º, nº 1, alínea *c*, que determina os ascendentes como pessoas vinculadas à prestação de alimentos, sendo, portanto, enquadráveis como alimentantes os avós.

5. O papel dos idosos em Portugal

Poderíamos supor que pessoas com autonomia são precisamente aquelas que não necessitam de proteção, que são autossuficientes. Dessa forma, não haveria sentido em defender a necessidade de que se proteja uma parcela da população cuja autonomia simultaneamente se busca afirmar e defender. Entretanto, há outras suposições socialmente preestabelecidas que trazem sentido a essa conjugação, designadamente as presunções de incapacidade que brotam, no mais das vezes, ao redor de cada lento passo dado por um idoso. Deduções que retiram deste, mesmo antes de qualquer ato, o caráter autônomo das suas decisões e vontades.

Quanto a este aspecto, no âmbito da jurisprudência portuguesa, é de mencionar o Acórdão do Tribunal da Relação do Porto, de 20-04-2009 (Relatora Maria Graça Mira), que confirmou a condenação de uma pessoa por litigância de má-fé por esta ter desrespeitado precisamente a autonomia de uma pessoa idosa no que respeita à gerência dos seus bens patrimoniais:

[6] Monteiro, António Pinto. **Das incapacidades ao maior acompanhado – Breve apresentação da Lei nº 49/2018**. Pensar – Revista de Ciências Jurídicas, Fortaleza, 2019, p. 7.

> "Nenhuma pessoa "de bem", leva um idoso, com mais de 90 anos de idade, sem filhos, a quem morreu a mulher sete dias antes, deixando-o em termos físicos e emocionais, sem mais, ao notário para outorgar uma procuração, com tal força e alcance, curiosamente já minutada pelo único interessado/beneficiado, sem que tal comportamento possa, objectivamente, ser alvo de censura por, ostensivamente, desrespeitar esse núcleo de regras éticas aceites pelas pessoas."

Assim, na medida em que é sistematicamente violado um princípio segundo o qual todo e qualquer ser humano deve ser tratado, surge a necessidade de *proteção* – uma proteção que garanta o atendimento a esse princípio ético fundamental que corre perigo quando está em causa um titular de idade avançada: a *autonomia*. Nesse sentido, Guilherme de Oliveira[7] afirma que talvez fosse de reconhecer os idosos como pertencentes a um novo grupo em busca de reconhecimento, ao lado das minorias e outros grupos que lutam por igualdade e pelo abandono de posições secundárias na sociedade.

As frequentes presunções sociais a respeito da pessoa idosa como um ser humano incapacitado ou debilitado correspondem precisamente, no termo mais usual, ao *idadismo*: preconceito em relação ao envelhecimento. De acordo com o Relatório das Nações Unidas sobre os direitos das pessoas mais velhas, o idadismo reforça uma imagem negativa dos idosos como pessoas dependentes com limitações intelectuais, cognitivas e físicas, por forma que contribui para uma vulnerabilidade acrescida e para a consequente colocação dos seus direitos em risco[8]. Esse preconceito manifesta-se das mais diversas formas, mormente no desenvolvimento de estereótipos e práticas discriminatórias. Maria João Guardado Moreira[9] exemplifica:

[7] Oliveira, Guilherme de. **Health Law and Elderly Persons**. Medicine and Law: World Association for Medical Law, 34, 2005, p. 605.

[8] United Nations, Report of the Expert Group Meeting "**Rights of Older Persons**", 2009. Disponível em: https://www.un.org/esa/socdev/ageing/documents/egm/bonn09/report.pdf. Acesso em 27 de outubro de 2021.

[9] Moreira, Maria João Guardado. **Como envelhecem os portugueses: envelhecimento, saúde, idadismo**. Lisboa: Fundação Francisco Manuel dos Santos, 2020, p. 55.

São um grupo homogéneo nas suas características (todos os idosos são doentes...), atitudes paternalistas, «deixe que eu faço, já não consegue» (mesmo que não seja assim), o que remete para uma sobreprotecção (que, mesmo bem intencionada, pode promover uma maior dependência), situações de abusos e maus-tratos a que estão sujeitas as pessoas mais velhas.

A mesma Autora dá conta, ainda, de apresentar as porcentagens obtidas em pesquisa de 2008 do *European Social Survey*, segundo a qual é possível infirmar que a sociedade portuguesa reconhece sofrer com a discriminação em razão do envelhecimento. Nesse sentido, obtém-se da análise da obra[10] que 61% da população portuguesa inquirida referiu que a discriminação pela idade era um problema muito, ou bastante, sério e só cerca de 5% disseram ser um problema que não existe no País.

Para além disso, quase 21% das pessoas entre 65 e 70 anos e perto de 32% dos que tinham mais de 80 anos já sentiram que tinham sido discriminados por causa da idade. Essa discriminação passava pelos maus-tratos, insultos, abuso ou recusa de serem atendidos em determinados serviços (respectivamente, cerca de 16% e 27% dos que tinham 65–79 e 80 anos e mais) a comportamentos pouco respeitosos, paternalismo ou serem ignorados (quase 20% dos que tinham 65–79 e 31% dos indivíduos com 80 anos e mais). As razões em que se baseia essa realidade altamente prejudicial correspondem a *razões culturais*, como a supervalorização da juventude; *razões técnicas*, relacionadas ao rápido avanço científico que acarreta uma desvalorização dos pacientes com doenças crônicas; e, ainda, *razões econômicas*, que enquadram a população idosa como uma possível ameaça à sustentabilidade do sistema de segurança social[11].

Indubitavelmente, o problema da garantia dos direitos fundamentais dos idosos enfrenta desafios de todo o tipo. O combate contra o *idadismo*, no sentido de que seja garantida e respeitada a autonomia da população idosa, deve ser mobilizado por todas as áreas do Direito e, em especial, pela área do Direito da Saúde, dado que grande parte da discriminação em razão da idade é impulsionada precisamente por uma "utopia da

[10] **Ibidem**, p. 56.

[11] Oliveira, Guilherme de. **Health Law and Elderly Persons**. Medicine and Law: World Association for Medical Law, 2005, p. 605-606.

saúde perfeita"[12]. A prestação dos cuidados de saúde à população idosa merece melhorias e certa renovação. Reconhecer que há o desenvolvimento natural de certas condições próprias do avanço da faixa etária não deve dar sentido ao menosprezo, por parte dos profissionais de saúde, das reclamações apresentadas pelos idosos, como se estes fossem pessoas que estão fadadas a aceitar e tolerar dores e desconfortos. Nesse contexto, é importante diferenciar as duas perspectivas que podem ser assumidas pelo envelhecimento: a senescência e a senilidade.

A senescência é caracterizada pelo envelhecimento saudável, em que as alterações nos órgãos e tecidos ocorrem de forma sincronizada. Por outro lado, a senilidade corresponde ao envelhecimento não saudável, associado a fatores patológicos[13]. Infelizmente, na vida prática, verifica-se uma presunção de senilidade no tratamento dispensado a toda e qualquer pessoa idosa, mormente no âmbito da prestação de cuidados de saúde. De forma muito elucidativa, Guilherme de Oliveira caracteriza a subestimação com que as queixas de pacientes idosos normalmente são tratadas, ao contar a pequena história de um Senhor de noventa anos de idade que procura um médico por estar a sentir dores no joelho direito e a resposta que obtém é a de que deve acostumar-se com os sinais da idade avançada transmitidos pelo corpo: o paciente rebate dizendo que o seu joelho esquerdo também conta com noventa anos e está muito bem – portanto, algo de errado ocorre com o joelho direito que merece ser examinado...[14]

Ao partir dessa curta história, o Autor supõe que o direito fundamental à saúde das pessoas idosas tem *menos força* que o das pessoas jovens, pelo que reconhece uma vastidão de melhorias que se afiguram necessárias no que respeita ao tratamento da população idosa no âmbito da saúde, que ora transcrevemos[15]:

[12] Saquetto, Micheli / Schettino, Ludmila / Pinheiro, Paloma / Sena, Edite Lago da Silva / Yarid, Sérgio Donha / Filho, Douglas Leonardo Gomes. **Aspectos bioéticos da autonomia do idoso**. Rev. Bioét. 21 (3), 2013, p. 521.

[13] **Ibidem**, p. 521.

[14] Oliveira, Guilherme de. **Health Law and Elderly Persons**. Medicine and Law: World Association for Medical Law, 2005, p. 603-604.

[15] **Ibidem**, p. 603.

2. Law focused on respect for patients, including: Protection and promotion of personal autonomy and informed consent practice; adequate information; slowness and time to understand and decide. They also need effective legal representation and quick schemes for damage compensation. Other needs include: "ageing in place"; maintaining links with places, family and peers.
3. Law focused on access and on appropriate medical techniques, including: access; quality of care; trained professionals; longterm care instead of acute care; friendly modes of administration of medicines; friendly medical devices; information technology; medical research; and clinical trials.
4. Law focused on the sustainability of health care systems, including: social and technical innovation; promoting one's health through healthy lifestyles; and discussing the rationing of care.

É de destacar que, logo no primeiro ponto, vem mencionada a necessidade de proteção e promoção da autonomia pessoal e do consentimento informado do paciente, tema que não poderia deixar de ser tratado, ainda que brevemente, no presente estudo. O instituto do consentimento informado surge precisamente da evolução histórica que partiu do abandono do paternalismo médico para a adoção de mecanismos protetivos de uma relação médico-paciente baseada no equilíbrio entre a autonomia e a proteção da vulnerabilidade intrínseca da pessoa doente[16].

A evolução da medicina e das prestações de cuidado de saúde não se deu apenas no âmbito científico e tecnológico, mas também no contexto relacional, acarretando a imprescindibilidade do acolhimento de novos moldes e renovados papéis, estes numa maior conformidade à dignidade humana, para o seu devido exercício prático.

Assim sendo, o consentimento informado tem como primordial objetivo o respeito pela vontade e desejos devidamente esclarecidos da pessoa doente, sendo que, para o efeito, é imprescindível que o profissional de saúde cumpra o seu dever de informação adequada, a qual deve atender às circunstâncias especiais de cada caso específico.

[16] MELO, Helena Pereira de. **O Consentimento Esclarecido na Prestação de Cuidados de Saúde no Direito Português**, Coimbra: Almedina, 2020, p. 25 e seguintes.

Às regras da arte médica (*leges artis*), portanto, é acrescido com primária relevância o dever de informar o paciente sobre todos os atos, intervenções, riscos e possíveis consequências do procedimento. Em Portugal, a responsabilidade médica pode fundar-se no incumprimento das regras da arte médica (erros técnicos por negligência, por exemplo), e/ou na violação do consentimento informado mediante o incumprimento do dever de informação ao paciente. Nessa perspectiva, cumpre mencionar o Acórdão do Supremo Tribunal de Justiça, de 24-10-2019 (Relator Acácio das Neves), cujo sumário afirma o seguinte:

> I – A responsabilidade civil emergente da realização de ato médico, ainda que se prove a inexistência de erro ou má prática médica, pode radicar-se na violação do dever de informação do paciente relativamente aos riscos e aos danos eventualmente decorrentes da realização do ato médico.

Com esse entendimento, construiu-se o *padrão do paciente concreto*[17], segundo o qual deve ser sempre somado, para o devido atendimento do consentimento esclarecido, livre e consciente, o respeito pela subjetividade de cada paciente e, por conseguinte, da sua autonomia decisória no domínio da saúde. É precisamente neste ponto que a prestação de cuidados de saúde aos idosos acaba por falhar: não são consideradas as condições e circunstâncias concretas de cada paciente idoso; antes pelo contrário, o idoso é, no mais das vezes, examinado através de um olhar viciado por uma presunção infundada de incapacidade de entendimento[18].

Assim, muitas pessoas idosas acabam por ser impedidas de envelhecer com saúde, quando isto seria absolutamente possível caso tivessem beneficiado de cuidados voltados à sua situação de saúde particular. Efetivamente, deve ser garantido o *envelhecimento saudável* com autonomia, que se consubstancia a partir das atividades de promoção da saúde, do acesso universal dos idosos aos serviços de saúde e do bem-estar social

[17] Pereira, André G. Dias. **O Consentimento Informado na Relação Médico-Paciente**. Coimbra: Coimbra Editora, 2004.

[18] Oliveira, Guilherme de. **Health Law and Elderly Persons**. Medicine and Law: World Association for Medical Law, 2005, p. 609.

durante toda a vida[19]. Para tanto, deve-se dar o principal papel à autonomia enquanto princípio bioético, ou seja, a autonomia como garantidora da tomada de decisão livre e consciente no âmbito dos cuidados de saúde.

6. Os avanços da biotecnologia no que respeita à longevidade humana

ao reconhecermos que o problema da proteção da autonomia dos idosos enquadra-se no campo da bioética, é de reconhecer, igualmente, que certos avanços biotecnológicos na área da saúde interferem diretamente no papel desempenhado pela pessoa idosa. A relevância do combate ao *idadismo* é corroborada pelo aumento vertiginoso da população idosa. Como já evidenciado, o aumento do número de idosos, associado ao envelhecimento demográfico da população, é atualmente uma grande preocupação na Europa e em Portugal, nomeadamente ao nível da oferta de cuidados de saúde, do consumo dos serviços de saúde e das despesas com cuidados de saúde[20]. De acordo com estatísticas nacionais atualizadas em 29-06-2021, o índice de envelhecimento em Portugal aumentou de 27,5% no ano de 1961, para 165,1% no ano de 2020. Ao passo que o índice de longevidade, em proporção, aumentou de 33,6% para 48,7% no mesmo período temporal[21].

Essa alta taxa de envelhecimento humano, representada pelo vertiginoso aumento da expectativa de vida, decorre sobretudo dos avanços biocientíficos e biotecnológicos alcançados pela medicina e pelas ciências em geral, que permitem aumentar o período de vida saudável. De acordo com Micheli Saquetto et al.[22], esse número crescente "decorre dos avanços da ciência e da tecnologia e apresenta desafios éticos que impõem a

[19] Saquetto, Micheli / Schettino, Ludmila / Pinheiro, Paloma / Sena, Edite Lago da Silva / Yarid, Sérgio Donha / Filho, Douglas Leonardo Gomes. **Aspectos bioéticos da autonomia do idoso.** Rev. Bioét. 21 (3), 2013, p. 521.

[20] Pereira, André Dias. **The role of Family members and close persons in health-care treatment of incompetent patients: a Portuguese approach.** Medicine and Law, 30, 2011, p. 580.

[21] Fonte: Pordata.

[22] Saquetto, Micheli / Schettino, Ludmila / Pinheiro, Paloma / Sena, Edite Lago da Silva / Yarid, Sérgio Donha / Filho, Douglas Leonardo Gomes. **Aspectos bioéticos da autonomia do idoso.** Rev. Bioét. 21 (3), 2013, p. 523.

necessidade de repensar as fases mais avançadas da vida". Nesse sentido, os Autores reconhecem que "a bioética se mostra ferramenta eficaz para promover tanto a reflexão sobre a temática quanto a abordagem qualificada às pessoas nesta faixa etária", ao passo que oportuniza a compreensão sobre "a mudança no *status* e papel dos idosos nas últimas décadas, visando, assim, resgatar a dignidade no envelhecimento."

A longevidade humana representa a principal meta de muitos estudos biocientíficos, designadamente no campo dos avanços da medicina genômica, que oferece uma realidade científica repleta de novas e promissoras terapias para o tratamento e a cura de, por exemplo, doenças degenerativas e raras. Nesse contexto, os cientistas debruçam-se sobre pesquisas cujo objetivo é precisamente investigar a potencialidade de remédios aptos a ativar ou desativar os genes do envelhecimento, sendo que mesmo a pesquisa básica já definiu pelo menos dois mecanismos para retardar o envelhecimento e mostrou que as intervenções farmacêuticas são conceitualmente possíveis e tecnicamente viáveis[23].

Sublinhe-se que, no contexto do presente estudo, o que interessa é a aptidão dessas tecnologias no retardamento da senilidade e não da senescência, ou seja, o *retardamento do desenvolvimento de doenças* relacionadas com a idade, e não dos efeitos naturais e não-patológicos do avanço da faixa etária. É evidente que pode haver certa confusão, uma vez que, encontrando os mecanismos que fundamentam o início da doença relacionada à idade, os cientistas estão abrindo lentamente a porta para alterar o curso do próprio envelhecimento[24].

Evidentemente, a questão da interferência da biotecnologia na longevidade humana levanta infindáveis problemas bioéticos e jurídicos, mormente no que concerne ao potencial de se gerar uma desigualdade e segregação social, dado que o alcance a tais biotecnologias muito dificil-

[23] Reynolds, Glenn Harlan. "**Live Long – And Prosper**." Jurimetrics, vol. 45, no. 3, Spring 2005, p. 358.

[24] Husain, Adnan K. "**Spillage from the Fountain of Youth: The Regulation of Prospective Anti-Aging Molecular and Genetic Therapies**." University of Illinois Journal of Law, Technology & Policy, no. 1, 2006, p. 198.

mente seria conquistado por todas as esferas da sociedade[25]. Apesar de ser importante mencionar, não adentraremos na análise dessas questões, as quais demandariam uma pesquisa própria para que fossem devidamente tratadas e analisadas[26].

Cumpre, por ora, unicamente reconhecer o entrelaçamento da biotecnologia e da longevidade humana, ou seja, o fundamento do aumento da expectativa de vida humana no próprio avanço da medicina e da ciência. Ironicamente, por um lado, reconhecemos as falhas na prestação de cuidados de saúde à população idosa, designadamente quanto ao respeito pela autonomia da pessoa em idade avançada; por outro lado, a aptidão da própria medicina para alcançar aos idosos o desfrute da terceira idade em boa saúde.

7. O direito das pessoas idosas no ordenamento jurídico brasileiro

O Instituto Brasileiro de Geografia Estatística (IBGE) estima que no ano de 2025 trinta e dois milhões de brasileiros contarão com 60 anos de idade ou mais. É preciso consignar que no Brasil, o reconhecimento dos direitos desta população, quando comparado com o sistema português, ainda é bastante acanhado.

Muitos são os fatores que colaboram com este descompasso, sem prejuízo dos demais, cumpre destacar que a reiterada incapacidade política, dos mais diferentes governos, na promoção da justa distribuição das riquezas e na garantia de acesso aos direitos fundamentais, está entre as principais razões. A inabilidade em garantir uma vida digna aos cidadãos impacta de maneira mais aviltante em duas etapas do que chamamos de *processo vital*, quais sejam, a infância e o envelhecimento.

[25] Com uma abordagem mais aprofundada sobre as questões éticas e jurídicas derivadas desses avanços biocientíficos, ver Husain, Adnan K. "**Spillage from the Fountain of Youth: The Regulation of Prospective Anti-Aging Molecular and Genetic Therapies**." University of Illinois Journal of Law, Technology & Policy, no. 1, 2006.

[26] Com um viés sociológico e estatístico, vide pesquisa que analisou as preocupações éticas da sociedade em relação ao potencial biotecnológico de aumentar a expectativa de vida humana: Partridge, Brad / Underwood, Mair / Lucke, Jayne / Bartlett, Helen / Hall, Wayne. **Ethical Concerns in the Community about Technologies to Extend Human Life Span**. The American Journal of Bioethics, 9(12): 68-76, 2009.

No Brasil, a desigualdade social como uma malograda herança cultural, concorreu para a consolidação da noção ultrapassada de que a pessoa idosa é geralmente incapaz de gerir sua própria vida e que o avanço da idade remete irremediavelmente a decadência. Assim, a Constituição Federal de 1988 pautada em valores como justiça, solidariedade e dignidade estendeu seu manto protetivo sobre esta população, todavia, é preciso reconhecer que o fez de modo pouco objetivo, consagrando princípios amplos e normas programáticas, perdendo a oportunidade de contemplar de modo específico esse grupo.

A criação de políticas concretas para pessoas idosas somente foi implementada a partir do ano de 1996, em decorrência de um escândalo de maus tratos praticados contra um grupo de pessoas idosas, ocorrido na Clínica Santa Genoveva[27], que resultou na morte de 156 idosos entre os meses de janeiro e maio. No dia 3 de julho do mesmo ano, o Decreto nº 1.948 foi assinado pelo Presidente, regulamentando a Lei nº 8.842, de 4 de janeiro de 1994, que dispõe sobre a Política Nacional do Idoso. Após sete anos foi aprovado o Estatuto do Idoso, Lei nº 10.741, de 1º de outubro de 2003, estabelecendo normas que buscam garantir maior participação e inclusão das pessoas idosas na sociedade[28].

O fato de o arcabouço normativo relacionado à tutela da população idosa ter se originado a partir desta evidente violação de direitos humanos, cometida no interior de uma clínica de cuidados de saúde, conforme registrado acima, contribuiu para uma visão estereotipada do paciente idoso, aceito sempre como frágil, dependente, tratado pela legislação como vulnerável e, portanto, incapaz de realizar escolhas e de decidir autonomamente acerca dos cuidados que deseja receber.

[27] Groisman, D. Duas abordagens aos asilos de velhos: da clínica Santa Genoveva à história da institucionalização da velhice. **Cadernos Pagu**, Campinas, SP, n. 13, p. 161–190, 2015. Disponível em: https://periodicos.sbu.unicamp.br/ojs/index.php/cadpagu/article/view/8635289. Acesso em: 16 nov. 2021.

[28] Corrêa, Lorena P.N.R.M.S. **A proteção jurídica dos idosos no ordenamento brasileiro. Breve panorama histórico, social e jurídico.** Disponível em https://jus.com.br/artigos/51664/a-protecao-juridica-dos-idosos-no-ordenamento-brasileiro Acesso em 07.11.21.

8. Vulnerabilidade a autonomia do paciente idoso no Brasil

No uso corrente, a expressão *vulnerabilidade*, pode ser entendida como sinônima de *frágil, ferido, sujeito a ser atacado*, assim, a depender da área do saber em que o termo é empregado, assume contornos específicos, contando com uma gama de sentidos e de acepções diversificadas. Importante frisar que o presente artigo se ocupa da *vulnerabilidade* no contexto dos direitos humanos, mais especificamente, sob a ótica dos direitos humanos do paciente idoso.

Nesta perspectiva, a *vulnerabilidade* é reconhecidamente um atributo inerente à condição humana e, por esta razão, é possível como um dos fundamentos dos direitos humanos. É inexoravelmente a condição de vulnerabilidade própria da humanidade que enseja e justifica a afirmação de certos direitos. Oportuna, portanto, a observação de Aline Albuquerque quando adverte que "Todas as pessoas são vulneráveis e tal condição implica ser frágil e suscetível de sofrer um dano, físico ou psíquico, o que atinge a todos, indistintamente. Logo, a condição de vulnerável é ontologicamente intrínseca à humanidade"[29].

Partindo da premissa de que todos são vulneráveis, Jonathan Herring ressalva que nem todos são vulneráveis no mesmo grau, ou seja, é possível categorizar a vulnerabilidade conforme a sua intensidade. Eis, pois, o que se denomina de *vulnerabilidade acrescida* ou *incrementada*, na qual se reconhece uma camada extra de fragilidade em virtude da condição própria relacionada a um certo grupo de pessoas. Resulta, então, que concomitantemente à *vulnerabilidade ontológica* pode haver uma *vulnerabilidade específica*, sendo que ambas guardam relação com o presente estudo[30].

[29] ALBUQUERQUE, Aline; PARANHOS, Denise G. A. M. **Direitos humanos dos pacientes e vulnerabilidade: o paciente idoso à luz da jurisprudência da Corte Europeia de Direitos Humanos** *in.: Revista Quaestio Iuris.* vol. 10, nº. 04, Rio de Janeiro, 2017. pp. 2844-2862 Disponível em: https://www.e-publicacoes.uerj.br/index.php/quaestioiuris/article/view/27401/22596. Acesso em: 19 set. 2021, p. 2847.

[30] HERRING, Jonathan. **Vulnerable adults and the law**. Oxford: Oxford University Press, 2016 *apud* ALBUQUERQUE, Aline; PARANHOS, Denise G. A. M. **Direitos humanos dos pacientes e vulnerabilidade: o paciente idoso à luz da jurisprudência da Corte Europeia de Direitos Humanos** *in.: Revista Quaestio Iuris.* vol. 10, nº. 04, Rio de Janeiro, 2017. pp. 2844-2862 Disponível em: https://www.e-publicacoes.uerj.br/index.php/quaestioiuris/article/view/27401/22596. Acesso em: 19 set. 2021, p. 2846-2847.

Para efeitos da investigação acerca da vulnerabilidade do paciente idoso, premente a constatação de sua vulnerabilidade não apenas específica como também acrescida, se verifica primeiro em razão de sua idade, visto que no Brasil, a sociedade tradicionalmente tende a vê-lo como frágil e incapaz de participar ativamente do processo de decisão envolvendo a sua saúde. Aline Albuquerque ensina que "[...] a condição de particular fragilidade do paciente era tomada como justificante da mitigação de sua vontade quanto ao seu tratamento, o que conduz ao corolário equivocado de que a fragilidade de alguém impõe restrição de sua autonomia"[31].

O segundo aspecto que torna ainda mais aguda a desconsideração da autonomia da pessoa idosa, isto é, que incrementa a sua vulnerabilidade, é a sua condição de paciente, isto porque, no preciso sentido do termo, *paciente*, do latim, *patior*, refere-se àquele que suporta o sofrimento, que se encontra em situação de fragilidade[32]. As camadas extras de vulnerabilidade implicam, na maioria das vezes, na desconsideração automática da autonomia do paciente idoso, no alijamento irrefletido de sua autodeterminação, isto é, na afronta aos direitos humanos do paciente idoso.

A alteração desse cenário dependerá não apenas da positivação de normas que consagrem o respeito à autonomia do paciente idoso, mas, sobretudo, se condicionará a uma transformação cultural subordinada à ressignificação do valor que a pessoa idosa tem na sociedade. É, pois, uma tarefa que depende da comunhão de esforços, um desafio que compete não somente às leis, mas que se encontra essencialmente ligado à ética, à educação, à mudança de comportamento para com essa população. Trata-se de um longo caminho que precisa ser trilhado.

A biotecnologia vem, cada vez mais, promovendo a longevidade, contudo, na contramão deste avanço, a sociedade tem cultuado o *novo*, a *novidade*, como valor em si mesmo, em detrimento do que é *velho* e con-

[31] ALBUQUERQUE, Aline; PARANHOS, Denise G. A. M. **Direitos humanos dos pacientes e vulnerabilidade: o paciente idoso à luz da jurisprudência da Corte Europeia de Direitos Humanos** *in.: Revista Quaestio Iuris*. vol. 10, nº. 04, Rio de Janeiro, 2017. pp. 2844-2862 Disponível em: https://www.e-publicacoes.uerj.br/index.php/quaestioiuris/article/view/27401/22596. Acesso em: 19 set. 2021, p. 2845.

[32] ANDORNO, Roberto. **Is vulnerability the foundation of Human Rights?** *in.*: MASFERRER, ANICETO; GARCÍA-SÁNCHEZ, EMILIO (editors). Human dignity of the vulnerable in the age of rights. Valencia: Springer, 2016. p. 257-272.

sequentemente considerado *ultrapassado*. Este comportamento social, com traços marcantes da filosofia utilitarista e hedonista, acaba por refletir primeiro na desconsideração da autonomia da pessoa idosa, e, segundo, na autodeterminação do paciente idoso. Acerca do paciente idoso a mudança deve se operar no nível de formação dos profissionais que atuam nos cuidados em saúde: médicos, enfermeiros, psicólogos, auxiliares de enfermagem, fisioterapeutas, fonoaudiólogos, nutricionistas, odontólogos, entre outros. Em suas respectivas formações, precisam superar o vigente viés paternalista e incorporar uma ética mais condizente com o respeito à autonomia do paciente idoso. Aline Albuquerque assevera que "[...] a 'educação moral' [...] há que ser inserida nas disciplinas de Bioética ou de Ética Médica, fundada nos Direitos Humanos dos Pacientes [...] apto a criar uma moral compartilhada na esfera dos cuidados em saúde"[33].

A medida tem como escopo forjar uma nova consciência nos profissionais que atuam nos cuidados em saúde, promover a participação do paciente idoso na tomada de decisões relacionadas ao seu processo terapêutico, incentivar o seu protagonismo, considerar a sua opinião, respeitar as suas decisões, colaborar para a sua independência, sem, contudo, deixar de assisti-lo com competência, diligência e afeto. É o desafio que se impõe quando o assunto é a vulnerabilidade e a autonomia do paciente idoso no Brasil.

Conclusões

Sem prejuízo das diversas questões bioéticas que subjazem ao tema, os avanços biotecnológicos no domínio da longevidade humana devem ser encorajados na medida em que ofereçam uma melhor qualidade de vida à população idosa em termos de bons níveis de saúde. Ainda que esta realidade acarrete o desafio correspondente ao aumento vertiginoso do número de idosos, entendemos que enquanto esse movimento crescente for no sentido de um aumento da expectativa de vida *saudável*, estaremos perante a elevação do número de idosos mais *independentes*.

[33] Albuquerque, Aline; Paranhos, Denise G. A. *Op.cit.*, p. 2853.

Ora, quanto mais saúde, física e mental, menos dependência: equação que vem reforçar sobretudo a imprescindibilidade da proteção à autonomia. Se, por um lado, a biotecnologia desafia a sociedade a lidar e cuidar de uma população de idade avançada, por outro lado soluciona a questão ao empoderar e capacitar funcionalmente as pessoas idosas.

Assim, a realidade vivida pelas pessoas idosas, precisamente no que se denomina *idadismo*, a discriminação em razão da idade, acrescida da vulnerabilidade da condição de pacientes, oferece desafios de todo o tipo, tanto em Portugal, quanto no Brasil. O caráter indispensável da tutela da autonomia dessa população é corroborado pelo reconhecimento de que há um desrespeito sistemático pela pessoa idosa enquanto ser humano independente e capaz de tomar as suas próprias decisões, bem como de embasar os seus descontentamentos, especialmente, frise-se, no âmbito dos cuidados de saúde. A biotecnologia, por sua vez, explica o aumento vertiginoso da população idosa, instigando, ainda mais, a compaixão social. Por outro lado, os próprios avanços biocientíficos vêm reforçar a ideia de que não se justifica qualquer presunção de senilidade da população idosa, tampouco se admite qualquer presunção de fragilidade do paciente idoso que consubstancie a automática relativização de sua autodeterminação e do exercício do direito ao livre consentimento: o número pode, e deve, crescer com saúde; saúde esta que revigora a pessoa idosa ao ponto de não deixar passar qualquer forma, por mais discreta que seja, de desrespeito à sua autonomia.

Referências

ALBUQUERQUE, Aline. **Direitos humanos dos pacientes**. Curitiba: Juruá, 2016.

—, Direitos humanos dos pacientes e vulnerabilidade: o paciente idoso à luz da jurisprudência da Corte Europeia de Direitos Humanos *in.: Revista Quaestio Iuris*. Vol. 10, nº. 04, Rio de Janeiro, 2017. Pp. 2844-2862 Disponível em: https://www.e-publicacoes.uerj.br/index.php/quaestioiuris/article/view/27401/22596. Acesso em: 19 set. 2021.

ANDORNO, Roberto. **Is vulnerability the foundation of Human Rights?** In.: MASFERRER, ANICETO; GARCÍA-SÁNCHEZ, EMILIO (editors). Human dignity of the vulnerable in the age of rights. Valencia: Springer, 2016.

CORRÊA, Lorena P.N.R.M.S. A proteção jurídica dos idosos no ordenamento brasileiro.

Breve panorama histórico, social e jurídico Disponível em https://jus.com.br/artigos/51664/a-protecao-juridica-dos-idosos-no-ordenamento-brasileiro Acesso em 07.11.21.

GROISMAN, D. Duas abordagens aos asilos de velhos: da clínica Santa Genoveva à história da institucionalização da velhice. **Cadernos Pagu**, Campinas, SP, n. 13, p. 161–190, 2015. Disponível em: https://periodicos.sbu.unicamp.br/ojs/index.php/cadpagu/article/view/8635289. Acesso em: 16 nov. 2021.

HERRING, Jonathan. **Vulnerable adults and the law**. Oxford: Oxford University Press, 2016.

HUSAIN, Adnan K. "**Spillage from the Fountain of Youth: The Regulation of Prospective Anti-Aging Molecular and Genetic Therapies.**" University of Illinois Journal of Law, Technology & Policy, no. 1, 2006.

MELO, Helena Pereira de. **O Consentimento Esclarecido na Prestação de Cuidados de Saúde no Direito Português**, Almedina, Coimbra, 2020.

MONTEIRO, António Pinto. **Das incapacidades ao maior acompanhado – Breve apresentação da Lei nº 49/2018**. Pensar – Revista de Ciências Jurídicas, Fortaleza, 2019.

MOREIRA, Maria João Guardado. **Como envelhecem os portugueses: envelhecimento, saúde, idadismo**. Fundação Francisco Manuel dos Santos: Lisboa, 2020.

OLIVEIRA, Guilherme de. **Health Law and Elderly Persons**. Medicine and Law: World Association for Medical Law, 34, 2005.

PARTRIDGE, Brad / UNDERWOOD, Mair / LUCKE, Jayne / BARTLETT, Helen / HALL, Wayne. **Ethical Concerns in the Community about Technologies to Extend Human Life Span**. The American Journal of Bioethics, 9(12): 68-76, 2009.

PEREIRA, André Dias. **The role of Family members and close persons in health-care treatment of incompetent patients: a Portuguese approach**. Medicine and Law, 30, 2011.

PEREIRA, André G. Dias. **O Consentimento Informado na Relação Médico-Paciente**. Coimbra Editora, 2004.

REYNOLDS, Glenn Harlan. "**Live Long – And Prosper**." Jurimetrics, vol. 45, no. 3, Spring 2005.

SAQUETTO, Micheli / SCHETTINO, Ludmila / PINHEIRO, Paloma / SENA, Edite Lago da Silva / YARID, Sérgio Donha / FILHO, Douglas Leonardo Gomes. **Aspectos bioéticos da autonomia do idoso**. Rev. Bioét. 21 (3), 2013.

UNITED NATIONS, Report of the Expert Group Meeting "**Rights of Older Persons**", 2009. Disponível em: https://www.un.org/esa/socdev/ageing/documents/egm/bonn09/report.pdf. Acesso em 27 de outubro de 2021.

5.
DIREITOS DOS PACIENTES QUE VIVEM COM DEMÊNCIA

ALINE ALBUQUERQUE
ANNE SANT'ANNA
ROBERTO ANDORNO

Introdução

A preocupação com os direitos das pessoas que vivem com demência é relativamente recente e está em grande parte ligada ao fenômeno do envelhecimento populacional, que tem, precisamente, como um de seus efeitos mais característicos o aumento da porcentagem de pessoas que sofrem de demência. Com efeito, o envelhecimento populacional é um fenômeno mundial e sua importância perpassa por todas as áreas. O desenvolvimento científico e tecnológico, a melhora das condições de saneamento e da higiene, e outros fatores, ao longo dos anos, propiciaram uma maior expectativa de vida. No Brasil, tais fatores, associados à menor taxa de fecundidade (no Brasil, essa taxa era de 5,76 em 1970, enquanto em 2020 foi de 1,76 -IBGE)[1], acarretaram uma mudança na pirâmide etária. Nos países desenvolvidos, essa transição ocorreu de forma lenta, o que permitiu uma evolução "no nível de bem-estar social, além de crescimento econômico e redução das desigualdades sociais"[2].

[1] Dados disponíveis em https://cidades.ibge.gov.br/brasil/panorama; Acesso em: 10 nov. 2021.

[2] Romero, Julio Alfredo R. et al. Relação do Envelhecimento Populacional com a Doença de Alzheimer: Um Olhar Sobre as Políticas Públicas de Saúde. ALAP 2020. Disponível

Em estudo sobre envelhecimento no Brasil, Nasri [3] afirma que a mortalidade no Brasil começou a diminuir nos anos quarenta, quando a revolução industrial se iniciou. Entretanto, a taxa de fecundidade somente iniciou a sua queda cerca de 30 anos depois, e, após 30 anos de queda, no final do século, chegou a seu nível mais baixo. Na Europa, a queda na taxa de fecundidade iniciou-se no final do século 19, cem anos após a queda na taxa de mortalidade, assim, os países europeus tiveram mais tempo para se prepararem, o que tornou a transição mais suave.

Assim, no Brasil, há urgência em debater as questões relacionadas ao envelhecimento populacional, como as suas consequências e as políticas públicas que deverão ser implementadas. Com efeito, a sociedade brasileira passou de forma rápida por essa transição demográfica, desse modo, o Estado não se preparou, a sociedade não se preparou e consequentemente o indivíduo também não.

Os dados da Organização Mundial da Saúde (OMS) revelam que, no Brasil, nos últimos 50 anos, houve um aumento percentual importante da população de maiores de 60 anos, enquanto em 1970, essa faixa etária era responsável por 5,5% da população, atualmente correspondem a 14,5%, e a projeção é que em mais 50 anos cheguem a 36,7%. Assim como a população de maiores de 80 anos, que era de 0,4%, atualmente de 3,1% e em 50 anos, de 11,7%. Atualmente, a expectativa de vida aos 60 anos é de 21,9 anos (OMS 2021)[4]. Assim, o Brasil é um país com um crescente número de pessoas idosas, que vivem mais. Isso acarreta impactos significativos em várias áreas, e, particularmente, na saúde, as doenças crônicas fazem parte do envelhecimento, como as demências. "Viver mais implica no declínio fisiológico das funções orgânicas e, em razão disso, uma maior

em https://congresosalap.com/alap2020/resumos/0001/PPT-eposter-trab-aceito-0208-3.PDF; Acesso em: 10 nov. 2021.

[3] Nasri, Fábio. Demografia e epidemiologia do envelhecimento O envelhecimento populacional no Brasil. Einstein (São Paulo); **6(supl.1): S4-S6, 2008.** Disponível em https://pesquisa.bvsalud.org/portal/resource/pt/lil-516986; Acesso em: 10 nov. 2021.

[4] World Health Organization. Disponível em: https://www.who.int/data/maternal-newborn-child-adolescent-ageing; Acesso em: 10 nov. 2021.

probabilidade de surgimento de doenças crônicas, incapacitantes e involutivas" [5].

As demências são responsáveis pela perda de autonomia e de independência da pessoa idosa, mas também afeta toda a família, de forma física, emocional e financeira. A OMS estima que mais de 55 milhões de pessoas (8,1% de mulheres e 5,4% de homens) têm demência e esse número aumentará para 78 milhões em 2030 e 139 milhões em 2050.[6] Esse aumento do número de casos se torna ainda mais relevante quando se entende que a demência não tem cura. "De modo que um número crescente de casos representará um fardo indevido para os indivíduos acometidos, cuidadores e sistemas de cuidados de saúde em geral."[7] Esse crescente número de casos exige que o Estado e a sociedade se organizem de forma urgente, para um planejamento adequado visando à prestação de cuidados consentâneos com os direitos humanos às pessoas que vivem com demência, suas famílias e cuidadores. Esses cuidados abarcam os cuidados primários de saúde, cuidados especializados, serviços comunitários, reabilitação, cuidados de longa duração e cuidados paliativos. Segundo a OMS, apenas ¼ dos países do mundo possui uma política, estratégia ou plano nacional para apoiar as pessoas com demência e suas famílias, sendo que "metade desses países está na Região Europeia" [8]

Globalmente, há o reconhecimento crescente de que é necessário adotar ações para promover os direitos humanos das pessoas que vivem com demência[9]. Esta tendência está perfeitamente alinhada com o maior

[5] JECKEL-NETO, EA, CUNHA, GL. Teorias biológicas do envelhecimento. In: FREITAS, EV; PY, L; NERI, AL; CANÇADO FAX; GORZONI, ML, DOLL, J, (org.). *Tratado de geriatria e gerontologia*. Rio de Janeiro: Guanabara-Koogan; 2006. p. 13-22.

[6] https://apps.who.int/iris/bitstream/handle/10665/344701/9789240033245-eng.pdf; Acesso em: 10 nov. 2021.

[7] GBD 2016 Dementia Collaborators. Global, regional, and national burden of Alzheimer's disease and other dementias, 1990–2016: a systematic analysis for the Global Burden of Disease Study 2016. Lancet Neurol 2019; 18: 88–106.

[8] WORLD HEALTH ORGANIZATION. Disponível em: https://apps.who.int/iris/bitstream/handle/10665/344701/9789240033245-eng.pdf; Acesso em: 10 nov. 2021.

[9] DIXON, Jeremy; LAING, Judy; VALENTINE, Christine. A human rights approach to advocacy for people with dementia: A review of current provision in England and Wales. Dementia (London), v. 19, n. 2, p.221-236, 2020.

valor que hoje atribuímos ao reconhecimento da dignidade da pessoa. Com efeito, a noção de dignidade pressupõe que todo ser humano possui um valor intrínseco e, por conseguinte, é titular de direitos inalienáveis, independentemente da sua saúde física ou mental, idade, sexo, condição socioeconómica e qualquer outra característica particular.[10]

Segundo a OMS, amplia-se a percepção compartilhada de que as pessoas que vivem com demência têm seus direitos humanos frequentemente violados, em comunidades, serviços de saúde e instituições de longa permanência[11]. Recebem tratamentos inadequados em diversos ambientes, o que as conduz à exclusão social e, mesmo, a situações opressivas[12]. Com efeito, na esfera da saúde, temática deste artigo, os pacientes com demência são raramente envolvidos nos processos de tomada de decisão e sua vontade e preferências relativas ao seu cuidado muitas vezes não são respeitadas.[13] Com o objetivo de abordar a temática da demência sob a ótica dos direitos humanos, a OMS, em 2015, formulou a Abordagem Baseada nos Direitos Humanos para as pessoas que vivem com demência, denominada de "Panel", que se estrutura em quatro eixos: participação, *accountability*, não discriminação, empoderamento e legalidade. Consoante tal abordagem, destaca-se o papel dos Estados na proteção e na promoção dos direitos humanos de pessoas que vivem com demência e na garantia de apoio para seus cuidadores e suas famílias.[14]

Nessa linha, importa destacar a Convenção Interamericana sobre Proteção dos Direitos Humanos das Pessoas Idosas, adotada no ano de

[10] Andorno, Roberto, La dignidad humana como principio biojurídico y como estándar moral de la relación médico-paciente. Arbor. 2019, v. 195, n. 792. Disponível em: https://arbor.revistas.csic.es/index.php/arbor/article/view/2316

[11] Dixon, Jeremy; Laing, Judy; Valentine, Christine. A human rights approach to advocacy for people with dementia: A review of current provision in England and Wales. Dementia (London), v. 19, n. 2, p.221-236, 2020.

[12] Shakespeare, Tom; Zeilig, Hanna; Mittler, Peter. Rights in Mind: Thinking Differently About Dementia and Disability. Dementia, v. 18, n. 3, 2019.

[13] World Health Organization. Ensuring a Human Rights-Based Approach for People Living With Dementia. Disponível em: https://www.ohchr.org/Documents/Issues/OlderPersons/Dementia/ThematicBrief.pdf. Acesso em: 10 nov. 2021.

[14] World Health Organization. Ensuring a Human Rights-Based Approach for People Living With Dementia. Disponível em: https://www.ohchr.org/Documents/Issues/OlderPersons/Dementia/ThematicBrief.pdf. Acesso em: 10 nov. 2021.

2015, no âmbito do Sistema Interamericano de Direitos Humanos,[15] que estabelece um elenco de direitos humanos incidentes especificamente no contexto do envelhecimento, contendo "importantes direitos relacionados a cuidados em saúde"[16] da pessoa idosa. Na esfera do Sistema Global de Direitos Humanos, a Convenção sobre os Direitos das Pessoas Idosas, que se encontra em processo de formulação no âmbito da Organização das Nações Unidas (ONU), promete um maior reconhecimento dos direitos humanos das pessoas que vivem com demência[17]. Embora a Convenção sobre os Direitos das Pessoas com Deficiência da ONU seja uma normativa importante para assegurar os direitos humanos das pessoas que vivem com demência, a sua aplicação a tal contexto ainda se encontra permeada de posições dissonantes[18], as quais não são objeto deste estudo.

Assim, constata-se que as pessoas que vivem com demência apresentam vulnerabilidade acrescida em razão do estigma e preconceitos aos quais estão sujeitas, o que impacta diretamente sobre a mitigação da sua capacidade decisional ou habilidade decisional na esfera dos cuidados em saúde. Ademais, em razão da visão social e culturalmente construída de que pessoas com demência são incapazes de decidir, o paciente com demência é muitas vezes tratado como objeto de procedimentos terapêuticos.

Considerando o consenso em torno da aplicação da perspectiva de direitos humanos ao contexto da demência e da relevância de trazê-la para a esfera dos cuidados em saúde, este artigo tem como objetivo discorrer sobre os direitos dos pacientes como balizadores ético-jurídicos dos cuidados em saúde, das pessoas que vivem com demência e se encontram sob tais cuidados. Assim, se trata de pesquisa teórica, cujo escopo consiste em desenvolver aportes teóricos concernentes a um campo do

[15] ORGANIZATION OF AMERICAN STATES. Inter-American Convention On Protecting The Human Rights Of Older Persons. Disponível em: http://www.oas.org/en/sla/dil/inter_american_treaties_a-70_human_rights_older_persons.asp. Acesso em: 10 nov. 2021.

[16] PARANHOS, Denise G.A.M. **Direitos Humanos dos Pacientes Idosos**. Rio de Janeiro: Lumen Juris, 2018.

[17] STEELE, Linda et al. Human rights and the Confinement of People Living with Dementia in Care Homes. Health and Human Rights, v. 22, n. 1, 2020.

[18] CAHIL, Suzanne. **Dementia and human rights**. Bristol: Policy, 2018.

saber, de modo a participar da sua consolidação e da sua incidência prática[19]. Quanto ao marco teórico empregado nesta pesquisa, esse se divide em três eixos: estudos sobre demência; Direito do Paciente; e direitos dos pacientes com demência. Em relação aos estudos sobre demência, este artigo baseou-se nas investigações formuladas por Shakespeare; Zeilig e Mittler[20] e Cahil[21]. No que tange ao tema do Direito do Paciente, este artigo se alicerçou nos estudos de Albuquerque[22] e de Andorno[23]. Por fim, esta pesquisa se fundamentou nos documentos do The British Institute of Human Rights[24] e do Alzheimer Europe[25] sobre os direitos dos pacientes que vivem com demência. Cabe registrar que esta pesquisa não envolve revisão da literatura ou pesquisa bibliográfica, porquanto se trata de pesquisa teórica, que pressupõe a proposta de aplicação de determinado referencial teórico a um objeto de estudo.

O presente artigo se encontra estruturado em quatro partes: a primeira versa sobre o entendimento do que seja a demência; a segunda trata do Direito do Paciente, enquanto novo ramo jurídico; a terceira aborda os construtos conceituais que permeiam a aplicação dos direitos dos pacientes que vivem com demência; e a quarta versa sobre o Direito

[19] Adom, D; Hussein, EK; ADU, AJ. Theoretical and Conceptual Framework: Mandatory Ingredients of a Quality Research. https://www.worldwidejournals.com/international-journal-of-scientific-research-(IJSR)/article/theoretical-and-conceptual-framework-mandatory-ingredients-of-a-quality-research/MTM5NDE=/?is=1. Acesso em: 28/11/2021.

[20] Shakespeare, Tom; ZEILIG, Hanna; Mittler, Peter. Rights in Mind: Thinking Differently About Dementia and Disability. Dementia, v. 18, n. 3, 2019

[21] Cahil, Suzanne. **Dementia and human rights**. Bristol: Policy, 2018.

[22] Albuquerque, Aline. **Manual de Direito do Paciente**. Belo Horizonte: CEI, 2020.

[23] Andorno, Roberto. Dignity in Psychotherapy. In: **The Oxford Handbook of Psychotherapy Ethics**. Trachsel, Manuel et al (eds.). Oxford: Oxford University Press. 2019.

[24] The British Institute Of Human Rights. 2018. Dementia and Human Rights. Disponível em: https://knowyourhumanrights.co.uk/resources/BIHR_Mental_Health_Practitioner_Resource_Dementia.pdf. Acessado em 12/11/2021.

[25] Alzheimer Europe. Legal capacity and decision making: The ethical implications of lack of legal capacity on the lives of people with dementia. 2020. Disponível em: file:///C:/Users/aline/Downloads/Final%20report%20on%20legal%20capacity%20and%20decision%20making%202020%20(1).pdf. Acesso em: 10 nov. 2021.

do Paciente como referencial ético-jurídico dos cuidados em saúde dos pacientes que vivem com demência.

1. Delineamento da demência

A síndrome demencial é um conjunto de sinais e de sintomas que refletem o acometimento do funcionamento cerebral. Várias doenças são responsáveis por essa síndrome, e elas estão diretamente relacionadas ao envelhecimento, mas, é importante ressaltar que não fazem parte do envelhecimento normal, ou seja, demência não é uma consequência inevitável do envelhecimento. O termo "demência senil", muito utilizado por alguns, no entanto, é considerado equivocado.

A característica essencial dos quadros demenciais é o envolvimento de múltiplos déficits cognitivos. Segundo a definição do DSM IV, o déficit cognitivo deve compreender a alteração de memória associada à alteração em pelo menos um outro domínio cognitivo, como praxia (capacidade de realizar atividades motoras), linguagem, funções executivas ou gnosia (capacidade de reconhecer ou identificar objetos)[26]. Ou seja, é representada por um transtorno cognitivo que interfira na sua funcionalidade. As demências são uma das principais causas de incapacidade e dependência no processo de envelhecimento.

Conforme aludido, algumas doenças são responsáveis por essa síndrome. Existem situações que podem gerar um quadro demencial reversível, mas não é o foco neste artigo. Assim, entre as doenças que levam a um quadro irreversível, progressivo e degenerativo a mais conhecida é a Doença de Alzheimer, que responde por 60% a 70% dos casos, seguindo-se a demência vascular (10 a 20%), a demência frontotemporal (5 a 10%) e a demência por corpos de Lewy (menos de 5%), além de outras menos comuns (Demência por doença de Parkinson, Doença de Huntington, Creutzfeldt-Jakob, HIV e outras)[27]. Além dessa divisão, algumas podem coexistir, bem como se registra que cada uma delas possui características

[26] Psiquiatria Geral. Disponível em: https://www.psiquiatriageral.com.br/dsm4/demencia.htm; Acesso em: 10 nov. 2021.

[27] Dementia. Disponível em: https://qbi.uq.edu.au/brain/dementia/types-dementia; Acesso em: 10 nov. 2021.

próprias, principalmente no início do quadro, mas todas se assemelham no caráter progressivo e degenerativo.

Alguns sintomas são comuns para a síndrome demencial, como a dificuldade em planejamento ou resolução de problemas; dificuldade em completar tarefas familiares; problema para entender imagens visuais e relação espacial; problemas com palavras para escrever ou falar; perda de objetos; capacidade de julgamento diminuída; diminuição da memória que interfere nas atividades diárias; mudança no humor e personalidade.

Alguns sintomas são comuns para a síndrome demencial, como dificuldades: em planejamento ou resolução de problemas; em completar tarefas familiares; em entender imagens visuais e relação espacial; com palavras, para escrever ou falar; com perda de objetos; com capacidade de julgamento; com diminuição da memória, que interfere nas atividades diárias; com mudança no humor e na personalidade.

1.1. Modelo relacional de demência

A teoria de Tom Kitwood, especialista em Doença de Alzheimer, formulada no final da década de oitenta, tem como foco o cuidado centrado na pessoa nos casos de demência[28] e rejeita a abordagem biomédica padrão para a demência, que se concentrava no tratamento rígido de uma doença[29]. Essa teoria parte da concepção de que a demência é um fenômeno multidimensional, que abarca fatores psicossociais, tais como a saúde, a psicologia individual e o meio ambiente, com ênfase particular no contexto social[30]. Por essa razão, requer uma resposta direcionada a distintos aspectos, incluindo clínicos, psicológicos, sociais e políticos. Para Kitwood, a visão reduzida ao campo biomédico contribui para a manutenção da exclusão social e da dependência passiva das pessoas que vivem com demência[31].

[28] Donnelly, Mary. Healthcare decision-making and the Law: autonomy, capacity and the limits of Liberalism. Cambridge: Cambridge, 2011.

[29] Cahil, Suzanne. **Dementia and human rights**. Bristol: Policy, 2018.

[30] Fazio, Sam et al. The Fundamentals of Person-Centered Care for Individuals With Dementia. The Gerontologist, v. 58, n. 1, p. S10–S19, 2018.

[31] Shakespeare, Tom; Zeilig, Hanna; Mittler, Peter. Rights in Mind: Thinking Differently About Dementia and Disability. Dementia, v. 18, n. 3, 2019.

Kitwood apontou, ainda, cinco principais necessidades psicológicas das pessoas que vivem com demência: conforto, vínculo, identidade, ocupação e atividade e que todos estão atrelados à necessidade de compartilhar amor. Em consequência, é fundamental para compreender a demência sublinhar a importância das relações interpessoais como um componente crítico da experiência subjetiva de viver com demência. Dessa forma, quando uma pessoa é diagnosticada, se atribuem certos comportamentos à essa pessoa pelo fato de ter demência, sem serem consideradas suas conexões sociais e as situações concretas de sua vida diária. [32]

Cahil endossa a perspectiva de Kitwood, mas, propõe que se dê um passo adiante, entendendo as necessidades das pessoas que vivem com demência sob a perspectiva dos direitos, o que provê um referencial muito mais forte para a efetivação de políticas públicas no campo da demência[33]. Desse modo, este artigo se alicerça na visão de Kitwood, que, em linhas gerais, confere ênfase à visão multifacetada da demência, particularmente, a partir das interações sociais. Contudo, entende-se que a formulação de Cahil, ao transformar as necessidades em direitos, é essencial para que os direitos das pessoas que vivem com demência sejam assegurados.

2. Direito do Paciente: novo ramo jurídico

O Direito do Paciente é o ramo jurídico que trata da legislação, da teoria e da jurisprudência concernente às normas que versam sobre os direitos dos pacientes e seus mecanismos de implementação. O Direito do Paciente tem como foco a proteção e o empoderamento do paciente na ambiência clínica, contrapondo-se a uma perspectiva paternalista de cuidado em saúde e fomentando a participação do paciente.[34] Importante demarcar que o termo "paciente", que decorre do "patiens", o que significa: "que suporta, que resiste", e decorre do verbo latino "patior" e

[32] Cahil, Suzanne. **Dementia and human rights.** Bristol: Policy, 2018.

[33] Cahil, Suzanne. **Dementia and human rights.** Bristol: Policy, 2018.

[34] Albuquerque, Aline. **Manual de Direito do Paciente.** Belo Horizonte: CEI, 2020.

significa sofrer ou aguentar, expressa as condições concretas em que um paciente se encontra, como a de vulnerabilidade acrescida.[35]

O Direito do Paciente estabelece mínimos morais na esfera dos cuidados em saúde[36], porquanto deriva dos direitos humanos e se ancora na dignidade humana dos pacientes, que oferta uma estrutura moral abrangente, evocada para promover o bem-estar e a autodeterminação do paciente. Desse modo, ter como guia de ação a dignidade do paciente impõe ao profissional de saúde alguns deveres morais específicos, como respeitar e promover a autodeterminação dos pacientes, bem como atuar em consonância com os seus valores, crenças e planos de vida.[37]

Conforme Andorno, a concepção de dignidade aplicada ao contexto dos cuidados em saúde contribui para que cada paciente seja visto não apenas como alguém que se encontra enfermo, mas como uma pessoa, isto é, um ser humano único e insubstituível, com seu valor intrínseco. Essa ideia impõe aos profissionais de saúde tomar em conta o conhecimento experiencial do paciente, o que engloba sua história pessoal e experiências de vida, que o faz distinto de qualquer outro indivíduo. "A consciência da singularidade e do valor incomensurável de cada paciente não é algo meramente desejável na prática médica. Em vez disso, a dignidade é um imperativo moral que desempenha um papel fundamental e humanizador na relação médico-paciente".[38]

Assim, os direitos dos pacientes, contidos nas leis dos países, são expressão dos direitos humanos que assentam um mínimo ético nos cuidados em saúde, balizador da relação entre profissional de saúde e paciente, e que proveem uma linguagem que empodera e engaja os pacientes no processo terapêutico. Desse modo, o Direito do Paciente deve ser alicerçado em uma legislação que incida nos serviços de saúde,

[35] ANDORNO, Roberto. Dignity in Psychotherapy. In: **The Oxford Handbook of Psychotherapy Ethics.** TRACHSEL, Manuel et al (eds.). Oxford: Oxford University Press. 2019.

[36] ALBUQUERQUE, Aline. **Manual de Direito do Paciente.** Belo Horizonte: CEI, 2020.

[37] ANDORNO, Roberto. Dignity in Psychotherapy. In: **The Oxford Handbook of Psychotherapy Ethics.** TRACHSEL, Manuel et al (eds.). Oxford: Oxford University Press. 2019.

[38] ANDORNO, Roberto. Dignity in Psychotherapy. In: **The Oxford Handbook of Psychotherapy Ethics.** TRACHSEL, Manuel et al (eds.). Oxford: Oxford. 2019.

públicos e privados, de modo a garantir direitos a todos os pacientes, a despeito de qualquer condição particular. Assim, esse novo ramo jurídico tem o objetivo central de enunciar para os pacientes aquilo que podem exigir dos profissionais de saúde, e para esses, determinam as condutas a serem adotadas em relação aos pacientes.

O Direito do Paciente abarca os seguintes direitos: direito de participar da tomada de decisão; direito ao consentimento informado; direito à segunda opinião; direito de recusar tratamentos e procedimentos; direito à informação; direito de acesso ao prontuário do paciente; direito à confidencialidade dos dados pessoais; direito ao cuidado em saúde com qualidade e segurança; direito de não ser discriminado e direito de apresentar uma queixa e direito à reparação.[39] Nota-se que Andorno articula os direitos do paciente com o imperativo ético de respeito à sua dignidade, ou seja, fixa que práticas que incrementam o respeito à dignidade dos pacientes, tais como a proteção da sua privacidade e a facilitação da comunicação entre pacientes e profissionais de saúde, auxiliam os pacientes em suas necessidades de informação e autodeterminação.[40]

Destaca-se que os direitos dos pacientes contribuem para a melhoria do cuidado, ao aumentar a satisfação dos pacientes e a eficiência dos sistemas de saúde. Nessa linha, o direito à informação e à participação do paciente na tomada de decisão acelera a sua recuperação e diminui o tempo de internação.[41] De acordo com a Associação de Saúde Americana, conferir atenção aos direitos dos pacientes significa considerar as necessidades físicas, psíquicas, mentais, sociais e espirituais dos pacientes.[42]

[39] Albuquerque, Aline. **Manual de Direito do Paciente**. Belo Horizonte: CEI, 2020.

[40] Andorno, Roberto. Dignity in Psychotherapy. In: **The Oxford Handbook of Psychotherapy Ethics**. Trachsel, Manuel et al (eds.). Oxford: Oxford University Press. 2019.

[41] Kiani, Mohammad Ali et al. Evaluating the Awareness of Patients' Rights Based on the Charter of Patients' Rights in Medical Staff of Mashhad University of Medical Sciences in Mashhad, Iran. Med Edu Bull, v. 2, n. 1, 2021.

[42] Apud Kiani, Mohammad Ali et al. Evaluating the Awareness of Patients' Rights Based on the Charter of Patients' Rights in Medical Staff of Mashhad University of Medical Sciences in Mashhad, Iran. Med Edu Bull, v. 2, n. 1, 2021.

Em síntese, o Direito do Paciente é um novo ramo jurídico que se fundamenta no reconhecimento da vulnerabilidade acrescida do paciente e no imperativo ético de respeito à sua dignidade intrínseca, que acarreta a sua visão como uma "pessoa", sujeito de direitos e não objeto do cuidado. Essa pessoa é única e insubstituível, de seu valor intrínseco faz decorrer uma série de comandos de agir para os profissionais de saúde, o que envolve a necessidade de promover, tanto quanto possível, a autossuficiência do paciente e sua agência moral, assim como o respeito aos seus valores e crenças.[43]

3. Construtos conceituais norteadores da aplicação dos direitos dos pacientes que vivem com demência

3.1. Capacitismo e ageísmo

É comum que as pessoas diagnosticadas com demência se encontrem submetidas a um conjunto de práticas que refletem estereótipos, preconceitos e, até mesmo, discriminação. Práticas essas baseadas na idade ou na deficiência, por serem, em sua maioria, pessoas idosas e por apresentarem comprometimentos cognitivos. Tais práticas podem ser enquadradas nas concepções de ageísmo e de capacitismo. Com efeito, ser diagnosticado com demência faz emergir a construção social dos fenômenos do ageísmo e do capacitismo, conjugados de maneira única.[44]

O ageísmo se refere a estereótipo (como pensamos), preconceito (como sentimos) e discriminação (como agimos), em relação aos outros ou a si mesmo, com base na idade[45]. O preconceito de idade afeta a todos. Crianças a partir dos 4 anos tornam-se cientes dos estereótipos de idade, pois, a partir desse momento, internalizam e usam esses estereótipos para orientar seus sentimentos e comportamentos em relação a pessoas

[43] Andorno, Roberto. Dignity in Psychotherapy. In: **The Oxford Handbook of Psychotherapy Ethics**. Trachsel, Manuel et al (eds.). Oxford: Oxford. 2019.

[44] Thomas, Carol; Milligan, Christine. Dementia, Disability Rights and Disablism: understanding the social position of people living with dementia. Disponível em: https://eprints.lancs.ac.uk/id/eprint/87772/1/DISABILITY_SOCIETY_DEMENTIA_and_DISABILITY.pdf. Acesso em: 10 nov. 2021.

[45] World Health Organization. Global report on ageism. Disponível em: file:///C:/Users/aline/Downloads/9789240016866-eng.pdf. Acesso em 12/11/2021.

de diferentes idades. Elas também se baseiam nos estereótipos de idade para se perceberem e compreenderem a si mesmas, o que pode resultar em preconceito de idade autodirigido. O preconceito de idade cruza e agrava outras formas de desvantagens, incluindo aquelas relacionadas a sexo, raça e deficiência[46].

A demência, usualmente, é veiculada com fortes conotações negativas, em parte, impulsionadas por retratos alarmistas da mídia sobre a doença, o que propicia a criação de uma ambiência adversa para as pessoas que vivem com demência. Assim, podem ser afetadas pelo preconceito etário, conjugado à discriminação relacionada à demência. Ainda, o estigma associado à demência pode ter implicações significativas para a qualidade de vida, por exemplo, a diminuição do engajamento social, a redução da autoestima, o aumento da carga do cuidador. Pode, até mesmo, implicar cuidados de saúde abaixo do padrão. Essa situação é agravada por uma inadequação tanto de diagnósticos, como de preparação dos profissionais médicos.[47]

O capacistimo pode ser definido como um comportamento discriminatório, opressor e abusivo decorrente da crença de que as pessoas com deficiência são inferiores às demais. Capacitismo se refere a preconceito, estereótipo ou "discriminação estrutural" contra pessoas com deficiência. O principal problema do capacitismo é que não é fácil de identificar, porquanto, em muitos casos, as pessoas não percebem que existe. O capacitismo tem a ver, basicamente, com as atitudes das pessoas: não se refere apenas a um comportamento conscientemente discriminatório, mas também à maneira como as pessoas se relacionam inconscientemente com as pessoas com deficiência. A parte inconsciente das atitudes discriminatórias é muito mais difícil de enfrentar do que os atos conscientes de discriminação, mas ambos precisam ser igualmente enfocados

[46] WORLD HEALTH ORGANIZATION. Global report on ageism. Disponível em: file:///C:/Users/aline/Downloads/9789240016866-eng.pdf. Acesso em 12/11/2021.

[47] EVAN, Simon Chester. Ageism and Dementia In: Ayalon L., Tesch-Römer C. (eds) Contemporary Perspectives on Ageism. International Perspectives on Aging, vol 19. Springer, Cham, 2018.

na luta pelos direitos das pessoas que vivem com demência.[48] Thomas e Milligan pontuam que há evidências de que o capacitismo emerge, de várias maneiras, na vida das pessoas que vivem com demência.[49]

Particularmente, no caso da demência, destaca-se o capacitismo psíquico-emocional, que se expressa nas relações interpessoais[50], nas quais a pessoa com demência é tratada como inexistente em determinadas interações, como a de cuidados em saúde, na qual o médico se dirige ao seu familiar, sem dialogar diretamente com o paciente, por exemplo, ou elege o familiar como principal decisor sobre os cuidados em saúde.

3.2. Capacidade jurídica e capacidade decisional das pessoas que vivem com demência

Após o advento da Convenção sobre os Direitos das Pessoas com Deficiência, da ONU, o tema da capacidade deslocou-se para o campo dos direitos humanos, haja vista que foi reconhecido o direito humano ao igual reconhecimento perante a lei, o direito à capacidade jurídica e o direito à tomada de decisão apoiada, bem como passou-se a adotar um novo modelo de Capacidades Jurídica e Decisional baseado nos direitos humanos para o tema[51]. Esse novo paradigma conduziu à reflexão sobre questões referentes à autonomia pessoal e à capacidade decisional das pessoas que vivem com demência, questões essas permeadas por preconceitos, estigmas e discriminações. Com efeito, o ageísmo pode influenciar a visão da capacidade decisional das pessoas idosas, bem como a sua

[48] Council Of Europe. Disability and Disabilism. Disponível em: https://www.coe.int/en/web/compass/disability-and-disablism. Acesso em 12/11/2021.

[49] Thomas, Carol; Milligan, Christine. Dementia, Disability Rights and Disablism: understanding the social position of people living with dementia. Disponível em: https://eprints.lancs.ac.uk/id/eprint/87772/1/DISABILITY_SOCIETY_DEMENTIA_and_DISABILITY.pdf. Acesso em 12/11/2021.

[50] Thomas, Carol; Milligan, Christine. Dementia, Disability Rights and Disablism: understanding the social position of people living with dementia. Disponível em: https://eprints.lancs.ac.uk/id/eprint/87772/1/DISABILITY_SOCIETY_DEMENTIA_and_DISABILITY.pdf. Acesso em 12/11/2021.

[51] Albuquerque, Aline. **Capacidade Jurídica e Direitos Humanos**. Rio de Janeiro: Lumen Juris, 2021.

avaliação.[52] Nesse sentido, suposições relacionadas ao envelhecimento levam a comportamentos infantilizadores em relação às pessoas idosas, combinados com conjecturas preconceituosas sobre a deterioração da sua função cognitiva.[53] Quanto à abordagem funcional, ressalta-se que pode abarcar funções cognitivas, porém é importante distinguir entre ser cognitivamente capaz e mentalmente capaz, como, por exemplo, pessoas que vivem com Doença de Alzheimer podem não apresentar capacidade cognitiva, mas ter competência mental para tomar certas decisões sobre a própria vida[54].

A demência impacta atividades da vida diária, como higiene, vestir-se ou cuidar da casa, bem como atividades mais complexas, como dirigir ou administrar finanças. Desse modo, é essencial que sejam adotados mecanismos de Tomada de Decisão Apoiada, como os mecanismos comunitários, as Diretivas Antecipadas e o Decisor Substituto Formal, bem como Acordos de Tomada de Decisão Apoiada. De tal maneira, que fique assegurado o respeito à vontade e às preferências da pessoa com demência, como forma de garantir que exerça sua autodeterminação da forma mais prolongada possível.[55]

Quanto a pacientes que vivem com Doença de Alzheimer, a pesquisa de Santos et al. Apontou que os impedir de tomar decisões impacta negativamente em sua autonomia e que pacientes que vivem com Doença de Alzheimer de leve a moderada podem expressar sua escolha de tratamento, mesmo quando sua habilidade para entender, apreciar e racioci-

[52] Clemens, EL; Hayes, HE. Assessing and Balancing Elder Risk, Safety and Autonomy: Decision-Making Practices of Health Care Professionals. Home Health Care Serv Q, v. 16, n. 3, 1997, p. 3-20.

[53] Carney, Terry. Combating Elder Abuse: Any role for supported-decision-making, adult guardianship or other laws?' Disponível em: https://www.researchgate.net/profile/Terry-Carney-2/publication/350086455_%27Combating_Elder_Abuse_Any_role_for_supported-decision-making_adult_guardianship_or_other_laws%27/links/60500ab1299bf17367464ebb/Combating-Elder-Abuse-Any-role-for-supported-decision-making-adult-guardianship-or-other-laws.pdf. Acesso em: 10 nov. 2021..

[54] Purser, Kelly. **Capacity Assessment and the Law**. Cham: Springer, 2017.

[55] Alzheimer Europe. Legal capacity and decision making: The ethical implications of lack of legal capacity on the lives of people with dementia. Dementia In Europe Ethics Report 2020.

nar se revela inadequada para apoiar a escolha.[56] Para ilustrar a complexidade do tema, há casos em que a pessoa idosa mantem sua capacidade de decidir, mesmo após sua memória e aspectos cognitivos terem sido comprometidos pela Doença de Alzheimer[57]. Em pesquisa realizada com pessoas com demência, mais de 1/5 da amostra demonstrou capacidade suficiente para entender a pesquisa e prover o próprio consentimento[58].

O tipo e o nível de apoio necessário para a pessoa com demência podem variar, porque diferentes habilidades estão envolvidas em distintas tarefas, dependendo, também, do contexto em que vive. Ou seja, a tomada de decisão da pessoa com demência se atrela a uma gama de fatores, como à hora do dia, à complexidade da tarefa ou da decisão, aos níveis de consciência, à presença de ruído e a outras distrações, ao estresse, aos efeitos da medicação e a outros. É imperioso que a pessoa com demência não seja considerada incapaz de tomar decisão tão somente em razão do seu diagnóstico ou com base no entendimento de que apresenta uma deficiência. Nesse sentido, destaca-se que práticas, atitudes e a forma como a sociedade se estrutura para acolher as pessoas com demência também impactam o desenvolvimento das suas habilidades decisionais.[59] Pesquisas apontam que a Tomada de Decisão Apoiada pode contribuir para que as pessoas com demência mantenham sua autodeterminação pelo maior tempo possível, mas há desafios específicos na sua implementação que não podem ser desconsiderados, nem serem utilizados como escusa para afastar a adoção da Tomada de Decisão Apoiada no caso das pessoas com demência.[60]

[56] SANTOS, Raquel Luiza et al. MacArthur Competence Assessment Tool for Treatment na doença de Alzheimer: adaptação transcultural. *Arq. Neuropsiquiatria*, v. 75, n. 1, p. 36-43, 2017.

[57] DILLER, Rebekah. Legal Capacity for all: including older persons in the shift from Adult Guardianship to Supported Decision-Making, 43 Fordham Urb. L.J. 495 (2016).

[58] BEATTIE, Elisabeth et al. Supporting autonomy of nursing home residents with dementia in the informed consent process. Dementia, 0(0) 1-15, 2018.

[59] ALZHEIMER EUROPE. Legal capacity and decision making: The ethical implications of lack of legal capacity on the lives of people with dementia. Dementia In Europe Ethics Report 2020.

[60] DONELLY, Mary. Deciding in dementia: The possibilities and limits of supported decision-making, International Journal of Law and Psychiatry, v. 66, 2019.

4. O direito do paciente como referencial ético-jurídico dos cuidados em saúde dos pacientes que vivem com demência

Um estudo recente propõe uma visão holística e inovadora dos direitos dos pacientes que vivem com demência, tomando como referencial geral os requisitos éticos de beneficência, autonomia e justiça.[61] Segundo seu autor, o princípio da beneficência à própria identidade, ao desenvolvimento da sua personalidade e aos serviços de educação e reabilitação. O princípio da autonomia exige o direito de respeitar, de ser levado a sério, de guardar segredos, de praticar sua religião, de rejeitar influências ideológicas ou políticas contrárias às suas próprias convicções, de rejeitar tratamentos médicos desproporcionais, etc. Do princípio da justiça decorre o direito de conservar seus bens e recursos financeiros, de poder protestar contra as injustiças e de participar dos processos judiciais de maneira que leve em conta suas circunstâncias particulares.

O Grupo Consultivo da Sociedade de Alzheimer do Canadá, ao formular a primeira Carta de Direitos das Pessoas com Demência, assentou que, nos cuidados de saúde, profissionais e familiares nem sempre respeitam os direitos das pessoas que vivem com demência, e presumem, geralmente, que não são capazes de entender as informações ou tomar suas próprias decisões[62]. Os cuidados em saúde dos pacientes que vivem com demência devem ser balizados por comandos ético-jurídicos, os direitos dos pacientes, cujo objetivo consiste em estabelecer modos de agir para profissionais de saúde e guias de conduta para familiares e cuidadores. Com efeito, o Direito do Paciente ao fixar comandos legais para determinar modos de agir do profissional, acaba por explicitar expectativas correspondentes do paciente, ao modo como deve ser tratado, a esses modos e agir. A aplicação do Direito do Paciente é, pois, permeada por desafios específicos que atravessam a pessoa que vive com demência, como o estigma e a discriminação associados à demência, que também

[61] Cohen-MansfieLD, Jiska. The Rights of Persons with Dementia and Their Meanings. Jamda (Journal of the American Medical Directors Association), vol. 22, n. 7, 2021, p. 1381-1385.

[62] Mann, Jim. Canadian charter of rights for people with dementia. Dementia, v. 19, n. 1, 2020.

concorrem para o isolamento social e provocam uma demora na busca dos serviços de saúde[63].

A Primazia do Cuidado Centrado no Paciente, enquanto um dos princípios do Direito do Paciente, é traduzido no contexto do cuidado do paciente que vive com demência como o Cuidado Centrado no Paciente com Demência (CCPD), que envolve: (a) melhora na prevenção e no controle dos sintomas comportamentais e psicológicos da demência; (b) tratamento do paciente com dignidade e respeito, compreendendo sua história, estilo de vida, cultura e preferências, incluindo seus gostos, hobbies e interesses; (c) adoção da tomada de perspectiva do paciente nas situações que emergem dos cuidados em saúde: (d) envolvimento constante do paciente, dos familiares e dos cuidadores no desenvolvimento de um plano de cuidados com base no CCPD.[64] Ademais, o CCPD implica reconhecer que, a partir das evidências compartilhadas de estudos acerca diferentes práticas de cuidado, a demência não progride universalmente de forma linear e, mais importante, varia de pessoa para pessoa[65]. Portanto, respeitar o direito do paciente que vive com demência impõe não pressupor incapacidades e levar em conta sua individualidade.

4.1. Direito ao consentimento informado

Todo tratamento, cuidado e apoio relativos ao paciente que vive com demência deve ser consentido. Caso o paciente tenha inabilidade decisional, importante apoiá-lo para que preserve seu direito ao consentimento informado, por conseguinte, a Tomada de Decisão Substituta deve sempre ser a última opção, inclusive considerando a inexistência de um plano avançado de cuidado e de Diretivas Antecipadas.

Estratégias que objetivam a prescrição não consentida, como a colocação de medicação na alimentação/bebida do paciente sem o seu con-

[63] World Health Organization. Ensuring a Human Rights-Based Approach for People Living With Dementia. Disponível em: https://www.ohchr.org/Documents/Issues/OlderPersons/Dementia/ThematicBrief.pdf. Acesso em: 10 nov. 2021.

[64] British Alzheimer Society. Person-centred care. Disponível em: https://www.alzheimers.org.uk/about-dementia/treatments/person-centred-care. Acesso em: 12 nov. 2021.

[65] Fazio, Sam et al. The Fundamentals of Person-Centered Care for Individuals With Dementia. The Gerontologist, v. 58, n. 1, p. S10–S19, 2018.

sentimento, deve ser vista como uma violação de tal direito. Considera-se que o consentimento pode ser dado de forma expressa ou tácita, por escrito, de forma verbal ou de forma não verbal (quando o paciente fornece o braço para um teste de sangue). [66]

Caso o paciente que vive com demência tenha habilidade decisional mitigada, cabe ao profissional de saúde em conjunto com a família adotar modos de apoiá-lo para que preserve a sua autodeterminação, até o momento em que for impossível mantê-la.

4.2. Direito ao cuidado de qualidade e seguro

O paciente que vive com demência tem direito ao cuidado multidisciplinar, haja vista a complexidade associada à demência, que abarca desafios cognitivos, comportamentais, funcionais, físicos e emocionais[67]. Além disso, os profissionais que integram a equipe devem ser capacitados para lidar com a demência[68], lembrando que essa capacitação deve envolver a comunicação de notícias difíceis, como a informação sobre o diagnóstico de demência.[69] O cuidado em saúde do paciente que vive com demência não deve ser apenas medicamentoso, na verdade, deve ser integral, envolvendo, por exemplo, a reabilitação cognitiva[70] e abordagens psicossocial e não-farmacológica para manejar os sintomas e o declínio cognitivo.[71]

[66] ALZHEIMER EUROPE. Legal capacity and decision making: The ethical implications of lack of legal capacity on the lives of people with dementia. 2020. Disponível em: file:///C:/Users/aline/Downloads/Final%20report%20on%20legal%20capacity%20and%20decision%20making%202020%20(1).pdf. Acesso em: 10 nov. 2021.

[67] CAHIL, Suzanne. **Dementia and human rights**. Bristol: Policy, 2018.

[68] MANN, Jim. Canadian charter of rights for people with dementia. Dementia, v. 19, n. 1, 2020.

[69] ALZHEIMER EUROPE. Legal capacity and decision making: The ethical implications of lack of legal capacity on the lives of people with dementia. 2020. Disponível em: file:///C:/Users/aline/Downloads/Final%20report%20on%20legal%20capacity%20and%20decision%20making%202020%20(1).pdf. Acesso em: 10 nov. 2021.

[70] SHAKESPEARE, Tom; ZEILIG, Hanna; MITTLER, Peter. Rights in Mind: Thinking Differently About Dementia and Disability. Dementia, v. 18, n. 3, 2019.

[71] ALZHEIMER EUROPE. Legal capacity and decision making: The ethical implications of lack of legal capacity on the lives of people with dementia. 2020. Disponível em: file:///C:/Users/aline/Downloads/Final%20report%20on%20legal%20capacity%20and%20decision%20making%202020%20(1).pdf. Acesso em: 10 nov. 2021.

4.3. Direito à informação

O paciente tem direito de ser informado sobre o seu diagnóstico de forma apoiada e ética, que respeite sua dignidade, autonomia e direitos humanos. O direito de ser informado abarca os seguintes assuntos, dentre outros: o estado geral de saúde; o diagnóstico; o prognóstico; as possibilidades de tratamento e os seus potenciais riscos e benefícios; os medicamentos[72]; bem como os mecanismos de tomada de decisão para as situações futuras em que o paciente não tenha capacidade decisional[73], como o plano avançado de cuidado e as Diretivas Antecipadas.

Destaca-se que todas as pessoas têm o direito de enunciar para o profissional de saúde que não desejam serem informadas sobre um eventual diagnóstico de demência, contudo, é papel de tal profissional deixar evidenciar todos os prejuízos decorrentes da desinformação sobre o próprio estado de saúde. Ademais, não cabe ao profissional de saúde presumir, em razão de pedido da família ou dos cuidadores, da condição de saúde ou da idade do paciente, que o paciente não deseja ser informado sobre o seu diagnóstico de demência. Assinala-se que as pesquisas mostram que os pacientes com demência continuam sem ser informados sobre seu diagnóstico e que a maior parte deseja ser informada.[74]

Qualquer informação deve ser transmitida de forma acessível, ou seja, precisa buscar o seu entendimento por parte do paciente, no momento oportuno. Desse modo, deve o profissional de saúde checar a acurácia do entendimento do paciente por meio de alguma estratégia, como, por exemplo o *Teach-Back*, que envolve o pedido dos profissionais de saúde aos pacientes que repitam as informações para eles. Isso permite que os profissionais avaliem como explicaram as informações de saúde ao paciente. De acordo com a Agency for Healthcare Research and Quality dos Estados Unidos, os profissionais de saúde devem usar o *Teach-Back*

[72] ALZHEIMER EUROPE. Legal capacity and decision making: The ethical implications of lack of legal capacity on the lives of people with dementia. 2020. Disponível em: file:///C:/Users/aline/Downloads/Final%20report%20on%20legal%20capacity%20and%20decision%20making%202020%20(1).pdf. Acesso em: 10 nov. 2021.

[73] THE BRITISH INSTITUTE OF HUMAN RIGHTS. 2018. Dementia and Human Rights. Disponível em: https://knowyourhumanrights.co.uk/resources/BIHR_Mental_Health_Practitioner_Resource_Dementia.pdf. Acesso em: 10 nov. 2021.

[74] CAHIL, Suzanne. **Dementia and human rights**. Bristol: Policy, 2018.

para melhorar a compreensão do paciente e a adesão às instruções de cuidados. A estratégia também pode diminuir a procura pelos serviços de saúde e a melhoria da satisfação e dos resultados do paciente.[75]

4.4. Direito de participar da tomada de decisão

O paciente que vive com demência tem direito de ser informado e apoiado para participar plenamente das decisões que afetam seus cuidados em saúde[76], em especial, as que abarcam decisões que envolvam procedimentos, medicamentos e a sua segurança. O direito de participar e de ser envolvido no processo de tomada de decisão, inclusive de forma apoiada, caso o paciente não tenha habilidade decisional preservada, há que ser efetivado pelo profissional de saúde, durante todo o percurso terapêutico, incluindo decisões sobre os cuidados desde o diagnóstico aos cuidados paliativos.[77]Cabe assinalar que as vontades dos familiares não devem se sobrepor às vontades, preferências e necessidades do paciente que vive com demência.[78]

4.5. Direito de não ser discriminado

Como foi apontado, o ageísmo e o capacitismo permeiam os cuidados em saúde dos pacientes que vivem com demência. Desse modo, pesquisas apontam que a partir do diagnóstico de demência, os pacientes têm o risco aumentado de vivenciarem discriminação e marginalização[79], haja vista que passam a ser vistos como pessoas incapazes de tomar decisão sobre a própria vida. Nesse sentido, é necessário desconstruir a visão de

[75] PATIENT ENGANGEMENT HIT. Developing Patient Teach-Back to Improve Patient Education. Disponível em: https://patientengagementhit.com/features/developing-patient-teach-back-to-improve-patient-education. Acesso em: 12 nov. 2021.

[76] MANN, Jim. Canadian charter of rights for people with dementia. Dementia, v. 19, n. 1, 2020.

[77] MANN, Jim. Canadian charter of rights for people with dementia. Dementia, v. 19, n. 1, 2020.

[78] THE BRITISH INSTITUTE OF HUMAN RIGHTS. 2018. Dementia and Human Rights. Disponível em: https://knowyourhumanrights.co.uk/resources/BIHR_Mental_Health_Practitioner_Resource_Dementia.pdf. Acesso em: 12 nov. 2021.

[79] CAHIL, Suzanne. **Dementia and human rights**. Bristol: Policy, 2018.

que as pessoas que vivem com demência são incapazes tão somente em razão de terem a doença.[80]

4.6. Direito à confidencialidade das informações pessoais

O paciente que vive com demência tem direito de que seu diagnóstico e suas informações pessoais não sejam reveladas para seus familiares e outros profissionais de saúde não envolvidos no seu cuidado, salvo quando não seja capaz de decidir.[81]

Conclusões

O reconhecimento de que os pacientes que vivem com demência são detentores de direitos e de dignidade intrínseca conduz a percebê-los como agentes da própria vida, aptos a realizar escolhas e viver conforme sua vontade e preferências. A dependência, a mitigação de funções cognitivas e as impossibilidades de manejo de atividades da vida diária devem ser percebidos como uma outra forma de estar no mundo, distinta da sua pretérita. Essa outra forma não pode transformá-los em objeto de cuidado ou de proteção, portanto, cabe aos profissionais de saúde, familiares e cuidadores garantir durante todo o processo terapêutico o seu bem-estar e a qualidade de vida, o que envolve respeitar sua vontade e preferências, bem como promover sua autodeterminação e inclusão social.

Referências

ALBUQUERQUE, Aline. **Manual de Direito do Paciente**. Belo Horizonte: CEI, 2020.

ALBUQUERQUE, Aline. **Capacidade Jurídica e Direitos Humanos**. Rio de Janeiro: Lumen Juris, 2021.

ALZHEIMER EUROPE. Legal capacity and decision making: The ethical implications of lack of legal capacity on the lives of people with dementia. 2020. Disponível em: file:///C:/Users/aline/Downloads/Final%20report%20on%20

[80] MANN, Jim. Canadian charter of rights for people with dementia. Dementia, v. 19, n. 1, 2020.

[81] THE BRITISH INSTITUTE OF HUMAN RIGHTS. 2018. Dementia and Human Rights. Disponível em: https://knowyourhumanrights.co.uk/resources/BIHR_Mental_Health_Practitioner_Resource_Dementia.pdf. Acesso em: 12 nov. 2021.

legal%20capacity%20and%20decision%20making%202020%20(1).pdf. Acesso em: 12 nov. 2021.

ANDORNO, Roberto. La dignidad humana como principio biojurídico y como estándar moral de la relación médico-paciente. Arbor. 2019, v. 195, n. 792. Disponível em: https://arbor.revistas.csic.es/index.php/arbor/article/view/2316 Acesso em: 24 nov. 2021.

ANDORNO, Roberto. Dignity in Psychotherapy. In: **The Oxford Handbook of Psychotherapy Ethics.** TRACHSEL, Manuel et al (eds.). Oxford: Oxford University Press. 2019.

BEATTIE, Elisabeth et al. Supporting autonomy of nursing home residents with dementia in the informed consent process. *Dementia*, 0(0) 1-15, 2018.

BRITISH ALZHEIMER SOCIETY. Person-centred care. Disponível em: https://www.alzheimers.org.uk/about-dementia/treatments/person-centred-care. Acesso em: 12 nov. 2021

CAHIL, Suzanne. **Dementia and human rights**. Bristol: Policy, 2018.

CARNEY, Terry. Combating Elder Abuse: Any role for supported-decision-making, adult guardianship or other laws?' Disponível em: https://www.researchgate.net/profile/Terry-Carney-2/publication/350086455_%27Combating_Elder_Abuse_Any_role_for_supported-decision-making_adult_guardianship_or_other_laws%27/links/60500ab1299bf17367464ebb/Combating-Elder-Abuse-Any-role-for-supported-decision-making-adult-guardianship-or-other-laws.pdf. Acesso em: 10 ago. 2021.

CLEMENS, EL; HAYES, HE. Assessing and Balancing Elder Risk, Safety and Autonomy: Decision-Making Practices of Health Care Professionals. Home Health Care Serv Q, v. 16, n. 3, 1997, p. 3-20.

COHEN-MANSFIELD, Jiska. The Rights of Persons with Dementia and Their Meanings. JAMDA (Journal of the American Medical Directors Association), vol. 22, n. 7, 2021, p. 1381-1385.

COUNCIL OF EUROPE. Disability and Disabilism. Disponível em: https://www.coe.int/um/web/compass/disability-and-disablism. Acesso em: 12 nov. 2021.

DE SABBATA, Kevin. Dementia, Treatment Decisions, and the UN Convention on the Rights of Persons With Disabilities. A New Framework for Old Problems. Front Psychiatry, v. 9, n. 11, 2020.

DEMENTIA. Disponível em: https://qbi.uq.edu.au/brain/dementia/types-dementia; Acesso em: 10 nov. 2021.

DILLER, Rebekah. Legal Capacity for all: including older persons in the shift from Adult Guardianship to Supported Decision-Making, 43 *Fordham Urb. L.J.* 495, 2016.

DIXON, Jeremy; LAING, Judy; VALENTINE, Christine. A human rights approach to advocacy for people with dementia: A review of current provision in England and Wales. Dementia (London), v. 19, n. 2, p.221-236, 2020.

DONELLY, Mary. Deciding in dementia: The possibilities and limits of supported decision-making, International Journal of Law and Psychiatry, v. 66, 2019.

DONNELLY, Mary. *Healthcare decision-making and the Law:* autonomy, capacity and the limits of Liberalism. Cambridge: Cambridge, 2011.

EVAN, Simon Chester. Ageism and Dementia In: Ayalon L., Tesch-Römer C. (eds) Contemporary Perspectives on Ageism. International Perspectives on Aging, vol 19. Springer, Cham, 2018.

EUROPEAN COMMISSION. Patients' Rights in the European Union Mapping eXercise. Luxembourg: Publications Office of the European Union, 2016.

FAZIO, Sam et al. The Fundamentals of Person-Centered Care for Individuals With Dementia. The Gerontologist, v. 58, n. 1, p. S10–S19, 2018.

KIANI, Mohammad Ali et al. Evaluating the Awareness of Patients' Rights Based on the Charter of Patients' Rights in Medical Staff of Mashhad University of Medical Sciences in Mashhad, Iran. Med Edu Bull, v. 2, n. 1, 2021.

MANN, Jim. Canadian charter of rights for people with dementia. Dementia, v. 19, n. 1, 2020.

ORGANIZATION OF AMERICAN STATES. Inter-American Convention On Protecting The Human Rights Of Older Persons. Disponível em: http://www.oas.org/um/sla/dil/inter_american_treaties_a-70_human_rights_older_persons.asp. Acesso em: 12 nov. 2021.

PARANHOS, Denise G.A.M. **Direitos Humanos dos Pacientes Idosos**. Rio de Janeiro: Lumen Juris, 2018.

PATIENT ENGANGEMENT HIT. Developing Patient Teach-Back to Improve Patient Education. Disponível em: https://patientengagementhit.com/features/developing-patient-teach-back-to-improve-patient-education. Acesso em: 12 nov. 2021.

PSIQUIATRIA GERAL. Disponível em: https://www.psiquiatriageral.com.br/dsm4/demencia.htm; Acesso em: 10 nov. 2021.

PURSER, Kelly. **Capacity Assessment and the Law.** Cham: Springer, 2017.

SANTOS, Raquel Luiza et al. MacArthur Competence Assessment Tool for Treatment na doença de Alzheimer: adaptação transcultural. Arq. Neuropsiquiatria, v. 75, n. 1, p. 36-43, 2017.

SHAKESPEARE, Tom; ZEILIG, Hanna; MITTLER, Peter. Rights in Mind: Thinking Differently About Dementia and Disability. Dementia, v. 18, n. 3, 2019

STEELE, Linda et al. Human rights and the Confinement of People Living with Dementia in Care Homes. Health and Human Rights, v. 22, n. 1, 2020.

THE BRITISH INSTITUTE OF HUMAN RIGHTS. Dementia and Human Rights. Disponível em: https://knowyourhumanrights.co.uk/resources/BIHR_Mental_Health_Practitioner_Resource_Dementia.pdf. Acesso em: 12 nov. 2021.

THOMAS, Carol; MILLIGAN, Christine. Dementia, Disability Rights and Disablism: understandingthesocialposition ofpeoplelivingwithdementia. Disponível em: https://eprints.lancs.ac.uk/id/eprint/87772/1/DISABILITY_SOCIETY_DEMENTIA_and_DISABILITY.pdf. Acesso em: 12 nov. 2021.

WORLD HEALTH ORGANIZATION. Dementia. Disponível em: https://www.who.int/news-room/fact-sheets/detail/dementia. Acesso em: 10 nov. 2021.

WORLD HEALTH ORGANIZATION. Global Action plan on the public health response do dementia. Disponível em: file:///C:/Users/aline/Downloads/9789241513487-eng%20(2).pdf. Acesso em: 12 nov. 2021.

WORLD HEALTH ORGANIZATION. Ensuring a Human Rights-Based Approach for People Living With Dementia. Disponível em: https://www.ohchr.org/Documents/Issues/OlderPersons/Dementia/ThematicBrief.pdf. Acesso em: 11 nov. 2021.

WORLD HEALTH ORGANIZATION. Global report on ageism. Disponível em: file:///C:/Users/aline/Downloads/9789240016866-eng.pdf. Acesso em: 12 nov. 2021.

6.
ABORDAGEM INTERDISCIPLINAR INTRODUTÓRIA À LOGÍSTICA REVERSA DE CADÁVERES NO BRASIL

MAX FILIPE SILVA GONÇALVES
ALEXIS NSAMZINSHUTI
ROBSON DO BOA MORTE GARCEZ

Introdução

A ocorrência da morte, em especial da humana, gera várias consequências e significativa parte destas impõe a tomada de providências imediatas e inadiáveis. Neste quadro, o cadáver e os cuidados de que necessita – para conclusão do percurso de sua existência – estabelecem uma série de tarefas e encargos aos que a ele sobrevivem. Estes procedimentos, por sua vez, requerem orientações e mesmo protocolos específicos, que vão de regras postas aos familiares ou responsáveis pelos falecidos até a observância de parâmetros sanitários aos momentos de ofícios fúnebres, cultos, homenagens etc., alcançando o sepultamento ou a cremação.

Outra dimensão do fenômeno tanatológico reside no impacto público que o falecimento de um ser humano ocasiona, notadamente quanto a questões conexas à saúde pública e aos aspectos jurídicos ligados ao momento e local do óbito, exames necroscópicos, laudos, atestado de óbito e que tais.

À sequência de passos de preparo, manuseio e procedimentos que integram a destinação do corpo é dado o nome de *logística reversa de cadáveres.*

A definição de logística reversa (LR) tem sido elaborada por diversos autores ao longo dos anos e, ainda que os conceitos sejam abordados de maneiras diferentes, convergem para o mesmo sentido. Na prática, a logística reversa é realizada por sistemas que promovem a coleta, reciclagem, tratamento e/ou disposição final dos resíduos gerados após o consumo dos produtos e, em consequência, fim da sua vida útil. Para o caso deste texto, o "produto" que chegou ao fim da sua vida útil é o ser humano, visto que não há mais funcionalidade ao corpo sem a alma.

Para que se inicie o processo de logística reversa dos resíduos sólidos é necessário haver pelo menos um motivador, algo que impulsione os elos envolvidos a participarem do retorno. Portanto, é possível destacar três impulsionadores da LR, que poderiam ser denominados também direcionadores, sendo estes: Econômico, Socioambiental e por fim, não menos importante, o Aspecto Legal. Neste texto, serão abordados elementos interdisciplinares, visto que o assunto é acentuadamente desafiador e oportuniza uma discussão de nível intelectual, teológico e nitidamente ético. Não cabe esgotar as possibilidades de abordagem, pois seria ousadia afirmar não restar mais espaço para debate. Um dos temas mais intrigantes, no entanto, seria a forma de destinação adequada para este "resíduo". E, apenas neste aspecto, haveria necessidade de discussão tanto legal, quanto teológica, iluminadas pela ética, uma vez que diversos fatores são envolvidos.

A prática da destinação adequada de resíduos é limitada no Brasil, visto que a necessidade de os direcionar para locais apropriados está referenciada na legislação de 2010, segundo a Política Nacional de Resíduos Sólidos (PNRS), Lei nº 12.305 daquele ano. Mas, para este caso, existem outros dispositivos legais aplicáveis e que regulam as atividades em que se tem como objeto o cadáver, tido como e denominado "resíduo".

A morte causa vários reflexos e impactos sociais. Na cidade de São Paulo, alguns meses após a confirmação da chegada da pandemia do Covid-19 em meados do ano de 2020, uma perceptível repercussão ruim foi vista na sociedade, após a divulgação de determinadas cenas veiculadas por alguns órgãos de comunicação de massa. Gravadas em alguns cemitérios paulistanos, as imagens mostravam centenas de covas, simultaneamente preparadas, à espera de ocupantes. Sem qualquer incursão nas veredas políticas, o destaque, aqui, volta-se a certo grau de temor e perceptível rejeição que tal fato ligado à morte de pessoas e, ali, inusitado, provocou no meio social. No entanto, se o referido fato pode ser considerado episódico, outra realidade se desenvolve no cotidiano de todos: a cada instante – um a um ou em comoriência – muitos chegam ao fim da vida. E ainda que "*o fim de uma vida, a morte* – como diz Jaramillo – *não tenha o mesmo significado para todas as pessoas, pois o sentido que lhe damos é singular para cada um de nós*"[1], sabemos que ela sempre se resvala em todos nós, quer individual ou coletivamente, mesmo que reconheçamos certo determinismo e universalidade quando tal fato está em pauta.

Para que o assunto aqui tratado e sua compreensão possam ser afluentes que deságuem em casos concretos, que se sustentem em valores e vetores éticos, faz-se impositivo fixar, desde o início, os fundamentos voltados a uma prática social que – à parte de eventuais melindres – também se mantenha como salutar e justa.

1. O cadáver como objeto do direito

> A morte do homem como destino final e inexorável transcende o mero processo biológico para levantar importantes repercussões.[2]
> Históricamente el cadáver humano um lidiado um batalla silente por um lugar isbo um el cosmos epistémico.[3]

O interesse central do direito, na perspectiva da pessoa humana é – como é do saber comum – concentrado na vida. Esta, por se constituir em pré-requisito à existência e exercício de todos os demais direitos, ocupa uma posição diferenciada e até estratégica em nossa Lei Maior. O artigo 5º da Constituição Federal do Brasil, dispositivo central aos direitos e garantias

[1] Isa Fonegra de Jaramillo (Org.). *Morrer bem.* Trad. de Magda Lopes. São Paulo: Planeta – Série: Temas de Hoje, 2006, p.203.

[2] Maria Celeste C. L. *Morte Encefálica e a Lei de Transplante de Órgãos.* São Paulo: Oliveira Martins, 1998, p.1.

[3] Jorge Armando Guzmán Lozano. *Aspectos bioéticos y jurídicos del manejo del cadáver. Un análisis del estatus mortem y su consonancia ética en la práxis. "Un análisis del estatus mortem y su consonancia ética en la praxis".* Dissertação de Mestrado em Ética Biomédica. Pontifícia Universidad Católica Argentina. http://repositorio.uca.edu.ar/handle/123456789/8979. Acesso em 11 de novembro de 2020.

fundamentais dos cidadãos brasileiros, em seu *caput*, estabelece a vida como o primeiro bem essencial do homem, na qual todos os demais radicam e até mesmo encontram o seu fundamento de validade.

Mas a vida humana se constitui em um harmonioso complexo formado por corpo, intelecto e, na nossa compreensão, o espírito. Para a realização plena do ser humano – de modo tal que tudo o que é nele potencialidade chegue aos atos que concretizem sua intelectualidade e espiritualidade – para isto, é *conditio sine qua non* que disponha de seu corpo. Este é o suporte de estrutura e instrumentalidade não apenas útil, mas necessário, ao alcance dos fins da existência humana na terra. Não se pode negar que é a integração dessas partes ou dimensões de nossa vida que dá sentido ao que somos. Daí por que o corpo humano é considerado como um bem de cada pessoa, sendo vedadas e criminalizadas quaisquer lesões a ele e, *a fortiori*, repelida a interrupção dolosa da vida, o homicídio.

No âmbito jurídico, cabe a lembrança, existem direitos e garantias fundamentais voltados também à explícita autogestão do corpo de cada pessoa, como é o caso do *Habeas Corpus* e diversas normas que o protegem de lesões e outras violações.[4] Este valor do corpo humano em vida se projeta para além da ocorrência da morte, independentemente da causa desta.

1.1 A morte é um fato jurídico

O evento morte causa resultados diretos na esfera do direito. Com mais precisão, a morte é *fato jurídico* de ordem natural, como também o é o nascimento. Segundo o Código Civil Brasileiro, no seu artigo 6º, "*A existência da pessoa natural termina com a morte...*". Nossa legislação estabelece o término da personalidade com a morte física, fato que exclui a pessoa da condição de sujeito de direitos e obrigações. Ao mesmo tempo, dispara a obrigação da tomada de uma série de providências, a serem efetivadas pelos que sobrevivem ou são sucessores legais de quem deixou a vida.

[4] Previsto no art. 5º, inciso LXVIII da Constituição Federal, tal instrumento legal assegura a livre locomoção da pessoa, protegendo-a de obstruções ao uso de seu corpo. Também há várias normas que preveem como crime as lesões corporais, torturas, mutilações e outras agressões.

Para o mundo do direito, o reconhecimento da morte se concretiza quando resta comprovado o óbito da pessoa natural. Com a entrada em vigor da Lei 9.434/97 (Lei de Transplantes), no nosso País, o critério jurídico para definir o momento da morte da pessoa é – para vários efeitos – o da ocorrência da morte cerebral ou encefálica.

1.2 O cadáver: terminologia e conceituação

Num olhar objetivo, cadáver é o corpo sem vida. No dicionário se diz ser o "corpo morto, especialmente de um ser humano."[5] Da etimologia, mais comum e pitorescamente, tem-se que o termo cadáver se deriva da expressão latina "*caro data verminibus*", carne dada aos vermes, uma curiosa e bem aceita origem que não é de consenso. Também da língua latina nos vem outra fonte do termo, que teria sua raiz no verbo cair: "*caer*" e seus tempos "*cado*", "*cadis*", "*cecidis*" e "*cadare*". Há certa razoabilidade nesta versão, porque associável semanticamente a termos de nítida familiarização ideológica: cair, decair, decadência. Mansur Guérios diz que entre os escritores gregos o termo cadáver, de origem latina, era evitado, por ser demasiadamente brutal. A ele preferiam *corpus*.[6]

2. A dimensão jurídica do cadáver

Como bem assinala Guzmán Lozano, historicamente, o direito tem encontrado dificuldades para definir o cadáver, menos na sua terminologia, mas nomeadamente em sua definição técnica. A mera compreensão dele como "corpo humano sem vida"[7], por si, já se presta a abrir leque para várias compreensões. Neste sentido, o estudioso argentino também relaciona a extinção da vida às conclusões precipitadas que suscita: materialidade, propriedade e a própria ausência de vida, que despertam interesses a áreas especializadas do mundo legal. Por isto, por um olhar amplo, compreende-se que o cadáver tem uma nova configuração para

[5] Antônio Houaiss e Mauro de Salles Villar. *Minidicionário Houaiss da Língua Portuguesa*. 3ª edição, revista e aumentada. Rio de Janeiro: Objetiva, 2008, p.121

[6] Mansur Guérios. *Tabus linguísticos*. 2ª edição, aumentada. São Paulo: Cia. Edit. Nacional, 1979, p.83.

[7] Carlos Alberto Bittar. *Os Direitos da Personalidade*. 6ª Ed. Rio de Janeiro: Forense Universitária, 2003, p.91.

ser considerado: uma inédita figura jurídica que segue a pessoa após sua morte.[8]

Com efeito, se a vida e a multiplicidade de seus aspectos e implicações estão satisfatoriamente contempladas no quanto de legalidade deve ser levado em conta nesses afazeres, necessário se faz entender a origem de tal fenômeno, o qual invariavelmente produz um dúplice efeito. A morte encerra e começa; destrói e constrói; elimina e cria. Sua ocorrência extingue direitos, mas também os constitui. Diante das principais repercussões do óbito, que abrem a necessidade de providências acerca dos direitos *post mortem*, cabe lembrar que a dualidade de efeitos da morte não se restringe ao universo dos direitos patrimoniais – que alcança o corpo inerte – como bem aponta Guzmán Lozano:

> De manera esquemática, los efectos jurídicos de La muerte fundamentalmente producen dos grandes consecuencias:
> Primera – La transformación del isbon ir. A) Naturaleza jurídica del cadáver.
>
> Segunda – La extinción de la isbon irus m y sus consecuencias: a) Encuanto a los atributos de La isbon irus m; b) Encuanto al contenido extrapatrimonial; c) Um cuanto a los derechos isbon irus mos; d) Generación de Derechos Post Mortem. [9]

Interessa-nos aqui a primeira consequência do fenômeno morte. Tudo o mais que se há de providenciar a partir desse fato pode ser mais bem encaminhado – em especial quanto aos procedimentos que decorrem do óbito, sujeitos a uma normatividade ou regulamentação – em vista de se não poder fazer o que se queira com o cadáver ou se omitir no que for dever para com ele. Daí a importância da compreensão que se tenha acerca de sua natureza. A propósito, tal discernimento tem uma crítica importância para o andamento subsequente do que é de ordem legal. O citado estudioso assinala que a importância do discernimento da

[8] Considerando o desenvolvimento teórico do tema na Argentina, tomamos Guzmán Lozano como um dos principais para a fundamentação teórica deste artigo. Obra citada, p. 10-12.

[9] Obra citada, p. 7

natureza jurídica do cadáver reside em que dela se depreende sua rede normativa. Por isto, conclui: "*Atribuirle uno u um estatus conlleva de isboni a um u um interpretación ética de lo que es isbo, justo y moralmente admisible um la manipulación del cadáver.*"[10]

3. Disposições sobre o cadáver no direito brasileiro

Ainda que o exercício de direitos seja um aspecto inerente ao pleno gozo do direito à vida, nosso sistema jurídico contém alguns dispositivos voltados à proteção do cadáver, como às suas partes e cinzas. É o caso do Código Penal Brasileiro que, no seu art. 212, estabelece:

> *Art. 212 – Vilipendiar cadáver ou suas cinzas:*
> *Pena – detenção, de um a três anos, e multa.*

Vilipendiar é desprezar, tratar com indignidade, com aviltamento, como: dirigir xingamento ao morto, cuspir nele, com ele praticar relações sexuais (necrofilia), entre outras ações delituosas típicas. A nossa lei criminal fixa a pena pelo ato de vilipêndio de cadáveres ou suas cinzas entre um a três anos de reclusão e pagamento de multa. Apenas como dado informativo, cabível é a lembrança, nesta altura, de que, ainda que o objeto desse delito seja o cadáver, o bem jurídico protegido é o sentimento das pessoas próximas ao falecido, achegadas ao "de cujus"[11], de quem guardam lembrança, respeito e saudades. Em outros termos, há de ser reconhecida e preservada a própria *memoria defuncti*, constante da imagem, honra ao nome e proteção à lembrança daqueles que partiram antes de nós.

Portanto, é bastante evidente a proteção jurídica ao corpo humano sem vida, cujas bases estão na dignidade pessoal, projetada para o além da vida física. Basta que imaginemos e, certamente, qualquer de nós se sentiria direta e profundamente agredido, caso soubesse que o corpo ou

[10] *Ibidem.*

[11] Expressão latina que se refere ao extinto. Aquele **de cujos** aspectos, em certa fala ou escrito, alguém cuida. É forma empregada na linguagem jurídica, mais especificamente no direito sucessório, interessando-nos, aqui, pela antiguidade de seu uso. A concepção de ausência de titularidade do morto vem dos séculos.

quaisquer restos mortais de um ente querido estivessem sendo descartados como coisa imprestável ou dejetos. E não sendo ele imprestável, a quê se presta? Exatamente neste ponto, sobreleva-se o valor memorial e sentimental que os corpos de quem estimamos têm sempre para os seus familiares, fãs, correligionários e compatriotas.

4. Direitos reconhecíveis ao cadáver

Valendo-nos, ainda, da tipologia presente no magistério de Guzmán Lozano, alguns direitos específicos do cadáver podem ser reconhecidos:

a) **Personalíssimos.** Têm por característica o estarem ligados à vida, assim só se mantendo enquanto viver o seu titular ou sujeito de direito. Com base na morte do seu titular, ninguém pode assumir o uso dos inerentes àquela pessoa, como a sua qualificação civil ou mesmo assumir sua história de vida. Os elementos da identificação individual de cada ser humano, são, *strictu sensu*, personalíssimos.
b) **Patrimoniais.** Não se extinguem com sua morte, mas são transmitidos aos seus familiares ou colaterais, ou, ainda, conforme quais disposições legais manifestas pela pessoa em vida.
c) **Extrapatrimoniais.** No direito familiar, ela extingue os vínculos matrimoniais, os poderes paternos e outros. No direito penal, familiares podem promover ações contra quem calunie ou injurie a memória do falecido. Extinguem-se ações contra a pessoa do extinto, assim como negócios jurídicos em que era titular, como mandatos recebidos por instrumentos de procuração.[12]

5. Teorias sobre o cadáver

Observados o decorrer do tempo e da história, pode ser dito que não foi pacífica a compreensão acerca da do *status* ou "natureza" do cadáver. E no âmbito dessa divergência, duas são as visões sobre ele que mais têm destaque: a *teoria da* ***semipersonalidade*** (ou da personalidade residual) e a ***teoria da coisa***.

[12] Obra citada, pp. 21-35.

Defendida por alguns doutrinadores, principalmente no começo do século XX, a *teoria da semipersonalidade* vê no cadáver *um resíduo* da pessoa que nele habitou. Demogue, por exemplo, defendeu que os mortos poderiam ser tidos como *semipessoas*, tendo em vista a existência de normas que protegem sua memória e que, paralelamente, punem as profanações das tumbas.[13] Importante pontuar que – mesmo considerada a abstração que esse ponto de vista contém – tal teoria, levada a efeito, tem um reflexo prático: a concepção de que remanesce alguma personalidade do corpo sem vida, o que tornaria possível a disposição do cadáver pelos enlutados, que poderiam encaminhar o destino que lhes parecesse mais adequado aos corpos dos seus mortos.

A outra visão do cadáver é aquela que o contempla *como algo que pode ser sujeito de direito*. Do direito romano, vem a compreensão de que nisso está a "res" ou coisa. À linha de pensamento que vê o cadáver como sujeito de direitos se denominou *teoria da "res"* ou *da coisa*. Uma das consequências da visão do cadáver sob o *status* de *coisa* é seu enquadramento como objeto de comercialização ou que pode ser tratado – sem prejuízo dos aspectos sentimentais ligados à morte – sob o aspecto de sua comercialidade ou como objeto de negócios. Coviello e Carranza, por entenderem o cadáver como coisa jurídica, creem que poderia ser disposto onerosa ou gratuitamente; este último, o delineou como "coisa em comércio" ou comerciável. A oposição a esse ponto de vista foi apresentada por Oertmann, o qual – lastreando sua visão sobre o cadáver em motivos de moralidade pública – afirma como limitadas as relações jurídicas que poderiam figurar com tal objeto, para ele uma *res extracomercium*. Também externou entendimento diverso da semipersonalidade o teórico Ennecerus. Para este, o cadáver, a "res", não pode ser componente da propriedade de herdeiro e nem suscetível de apropriação.[14]

[13] Lozano cita outros estudiosos como Gierke e Kipp, que defendem haver no cadáver *resíduo da personalidade* e, mais tarde, de *personalidade* residual; já Varella y Pires de Lima sustentam uma personalidade jurídica parcial pós-morte: mantém-se um resíduo de sua personalidade, cuja capacidade repercute mais no além da vida; Migliore sustenta a existência de uma personalidade parcial *post-mortem* com fundamento da subsistência (ou permanência) de uma personalidade *bioafetiva* no cadáver. Vide a obra citada, p. 84.

[14] *Ibidem*, p. 88

6. O cadáver sob o olhar teológico

6.1. Na Antiguidade e no medievo

Neste ponto de vista, as concepções são diversas, conforme os tantos povos e seus credos, no tempo e no espaço. Claramente podemos entender que – no momento das homenagens e despedidas de quem faleceu – muito do que se presta ou se oferece ao cadáver tem vínculo direto com o passado deste, numa relação similar ao binômio semeadura-colheita. Todavia é certo também que os momentos seguintes à morte têm, em si mesmos, certo ar grave e circunspecto, em que se ressalta o próprio tratamento dispensado ao corpo inerte. Em exemplificação, citamos alguns povos e épocas que mantiveram práticas peculiares: na Grécia Antiga, onde havia deuses e heróis, diz Vernant:

> Mais do que o culto dos deuses, mesmo os políades, o culto dos heróis tem um valor ao mesmo tempo cívico e territorial; está associado a um local preciso, um túmulo com a presença subterrânea do defunto, **cujos restos foram às vezes buscados em regiões distantes para serem reconduzidos ao seu lugar.**[15] (destacamos)

Esse tratamento diferenciado que se vê na antiguidade grega, destinado aos mortais e aos deuses é, todavia, "sui generis" daquela cultura. Já no Medievo, em Portugal, mais propriamente nos *testamentos* feitos nos séculos XIII e XIV, eram dominantes as preocupações de ordem religiosa, cenário no qual essas declarações de vontades se expressavam em documentos, sendo vistas mais como um ato religioso. O conteúdo deles também dispunha sobre o cadáver, compondo-se por fórmulas textuais de certa estabilidade, com as seguintes partes:

- sinal da cruz;
- preâmbulo e consideranda;
- invocação, que era ao mesmo tempo uma prece como convinha a um ato sacramental e propiciatório que era o testamento;

[15] Jean-Pierre Vernant. *Mito e Religião na Grécia Antiga*. Tradução de Joana Angélica D'Avila Melo. São Paulo: Martins Fontes, 2006, p.46.

– disposições relativas ao pagamento de dívidas e reparação de injustiças a que se acrescenta distribuição de dons a amigos e parentes;
– **cláusulas mortuárias** (parte fundamental) **relativas ao corpo**, como a escolha da sepultura, e as relativas à alma, preconizando cerimônias fúnebres e as instituições perpétuas. Aqui tinha lugar, efetivamente, as disposições dos bens e da alma, a quem já alguém chamou um "investimento sobre o céu".[16]

A forma como tratamos os outros e a nós mesmos no decorrer do fim da vida é determinada pelos valores e princípios que adotamos. Assim, a visão que temos acerca do evento morte e de como se deve proceder para com o corpo da pessoa que nos deixou é relevante. A cosmovisão teológica alcança também essa temática.

Quanto ao corpo sem vida e suas implicações teológicas, lembramos de que há diferentes concepções sobre o homem, sua origem e destino. Em outras palavras, para falar da morte e dessa objetiva consequência materializada no cadáver, é preciso falar de vida. Mais precisamente da *pessoa humana*, vista em seus enfoques ontológicos, metafísicos, morais, sociológicos e outros.

Como bem lembra Betioli – um pensador cristão contemporâneo – de qualquer maneira, dois são os momentos básicos da vida: o nascimento e a morte. A formulação dos problemas éticos do morrer deve, por isto, basear-se no valor da vida humana. Constituem-se nos dois grandes enigmas da condição humana; tudo o que se refere a eles tem repercussão no interior do homem, assim como as estruturas sociais e culturais que lhe dizem respeito.[17]

6.2. Visão judaico-cristã

O corpo sem vida, ou cadáver, para ser considerado em termos teológicos, requer que, de antemão e objetivamente, sejam conhecidos – em muitos casos, lembrados – alguns tópicos relevantes para aquele campo

[16] Maria Ângela Beirante. *Para a História da Morte em Portugal (Séc. XII-XIV)*. *In* Estudos de História de Portugal, Vol. I – Séculos X-XV. Homenagem a A. H. de Oliveira Marques. Lisboa: Estampa, 1982, p.364 .

[17] Antonio Bento Betioli. *Bioética, a ética da vida*. 2ª edição. São Paulo: LTr, 2015, pp. 20 e 107.

do conhecimento. É o caso, ao início de análise, do modo como o ser humano veio à existência. No relato judaico, incorporado pelo cristianismo, o homem foi criado por Deus, que o fez à sua imagem e semelhança, conforme o texto de Gênesis, capítulo 2: "*Façamos o homem à nossa imagem e à nossa semelhança...*"[18]

Este texto serve como um referencial básico, porque inicial e até principiológico, para tudo quanto se pretenda abordar quanto ao ser humano, seu corpo e o que seja possível dizer a respeito de sua essência e das possibilidades de ações ligadas a ele. Como partida, pode-se afirmar que o corpo humano – tendo por base a especificidade dessa origem – situa-se em nível superior de qualificação que o dos animais irracionais. O fato de o ser humano portar o que se denomina a "Imago Dei", assim, atribui a ele, integralmente, uma qualificação distinta e especial. Para além da tão frisada dignidade humana, ressalta-se, também, o valor objetivo de seu corpo como meio de concretização de seus ideais e propósitos. Não pode, precisamente por essa condição, ser submetido a tratamentos cruéis, desumanos, desonrosos ou degradantes. Um forte fundamento dessa condição, frisamos, estaria nessa sua origem divina e condição reflexa de seu Criador. Há algumas décadas, Stob, um estudioso, produziu uma consideração muito consistente sobre isso:

> O homem, ainda quando seja contemplado como um organismo, deve ser contemplado como mais que um organismo. (...) o homem não é só uma pessoa; é uma pessoa individual. Cada um é único, cada um difere de todos os demais. Esta diferença tem uma raiz tão profunda na criação divina e está tão seriamente reconhecida no mandato divino como está a identidade. Este efeito valorativo não estaria restrito ao corpo com vida, mas se estende àqueles que não mantiveram suas funções vitais, os cadáveres.[19]

[18] Gênesis 1.26 -"E disse Deus: Façamos o homem à nossa imagem, conforme a nossa semelhança; domine ele sobre os peixes do mar, sobre as aves do céu, sobre os animais domésticos, e sobre toda a terra, e sobre todo réptil que se arrasta sobre a terra." Bíblia Sagrada, Versão Revista e Atualizada de João Ferreira de Almeida.

[19] Henry Stob. *Reflexiones Éticas. Ensayos Sobre Temas Morales.* Traducción de Carlos Sandoval. Grand Rapids, Michigan: T.E.L.L., 1982, p. 133.

Não sendo para nós objetos de veneração e nem remotamente alvos de culto, os cadáveres devem ter um tratamento digno. Na Igreja Presbiteriana do Brasil, por exemplo, adota-se uma instrução oficial voltada à sua coletividade aos casos de óbito. Trata-se da cerimônia denominada Ofício Fúnebre, normalmente composta por um culto a Deus, que inclui leituras e mensagem bíblicas, com orações em favor do consolo dos enlutados. De roteiro específico, o texto orientador dispõe, em caráter valorativo do momento, acerca do corpo inerte, com essas instruções:

> *"CAPÍTULO X*
> *FUNERAIS*
> *Art. 22. O corpo humano, mesmo após a morte, deve ser tratado com respeito e decência.*
> *Art. 23. Chegada a hora marcada para o funeral, o corpo será levado com decência para o cemitério e sepultado. Durante essas ocasiões solenes, todos os presentes devem portar-se com gravidade. O oficiante deverá exortá-los a considerar a fragilidade desta vida e a importância de estarem preparados para a morte e para a eternidade."*[20]

Um aspecto que poderia suscitar discussão, aqui, é a crença ou descrença de alguns povos e, nomeadamente os cristãos, na **ressurreição.**[21] Para alguns, a crença neste acontecimento seria um obstáculo para alguns procedimentos com o cadáver, em especial *a cremação*. Haveria grande dificuldade na conciliação entre um procedimento que põe fim à matéria corporal, pela incineração, e a restauração dessa matéria num ato de cariz sobrenatural?

A Igreja Católica Apostólica Romana, em 25 de outubro de 2016, atualizou sua posição acerca deste tema, pela instrução oriunda da Congregação para a Doutrina da Fé, intitulada *Ad resurgendum cum Christo*, que continha algumas normas a respeito "da conservação das cinzas da cremação", literalmente:

[20] Cf. *Princípios de Liturgia*. Manual Presbiteriano. São Paulo: Cultura Cristã, 2013, p. 133.

[21] Para o Cristianismo, com base na Escritura Sagrada, em síntese, será o acontecimento a ocorrer quando da segunda vinda de Jesus Cristo ao mundo. Tendo Ele próprio vencido a morte, por sua ressurreição, tornou-se "a primícia dos que dormem", o que, como um penhor, assegura a ressurreição de quantos nEle creem.

> O que diz, em suma, a **Ad resurgendum cum Christo? Apenas disciplina o já dito no Catecismo.** Este dizia: «[a] Igreja permite a cremação a não ser que esta ponha em causa a fé na ressurreição dos corpos» – CCE 2301. Aquela enumera alguns atos concretos que põem «em causa a fé na ressurreição dos corpos» e que, portanto, são proibidos. As normas são as seguintes: as cinzas devem ser conservadas em um lugar sagrado, como um cemitério ou igreja (n. 5); apenas muito excepcionalmente, e com autorização da autoridade eclesiástica, podem ser conservadas em casas particulares (n. 6); não se podem dispersar as cinzas «no ar, na terra ou na água ou, ainda, em qualquer outro lugar», nem transformá-las em jóias ou outros objetos (n. 7). Com isso se condenam as práticas atualmente vigentes que vão de encontro àquela Fé na ressurreição da carne que é apanágio do Cristianismo.[22]

No meio cristão protestante, uma das doutrinas centrais é a ressurreição do corpo, na Bíblia instituída, mas estatuída no Credo Apostólico. A cremação, como procedimento no momento pós-morte não é prevista, nem objeto de polêmica, graças à adoção do **princípio do livre-exame**. Por este, a Bíblia (vista como a Palavra Revelada de Deus) é que está posta como regra primaz de interpretação, servindo à orientação dos fieis, que podem escolher a prática que sua consciência define. Tal referência favorece a existência de mais de uma opinião sobre alguns temas. Sobre a ressurreição, escreveu João Calvino:

> Se recordarmos que por meio da morte somos chamados de volta do exílio ao nosso verdadeiro lugar, não se encherá o nosso coração de consolação? Porém, como se tem dito, nada há neste mundo que não queira ser permanente. [...] Declaramos positivamente que ninguém tem feito nenhum progresso na escola de Cristo, a menos que espere rejubilante o dia de sua morte e ressurreição final.[23]

[22] Cf. www. https://www.deuslovult.org/2016/10/25/a-ressurreicao-da-carne-e-a-cremacao/, acesso em 6 de junho de 2021.
[23] *Apud* Hermisten Costa. *Calvino de A a Z.* São Paulo: Editora Vida (Coleção Pensadores Cristãos), 2006, p.190.

6.3. Cremação

Geralmente, os discordantes dessa prática, sustentam seu ponto de vista carreando textos bíblicos como o de Gênesis 3.19, "*Com o suor do teu rosto comerás o teu pão, até que voltes ao solo, pois da terra foste formado; porque tu és pó e ao pó da terra retornarás!*"[24]. Em síntese, elencam algumas razões: que o povo de Deus sempre adotou o sepultamento; que inumar ou enterrar mostra a ressurreição futura; que Deus chamou a cremação de desobediência, conforme se lê no livro do profeta Amós 2.1: "*ASSIM diz o Senhor: por três transgressões de Moabe, e por quatro, não retirarei o castigo, porque queimou os ossos do rei de Edom, até os tornar cal.*" E o maior de seus argumentos seria: o Senhor Jesus foi sepultado e ele é nosso grande exemplo.

Os que são favoráveis à cremação ou até indiferentes a ela, argumentam que: a alma das pessoas salvas vai para Cristo imediatamente após sua morte (Evangelho de Lucas 23.43; Carta aos Filipenses 1.23; 2ª Carta aos Coríntios 5.8; 2ª Carta a Timóteo 4.6). Já a alma das pessoas perdidas desce imediatamente ao inferno após a morte (Evangelho de Lucas 16.22-23 e Apocalipse 20.13). Por isto, o que será feito do corpo após a morte não afetará a condição futura da ressurreição da alma. A partir dessas posições polarizadas, a amplitude do tratamento do cadáver fica condicionada à compreensão sustentada pela pessoa ou grupo.

É natural que os corpos sepultados e mesmo as cinzas desapareçam com o tempo.[25] Aliás, oportuno é lembrar que, na Antiguidade, a cremação pode ter aparecido – durante o Império Romano – exatamente para abalar a crença, a confiança dos cristãos na ressurreição. A prática mais comum dentro do Judaísmo, de que o Cristianismo é herdeiro do Monoteísmo, sempre foi o sepultamento, em solo ou em túmulo de pedras. E a prática da inumação tem se mantido ao longo da história. A crença adotada pelo cristianismo se ancora na existência de Deus, o qual ressuscitará os corpos que viraram pó da terra ou mesmo cinzas...

[24] Texto da versão King James, atualizada. Disponível em www. https://bibliaportugues.com/genesis/3-19.htm, acesso em 8 de junho de 2021.

[25] Vide a exposição sobre o tema "Sepultar ou Cremar", em vídeo do Programa Em Poucas Palavras, no qual se oferece uma densa resposta a essa questão. www.https://www.youtube.com/watch?v=sv0eIQFhEy8. Acesso em 6 de junho de 2021.

A morte é uma parte natural da vida, mas apenas no sentido de ser algo que se espera no mundo físico. As Escrituras Sagradas mostram que o ser humano não foi inicialmente criado para que morresse. A noção de morte foi apresentada a Adão e Eva como consequência da sua desobediência à vontade revelada de Deus a eles:

> E o SENHOR deu a seguinte ordem ao homem: "Comerás livremente o fruto de qualquer espécie de árvore que está no jardim;
> contudo, não comerás da árvore do conhecimento do bem e do mal, porque no dia em que dela comeres, com toda a certeza morrerás![26]

6.4. Cadáveres e cemitérios

Uma importante informação, neste passo, é acerca da contribuição dos chamados Protestantes para o trato dos cadáveres. Antes da Reforma Religiosa do Séc. XVI, num meio em que a Igreja Católica Apostólica Romana ditava as normas acerca da destinação do corpo dos defuntos, ordinariamente, os corpos eram sepultados dentro dos templos. Ainda hoje, há vários templos católico-romanos nos quais, em certas áreas de suas dependências, são encontrados túmulos e outros itens mortuários, onde se têm depositado os corpos de alguns adeptos. No entanto, em vista da destinação específica e precípua do espaço de templos cristãos, a saber, a adoração a Deus, fazendo dele um lugar consagrado, exclusivamente, para esse fim, os cristãos reformados[27] se afastaram dessa prática, o que veio, também, a fomentar a existência de cemitérios.

Falando da origem dos *cemitérios* protestantes, Fajardo diz que o termo vem do grego *koumeterion*, indicador do lugar para dormir. Os primeiros cristãos se apropriaram do termo, empregando o seu derivado à palavra latina *coemiterium*, usado para o local em que seus mortos dormiam,

[26] Gênesis 2.16 e 17. Em https://bibliaportugues.com/genesis/2-17.htm, acesso em 5 de junho de 2021.

[27] *Reformados* são os cristãos oriundos da Reforma Religiosa do século XVI, os quais têm a Bíblia como única regra de fé e prática, o que é nuclear para tudo o que é de sua crença. Sua estruturação doutrinária foi, basicamente, elaborada por João Calvino (1509-1564), pastor, teólogo e escritor francês, daí o porquê de os adeptos desse segmento também serem chamados de calvinistas.

enquanto esperavam a ressurreição. Organizada a Igreja Cristã, que ia se institucionalizando, os cadáveres dos seus mortos – em especial os de elevada classe social – iam sendo sepultados dentro dos templos ou em derredor destes. Mais tarde, diz esse autor, por questões políticas a prática foi encerrada, o que acabou dando espaço à criação dos cemitérios intramuros ou interiores, nos formatos que se conhecem hoje.[28] Predominantemente, os cemitérios passaram a ter uma conotação sagrada, com administração da Igreja Católica Apostólica Romana.

Em que os cadáveres têm influência nisto? Agostinho Coe – na dissertação em que descreve e analisa a morte e seus reflexos na capital maranhense – referindo-se a meados do Séc. XIX, apresenta uma boa resposta:

> Além de resguardar os vivos do perigo dos mortos, era necessário "salvar" a memória dos falecidos da suposta "corrupção" crescente das cidades, sendo preciso construir espaços cujos muros funcionavam como proteção contra as profanações. A construção de cemitérios, longe do ambiente considerado sagrado das igrejas, não se fez apenas em favor de uma cidade mais salubre, para o que era necessário acabar com os enterramentos nos templos, mas também buscava livrar os cemitérios dos supostos vícios e misérias da cidade, para devolver a esses recintos certa inocência e pureza, necessárias para o bom descanso dos mortos.[29]

O contexto do falecimento também é historicamente importante, em vista dos impactos que gera. Não apenas os impactos de ordem social e econômica, mas também sobrelevam os aspectos de higiene e saúde pública, como nos casos em que remanesce o risco de contágio, como acontece, no instante em que este texto é produzido, mundo afora[30]. O mesmo Coe acrescenta uma eloquente descrição desse fenômeno

[28] Alexande Fajardo . *Brasil Imperial Católico e o Surgimento dos Cemitérios Protestantes. In* Revista Integratio, nº 1, vol. I, jan-jun de 2015. http://www.researchgate.net/put, p.8.
[29] Agostinho J. H. Coe. *"Nós, Os Ossos que Aqui Estamos, Pelos Vossos Esperamos": a higiene e o fim dos sepultamentos eclesiásticos em São Luís (1828-1855).* Dissertação de mestrado em História Social pela Universidade Federal do Ceará, 2008, p.10.
[30] A referência feita aqui é à pandemia do coronavírus, covid-19 ou SARS-19.

sociológico, no ambiente de sua pesquisa, mas de reprodução acentuadamente atual e pulverizada:

> Vale ressaltar, ainda, o pavor das pessoas, em momentos epidêmicos, de serem enterradas vivas, haja vista a necessidade de diminuição das cerimônias fúnebres para evitar a exalação de vapores perniciosos. Como o espaço entre a morte e o sepultamento precisava ser o mais curto possível para evitar a contaminação dos vivos pelos cadáveres em decomposição, não eram raros os relatos de pessoas consideradas mortas que, antes do sepultamento, retornavam às suas faculdades mentais regulares, deixando a população assustada com a ideia de um enterramento antes do falecimento propriamente dito.[31]

A exceção se dá quanto à certeza da morte em nossos dias, em que, como dito, há a vigência do *critério da morte cerebral*[32] para definir tanto o momento quanto a certeza da ocorrência do óbito. Este aspecto, por certo, é um dos mais diretamente ligados à complexidade inerente aos procedimentos que envolvem os corpos sem vida, ensejando tanto a oportunidade quanto a necessidade, até, de fomentar **logística reversa de cadáver.**

7. Abordagem ética do cadáver

> Uma vida não vale nada, mas nada vale uma vida.
>
> – ANDRÉ MALRAUX[33]

> Não podemos nos esquecer de que somos mortais; a morte é parte constitutiva de nosso ser. Somos mortais e isto não pode ser tratado como sendo uma

[31] Obra citada, p. 9

[32] A Lei de Transplantes de Órgãos, nº 9.434, de 4 de fevereiro de 1997, no art. 3º, estabelece: "A retirada *post mortem* de tecidos, órgãos ou partes do corpo humano destinados a transplante ou tratamento **deverá ser precedida de diagnóstico de morte encefálica**, constatada e registrada por dois médicos não participantes das equipes de remoção e transplante, mediante a utilização de critérios clínicos e tecnológicos definidos por resolução do Conselho Federal de Medicina." (sublinhamos)

[33] Cf. *Os Conquistadores*. Disponível em https://www.pensador.com/autor/andre_malraux/2/. Acesso em 4 de junho de 2021.

doença para qual devemos achar cura. Nesta perspectiva, os instrumentos de cura podem facilmente se transformar em ferramentas de tortura. – Leo Pessini.[34]

De que a ética tem como finalidade tornar melhores a vida humana e a convivência em sociedade, não há quem duvide. Mas não se pode negar que causa certo grau de estranheza pensar na moralidade de que a mesma ética se ocupa quando o assunto é morte e o mais que se refere a ela. Isto impõe certa delicada firmeza no trato de quanto é contextual no momento do fim de nossa vida, que tem, não é possível negar, uma dimensão moral ou ética.

Sobre os cuidados habituais que, mundo afora e praticamente em todo tempo, os que falecem recebem, Ornela Volta, em seu livro acerca da morte e o que chama de "outro mundo", oferece uma nítida e rica descrição:

> O cadáver é submetido a um banho mortuário: limpo e penteado, é revestido dos seus melhores hábitos, acompanhado de alguma lembrança pessoal ou, se vem ao caso, de condecorações merecidas em vida. Às vezes introduzem-lhe nas mãos postas um missal, ou um terço entre os dedos. As ortodoxas que morrem virgens devem vestir um habito de noiva. Nos Estados Unidos da América, na metade do século XX, para que o morto não faça má figura quando recebe a visita – homenagem dos sobreviventes – Também se lhe compõem o corpo numa das suas poses mais típicas – enquanto fuma o charuto ou bebe uma xícara de café – após tê-lo ambientado numa cenografia apropriada, como um manequim do Edem Museum de Nova York, o museu das estátuas de cera. Os ortodoxos limitam-se a ungi-lo de óleo 'como todo atleta que se prepara para uma empresa ou prova'.[35]

[34] Cf. *Vida e Morte: uma questão de dignidade. In* A Arte de Morrer. Visões Plurais. Dora Incontri e Franklin Santana Santos (Orgs.). Bragança Paulista, SP: Editora Comenius, 2007, p.163.

[35] Ornella Volta. *Guia do Outro Mundo.* Trad. de João Amendola. São Paulo; Hemus, 1973, p.95.

Como bem assinala o Prof. Diego Gracia, da Universidade Complutense de Madri e do Instituto de Bioética da Fundação para Ciências em Saúde da mesma cidade, falando de pacientes terminais, sua morte e a atuação daqueles que estão diretamente lidando com tal situação: "os atos morais devem ser prudentes".[36]

A compreensão moral acerca do cadáver mantém direta conexão com o entendimento que se tenha acerca da origem e propósito da existência humana. Inevitavelmente, a apreciação e análise éticas do corpo sem vida passa pela consideração *do tempo anterior ao óbito*, mas destacadamente depende do que se compreenda acerca do *cadáver e das extensões práticas disto*.

Questões de ordem moral envolvendo corpos de pessoas mortas sempre existiram. Já na Antiguidade, o historiador Heródoto contava que os egípcios esperavam alguns dias antes de embalsamar as belas mortas, pois temiam os desejos macabros de certos embalsamadores.[37] No mesmo dicionário dedicado à morte e a seus tantos aspectos, Sabatier lembra o que fazem *as mãos humanas* com os cadáveres, apontando a moralidade nisto envolvida:

> La mana humana, la que mata o la que cura, la que um frecuencia fue emblema de sectas criminales, también cierra piadosamente sus ojos a los muertos a sus leyendas isbonir um las de la muerte.[38]

Se os pacientes devem ter todo o respeito, não só cabível, mas devido aos seus corpos, é razoável compreender que não há razoabilidade do ponto de vista ético em tomar-se o cadáver como mero objeto, coisa sem valor moral e indiferente para esse campo. Com efeito, apenas como um exemplo do tratamento desejável para o corpo de pacientes que estão em

[36] Gabriel Oselka (Coord.). Entrevistas exclusivas com grandes nomes da bioética [estrangeiros]. São Paulo: Conselho Regional de Medicina do Estado de São Paulo – CREMESP. Centro de Bioética, 2009, p.73.
Entrevistas Exclusivas com Grandes Nomes da Bioética (Estrangeiros), p.73.

[37] *Apud* Robert Sabatier. *Diccionario Ilustrado de La Muerte*. Barcelona: Editorial Gustavo Gili, sem data, p.356. p.404.

[38] *Idem*, p.356.

estado terminal – muitas vezes com o corpo em estado avança de degeneração e atrofia – a equipe de profissionais liderada pelo Dr. Gary Stuart[39], na obra voltada às decisões sobre o fim da vida[40], diz com clareza:

> É sabido, porém, que pode haver casos em que outras pessoas, que não o paciente, poderiam ser beneficiadas pelo prolongamento do processo morte. (...) é apropriado, por respeito a eles e aos seus corpos, oferecer qualquer cuidado que possa limitar a deterioração visível de seus corpos (manter a boca úmida e limpa, lavar o corpo e assim por diante). Esse é o *tratamento de respeito*. O tratamento de respeito deveria ser ministrado a todos os pacientes, independentemente de sua condição.[41]

Esse posicionamento técnico é trazido aqui para que seja considerado numa relação direta com a razoabilidade da valoração ética do corpo sem vida. Indiscutível é o valor da *vida*, sob qualquer análise – mas em especial as de ordem ética, religiosa e a jurídica – mas sua ausência não tem o condão de fazer do corpo sem ela uma "res nullius" ou coisa absolutamente sem valor. Há como que um encadeamento entre o valor do corpo para a vida, essencial, e o valor do corpo, no tempo pós-morte, que pode ser entendido como *residual*. Naturalmente, há expressivas distinções entre um estado e outro, de que o termo *residual*, olhado semanticamente, já se incumbe de nos informar, delimitando o seu sentido.

> Os médicos dispõem de um aparato tecnológico capaz de **manter vivas** – às vezes por semanas e, em outros casos, por anos, **pessoas que já estão à beira da morte ou terrivelmente incapacitadas** (...), ligadas a dúzias de aparelhos sem os quais perderiam a maior parte de suas funções vitais, explo-

[39] Capelão militar e membro da Evangelical Theological Society, também co-autor de vários artigos e livros de temas éticos. Membro do Centro de Bioética e Dignidade Humana (Center for Bioethics and Human Dignity).

[40] Série de obras voltadas à bioética, produzida por profissionais e estudiosos do tema, do Center for Bioethics and Human Dignity (Centro de Bioética e Dignidade Humana), organização localizada em Chicago, Illinois, nos EUA. Seis volumes da série foram publicados em língua portuguesa pela Editora Cultura Cristã, sob o título Coleção Bioética.

[41] Cf. Gary Stuart *et al. Perguntas Básicas Sobre Decisões Sobre o Fim da Vida*. São Paulo: Cultura Cristã, 2004, p. 20.

> radas por dezenas de médicos que não são capazes de isto reconhecer e para os quais já deixaram de ser pacientes e se tornaram verdadeiros campos de batalha.[42]

Mais uma vez ressalta-se, por contraste, o valor entre o corpo do moribundo, sem sombra de expectativa de sobrevida e o aqui salientado valor residual do corpo sem vida. Este, ainda que não deva ser tornado objeto de atos comerciais – o que seria um ato de desrespeito à dignidade humana – pode, se prestar a diversas atividades humanas, como são as de ordem de saúde: doações e transplantes, usos acadêmico-didáticos, eventuais usos de produção farmacêutica, entre outros.

Por um lado, como já foi visto no estudo dos aspectos jurídicos, é reconhecível um *valor objetivo do cadáver* (ainda que nele não mais haja titularidade de direitos), por outro, há reconhecível relevância do impacto disso sobre as pessoas que ao morto sobrevivem. Se a Ética é a ciência da moral que permite à pessoa o dirigir-se sob valores e princípios que a tornam melhor na vida individual e no convívio social, certo é que não podem ser desprezados os impactos sentimentais e outros quaisquer de que as pessoas próximas dos falecidos são agentes passivos nas horas subsequentes à morte e período de luto. Este é um aspecto a ser tomado em consideração nas decisões várias que o óbito impõe, de imediato, o que se refletiria, necessariamente, na *logística de cadáveres.*

Diversos aspectos entram em cena, neste ponto, se forem consideradas as possibilidades de destinação dos corpos sem vida. A própria **doação de órgãos** é assunto dos mais relevantes, neste passo, tanto pela necessidade de rigorosos procedimentos que viabilizem o aproveitamento dos órgãos, tecidos ou substâncias extraídas daquele que se foi. Paralelamente, a elevação do valor ético inerente à salvação de uma vida ou o aumento da qualidade de vida de outrem, por si só, já situam a logística ora estudada num patamar de destaque. As doações se efetivam mediante o transplante da parte cedida de determinado corpo. Pode ser em vida, como após a morte. Neste caso, o fator tempo é determinante do grau de êxito no complexo e trabalhoso procedimento.

[42] DWORKIN, Ronald. *Domínio da Vida: Aborto, eutanásia e liberdades individuais.* Tradução de Jefferson Luiz Camargo. São Paulo: Martins Fontes, 2003, p. 252.

Sobre isto, cabe bem o que diz Espinosa: "... *como uma das condições para o êxito do transplante é que um órgão proveniente do cadáver do doador seja retirado o mais cedo possível, para que o tecido nobre não se deteriore*."[43] Na prática, além do profissionalismo exigido dos que realizam a série de afazeres específicos de uma situação dessa modalidade, existe uma base de cunho ético, cremos, que permanece subjacente, mas real. Esta, em todos os momentos, exerce como uma função vetorial, que norteia os trabalhos, conduzindo-o à realização da melhor prestação de serviços em prol do bem-estar do paciente. Paralelamente, em certo grau, não se pode crer em que tal compromisso moral se ausente totalmente quando o trabalho está canalizado aos cuidados com os corpos inertes, os cadáveres.

Existe uma série de locais em que o contínuo manuseio de cadáveres integra a rotina dos seus procedimentos característicos, a saber:

- Hospitais públicos e particulares;
- Clínicas médicas públicas e particulares;
- Institutos Médico-Legais
- Institutos de Criminalística e laboratórios de perícia criminal;
- Aulas e outros estudos de anatomia humana;
- Empresas de transportes de corpos;
- Clínicas cosméticas de cadáveres;
- Empresas de serviços funerários em geral;
- Cemitérios e pessoal de serviços.

Para esses setores de atividades e quantos mais possam ser inclusos nesse rol, o conhecimento acerca da logística própria do trabalho com os corpos dos que morreram pode ser um fator de acentuado valor. Para o bem dos que ficam aqui e à entrega plena do digno tratamento àqueles que nos deixaram.

8. Abordagem técnica do cadáver

Neste caso, é necessário observar conceitos importantes sobre o manuseio do cadáver. Desde o momento em que se detecta a morte de uma

[43] ESPINOSA, Jaime. *Questões de Bioética*. São Paulo: Quadrante, 1988, p.40.

pessoa, existem restrições sobre quem pode ter acesso ao corpo e o movimentar, bem como quanto às formas de seu manuseio e transporte. Considerando a necessidade de observar a legislação, apesar de a Resolução da Diretoria Colegiada – RDC nº 222, de 28 de março de 2018, emanada da Agência Nacional de Vigilância Sanitária/MS, especificar instruções sobre manuseio de cadáver animal, essa norma legal não engloba o ser humano.

É importante assegurar integridade e eficiência em todas as atividades de manuseio destes resíduos, sendo necessária a identificação, acondicionamento, transporte interno, armazenamento temporário, armazenamento final (possibilidades de destinação final), sendo que nesta última etapa um estudo técnico se faz necessário para destinação e disposição final ambientalmente adequada. Em hospitais, os resíduos como carcaças, peças anatômicas, vísceras e outros resíduos provenientes de humanos enfermos e submetidos a processos cirúrgicos têm como destino a autoclave e, em seguida, a incineração. Mas ao corpo (após a morte) não há um destino padronizado.

Abaixo, a figura gráfica apresenta um breve fluxo ilustrativo a partir do momento da morte. A fase "Avaliação" acontece quando ocorre, por exemplo, um crime, com danos materiais ou pessoais. No caso de uma ser considerada natural, é ainda necessário um exame para que o médico legista aponte a sua causa. As indicações previstas em lei ao encaminhamento para necropsia no Instituto Médico Legal são: a morte violenta (por acidente de trânsito ou de trabalho, homicídio, suicídio etc); a morte suspeita (implica a investigação criminal) e ainda a morte natural de pessoa não identificada. Neste caso, o corpo, em regra, pode ficar armazenado em local refrigerado até a identificação feita por algum familiar dela.

Há previsão de transporte do local da morte para onde acontecerá a avaliação; após esta, segue-se a preparação do corpo, de onde, normalmente, prossegue para enterro ou cremação. Uma vez que a funerária prepara o corpo, novamente acontece o transporte para envio do corpo ao local onde acontecerá a despedida dos familiares (quando permitido, não havendo impedimento de exposição do corpo por motivos sanitários, como o atual de pandemia, o que acarreta contaminação). Os familiares podem se despedir em casas, templos religiosos ou no próprio local onde o corpo será cremado/enterrado. Sendo assim, novamente pode acontecer o transporte, até a última etapa, que consolida a destinação final do cadáver.

FIGURA 1 – *Processo de manuseio do cadáver*

Em cada uma das etapas evidenciadas nesta Figura 1, algumas variáveis devem ser consideradas: a temperatura a que o cadáver está submetido, tempo desde a morte até a destinação final, condições do corpo em consequência da morte, fatores estes que podem limitar o tempo disponível para a despedida e atividades finais com o corpo. Entendemos que instruções técnicas e normativas poderiam legislar acerca disto com mais rigor, mesmo reconhecendo que aspectos éticos e de direito podem entrar em conflito, uma vez que limitações técnicas devem ser consideradas cumpridas.

Conclusões

Diante do que este artigo expõe, resta patenteada a importância do corpo humano sem vida, quando são analisadas as perspectivas aqui apresentadas. Tanto o campo jurídico, como o teológico, passando pelo técnico – o qual enseja a logística do cadáver – fixando o olhar ético sobre ele, cumulável pela necessária aplicação de seus princípios, foram e são vistos, aqui, como inafastáveis para que se materialize um tratamento prudente, solidário e responsável do objeto desta abordagem multidisciplinar. Por isto, este estudo não se encerra, aqui, diante das possibilidades que podem ser exploradas, ponderadas e discutidas. Até então, o que resta são o desafio e a necessidade de estudar e pesquisar mais sobre o tema, principalmente na área técnica de logística reversa, aprofundando a pesquisa em legislação sobre movimentação e manuseio do cadáver.

Referências

BETIOLI, Antonio Bento. *Bioética, a Ética da Vida.* 2ª edição. São Paulo: LTr, 2015.

COE, Agostinho Júnior Holanda. *"Nós, Os Ossos que Aqui Estamos, Pelos Vossos Esperamos": a higiene e o fim dos sepultamentos eclesiásticos em São Luís (1828-1855)*. Dissertação de Mestrado pela Universidade Federal do Ceará, 2008.

DWORKIN, Ronald. *Domínio da Vida: Aborto, eutanásia e liberdades individuais*. Trad. De Jefferson Luiz Camargo. São Paulo: Martins Fontes, 2003.

ESPINOSA, Jaime. *Questões de Bioética*. São Paulo: Quadrante, 1988.

ESTUDOS de História de Portugal. Vol. I – Séculos X-XV. Homenagem a A. H. de Oliveira Marques. Lisboa: Estampa. Série Imprensa Universitária, nº 23, 1982.

FAJARDO, Alexander. *Brasil Imperial Católico e o Surgimento dos Cemitérios Protestantes*. *In* Revista Integratio, nº 1, vol. I, jan-jun de 2015.

GUÉRIOS, Mansur. *Tabus linguísticos*. 2ª edição, aumentada. São Paulo: Cia. Edit. Nacional, 1979.

GUZMÁN LOZANO, Jorge Armando. *Aspectos Bioéticos y Jurídicos del Manejo del Cadáver. "Um análisis Del estatus morten y su consonância ética em La práxis."* Resumen de Tésis. Pontifícia Universidad Católica Argentina. In **Revista: Vida y Ética >** Año 19 / Nº 2 / Diciembre de 2018.

GUZMÁN LOZANO, Jorge Armando. *La Naturaleza Jurídica del Cadáver: Revisión y Tendencia*. **Prudentia Iuris**, [S.l.], n. 86, p. 223-234, dec. 2018. ISSN 2524-9525. Disponible um: <http://erevistas.uca.edu.ar/index.php/PRUDENTIA/article/view/1489>. Fecha de acceso: 01 june 2020.

INCONTRI, Dora e SANTOS, Franklin Santana (Orgs.). *A arte de morrer. Visões Plurais*. ´-Bragança Paulista, SP: Editora Comenius, 2007.

MALRAUX, André. *Os Conquistadores*. Em www.pensador.com/autor/andre_malraux/2/. Acesso em 4 de junho de 2020.

MANUAL PRESBITERIANO – Igreja Presbiteriana do Brasil. São Paulo: Cultura Cristã, 2013.

OSELKA, Gabriel (Coord.). *Entrevistas exclusivas com grandes nomes da bioética [estrangeiros]*. São Paulo: Conselho Regional de Medicina do Estado de São Paulo – CREMESP. Centro de Bioética, 2009.

SABATIER, Robert. *Diccionario Ilustrado de La Muerte*. Barcelona: Editorial Gustavo Gili, sem data.

SANTOS, M.C.C.L. *Morte Encefálica e a Lei de Transplante de Órgãos*. São Paulo: Oliveira Martins, 1998.

STOLB, Henry. *Reflexiones Éticas. Ensayos Sobre Temas Morales*. Traducción de Carlos Sandoval. Grand Rapids: T.E.L.L., 1982.

STUART, Gary *et ali*. *Perguntas Básicas Sobre Decisões Sobre o Fim da Vida*. São Paulo: Cultura Cristã, 2004.

VERNANT, Jean-Pierre. *Mito e Religião na Grécia Antiga*. Trad. De Joana Angélica D'Avila Melo. São Paulo: Martins Fontes, 2006.

VOLTA, Ornella. *Guia do Outro Mundo*. Trad. De João Amendola. São Paulo; Hemus, 1973.

7.
A URGÊNCIA DE ESTABELECER COMITÊS DE BIOÉTICA NO CONTEXTO DO CUIDADO EM SAÚDE NO BRASIL

GUSTAVO DA CUNHA LIMA FREIRE
CAMILO MANCHOLA CASTILLO
KARLA PATRÍCIA CARDOSO AMORIM

Introdução

As decisões na área médica não devem ser pautadas apenas nos aspectos clínicos ou técnicos, mas, sobretudo, devem ter na ética o seu fio condutor. Na realidade, é mais pertinente falar em bioética, pois além de envolverem a vida e a saúde dos seres humanos, contempla analisar elementos sociais, econômicos, políticos, conforme defendem as bioéticas latino-americanas[1]. Quando se escolhe restringir determinados tratamentos e procedimentos médicos aos pacientes acometidos por doenças graves e incuráveis, faz-se considerando também aspectos, princípios e virtudes bioéticos, como a prudência, a justiça, o respeito à dignidade e a vulnerabilidade da pessoa humana, bem como o respeito ao exercício da autonomia. Esse é apenas um dos exemplos angustiantes que ocorrem no cotidiano daqueles que se dedicam ao cuidado em saúde.

É sabido que se exige dos profissionais que trabalham na área da saúde, cada vez mais, competência em múltiplas habilidades, difíceis de

[1] Garrafa, Volnei. Da bioética de princípios a uma bioética interventiva. **Bioética**, v. 13, n. 1, p. 125-134, 2005.

ser totalmente aprendidas ou desenvolvidas individualmente. Por outro lado, muitos são sobrecarregados com excessivas horas de trabalho, têm consciência da necessidade da educação continuada para o melhor exercício profissional, e se deparam rotineiramente com dificuldades impostas pela complexidade dos casos clínicos.

Sendo caracteristicamente independentes, multidisciplinares e pluralistas, os Comitês de Bioética configuram-se como espaços importantes e necessários no auxílio a esses profissionais e gestores, bem como aos pacientes, seus representantes e familiares, contribuindo para a melhoria da qualidade da prestação dos serviços de saúde. Haja vista que esses comitês têm o objetivo de colaborar na resolução de problemas éticos, nas mais variadas situações clínicas, no contexto do cuidado em saúde.

Há uma diversidade de nomenclatura utilizada para esses comitês que trabalham com bioética clínica, tais como *Comitê de Ética Hospitalar*, *Comitê de Ética Assistencial*, *Comitê de Ética Clínica*, dentre outros. No presente trabalho, optamos por *Comitê de Bioética*, por entender que os assuntos deliberados neles são referentes à bioética e que sua localização e abrangência não obrigatoriamente ocorrem no ambiente hospitalar. Outrossim é feita a diferença entre os *Comitês de Bioética* e os *Comitês de Ética em Pesquisa* que trabalham com as pesquisas envolvendo seres humanos, pois estes são mais específicos para as análises e aprovações bioéticas dos protocolos das pesquisas, não referindo-se ao contexto geral da prática clínica. Ainda que seja possível a reunião das duas atividades (clínica e pesquisa) no mesmo comitê, não é o que ocorre na maioria dos países, na atualidade.

Neste sentido, o presente texto tem como objetivo discorrer sobre a necessidade e urgência da existência de Comitês de Bioética nas instituições de saúde brasileiras, abordando o histórico desses comitês, a estruturação, as suas funções, as possibilidades e desafios relacionados à sua prática. O intuito é oferecer uma visão crítica e ao mesmo tempo questionar a escassez desses comitês no território brasileiro, ainda mais no atual contexto pela pandemia por COVID-19.

1. Histórico e estrutura

Os primórdios dos Comitês de Bioética Institucionais remontam aos anos 1960, quando se fundou nos Estados Unidos o primeiro centro de diálise (*Seattle Artificial Kidney*). Utilizando uma técnica nova, o médico *Belding Screibner* conseguiu aprimorar tal procedimento tornando-o mais disponível, mas logo se percebeu que era necessário fazer uma seleção dos pacientes que teriam acesso ao benefício. Alguns desses pacientes foram excluídos por critérios clínicos, porém não se conformaram com a decisão. Diante do conflito na relação entre os profissionais de saúde e os usuários, formou-se uma comissão multidisciplinar, que devia considerar outros aspectos além dos clínicos, buscando melhores decisões. O comitê, denominado *"vida ou morte"*, terminou criando algumas diretrizes para que a disponibilidade da diálise fosse mais equitativa. Teve êxitos, contudo durou pouco e seus membros também experimentaram frustrações[2],[3].

Outro comitê historicamente importante, foi o *Ad Hoc* de *Havard Medical School* que em 1968 trabalhou sobre um critério diferente de morte para aquela época – a morte encefálica[4]. Tal situação ocorreu após o primeiro transplante cardíaco, realizado pelo médico sul-africano Christiaan Barnard em 1967, o qual suscitou um debate a respeito da interpretação legal da morte.

Durand[5] cita que os Comitês de Bioética, propriamente ditos, surgiram depois do caso *Quinlan*, nos Estados Unidos, em 1976. Menciona que o juiz da Suprema Corte de Nova Jersey decidiu que o médico, antes de considerar a retirada de aparelhos de suporte a vida, que havia sido solicitada pelos pais da jovem *Karen Ann Quinlan*, devia fazer uma consulta a um Comitê de Ética ou órgão similar. Com o passar dos anos, Comitês de Bioética foram constituídos em praticamente todos os hospitais norte-americanos e canadenses[6].

Na Grã-Bretanha, após o nascimento do primeiro bebê por fertilização in vitro em 1978, devido aos novos conflitos bioéticos decorrentes da téc-

[2] RUEDA, Laura. Comités de Ética Institucional. *In*: STEPKE, Fernando Lolas; DRUMOND, José Geraldo de Freitas (eds.). **Bioética**. Santiago: Mediterráneo, 2013. p. 37-45.

[3] BRAVO, Mireya. Comités de Ética Asistenciales. *In*: BECA, Juan Pablo; ASTELE, Carmem. **Bioética Clínica**. Santiago: Mediterráneo, 2014. p. 244-252.

[4] RUEDA, *opus citatum*, 2013.

[5] DURAND, Guy. **Introdução Geral à Bioética**: história, conceitos e instrumentos. São Paulo: Loyola, 2010.

[6] **Ibidem**.

nica, foram também criados Comitês de Bioética, tanto nacionais como supranacionais. Em seguida, na década de 1980, foram constituídos e desenvolvidos novos desses comitês naquelas nações anglo-saxônicas[7]. A partir da década de 1990 surgiu a maioria dos Comitês de Bioética dos países da Europa e da América Latina, porém variando em número e estrutura devido às influências de fatores diversos, como a formação profissional, a disponibilidade de recursos, fatores culturais e locais[8].

É importante ressaltar que em 2005 foi aprovada a Declaração Universal sobre Bioética e Direitos Humanos (DUBDH), pela Conferência Geral da UNESCO[9]. Tal declaração trata do dever de se criar, promover e apoiar Comitês de Ética independentes, pluridisciplinares e pluralistas com o objetivo de prestar assessoramento sobre problemas éticos em contextos clínicos, fomentar o debate, a educação e a sensibilização do público sobre a bioética, assim como sua participação no assunto[10]. Salienta-se que a DUBDH faz referência a uma grande diversidade de comitês, dentre os quais os três mais importantes são: comitês nacionais de bioética, instâncias que emitem opiniões sobre assuntos polêmicos que afetam a sociedade como um todo (migração, *big dat*a, aborto, eutanásia); comitês de ética em pesquisa, colegiados que deliberam sobre a eticidade de uma pesquisa com seres humanos; e comitês de bioética que atuam em problemas éticos concretos em situações clínicas, assunto central desse artigo[11].

Em 2015, sabendo do número reduzido desses comitês no Brasil, o Conselho Federal de Medicina (CFM) publicou a *Recomendação nº 8* com vistas a incentivar a criação, o funcionamento e a participação de médicos nos Comitês de Bioética. Considera o CFM que "é necessário e impostergável incentivar a formação, em Bioética, dos profissionais que desenvolvem suas atividades no âmbito hospitalar e em outras instituições de

[7] Rueda, *opus citatum*, 2013.

[8] Bravo, *opus citatum*, 2014.

[9] Organização Das Nações Unidas para a Educação, A Ciência e a Cultura. **Guía 1**. Creación de Comités de Bioética. París: UNESCO, 2005a.

[10] Bravo, Mireya. Comités de Ética Asistenciales. *In*: BECA, Juan Pablo; ASTELE, Carmem. **Bioética Clínica**. Santiago: Mediterráneo, 2014. p. 244-252.

[11] Organização Das Nações Unidas Para a Educação, A Ciência e a Cultura. **Declaración Universal sobre Bioética y Derechos Humanos**. París: UNESCO, 2005b.

saúde"[12]. Mencionam que os Comitês de Bioética são órgãos colegiados, de natureza autônoma, consultiva e educativa. Também consideram a importância da participação de diversos setores da sociedade nos comitês, além dos médicos. Ressalta que deve haver apoio para a elaboração do Regimento Interno do Comitê de Bioética e sua forma de escolha de médicos e multiprofissionais. Outrossim, que os diretores das instituições de saúde devem providenciar local e infraestrutura necessários e adequados ao exercício das atividades do Comitê.

Há poucos Comitês Hospitalares de Bioética nos hospitais brasileiros. São mencionados o do Hospital das Clínicas de Porto Alegre, como pioneiro, em 1993; o do Hospital das Clínicas de São Paulo (1996); o do Hospital Geral de São Mateus (2008), também em São Paulo; o do Instituto Nacional do Câncer do Rio de Janeiro (1999) e outros poucos pelo país[13]. Não há registro oficial brasileiro dos Comitês de Bioética[14], o que dificulta até mesmo saber quantos deles temos, quais estão em fase inicial, como estão realizando seus trabalhos, quais são suas dificuldades, dentre outras questões.

A participação multiprofissional pode ter, a título exemplificativo, filósofos, teólogos, assistentes sociais, sociólogos, advogados, além dos profissionais de saúde, de maneira que haja diversidade de abordagens. Ter algum ou alguns membros exteriores ao estabelecimento é também importante, pois insere uma visão diferente do culturalmente estabelecido na instituição. Além desse novo olhar, é também um reforço do ideal democrático[15].

O trabalho em grupo, propiciado pelos comitês, também pode apresentar sua importância e vantagem em relação a um consultor bioético isolado, pois mesmo que este indivíduo seja extremamente virtuoso, ponderado, que consiga prever muitas das consequências éticas dos atos

[12] Conselho Federal de Medicina. **Recomendação CFM nº 8/2015**. Recomenda a criação, o funcionamento e a participação dos médicos nos Comitês de Bioética.

[13] Bampi, Luciana Neves da Silva; Grande, Lydia Feito. Potencialidades e limites do comitê de ética hospitalar e a participação do enfermeiro: reflexões. **Texto & Contexto Enfermagem**, v. 29, e20180305, 2020.

[14] **Ibidem.**

[15] Durand, Guy. **Introdução Geral à Bioética**: história, conceitos e instrumentos. São Paulo: Loyola, 2010.

clínicos e que encontre uma solução que, na sua visão, trará maior benefício para todos, mas primariamente para a pessoa que está no centro do cuidado, não há como se ter a certeza de que esse caminho, a curto, médio ou longo prazo, será o melhor. Deve-se considerar, dentre outras, a limitação da capacidade cognitiva individual, de qualquer um de nós. A análise colegiada também não confere certeza, mas pode conduzir ao consenso ou a decisões prudentes, pós-diálogo, considerando a intersubjetividade, conferindo importância a todas a vozes envolvidas no processo decisório, compartilhando a responsabilidade. Essa ética do diálogo ou do discurso, que está presente na alma dos Comitês de Bioética, encontra-se na filosofia de *Habermas*, *Adela Cortina*, *Diego Gracia* e outros[16].

Diferentemente do que ocorreu com a Recomendação do CFM, não houve ainda algo semelhante, oriundo dos órgãos de classe da enfermagem brasileira, que vise a participação dos profissionais de enfermagem nos Comitês de Bioética, ainda que eles sejam considerados essenciais ao melhor funcionamento desses comitês[17].

O número de membros de um Comitê Hospitalar de Bioética é variável. Nos hospitais poloneses, por exemplo, variam entre três e dezesseis membros, mas a maioria é composto por cinco[18]. É importante que haja diversidade, mas há o receio de que um número excessivo de membros venha a ser um fator que dificulte a realização dos trabalhos. Comitês com alto número de participantes podem dividir-se em turmas ou grupos menores, por assunto, e depois apresentar, por meio de um relator, o que foi discutido, para a apreciação do pleno. Algo semelhante ao que ocorre nos tribunais do poder judiciário. Essa forma de proceder já foi estabelecida no Comitê de Ética em Pesquisa do Hospital Universitário Onofre Lopes (HUOL) da UFRN e parecia, ao nosso ver, otimizar os trabalhos, mantendo a qualidade das análises.

[16] Freire, Gustavo da Cunha Lima. **Ética para a Bioética**. Curitiba: CRV, 2021.
[17] Bampi, Luciana Neves da Silva; Grande, Lydia Feito. Potencialidades e limites do comitê de ética hospitalar e a participação do enfermeiro: reflexões. **Texto & Contexto Enfermagem**, v. 29, e20180305, 2020.
[18] Czarkowski, Marek; Kaczmarczyk, Katarzyna; Szymańska, Beata. Hospital Ethics Committees in Poland. **Science and Engineering Ethics**, v. 21, p. 1525-1535, 2015.

A Recomendação do CFM, pode até ser considerada tardia e tímida, de caráter não obrigatório, mas tem sua importância; pois conforme Bravo[19], um dos problemas enfrentados pelos comitês é a falta de confiança neles, por parte dos médicos. Ademais, a autora aponta a falta de apoio e reconhecimento institucional. Vê-se, na citada Recomendação, pelo menos uma tentativa de contribuir para uma mudança de perspectiva médica em relação aos Comitês de Bioética. Porém, vale ressaltar que a Recomendação deve sair do papel; ou seja, do âmbito da intenção e virar ação. Neste sentido, é imperativo que o CFM aja de forma coerente com os fundamentos e pressupostos da bioética, caso contrário fomenta o descrédito na proposta e destoa à própria concepção de Bioética.

Cumpre frisar que não há, no Brasil, determinação legal para a criação desses comitês e esse pode ser considerado mais um motivo para a importância da *Recomendação nº 8* do CFM. Por outro lado, cabe destacar que toda orientação, proveniente de algum Comitê de Bioética, deve se adequar à legalidade. Um Comitê de Bioética brasileiro, hospitalar, não deve recomendar a eutanásia, por exemplo, pois se trata de procedimento ilegal em nosso País.

De forma comparativa e diferentemente do Brasil, a Bélgica tem em sua legislação a exigência da formação dos Comitês de Ética em cada centro hospitalar, desde 1994. Porém, no caso belga, esses comitês são de *Bioética Clínica* e de *Pesquisa*, ao mesmo tempo[20]. Na América Latina, a Argentina sancionou e promulgou uma lei, em 1996, determinando que deveria existir um Comitê de Bioética em todos os hospitais da rede pública de saúde, com função de assessoramento[21]. Há leis semelhantes, em outros países, que tornam obrigatória a criação desses comitês. Estados Unidos, Itália e Espanha são alguns exemplos[22]. Contudo, não necessariamente a existência de uma lei contribui para a criação de um

[19] BRAVO, Mireya. Comités de Ética Asistenciales. *In*: BECA, Juan Pablo; ASTELE, Carmem. **Bioética Clínica**. Santiago: Mediterráneo, 2014. p. 244-252.

[20] DURAND, Guy. **Introdução Geral à Bioética**: história, conceitos e instrumentos. São Paulo: Loyola, 2010.

[21] BAMPI, Luciana Neves da Silva; GRANDE, Lydia Feito. Potencialidades e limites do comitê de ética hospitalar e a participação do enfermeiro: reflexões. **Texto & Contexto Enfermagem**, v. 29, e20180305, 2020.

[22] **Ibidem**.

bom e adequado comitê. A pressão legal pode acabar maculando a aceitabilidade por parte dos profissionais, se não houver uma prévia sensibilização deles em relação às funções e importância do órgão institucional[23].

Porém, uma possibilidade para facilitar a formação e o funcionamento dos Comitês de Bioética pelo Brasil seria replicar, no relativo à noção de sistema, o trabalho do Sistema CEP/Conep, já bem estabelecidos em várias instituições por todas as regiões, estados e municípios brasileiros, e que integra de uma maneira muito exitosa diversos comitês, com realidades diferentes, promovendo a aprendizagem colaborativa e o melhoramento contínuo. Importante ressaltar que não está sendo proposto aqui replicar a natureza centro-periferia e de autoridade central do supracitado Sistema, uma vez que os Comitês de Bioética devem ser necessariamente independentes, vislumbra-se um sistema de rede colaborativo.

Neste contexto, é oportuno destacar que, na Câmara Federal tramita em regime de urgência desde 2008, o Projeto de Lei nº 6032/2005 estando atualmente apensado ao PL 3497/2004, de iniciativa do executivo federal, o qual dispõe sobre a criação do Conselho Nacional de Bioética. No entanto, este Conselho seria um órgão de assessoramento ao Presidente da República sobre questões éticas decorrentes da prática em saúde, dos avanços científicos e tecnológicos nos campos da biologia, da medicina e da saúde, e das situações que ponham em risco a vida humana e o equilíbrio do meio ambiente. Assim, as questões clínicas seriam apenas um aspecto tratado por este Conselho, haja vista que a Bioética, principal conceito em questão, foi entendida nesta proposta em sua forma mais abrangente, envolvendo a saúde, o meio ambiente e a qualidade de vida.

2. Funções, possibilidades e desafios

As funções básicas de um comitê hospitalar de bioética, tratadas pelos autores em geral, são: consultiva, educativa e normativa[24],[25]. Os profis-

[23] **Ibidem**.

[24] Rueda, Laura. Comités de Ética Institucional. *In*: Stepke, Fernando Lolas; Drumond, José Geraldo de Freitas (eds.). **Bioética**. Santiago: Mediterráneo, 2013. p. 37-45.

[25] Bravo, Mireya. Comités de Ética Asistenciales. *In*: Beca, Juan Pablo; Astele, Carmem. **Bioética Clínica**. Santiago: Mediterráneo, 2014. p. 244-252.

sionais das instituições de saúde, incluindo médicos, enfermeiros, psicólogos, dentre outros, podem fazer consultas ao comitê[26], o que normalmente ocorre diante de conflitos ou desacordos morais entre os próprios profissionais ou entre eles e os pacientes/familiares. Vale ressaltar que o comitê, após reflexão bioética e debate multidisciplinar, responderá à consulta, podendo ou não ser na forma de parecer escrito, de acordo com o previsto no regimento de cada comitê, porém sem o poder de impor uma tomada de decisão na prática profissional. Tais consultas também podem ser realizadas pelos pacientes, seus representantes e familiares[27]. Podem requerer respostas rápidas ou mais demoradas, dependendo da natureza dos casos clínicos.

A função educativa diz respeito a capacitação e a educação permanente dos membros do comitê e a realização de publicações, encontros e eventos promovidos pelo comitê para os profissionais de saúde, administradores das instituições, usuários dos serviços de saúde e para a comunidade externa[28]. Além dos conhecimentos éticos/bioéticos, a equipe do comitê deve ser preparada para considerar todos aqueles que são afetados pelas decisões e deve desenvolver as habilidades para dialogar, argumentar e trabalhar em grupo[29]. O papel educativo do comitê deveria ser central, segundo Durand[30]. No entanto, o autor afirma perceber que não se dá a devida importância a esta função.

Defende-se, que o processo em si de deliberação entre os membros e o feedback das consultas aos usuários de forma geral, devem ser concebidos como importantes processos educativos. Neste sentido, devem ser pautados em metodologia que favoreçam o diálogo democrático, com exercício de escuta ativa, linguagem clara e acessível para o público em geral.

[26] Rueda, *opus citatum*, 2013.

[27] Bravo, *opus citatum*, 2014.

[28] Rueda, Laura. Comités de Ética Institucional. *In*: Stepke, Fernando Lolas; Drumond, José Geraldo de Freitas (eds.). **Bioética**. Santiago: Mediterráneo, 2013. p. 37-45.

[29] Bravo, Mireya. Comités de Ética Asistenciales. *In*: Beca, Juan Pablo; Astele, Carmem. **Bioética Clínica**. Santiago: Mediterráneo, 2014. p. 244-252.

[30] Durand, Guy. **Introdução Geral à Bioética**: história, conceitos e instrumentos. São Paulo: Loyola, 2010.

A função normativa relaciona-se com a elaboração de diretrizes e propostas de normas que envolvam a bioética para o aprimoramento do serviço institucional, podendo tomar por base, para tanto, o que já se discutiu e se concluiu em situações anteriores, iguais ou semelhantes[31]. Pode-se também ter como parâmetro as diretrizes de outros Comitês de Bioética que já deliberaram sobre os mesmos assuntos, sem desconsiderar, no entanto, as peculiaridades e realidade de cada instituição e local. Nesse sentido, considera-se a importância do intercâmbio entre os comitês e que o trabalho em rede e colaborativo entre eles pode vir a ser uma interessante estratégia para a sua rápida consolidação e qualificação em todas as localidades do Brasil. Sabe-se que há nos Estado Unidos, na Espanha, em Portugal, dentre outros países, as redes de Comitês de Bioética[32], as quais, com devidas adequações, poderiam servir como modelo para nosso País.

Um exemplo prático da função normativa poderia ser a estruturação de múltiplas estratégias e possibilidade para um efetivo processo de consentimento, culminando na confecção de Termos de Consentimento Livre e Esclarecido (TCLE) mais claros e adequados que os habituais, que considerem os casos clínicos, a capacidade de compreensão de cada paciente, que apresente em destaque os riscos e possíveis incômodos dos procedimentos/tratamentos médicos etc. Que todo pessoal do serviço médico seja orientado a contribuir, acrescentando esclarecimentos, de forma que os pacientes se sintam confortáveis, seguros e exerçam a autonomia para seus tratamentos nas instituições.

Normas institucionais que garantam explicações aos pacientes sobre os prontuários médicos, que podem ser fotocopiados para uso dos próprios pacientes, em outros atendimentos e em outras instituições, seria outro exemplo. Muitos pacientes não têm acesso a essa informação, a qual pode ser importante para a continuidade ou início de novos tratamentos em outros locais. Aqui também se revela o papel educacional do Comitê de Bioética. Nesse sentido, o Código de Ética Médica (CEM), em seu art. 88, explicita que é vedado ao médico "negar, ao paciente, acesso ao seu prontuário, deixar de lhe fornecer cópia quando solicitada, bem

[31] RUEDA, *opus citatum*, 2013.

[32] DURAND, *opus citatum*, 2010.

como deixar de lhe dar explicações necessárias à sua compreensão, salvo quando ocasionarem riscos ao próprio paciente ou à terceiros"[33].

Um Conselho de Bioética Nacional (ou similares, nos Estados e Municípios) pode ser capaz de contribuir com influências positivas ao Estado Democrático de Direito, pois suas sugestões, após análises multidisciplinares, pluralistas, que consideram o contraditório, em assuntos complexos, podem ser utilizadas para a elaboração ou ajustes das políticas públicas lançadas pelo poder executivo, para o auxílio na elaboração de leis oriundas do legislativo e ainda podem ser úteis para a fundamentação de algumas das decisões judiciais. Comuns em países europeus, desde os anos 1980/90[34], os Comitês de Bioética Nacionais também são importantes para despertar uma sensibilidade ética na comunidade científica e acadêmica, nas autoridades públicas e na sociedade, em geral. Podem ser vistos como órgãos de vínculo entre cientistas, o poder público e os cidadãos[35]. É possível que esses comitês estejam vinculados ao ministério da saúde[36], ou, conforme proposto no supracitado Projeto de Lei sobre a criação do Conselho Nacional de Bioética brasileiro, vinculado diretamente à presidência da república. No entanto, independentemente de onde e a quem o Conselho esteja subordinado formalmente, é imperativo que a sua atuação seja autônoma e independente.

Não havendo independência política, os Comitê de Bioética Nacionais ou Estaduais podem vir a nascer já com a tendência ao fracasso ou à morte prematura. Aponta Lorda[37] que essa ingerência política acabou ocorrendo com certa frequência na Espanha, em muitas de suas Comunidades Autônomas, com exceção da Catalunha. Relata a existência de interesses espúrios de políticos que passam a querer usar os comitês para

[33] Conselho Federal de Medicina. **Código de Ética Médica**: Resolução CFM nº 2.217, de 27 de setembro de 2018, modificada pelas Resoluções CFM nº 2.222/2018 e 2.226/2019. Brasília: Conselho Federal de Medicina, 2019. 108 p.

[34] Lorda, Pablo Simón. La bioética en el siglo XXI en España: dónde estamos? **Bioética y Debate**, v. 21, n. 75, p. 3-9, 2015.

[35] Byc, Christian. **Tratado de Bioética**. São Paulo: Paulus, 2015.

[36] Rueda, Laura. Comités de Ética Institucional. *In*: Stepke, Fernando Lolas; Drumond, José Geraldo de Freitas (eds.). **Bioética**. Santiago: Mediterráneo, 2013. p. 37-45.

[37] Lorda, Pablo Simón. La bioética en el siglo XXI en España: dónde estamos? **Bioética y Debate**, v. 21, n. 75, p. 3-9, 2015.

suas próprias defesas ideológicas e partidárias, não como desenvolvimento de uma ética cívica independente, prudente, crítica e deliberativa. Afirma, por outro lado, que há uma ampla rede de Comitês de Bioética institucionais, que foi crescendo naquele país, e conta com muitos profissionais interessados e compromissados, constituindo a maior esperança de resistência para a frágil Bioética espanhola. Comenta ademais sobre a necessidade da presença dos Comitês de Bioética no interior de todas as comunidades científicas.

Na atualidade brasileira, pode-se vislumbrar e defender o trabalho conjunto entre os Comitês de Bioética e os Comitês Científicos que foram criados largamente, por exemplo, para o enfrentamento da pandemia da COVID-19. É necessário que haja sempre a combinação entre ciência e ética em todas as recomendações sobre saúde ao poder público, seja na esfera federal, estadual ou municipal. Ressalve-se, contudo, que a indicação política dos membros de um comitê pode vir a desnaturar completamente sua essência e importância, caso eles visem interesses pessoais, partidários etc.

Em qualquer lugar que esteja, é fundamental que os Comitês de Bioética tenham suas competências bem estabelecidas e internalizadas pelos seus membros. Saber que não cabe responder sobre questões estritamente de competência médica ou de outros profissionais é essencial para a utilidade, a credibilidade e o bom andamento das atividades desses órgãos. Não cabe, por exemplo, a um Comitê de Bioética opinar sobre se determinado paciente está ou não em processo de morte e, portanto, podendo necessitar de um novo direcionamento nas condutas de seu tratamento. Essa tarefa é da competência de intensivistas, neurologistas, paliativistas e outros especialistas médicos. No entanto, o comitê pode e deve avaliar e assessorar, sempre que consultado ou em campanhas educativas, os valores envolvidos nas tomadas de decisões clínicas complexas e deve desencorajar a distanásia, por exemplo. Pode também convidar especialistas de cada área, internos ou externos à instituição, para esclarecimentos técnicos de sua competência, ampliando a compreensão sobre os casos discutidos. Porém, o comitê, conforme Bravo[38] e

[38] Bravo, M. Comités de Ética Asistenciales. *In*: Beca, Juan Pablo; Astele, Carmem. **Bioética Clínica**. Santiago: Mediterráneo, 2014. p. 244-252.

Durand[39], não substitui a responsabilidade de quem lhe pede assessoria. Comitês de Bioética ou Comitês de Ética Hospitalar "são instrumentos institucionalizados a serviço do aperfeiçoamento profissional, da qualidade da atenção à saúde e da humanização da relação clínica"[40].

Menciona-se que os Comitês de Bioética podem funcionar como uma proteção dos próprios médicos, dos hospitais e de outras instituições que prestam serviços de saúde, contra ações judiciais. Há críticas em relação a formação de um comitê para exercício dessa função defensiva[41]. No entanto, é de se esperar, consequentemente, que analisando-se os casos complexos sob vários pontos de vista, existindo respeito aos valores de todos os que são envolvidos nas decisões clínicas e facilitando-se o diálogo entre profissionais e pacientes/familiares, as ações judiciais tendam a diminuir, em muitas situações, no âmbito da saúde. Frisa-se que a ética defensiva não deve ser o objetivo primário de um Comitê de Bioética, caso contrário estaria havendo uma inversão de valores.

Outro aspecto a ser discutido é sobre a possível remuneração dos membros do comitê. Geralmente há muito trabalho a ser realizado nesses órgãos colegiados e assim como ocorre nos Comitês de Ética em Pesquisa, por vezes, é possível perceber que há desinteresse dos indivíduos em assumir grandes responsabilidades e carga horária de trabalho, além das existentes na vida profissional ordinária, sem que haja uma devida valorização. Em instituições públicas, os servidores podem até ser valorizados com pontuações para sua progressão, não necessariamente com pagamento em dinheiro. Contudo, um membro externo, por exemplo, não poderia ter esse incentivo. Segundo Durand[42], há um mal-entendido frequente quando se interpreta como incompatíveis o trabalho ético e a remuneração. Exemplifica que nos países anglo-saxões e na Europa francófona há exemplos de comitês que adotam formas de remunerar

[39] DURAND, Guy. **Introdução Geral à Bioética**: história, conceitos e instrumentos. São Paulo: Loyola, 2010.

[40] BAMPI, Luciana Neves da Silva; GRANDE, Lydia Feito. Potencialidades e limites do comitê de ética hospitalar e a participação do enfermeiro: reflexões. **Texto & Contexto Enfermagem**, v. 29, e20180305, 2020.

[41] DURAND, Guy. **Introdução Geral à Bioética**: história, conceitos e instrumentos. São Paulo: Loyola, 2010.

[42] **Ibidem.**

seus membros. Neste sentido, a participação do membro do Comitê deve ser entendida como uma atividade laboral, e, sendo assim, *a priori*, passível de remuneração; quer como atividade única e principal da pessoa, quer como parte de uma carga horária existente, ou, no caso de membros externos à instituição, uma atividade extra. Defende-se esta perspectiva, por acreditar que as atividades dos Comitês devem ser concebidas e encaradas como ações organizadas e estruturadas dentro das instituições, não uma atividade amadora, dependente da boa vontade das pessoas.

Diante do contexto complexo de problemas concretos da vida o Comitê de Bioética pode atuar nos mais variados tipos de situações. Foi sugerido que os Comitês de Bioética podem inclusive obter informações sobre a extensão e a severidade da *Síndrome de Burnout* nas instituições de saúde e contribuir para a minimização deste sério problema, atualmente comum entre aqueles que trabalham no ambiente hospitalar. Os comitês podem atuar como intermediários entre os profissionais de saúde e a administração institucional, alertando os administradores sobre o problema e sugerindo maneiras de minorá-lo[43]. O *Burnout* corresponde a um estado de colapso físico ou mental causado por excesso de trabalho ou estresse, sendo importante considerar que sua ocorrência pode trazer uma série de consequências negativas, como a depressão, a ideação suicida, o aumento do risco de erro médico, problemas em relação à segurança dos pacientes e comprometimento geral da qualidade do serviço médico. Muitas situações estressantes, durante a pandemia da COVID-19, que podem levar ao Burnout no corpo clínico, foram relatadas em alguns estudos[44],[45],[46].

O tema da *Síndrome de Burnout* também foi analisado, no Brasil, em relação aos profissionais de enfermagem, durante a pandemia da COVID-19.

[43] Edwards, Kristin; Newman, Richard L. Physician Burnout and Ethics Committees. **Journal of Clinical Ethics**, v. 31, n. 1, p. 42-47, 2020.

[44] Dimitriu, Mihai. *et al.* Burnout syndrome in Romanian medical residents in time of the COVID-19 pandemic. **Medical Hypotheses**, v. 144, 109972, 2020.

[45] Chen, Qiongni. *et al.* Mental health care for medical staff in China during the COVID-19 outbreak. **Lancet Psychiatry**, v. 7, n. 4, p. e15-e16, 2020. Erratum in: Lancet Psychiatry, v. 7, n. 5, e27, 2020.

[46] Rimmer, Abi. Covid-19: give NHS Staff rest spaces and free parking not thank yours, says doctor. **BMJ**, v. 368, p. m1171, 2020.

Considerou-se que esses profissionais, que estão na *linha de frente* e que algumas vezes precisam lidar com afastamento dos seus familiares, com a falta de equipamentos de proteção individual (EPIs) e com a pressão dos pacientes, dos seus acompanhantes e dos gestores, pela assistência de excelência, estão mais susceptíveis ainda ao esgotamento físico e mental. Tal situação tende a comprometer a qualidade do serviço prestado por esses profissionais. Os autores sugerem uma ampliação das pesquisas que visem as estratégias de prevenção do *Burnout,* adequadas à realidade dos profissionais de enfermagem[47]. Vê-se, portanto, que medidas urgentes precisam ser tomadas para a minimização da referida síndrome e, ainda que não seja de simples solução, os Comitês de Bioética podem ser bem-vindos como auxiliares nessa empreitada.

O sofrimento dos profissionais de saúde, bem como dos pacientes assistidos por eles, nas situações de terminalidade, como vem acontecendo largamente na atual pandemia, tende a ser amplificado, pois, de um modo geral, não se prepara adequadamente esses profissionais para lidar com a morte. Estudo anterior demonstra que há, em geral, um déficit de capacitação dos estudantes de medicina em relação às discussões sobre a morte. Esses futuros profissionais podem acabar ignorando os aspectos biopsicossociais dos pacientes e passar a aproximar-se somente dos aspectos próprios da ciência e da técnica[48]. Faz-se necessário mudar essa mentalidade, inserir e ampliar visões humanísticas nos cursos médicos, preparar os estudantes para a prática clínica com ética e, inclusive, para sua participação nos Comitês de Bioética. Em comitês, vinculados às instituições de ensino, pode haver formas de abertura aos alunos e contribuição para a formação deles.

A pandemia da COVID-19 traz várias incertezas e dentre elas estão as escolhas sobre quem terá acesso aos escassos recursos destinados às

[47] Santana, Ana Clara Cruz Santos de; Santos, Layane Estefany Siqueira dos; Santos, Lucas Siqueira dos. Covid-19, estresse contínuo e síndrome de Burnout: como anda a saúde dos profissionais de enfermagem? **Caderno de Graduação** – Ciências Biológicas e da Saúde, v. 6, n. 2, p. 101, 2020.

[48] Batista, George Felipe de Moura; Freire, Gustavo da Cunha Lima. Análise do ensino da morte e do morrer na graduação médica brasileira. **Revista Brasileira de Bioética**, v. 15, e3, p. 1-13, 2019.

atividades de saúde. Na falta de UTIs, ventiladores mecânicos, drogas utilizadas nos cuidados intensivos etc., quem teria prioridade de acesso a essas tecnologias? Quem ficaria de fora? Essas situações são reais em muitos países, incluindo o Brasil, e é causa de muito sofrimento, tanto para os profissionais, que estão tratando os doentes, como para os próprios pacientes e familiares. Como obedecer aos princípios e a outras correntes teóricas bioéticas para alocar, da melhor forma, esses recursos? O Conselho Regional de Medicina - CRM-PR, em Parecer 2809/2020, ressalta a importância do apoio institucional aos profissionais envolvidos nesses tratamentos escassos da COVID-19[49]. Assim, advoga que devem existir critérios estabelecidos por comitês, *Comissões de Bioética ou Comitê Gestor de Crise.* Destaca que, dessa forma, pode haver um compartilhamento de responsabilidades diante das decisões difíceis. Considera que outros critérios técnicos-científicos são importantes, mas que as recomendações dos referidos comitês complementam as outras orientações. Refere que essa é uma forma de diminuir a dor diante da impossibilidade de oferecer o devido tratamento a quem precisa.

Talvez, como nunca, a pandemia tenha revelado a importância de constituir órgãos colegiados que permitam elaborar recomendações, normativas e instruções para diminuir um pouco a incerteza associada à tomada de decisões em situações adversas. Nesse sentido, a pandemia veio para demonstrar claramente a necessidade e utilidade de ter comitês hospitalares de bioética, que possam auxiliar na deliberação em situações difíceis em que não existem respostas prontas e nem soluções que satisfaçam todos os atores envolvidos, ainda mais em países com os nossos, marcados pela injustiça e a desigualdade[50]. Sanches, Cunha, Siqueira e Siqueira[51] trataram de identificar a contribuição da Bioética para as

[49] Conselho Regional de Medicina Do Estado Do Paraná. **Parecer Nº 2809/2020 CRM-PR**. ASSUNTO: ALTA DEMANDA DE PACIENTES – CRITÉRIOS ORIENTADORES PARA JUSTA PRIORIZAÇÃO DOS RECURSOS MÉDICOS ESCASSOS. Curitiba, 27 abr. 2020.

[50] Garrafa, Volnei; Porto, Dora. Intervention Bioethics: A Proposal For Peripheral Countries in A Context of Power and Injustice. **Bioethics**, v. 17, n. 5, p. 399-416, 2003.

[51] Sanches, Mário Antônio; Cunha, Thiago Rocha da; Siqueira, Sergio Surugi de; Siqueira, José Eduardo de. Perspectivas bioéticas sobre a tomada de decisão em tempos de pandemia. **Revista Bioética**, v. 28, n. 3, p. 410-7, 2020.

tomadas de decisões em tempos de pandemia. Pode-se extrair do trabalho que a bioética, através de seus referenciais teóricos, não apenas principialista, mas também personalista, utilitarista e a bioética social (produzida na América Latina) pode contribuir com orientações práticas para as escolhas difíceis e complexas da atualidade, como nos casos das escolhas dos ventiladores mecânicos escassos para um excesso de pacientes acometidos pela COVID-19 que necessitam do procedimento médico de ventilação mecânica. Afirmam que:

> por se pautar pela valorização da diversidade – interdisciplinaridade, interculturalidade e diversidade moral –, a bioética não busca delimitar respostas certas para a ação humana. O que ela pretende é apontar situações de conflito em que se pode chegar a alternativas razoáveis e prudentes após debate aberto e diverso[52].

Ora, entendemos que esse tipo de debate deve ocorrer entre pessoas que ocupam um espaço específico e que podem ser concretamente escutadas, ao final. Portanto, os Comitês de Bioética parecem se configurar como um dos ambientes ideias para a prática da bioética apontada pelos autores. Comitês de Bioética, com seu viés humanístico, podem contribuir com orientações para concretização de medidas que garantam a dignidade da pessoa humana, independentemente da escassez de material ou da possibilidade de cura dos doentes. Uma das ações desses comitês, ante a COVID-19, é envidar esforços para a diminuição do sofrimento dos doentes e dos seus familiares, incentivando o contato entre eles, ainda que virtual, conforme Recomendação da Sociedade Brasileira de Bioética (SBB) nº 1/2020:

> havendo viabilidade técnica, será garantido ao paciente internado em UTI a possibilidade de estabelecer contacto com os seus familiares por meio de acesso virtual. A SBB também recomenda que sejam reforçadas as Comissões de Bioética Hospitalares e sejam estabelecidas nos locais em que ainda não existam, para participar do processo de triagem e contribuir nas reflexões e

[52] **Ibidem**, p. 412.

propostas específicas às particularidades locais, e nas decisões relacionadas a escolhas complexas, inclusive para mitigar a carga emocional da equipe de atendimento[53].

A pandemia, porém, também tem trazido enormes questionamentos a esses comitês, e inclusive, aos órgãos que têm defendido e até normatizado sua criação. É o caso do CFM, cujas normativas têm guiado adequadamente a criação desses comitês, mas cuja atuação tem contradito as próprias orientações que ele mesmo tem promulgado no passado. Escândalos recentes em que o CFM tem estado envolvido relativas a decisões para apoiar o uso de tratamentos não comprovados contra a COVID-19 mostram claramente esse fato[54],[55].

Revela-se, dessa maneira, a importância de contar com comitês hospitalares de bioética que respondam ao caráter multi, inter e transdisciplinar da bioética, como é defendido pelas bioéticas latino-americanas, e, especialmente, que façam uma leitura contextualizada, politizada, e social das situações difíceis que os seres humanos enfrentam quando adoecem ou devem assistir a serviços de saúde. Para isso, esses comitês devem seguir os relevantes alinhamentos definidos pelo CFM no passado e, portanto, ser críticos da atuação desse órgão no presente. Caso contrário, fragilizará a própria Bioética mediante crassas incoerências.

Conclusões

Da análise acima, podemos chegar a algumas conclusões: são necessários urgentemente a criação e o desenvolvimento dos Comitês de Bioética no âmbito do cuidado em saúde por todo território brasileiro, o que se põe ainda mais ressaltado em tempos de pandemia, como a da COVID-19.

[53] SOCIEDADE BRASILEIRA DE BIOÉTICA. RECOMENDAÇÃO SBB Nº 01/2020: aspectos éticos no enfrentamento da COVID-19, em defesa dos mais vulneráveis e do acesso igualitário aos leitos de UTI. Brasília, 15 maio 2020. p. 5-6.

[54] SOCIEDADE BRASILEIRA DE BIOÉTICA. Nota Pública: solicita revogação imediata da orientação do Ministério da Saúde sobre o uso da cloroquina em pacientes com COVID-19. Brasília, 20 maio 2020a.

[55] SOCIEDADE BRASILEIRA DE BIOÉTICA. Ofício da Sociedade Brasileira de Bioética (SBB), do Centro Brasileiro de Estudos de Saúde (CEBES) e da Rede Unida ao Conselho Federal de Medicina. Brasília, 27 abr. 2020b.

Esses comitês, além de analisar situações relativas às circunstâncias relacionadas com a saúde e doença dos pacientes, também podem discutir outros assuntos, como a minimização da *Síndrome de Burnout* dos profissionais da saúde, por exemplo, e debater usando um olhar crítico e contextual temas que afetem o bem-estar dos pacientes e usuários. É fundamental que nossos dirigentes e os conselhos de classe se preocupem em formar pessoal em Bioética e estimulem os profissionais, não apenas médicos, para que participem dos Comitês de Bioética; a persistência da escassez desses comitês, no Brasil, ainda que existam algumas recomendações, pode ser um indicativo de que necessitamos de um instrumento legal que torne obrigatória sua constituição. Por fim, sugerimos que outros estudos sejam realizados para garantir o incentivo, a implementação e a melhoria dos Comitês de Bioética brasileiros e que ao se falar e estruturar tais comitês, os fundamentos e os pressupostos inerentes à ética e à bioética (liberdade/independência, responsabilidade e coerência) sejam o norte da sua existência.

Aproveitamos também essa seção desse capítulo para ressaltar a importância de que seja criado o outro tipo de comitê de bioética mencionado neste documento: o Conselho ou Comitê Nacional de Bioética, que viria complementar o trabalho dos comitês de bioética relativos à saúde, e cujo desenvolvimento teve avanços essenciais há pelo menos 15 anos no âmbito do Ministério da Saúde, tendo inclusive começado a ser tramitado um projeto de lei no congresso nacional para sua constituição[56]. O Brasil precisa de uma institucionalidade bioética urgente, disso não se tem dúvida!

Referências

BAMPI, Luciana Neves da Silva; GRANDE, Lydia Feito. Potencialidades e limites do comitê de ética hospitalar e a participação do enfermeiro: reflexões. **Texto & Contexto Enfermagem**, v. 29, e20180305, 2020.

BATISTA, George Felipe de Moura; FREIRE, Gustavo da Cunha Lima. Análise do ensino da morte e do morrer na graduação médica brasileira. **Revista Brasileira de Bioética**, v. 15, e3, p. 1-13, 2019.

[56] GARRAFA, Volnei. National Bioethics Council: a Brazilian proposal. **Journal of Medical Ethics**, v. 36, n. 2, p. 99-102, 2010.

BRAVO, M. Comités de Ética Asistenciales. *In*: BECA, Juan Pablo; ASTELE, Carmem. **Bioética Clínica**. Santiago: Mediterráneo, 2014. P. 244-252.

BYC, Christian. **Tratado de Bioética**. São Paulo: Paulus, 2015.

CHEN, Qiongni. *Et al.* Mental health care for medical staff in China during the COVID-19 outbreak. **Lancet Psychiatry**, v. 7, n. 4, p. e15-e16, 2020. Erratum in: Lancet Psychiatry, v. 7, n. 5, e27, 2020.

CONSELHO FEDERAL DE MEDICINA. **Recomendação CFM nº 8/2015**. Recomenda a criação, o funcionamento e a participação dos médicos nos Comitês de Bioética. Brasília 12 mar. 2015. Disponível em: https://portal.cfm.org.br/images/Recomendacoes/8_2015.pdf. Acesso em: 28 maio 2021.

CONSELHO FEDERAL DE MEDICINA. **Código de Ética Médica**: Resolução CFM nº 2.217, de 27 de setembro de 2018, modificada pelas Resoluções CFM nº 2.222/2018 e 2.226/2019. Brasília: Conselho Federal de Medicina, 2019. 108 p. Disponível em: https://portal.cfm.org.br/images/PDF/cem2019.pdf. Acesso em: 31 maio 2021.

CONSELHO REGIONAL DE MEDICINA DO ESTADO DO PARANÁ. **Parecer Nº 2809/2020 CRM-PR**. ASSUNTO: ALTA DEMANDA DE PACIENTES – CRITÉRIOS ORIENTADORES PARA JUSTA PRIORIZAÇÃO DOS RECURSOS MÉDICOS ESCASSOS. Curitiba, 27 abr. 2020. Disponível em: https://sistemas.cfm.org.br/normas/arquivos/pareceres/PR/2020/2809_2020.pdf. Acesso em: 28 maio 2021.

CZARKOWSKI, Marek; KACZMARCZYK, Katarzyna; SZYMAŃSKA, Beata. Hospital Ethics Committees in Poland. **Science and Engineering Ethics**, v. 21, p. 1525-1535, 2015.

DIMITRIU, Mihai. *Et al.* Burnout syndrome in Romanian medical residents in time of the COVID-19 pandemic. **Medical Hypotheses**, v. 144, 109972, 2020.

DURAND, Guy. **Introdução Geral à Bioética**: história, conceitos e instrumentos. São Paulo: Loyola, 2010.

EDWARDS, Kristin; NEWMAN, Richard L. Physician Burnout and Ethics Committees. **Journal of Clinical Ethics**, v. 31, n. 1, p. 42-47, 2020.

FREIRE, Gustavo da Cunha Lima. **Ética para a Bioética**. Curitiba: CRV, 2021.

GARRAFA, Volnei. Da bioética de princípios a uma bioética interventiva. **Bioética**, v. 13, n. 1, p. 125-134, 2005.

GARRAFA, Volnei. National Bioethics Council: a Brazilian proposal. **Journal of Medical Ethics**, v. 36, n. 2, p. 99-102, 2010.

GARRAFA, Volnei; PORTO, Dora. Intervention Bioethics: A Proposal For Peripheral Countries in A Context of Power and Injustice. **Bioethics**, v. 17, n. 5, p. 399-416, 2003.

LORDA, Pablo Simón. La bioética en el siglo XXI en España: dónde estamos? **Bioética y Debate**, v. 21, n. 75, p. 3-9, 2015.

RIMMER, Abi. Covid-19: give NHS Staff rest spaces and free parking not thank yours, says doctor. **BMJ**, v. 368, p. m1171, 2020.

RUEDA, Laura. Comités de Ética Institucional. *In*: STEPKE, Fernando Lolas; DRUMOND, José Geraldo de Freitas (eds.). **Bioética**. Santiago: Mediterráneo, 2013.

SANCHES, Mário Antônio; CUNHA, Thiago Rocha da; SIQUEIRA, Sergio Surugi de; SIQUEIRA, José Eduardo de. Perspectivas bioéticas sobre a tomada de decisão em tempos de pandemia. **Revista Bioética**, v. 28, n. 3, p. 410-7, 2020.

SANTANA, Ana Clara Cruz Santos de; SANTOS, Layane Estefany Siqueira dos; SANTOS, Lucas Siqueira dos. Covid-19, estresse contínuo e síndrome de Burnout: como anda a saúde dos profissionais de enfermagem? **Caderno de Graduação – Ciências Biológicas e da Saúde**, v. 6, n. 2, p. 101, 2020.

SOCIEDADE BRASILEIRA DE BIOÉTICA. *Nota Pública*: solicita revogação imediata da orientação do Ministério da Saúde sobre o uso da cloroquina em pacientes com COVID-19. Brasília, 20 maio 2020. Disponível em: http://www.sbbioetica.org.br/Noticia/777/NOTA-PUBLICA-SBBsolicita-revogacao-imediata-da-orientacao-do-Ministerio-da-Saude-sobre-uso-dacloroquina-em--pacientes-com-COVID-19. Acesso em: 31 maio 2021.

SOCIEDADE BRASILEIRA DE BIOÉTICA. Ofício da Sociedade Brasileira de Bioética (SBB), do Centro Brasileiro de Estudos de Saúde (CEBES) e da Rede Unida ao Conselho Federal de Medicina. Brasília, 27 abr. 2020. Disponível em: http://www.sbbioetica.org.br/Noticia/742/SBB-. Acesso em: 31 maio 2021.

SOCIEDADE BRASILEIRA DE BIOÉTICA. RECOMENDAÇÃO SBB Nº 01/2020: aspectos éticos no enfrentamento da COVID-19, em defesa dos mais vulneráveis e do acesso igualitário aos leitos de UTI. Brasília, 15 maio 2020. Disponível em: https://www.sbbioetica.org.br/Noticia/754/RECOMENDACAO-SBB-N-012020--aspectos-eticos-no-enfrentamento-da-COVID-19. Acesso em: 29 maio 2021.

ORGANIZAÇÃO DAS NAÇÕES UNIDAS PARA A EDUCAÇÃO, A CIÊNCIA E A CULTURA. **Guía 1**. Creación de Comités de Bioética. París: UNESCO, 2005ª.

ORGANIZAÇÃO DAS NAÇÕES UNIDAS PARA A EDUCAÇÃO, A CIÊNCIA E A CULTURA. **Declaración Universal sobre Bioética y Derechos Humanos**. París: UNESCO, 2005.

8.
REFLEXOS NACIONAIS E INTERNACIONAIS E OS IMPACTOS DA PANDEMIA DE COVID-19: UMA VISÃO ÍTALO-BRASILEIRA

ALESSANDRA SALVO
ANNA PAULA SOARES DA SILVA
GILBERTO BERGSTEIN

Introdução

Após três meses do anúncio do primeiro caso, em Wuhan, na China, a Organização Mundial de Saúde, em março de 2020, declarou que a até então considerada epidemia, havia se transformado em uma pandemia. Espalhando-se de forma acelerada e sem precedentes por todo o mundo, a pandemia trouxe consequências para governos, instituições nacionais e internacionais, sobrecarregando todos os setores da sociedade. Em que pese nenhum país estivesse pronto para tal catástrofe, os sistemas de saúde foram e ainda estão sendo colocados à prova, constantemente sobrecarregados, especialmente por conta da rápida disseminação e das diversas variantes do vírus, que acabam por contribuir para o aumento de internações e óbitos.

As consequências deixadas pela pandemia podem ser refletidas nos números que, em escala mundial, demonstram a grandiosidade do ocorrido: mais de 250 milhões de infectados e 5 milhões de mortos. Para muito além dos impactos na saúde, também a vida como conhecíamos se modificou intrinsecamente: a sociedade aprendeu a estudar e trabalhar exclusivamente à distância; os aeroportos, a indústria e a economia, paralisados, sendo profundamente prejudicados; os eventos, até então proibidos, ainda caminham a passos tímidos, considerando o receio de aglomerações. Pouco mais de um ano e meio depois, com sequelas incalculáveis e 7,5 bilhões de vacinados com pelo menos a primeira dose[1], a recuperação total ainda parece distante, sem qualquer vislumbre do "fim" ou da superação definitiva deste cataclisma.

1. A Organização Mundial da Saúde (OMS) e o seu papel na colaboração internacional

Após a Segunda Guerra, enquanto o mundo ainda se recuperava das consequências deste acontecimento, líderes mundiais se reuniram para discutir a criação de uma instituição que reuniria organizações de saúde nacionais e internacionais[2]. Após muitas reuniões, no dia 7 de abril de 1948 os países assinaram o documento que deu origem à Organização Mundial da Saúde (OMS), que tinha como pressuposto ser a autoridade mundial de direção e coordenação, responsável por desenvolver um papel de liderança nos assuntos de saúde que tivessem impacto global.

Ao longo dos anos, a OMS desempenhou papel importante, promovendo liderança e suporte técnico, incentivando parcerias e pesquisas, fixando normas e padrões, monitorando suas implementações e situações referentes à saúde, além de estimular as próximas gerações a disseminar conhecimento, por meio da ética e da medicina baseada em evidências[3]. O papel dos Estados, nesse sentido, é o alcance do mais alto padrão de saúde para todos os povos, devendo fornecer assistência técnica adequada e promovendo a cooperação necessária àqueles que necessitarem.

Assim, por meio de acordo realizado entre diversos países, denominado Regulamento Sanitário Internacional (RSI), os signatários têm como objetivo "prevenir, proteger, controlar e dar uma resposta de saúde pública contra a propagação internacional de doenças, de maneiras proporcionais e restritas aos riscos para a saúde pública, e que evitem inter-

[1] Dados coletados em 13 de novembro de 2021.

[2] Lee, Kelley. **The World Health Organization (WHO).** New York: Routledge, 2009. p. 12

[3] **Ibidem**. p. 20.

ferências desnecessárias com o tráfego e o comércio internacionais"[4]. O documento, que trata especificamente de eventos de saúde pública que possam representar, de alguma forma, uma ameaça para a população em qualquer parte do mundo[5], dispõe que a OMS, segundo as disposições, irá verificar notificações e consultas de incidentes, utilizando-se das informações recebidas para determinar uma emergência de saúde pública de importância internacional[6], a exemplo do que ocorreu com a pandemia de covid-19.

Em 11 de março de 2020, o Diretor-Geral da OMS, Tedros Adhanom Ghebreyesus, declarou que a COVID-19 representa uma pandemia global, reconhecendo que o vírus afetaria irremediavelmente todas as partes do globo[7]. É a segunda vez na história da Organização que uma pandemia é declarada (a primeira ocorreu com referência à gripe suína, mas nesse caso o perigo foi superestimado), mas é a primeira vez que uma doença infecciosa grave também afeta Países ocidentais. As emergências de saúde anteriores do século 21 – como SARS, MERS, Ebola, Zika, poliomielite – permaneceram confinadas principalmente aos países em desenvolvimento. Embora os primeiros surtos de COVID-19 tenham sido relatados no final de dezembro de 2019, a OMS demorou a reagir e o Diretor-Geral apenas declarou COVID-19 como uma emergência sanitária em 31 de janeiro de 2020.

Primeira reunião do Comitê de Emergência em 23 de janeiro 2020 não levou, de fato, a uma posição unívoca sobre a adoção de uma declaração de Emergência de Saúde Pública de Preocupação Internacional (PHEIC), que é o principal instrumento, junto com a declaração de pan-

[4] Organização Mundial da Saúde. **Regulamento Sanitário Internacional – RSI.** Trad. Aprovada pelo Congresso Nacional por meio do Decreto Legislativo 395/2009. Brasília: Anvisa – Agência Nacional de Vigilância Sanitária, 2009. p. 18. Disponível em: <https://www.gov.br/anvisa/pt-br/assuntos/paf/regulamento-sanitario-internacional/arquivos/7181json-file-1>. Acesso em: 10 de nov. de 2021.

[5] **Ibidem,** p. 7.

[6] **Ibidem,** p. 20-23.

[7] World Health Organization. **WHO Director-General's opening remarks at the media briefing on COVID-19 – 11 March 2020.** Disponível em: <https://www.who.int/director-general/speeches/detail/who-director-general-s-opening-remarks-at-the-media-briefing-on-covid-19---11-march-2020>. Acesso em 21 de nov. de 2021.

demia, por meio da qual o Diretor-Geral da OMS exerce o que é definido na doutrina como Autoridade Pública Internacional das instituições internacionais[8]. Um PHEIC é reconhecido pela organização como o maior nível possível de alerta na comunidade global[9], visto que o número de mortes, já nesse estágio, crescia de forma assustadora, todavia, o órgão afirmou que os países não precisariam mudar o que já deveriam estar fazendo para "detectar, proteger, tratar e reduzir a transmissão"[10].

As medidas recomendadas – que já incluíam estratégias de contenção e mitigação, incluindo o distanciamento social – foram ou amplamente aplicadas fora do continente asiático ou adotadas com extrema demora pelos governos ocidentais.

Isso nos leva a questionar os motivos pelos quais o alarme da OMS foi ignorado e se a organização tem legitimidade suficiente para coordenar a resposta dos estados ao COVID-19, na ausência de poderes coercitivos. Como se sabe, o manejo de potencial pandemia global pela OMS está previsto em um documento técnico, o "WHO Pandemic Influenza Risk Management (2017)", que identifica duas fases: fase de Alerta e fase Pandêmica. Nessas duas fases, é responsabilidade do Diretor-Geral coordenar as medidas que os Estados devem tomar para responder à crise de saúde[11].

Na primeira fase, de acordo com o artigo 12 do Regulamento Sanitário Internacional, o Diretor-Geral da OMS tem o poder para declarar uma Emergência de Saúde Pública de Preocupação Internacional. Ele ou ela

[8] VILLAREAL, Pedro A. **Pandemic Declarations of the World Health Organization as an Exercise of International Public Authority**: The Possible Legal Answers to Frictions between Legitimacies. Goettingen Journal of International Law, 2016, p. 95 ss.

[9] GALVÃO, Luiz Augusto. Resposta à Pandemia da Covid-10 pela OMS e Opas. *In:* BUSS, Paulo Marchiori; FONSECA, Luiz Eduardo. (Org.). **Diplomacia da saúde e Covid-19:** reflexões a meio caminho. Rio de Janeiro: FIOCRUZ, 2020, p. 118.

[10] WATANABE, Phillippe. **OMS declara pandemia do novo coronavírus Sars-Cov-2.** Folha de São Paulo, 2020. Disponível em: <https://www1.folha.uol.com.br/equilibrioesaude/2020/03/oms-declara-pandemia-do-novo-coronavirus.shtml>. Acesso em: 11 de nov. de 2021.

[11] WORLD HEALTH ORGANIZATION. **Pandemic Influenza Risk Management.** Disponível em: <https://apps.who.int/iris/bitstream/handle/10665/259893/WHO-WHE-IHM-GIP-2017.1-eng.pdf?sequence=1&isAllowed=y>. Acesso em: 21 de nov. de 2021.

pode apenas fazer isso após receber o parecer do Comitê de Emergência, estabelecidos no artigo 48 do RSI[12].

A segunda fase é denominada da pandemia (fase da pandemia): se a doença se espalhar entre os outros Estados-Membros, a Declaração de pandemia é adotada com base numa avaliação cuidadosa dos riscos. A pandemia sinaliza a transição de medidas de contenção (que, portanto, falharam) para medidas de mitigação para diluir a propagação do vírus ao longo do tempo e permitir que os sistemas de saúde se preparem para a onda de casos[13].

A competência do Diretor-Geral para declarar uma pandemia não está prevista na Constituição da OMS ou no Regulamento Sanitário, mas sim nas mencionadas diretrizes para o manejo de pandemias de influenza, que estabelecem que a designação de uma pandemia global será determinada pelo Diretor-Geral da Organização Mundial de Saúde. O Diretor-Geral havia argumentado em 9 de março de 2020 que, diante da incerteza quanto ao impacto da doença em muitos países e as possibilidades concretas de contenção, a palavra pandemia ainda não era apropriada. Essa escolha da OMS residiu no medo de causar um pânico descontrolado na população. Apesar disso, em 11 de março de 2020, a OMS procedeu, à declaração de status de pandemia global[14].

Em 31 de maio de 2021, na Assembleia Mundial da Saúde, os 194 membros da OMS decidiram discutir um novo tratado internacional sobre pandemias durante uma sessão especial planejada para ser realizada em novembro de 2021. Em 20 de maio de 2021, o Conselho adotou uma decisão de apoio à abertura de negociações para um tratado internacional de combate a pandemias no âmbito da OMS. O objetivo da decisão do Con-

[12] NEGRI, Stefania. **Salute pubblica, sicurezza e diritti umani nel diritto internazionale.** Torino: Giappichelli, 2018, p. 35 ss.

[13] PAVONE, Ilja Richard. **La dichiarazione di pandemia di covid-19 dell'OMS:** implicazioni di governance sanitaria globale. Biolaw Journal, 27 de mar. 2020, p.4. Disponível em: <https://www.biodiritto.org/content/download/3844/45493/version/1/file/58+Pavone.pdf>. Acesso em: 21 de nov. de 2021.

[14] CALLAWAY, Ewen. **Time to use the p-word? Coronavirus enter dangerous new phase.** Nature, 2020, p. 579 ss. Disponível em: <https://www.nature.com/articles/d41586-020-00551-1>. Acesso em: 21 de nov. 2021.

selho é garantir a participação da UM nas negociações sobre questões da competência da UM, com vista à possível adesão da UM ao Tratado.

Esse tratado apoiaria os esforços internacionais para fortalecer a segurança sanitária global, em particular no que diz respeito à preparação e resposta às emergências de saúde, à luz das lições aprendidas com a pandemia. Além de tudo isso, considerando o impacto global e que é tarefa do RSI especificar e implementar as medidas que devem ser adotadas no âmbito nacional e internacional, para limitar a propagação dos riscos à saúde dos países vizinhos, a OMS lançou ainda um plano estratégico[15], que vem sendo revisado periodicamente, tendo como objetivos centrais:

> Mobilizar todos os setores e comunidades para participarem da resposta; 2. Controlar casos e *clusters* para prevenir a transmissão comunitária, isolando e tratando os casos e rastreando e estabelecendo a quarentena a todos os contatos; 3. Suprimir a transmissão comunitária por meio de distanciamento físico e outras medidas apropriadas, como restrições de viagens domésticas e aglomerações; 4. Reduzir a mortalidade por meio da assistência clínica adequada aos afetados pela Covid-19; 5. Desenvolver vacinas e terapêuticas seguras, eficazes e acessíveis[16].

Além disso, foi lançado um programa, denominado COVAX Facility[17] que tem por objetivo instituir uma colaboração global, com o intuito de criar uma aliança internacional para acelerar a produção e a distribuição de tratamentos para Covid-19, por meio da arrecadação de fundos e apoio a iniciativas de desenvolvimento de uma vacina.

Em que pese diversos países tenham aderido ao programa e a tentativa frequente da OMS em termos de colaboração, bem como a insistência

[15] World Health Organization. **Covid-19 Strategy Update.** Disponível em: <https://www.who.int/publications/m/item/covid-19-strategy-update>. Acesso em: 10 de nov. de 2021.

[16] Galvão, Luiz Augusto. Resposta à Pandemia da Covid-10 pela OMS e Opas. *In:* BUSS, Paulo Marchiori; FONSECA, Luiz Eduardo. (Org.). **Diplomacia da saúde e Covid-19:** reflexões a meio caminho. Rio de Janeiro: FIOCRUZ, 2020, p. 118.

[17] World Health Organization. **COVAX.** Disponível em: <https://www.who.int/initiatives/act-accelerator/covax>. Acesso em: 10 de nov. de 2021.

em distribuir vacinas exclusivamente pelo sistema COVAX[18], verificou-se que ao longo dos últimos quase dois anos os países têm agido unilateralmente – como, por exemplo, comprando e desenvolvendo suas próprias vacinas, sem qualquer distribuição igualitária, exclusivamente preocupados com seus próprios cidadãos.

2. A importância do multilateralismo em tempos de crise

"Vivemos em um mundo onde os desafios globais estão cada vez mais integrados e as respostas cada vez mais fragmentadas: se tudo isso não for revertido, teremos uma receita para o desastre". Estas são as palavras proferidas em Davos, a 24 de janeiro de 2019, pelo Secretário-Geral das Nações Unidas, António Guterres, durante a sua intervenção na habitual reunião anual do Fórum Econômico Mundial.

Pouco mais de um ano e meio depois e ouvindo de novo com os ouvidos de um mundo atravessado pela pandemia de Covid-19, seu discurso é muito oportuno, trazendo à tona com clareza e precisão as falhas nas medidas adotadas pelos governos dos países afetados por esta emergência[19]. Medidas que se complementam, mas carecem de coesão e de esforços conjuntos para uma ação única, coordenada e estruturada à escala global, visto a ausência de uma resposta capaz de propor uma abordagem verdadeiramente multilateral para o enfrentamento da emergência.

A pandemia Covid-19 revelou todas as deficiências de um sistema que está gradualmente se afastando de sua concepção original. Em 2020, comemorou-se o centenário do nascimento da Liga das Nações (LoN), organização criada para criar um sistema multilateral que garantisse a paz, a segurança e a cooperação internacional. Da sua fragilidade intrínseca e da sua breve experiência, nasceu em 1945 a arquitetura mais sólida do sistema internacional contemporâneo, que reconhece o seu fulcro fundador no multilateralismo e o papel das Nações Unidas. 75 anos

[18] Cf. Organização Pan-Americana da Saúde. **Mundo está se mobilizando pela equidade na distribuição de vacinas contra a Covid-19.** Disponível em: <https://www.paho.org/pt/noticias/19-2-2021-mundo-esta-se-mobilizando-pela-equidade-na-distribuicao-vacinas-contra-covid-19>. Acesso em: 10 de nov. de 2021.

[19] Negri, Stefania. Right to Health. *In*: Binder, Christina; Nowak, Manfred; Hofbauer, Jane A; Janig, Philipp (ed.). **Elgar Encyclopedia of Human Rights**, 2021, p.1-15.

depois, enfrentamos hoje a necessidade de reavivar e repensar a ordem internacional?

A necessidade de fortalecer o espírito de cooperação internacional é uma questão muito relevante no cenário mundial. O multilateralismo está, de fato, em uma fase histórica de fragilidade e, embora as causas sejam numerosas, podemos traçar sua origem em 3 elementos fundamentais: o surgimento de sentimentos generalizados de desconfiança em relação a um caminho de globalização que parece imparável; a ausência de uma narrativa forte e enraizada em apoio ao multilateralismo; uma inadequação de medidas, regras e normas pragmáticas que garantam uma interpretação correta, para contrariar desenhos geopolíticos e geoestratégicos de poder, mascarados por um desejo inicial de interdependência e colaboração.

A atual crise de saúde também terá consequências inevitáveis a nível político, econômico e social e agravará ainda mais a fragilidade do sistema de cooperação internacional[20]. As respostas até agora postas em prática pelos diversos governos são, em sua maioria, fragmentárias e limitadas dentro das próprias fronteiras estaduais, atitude que revela ainda mais claramente os limites de cada Estado nacional na gestão dos fenômenos de caráter global.

A pandemia de Covid-19 parece gerar alguns imperativos para os Estados membros das Nações Unidas: enfocar a saúde individual de seus cidadãos, a crise dos sistemas nacionais de saúde e os enormes danos às suas economias. No entanto, esta visão limitada corre o risco de comprometer os esforços feitos nos últimos anos para alcançar objetivos comuns, como os Objetivos de Desenvolvimento Sustentável (ODS) definidos na

[20] Alpa, Guido. **Code is law**: il bilanciamento dei valori e il ruolo del diritto. Contratto e impresa, 2021, n. 2, CEDAM, p.78. O autor escreveu: "La catastrofe epidemica per la diffusione del "Covid-19" ha modificato le nostre vite in modo irreversibile, imposto pesanti limitazioni (prime fra tutte, quelle alla libertà personale, che – seppur temporaneamente – ha dovuto cedere il passo ai valori della vita e della salute) ed avuto riflessi positivi sulle tecnologie, sempre più utilizzate per consentire la prosecuzione delle attività didattiche, economiche, commerciali e finanziarie ove possibile. Il GDPR, che ha introdotto importanti novità normative rispetto alla disciplina dei dati sanitari previgente, è stato il punto di riferimento per la circolazione dei dati e così anche l'Unione europea, che si è dimostrata particolarmente attiva nel definire le modalità di trattamento dei dati sanitari".

Agenda 2030. Em particular, desde o início de março, a ONU e o Banco Mundial estimam, respectivamente, que mais de 1,6 bilhão de crianças foram excluídas do acesso à educação e até 100 milhões de pessoas serão levadas à pobreza extrema em todo o mundo.

Hoje nos deparamos com uma oportunidade irrepetível de chamar a atenção para o renascimento de mecanismos que apontam para uma resposta multilateral a situações de crise. Várias soluções foram propostas e postas sobre a mesa, desde o "multilateralismo inclusivo" proposto pelo Secretário-Geral da ONU ao papel renovado do G20 como uma plataforma para uma ampla adesão e representação do interesse geral.

Essas soluções deixam claro que os governos não podem enfrentar esses desafios sozinhos, e que também pressupõem um papel renovado de novos atores, como a sociedade civil, a filantropia global, o mundo dos negócios e o mundo acadêmico-científico.

A pandemia Covid-19 e as crises relacionadas constituíram a 'tempestade perfeita' para a ordem unipolar enfraquecida. A crise destacou os limites de um sistema econômico baseado na globalização, no livre comércio e nas cadeias de valor globais. A pandemia Covid-19 também prejudicou a percepção dos méritos da democracia liberal. Por um lado, as medidas necessárias de prevenção do contágio levaram a um aperto das liberdades individuais, enquanto, por outro lado, os países não liberais e não democráticos pareciam ser mais eficazes, pelo menos inicialmente, para lidar com a pandemia[21].

Além disso, a pandemia manchou a reputação dos Estados Unidos em todo o mundo. Esta foi a primeira crise global durante a qual os Estados Unidos desistiram de seu papel de liderança no enfrentamento da crise e na gestão da recuperação. Além disso, o vírus enfraqueceu o multilateralismo tanto no interior da própria União Europeia, onde nos primeiros meses da emergência, todas as tentativas de organizar uma resposta conjunta fracassaram, como no plano internacional, onde as organizações responsáveis pela proteção e gestão do comércio (OMC) e a saúde (Quem) desempenharam um papel secundário na gestão da emergência[22].

[21] CARNEVALI, Ugo. **Emergenza Covid-19: un anno dopo**. I contratti, n. 2, 2021, p.112.

[22] UNITED NATIONS. **Covid-19 Response.** Disponível em: <https://www.un.org/en/un-coronavirus-communications-team>. Acesso em: 21 de nov. de 2021.

Em uma frase, a pandemia de Covid-19 catalisou o processo de transformação para um "mundo multipolar", ou onde o poder é dividido entre mais de dois atores, este número limitado de polos detém muito mais poder do que qualquer outro ator no sistema. Em um sistema multipolar, a situação do multilateralismo parece paradoxal. A ausência de um líder, de fato, torna mais complexa a criação, manutenção e funcionamento de um sistema multilateral, ao mesmo tempo que esta cooperação entre os polos é essencial para enfrentar os desafios globais.

O multilateralismo é uma das características essenciais da União Europeia. Tem caracterizado a formação e o desenvolvimento da União e é o principal instrumento através do qual a União se relaciona externamente com outros atores. No contexto atual, a União Europeia encontra-se entre o martelo da multipolaridade crescente e a bigorna de crises globais cada vez mais graves e numerosas e um declínio constante do multilateralismo. Como recordou Niccolò Machiavelli, "infeliz é aquele que discorda do seu progresso e dos tempos". A União Europeia enfrenta uma encruzilhada: manter o *status quo* ou evoluir tornando-se ela própria um polo de promoção e defesa do multilateralismo.

Para tal, a União deve adquirir uma forma de autonomia estratégica. A União deve tornar-se autônoma, ou seja, capaz de viver de acordo com as suas leis, adquirindo a capacidade de agir sozinha se o contexto o exigir, e utilizar essa autonomia de forma estratégica, ou seja, orientada para proteger os seus valores e projetá-los externamente através da criação de um sistema em que pode prosperar.

No entanto, não existe um caminho pré-determinado para a aquisição de autonomia estratégica, mas identificam-se três passos essenciais para tal efeito: a criação de uma política externa e de defesa comum, a concretização da união fiscal, a abolição da unanimidade em relação a essas uniões. Em conclusão, a União Europeia deve adquirir autonomia estratégica para se tornar um polo no mundo multipolar emergente e explorar esta posição para o estruturar de forma multilateral.

3. Pandemia: é possível se preparar para esse problema?

A pandemia ligada ao coronavírus, que infectou dezenas de milhões de pessoas, causando mais de 3,3 milhões de mortes e devastando a economia global, "poderia ter sido evitada".

Isso foi apoiado por especialistas indicados pela Organização Mundial da Saúde (OMS), que publicou na quarta-feira um relatório no qual denunciam um verdadeiro "Chernobyl do século 21" e exigem urgentemente reformas de longo alcance dos sistemas de alerta e prevenção.

"A situação em que nos encontramos hoje poderia ter sido evitada", disse a ex-presidente da Libéria Ellen Johnson Sirleaf que, com a ex-primeira-ministra da Nova Zelândia Helen Clark, liderou o grupo encarregado de realizar em julho passado a avaliação independente e abrangente da resposta de saúde à Covid-19. O relatório não aponta o dedo para um único culpado. "Esta situação se deve a uma miríade de falhas, deficiências e atrasos na preparação e resposta" à pandemia, disse Ellen Johnson Sirleaf em uma entrevista coletiva.

Para os especialistas que analisaram a questão nos últimos 8 meses, a combinação de más escolhas políticas, uma falta de vontade de enfrentar as desigualdades e um sistema descoordenado criou um coquetel tóxico que permitiu que a pandemia se transformasse em uma catastrófica crise humana[23]. Para os especialistas, "muito tempo se passou" entre a notificação de um surto de pneumonia de origem desconhecida na segunda quinzena de dezembro de 2019 e a declaração de uma emergência de saúde pública de interesse internacional em 30 de janeiro.

Para eles, essa afirmação poderia ter sido feita já durante a primeira reunião do comitê de emergência da OMS em 22 de janeiro de 2020. Mas mesmo que a emergência sanitária tivesse sido declarada uma semana antes, pouco teria mudado em face da inação de tantos países que só depois de 11 de março de 2020 (quando a epidemia se tornou oficialmente uma pandemia) perceberam o perigo real.

A análise destaca a necessidade de os governos e a comunidade internacional adotarem um pacote de reformas para transformar o sistema global de preparação, alerta e resposta a uma pandemia[24]. As propostas também incluem a criação de um Conselho Global de Ameaças à Saúde

[23] PEREZ, Rita. **La crisi del 2020: le prime reazioni europee e nazionali**. Il giornale di diritto amministrativo, n. 4, 2021, p.89.

[24] NEGRI, Stefania. **La tutela della salute pubblica internazionale tra governance globale, "sovranità sanitaria" e diritti fondamentali**. Studi in onore di Augusto Sinagra, 2015, Roma, p. 335 ss.

e o estabelecimento de um novo sistema de vigilância global baseado em "transparência total".

Certamente, a pandemia mostrou a fragilidade do mundo que poderia ser contida – em suas dramáticas consequências – se os estados tivessem sistemas de saúde eficientes, governos preparados e sistemas pandêmicos prontos e revisados.

3.1. O impacto da pandemia na União Europeia

A crise pandêmica provocada pela COVID-19 tem conseguido colocar sob vigilância planetária, tanto os instrumentos de força quanto de fraqueza dos Estados, evidenciando o descaso com o sistema global que, na erosão do multilateralismo, deixou à deriva a proteção internacional dos bens públicos[25]. Cada país teve uma abordagem específica para a crise da Covid-19, em linha com a história e cultura política do tipo de empresa envolvida, com as regras sanitárias e administrativas escolhidas e, por último, mas não menos importante, com os seus próprios valores.

Na Europa, as respostas dos estados têm sido diferentes e nem sempre exitosas: só com o tempo será possível afirmar com certeza se os governos seguiram ou não uma política de alocação adequada de recursos e organização do sistema de saúde, investindo também em medidas de precaução. Espanha e França estão unidas não só por uma grande propagação do vírus, mas também pela constatação de que elas – assim como a Itália – são contextos caracterizados pela presença de uma população idosa, por políticas que não são particularmente incisivas em termos de fornecimento de material médico, bem como a presença de sistemas burocráticos pesados e muito lentos.

A Alemanha – assolada nos últimos meses por um ressurgimento de infecções em todo o território nacional – reagiu com rapidez e agilidade, sendo dotada de um sistema de saúde bem-organizado e ágil e excelentes laboratórios de biologia para testar a população. Porém, neste período, está sob ataque da quarta onda de infectados e há muita preocupação.

A Grã-Bretanha e alguns países bálticos, tendo inicialmente optado pelo sistema de imunidade de rebanho, voltaram ao controle populacio-

[25] Watson, Rory. **WHO is accused of "crying wolf" over swine flu pandemic.** British Medical Journal, 2010, p. 340 ss.

nal e às restrições, a fim de reduzir o número de casos ao menor nível possível, mantendo a situação indefinidamente. Até a chegada das vacinas. Até mesmo a Grã-Bretanha – que suspendeu suas restrições muito antes de outros países – agora enfrenta uma nova onda de contágios.

Portugal, apesar de ter iniciado a campanha de vacinação com atraso, é o primeiro país europeu a atingir primeiro o maior número de vacinados. O desenvolvimento e distribuição de vacinas seguras e eficazes contra COVID-19 representam uma solução duradoura e uma pedra angular da resposta da UM à pandemia de coronavírus. Desde o início da pandemia, a União tem reorientado os fundos de investigação para as vacinas mais promissoras e coordenado um esforço conjunto para garantir a produção e distribuição de vacinas suficientes na UM.

A Agência Europeia de Medicamentos autorizou até agora o uso de quatro vacinas COVID-19 na UM, e a vacinação começou em dezembro de 2020 em toda a UM. Em outubro de 2021, a UM atingiu um marco importante de vacinação: 75% da população adulta da UM está totalmente vacinada contra COVID-19. Em 21 e 22 de outubro de 2021, os líderes da UM reunidos em Bruxelas abordaram alguns aspectos-chave da resposta à crise do COVID-19. Embora observem que as campanhas de vacinação em toda a Europa fizeram progressos significativos, eles pediram mais esforços para superar a hesitação da vacinação, inclusive combatendo a desinformação.

O Conselho Europeu também sublinhou a necessidade de prosseguir a coordenação destinada a facilitar a livre circulação na UM e as viagens até lá, e encorajou a Comissão a acelerar os trabalhos sobre o reconhecimento mútuo de certificados com países terceiros; reforçar o sistema da UM de prevenção e preparação para futuras pandemias, apelando à conclusão das negociações sobre o pacote legislativo da União da Saúde.

E remover rapidamente os obstáculos que impedem a propagação mundial de vacinas para que os Estados-Membros da UM possam acelerar a entrega das doses doadas aos países que mais precisam delas.

3.2. O impacto da pandemia na Itália

A Itália passou por uma crise humana sem precedentes. Sendo um dos primeiros países da Europa a ter enfrentado um crescimento exponencial nos casos de COVID, seu sistema de saúde quase entrou em colapso, com

UTIs superlotadas e médicos forçados a realizar a triagem. Enquanto as fotos e vídeos de solidariedade e da comunidade italiana – como as pessoas que cantam nas varandas – já estiveram em todo o mundo, este tem também deixou o país em luto profundo.

Além disso, os italianos ficaram profundamente decepcionados com a falta de solidariedade europeia durante os dias mais sombrios da crise – no entanto, após negociações extremamente difíceis, a Itália está destinada a ser um dos principais beneficiários de subvenções e empréstimos do Fundo Europeu de Recuperação, recebendo 209 bilhões de euros no total.

Há muito se conhecia o risco de que um fenômeno viral como a pandemia pudesse causar sérios danos à saúde e à sociedade, tanto como cenário hipotético, quanto por outras epidemias virais que nas últimas duas décadas têm despertado grande preocupação na comunidade científica e na opinião pública, da SARS à gripe aviária.

Precisamente por esta razão, em 2006 o Ministério da Saúde italiano elaborou um "Plano Nacional de Preparação e Resposta a uma Pandemia de Gripe" que – atualizando o anterior em 2002 – seguiu as recomendações da OMS que convidou todos os países a desenvolver um plano pandêmico próprio, atualizando-o periodicamente. O plano era representar "a referência nacional" com base na qual "os planos operacionais regionais" seriam desenvolvidos. O plano sublinha a importância de se conhecer previamente os recursos disponíveis para fazer face a uma possível pandemia, recomendando "definir os critérios para a suspensão das hospitalizações programadas e disponibilidade de leitos suplementares" e "identificar as medidas de apoio não sanitárias[26].

Este plano nunca foi atualizado e este fato levantou muitas críticas na Itália tanto ao governo quanto às instituições que tiveram que se preocupar com isso. Outra questão delicada foi o impacto que o bloqueio teve

[26] Henao Kaffure, Liliana. **El concepto de pandemia: debate e implicaciones a proposito de la pandemia de influenza de 2009**. Revista Gerencia y Politicas de salud, 2010, p.88.

no mundo do trabalho: alguns setores produtivos foram devastados pela pandemia e suas consequências[27].

Hoje permanecem esses problemas aos quais se soma um setor da saúde em perene dificuldade, a escola que tem sofrido muito com a pandemia e assim também todas as crianças e adolescentes, forçados por muitos meses a não viver a sociabilidade. Nesse período, a Itália aborda a questão da NoVax, ou seja, dos 8 milhões de italianos que não acreditam na vacina e que vão às ruas pedir liberdade de movimento. É preciso dizer que os não vacinados contraem a Covid dezenove dez vezes mais do que aqueles que receberam as duas doses da vacina. O governo italiano começou a vacinar o pessoal médico com a terceira dose desde novembro.

3.3 Os impactos pandêmicos no cenário brasileiro

A pandemia repercutiu de forma diferente nos países do globo, assim como entre os estados da federação brasileira, constituindo-se em "fenômeno complexo, como múltiplas epidemias, dadas as suas manifestações em diferentes contextos sociossanitários e geopolíticos"[28]. Nesse sentido, entende-se que uma pandemia, em que pese pressuponha uma escala global, não corresponde a evento universal e homogêneo:

> Pandemia é um termo que designa uma tendência epidemiológica. Indica que muitos surtos estão acontecendo ao mesmo tempo e espalhados por toda parte. Mas tais surtos não são iguais. Cada um deles pode ter intensidades, qualidades e formas de agravo muito distintas e estabelece relações com as condições socioeconômicas, culturais, ambientais, coletivas ou mesmo individuais[29].

[27] Miscione, Michelle. **Il lavoro dopo il Covid-19 o la sua normalizzazione**. Il lavoro nella giurisprudenza, n. 11, 2021, p.112.

[28] Freitas, Carlos Machado de et al (..) O Brasil Seis Meses após a Declaração da Covid-19 como Pandemia Global. *In:* BUSS, Paulo Marchiori; Fonseca, Luiz Eduardo. (Org.). **Diplomacia da saúde e Covid-19:** reflexões a meio caminho. Rio de Janeiro: FIOCRUZ, 2020, p. 282.

[29] Matta, Gustavo Corrêa et al (..) A Covid-19 no Brasil e as Várias Faces da Pandemia. *In:* Matta, Gustavo Corrêa; Rego, Sergio; Souto, Ester Paiva; Segata, Jean. (Org.). **Os impactos sociais da Covid-19 no Brasil:** populações vulnerabilizadas e respostas à pandemia. Série Informação para Ação na Covid-19. Rio de Janeiro: FIOCRUZ, 2021, p. 288.

É possível dizer que cada Estado lidou com o problema de forma singular, sofrendo consequências únicas, embora semelhantes. Não há qualquer dúvida, contudo, que o Brasil, pelas mais diversas razões tratadas a frente, foi um dos países que mais sofreu com os efeitos da pandemia: com quase 22 milhões de infectados e 610 mil mortos[30], está apenas atrás dos Estados Unidos da América e da Índia, em número de infectados, sendo precedido apenas pelos EUA, em número de mortes. Estudos demonstraram que "as curvas de evolução de casos e de óbitos no Brasil, desde o início da pandemia, apresentaram padrão diferente daquele dos outros países que já se encontravam em um estágio avançado de transmissão"[31].

Havia, também, grave problema de defasagem de notificação, tendo em vista que entre a ocorrência dos eventos (testagem, hospitalização e óbito) e a efetiva divulgação pelas Secretarias de Saúde havia, por vezes, atraso considerável, prejudicando a consolidação dos painéis nacionais e fazendo com que houvesse uma subestimação de casos e óbitos[32], o que, por consequência, acarreta uma interpretação equivocada de quais medidas os governos, nas suas mais diversas esferas, deveriam tomar. Todas essas questões foram somente a ponta do *iceberg*. Assim, em uma breve análise de quatro perspectivas da crise (institucional, sanitária, econômica e externa) veremos quais foram os pontos fulcrais que ocasionaram consequências imensuráveis.

4. A crise institucional: o impacto nas diferentes esferas de governo

O início desta análise pela crise institucional tem fundamento didático: resta claro que todas as outras crises, quando não iniciadas em razão desta, foram ao menos por ela agravadas. Decretado o estado de calamidade pública, em meio ao caos da pandemia, viu-se a instalação de crise institucional sem precedentes: de um lado infinitos Decretos e Medidas Pro-

[30] Dados disponíveis em: https://ourworldindata.org/coronavirus. Acesso em 11 de nov. de 2021.

[31] Freitas, Carlos Machado de et al (..) O Brasil Seis Meses após a Declaração da Covid19 como Pandemia Global. In: Buss, Paulo Marchiori; Fonseca, Luiz Eduardo. (Org.). Diplomacia da saúde e Covid-19: reflexões a meio caminho. Rio de Janeiro: Fiocruz, 2020, p. 282.

[32] Idem.

visórias do Executivo, constantemente debatidas e reescritas pelo Legislativo, enquanto eram, ao mesmo tempo, desautorizadas pelo Judiciário.

É sabido que "o poder do Estado é uno, de forma que as funções legislativa, executiva e judicante imbrincadas na tarefa de promover os objetivos traçados pela ordem jurídica"[33] devem funcionar com independência e harmonia (art. 2º da Constituição Federal), objetivando cumprir os preceitos constitucionais. É notório que em razão do princípio da proteção, cabe ao Estado, com relação à saúde da população, uma postura menos absenteísta, mais ativa, seja ao prestar atendimento por seus próprios serviços públicos de saúde, mas também diante de abusos no setor privado, devendo agir, sob pena de responsabilização de forma a implementar medidas preventivas[34] e políticas públicas.

Com efeito, o âmbito da liberdade criativa possui limitadores, como as cláusulas pétreas, objetivando que nenhuma política pública viole direitos fundamentais, visto que tal ato representa clara transgressão aos objetivos dos próprios Estados[35]. Nesse sentido, destaca-se que o Estado brasileiro de fato implementou políticas públicas de auxílio à população: como o congelamento de preços dos medicamentos, o auxílio emergencial, a distribuição de gêneros alimentícios, a campanha do Ministério do Turismo para remarcar viagens, a suspensão de atividades presenciais[36].

Para além da "crise de relacionamento" entre os três poderes, a mais complexa crise institucional instalou-se entre os entes da federação, visto que as diretrizes do governo federal, estadual, municipal e distrital, por

[33] Bonna, Alexandre. Direito de danos, políticas públicas e a Covid-19: a pandemia que exige um novo conceito de responsabilidade civil. *In:* Monteiro Filho, Carlos Edson do Rêgo; Nelson, Rosenvald; Densa, Roberta (Coord.). **Coronavírus e responsabilidade civil**: impactos contratuais e extracontratuais. Indaiatuba: Foco, 2020. p. 273.

[34] Netto, Felipe Braga. Coronavírus e deveres estatais: o perfil dos novos tempos. *In:* Monteiro Filho, Carlos Edson do Rêgo; Nelson, Rosenvald; Densa, Roberta (Coord.). **Coronavírus e responsabilidade civil**: impactos contratuais e extracontratuais. Indaiatuba: Foco, 2020. p. 240-242.

[35] Canela Junior, Osvaldo. **A efetivação dos direitos fundamentais através do processo coletivo**: o âmbito de cognição das políticas públicas pelo Poder Judiciário. 2009. Tese (Doutorado em Direito Processual) – Faculdade de Direito, Universidade de São Paulo, São Paulo, 2009. p. 42.

[36] Bonna, Alexandre. Op. Cit., p. 260.

muitas vezes não eram uníssonas, em arrepio ao federalismo cooperativo. A escassez e a falta de coordenação nacional para mitigar desigualdades e processos, fez com que cada Estado e Município implementasse suas próprias soluções, por vezes, até mesmo competindo entre si[37], bem como aplicando investimentos próprios em locais ou materiais desnecessários e superfaturados.

Discussão relevante ocorreu acerca das medidas tomadas para enfrentamento da pandemia, como a questão da Medida Provisória nº 926, que dispunha que o Presidente da República disporia, mediante decreto, sobre serviços públicos e atividades essenciais. Embora não tenham entrado no mérito da questão, o Supremo Tribunal Federal, no julgamento da Ação Direta de Inconstitucionalidade (ADI) nº 6.341[38] entendeu que a norma desrespeitava o preceito constitucional da autonomia dos entes federativos, tendo sido editada com a finalidade política de atingir os governadores e minimizar o problema de repercussão mundial.

No entendimento dos Ministros, enquanto não houvesse uma coordenação geral sobre o combate à pandemia, especificamente no que diz respeito ao isolamento, teriam validade os decretos que fossem mais restritivos, visto que a competência dos entes federativos para cuidar da saúde pública é concorrente (art. 24, XII da CF). Tais problemas tiveram reflexo direto no agravamento da situação de saúde pública e no próprio desenvolvimento e recuperação do país, conforme veremos a frente.

4.1 A crise sanitária: o colapso na saúde pública

Para além da própria pandemia e seus contornos próprios, a crise sanitária foi em muito piorada em razão da institucional. A desorganização dos poderes e a clara instabilidade do Ministério da Saúde deixaram de

[37] Freitas, Carlos Machado de et al (..) O Brasil Seis Meses após a Declaração da Covid-19 como Pandemia Global. *In:* Buss, Paulo Marchiori; Fonseca, Luiz Eduardo. (Org.). **Diplomacia da saúde e Covid-19:** reflexões a meio caminho. Rio de Janeiro: FIOCRUZ, 2020, p. 288.

[38] BRASIL. **Supremo Tribunal Federal (Tribunal Pleno).** Ação Direta de Inconstitucionalidade ADI nº 6.431. Requerente: Partido Democrático Trabalhista (PDT). Relator: Min. Marco Aurélio, 15 de abril de 2020. Disponível em: <redir.stf.jus.br/paginadorpub/paginador.jsp?docTP=TP&docID=754372183>. Acesso em: 12 nov. 2021.

auxiliar no enfrentamento da pandemia para, por vezes, discutir questões políticas e não relacionadas à saúde do cidadão.

De início, cabe salientar que no período de apenas um ano o Ministério da Saúde – órgão do Poder Executivo Federal responsável pela organização e elaboração de planos e políticas públicas voltados para a promoção, prevenção e assistência à saúde dos brasileiros – teve quatro ministros diferentes.

Luiz Henrique Mandetta, médico ortopedista, ficou no cargo de 1º de janeiro de 2019 a 16 de abril de 2020, exonerado quase um mês depois de ser decretado o estado de calamidade pública, foi substituído por Nelson Teich, médico oncologista, que ficou no cargo até 15 de maio de 2020, quando pediu demissão. Ambos os ministros médicos – cada um com seu protagonismo próprio – eram defensores do isolamento social e das recomendações da OMS, tendo saído do MS em razão de divergências com a presidência.

Em sequência, sob o comando do General Eduardo Pazuello de 15 de maio de 2020 a 15 de março de 2021, a crise se intensificou e alcançou picos inimagináveis, tendo sido o ex-Ministro até investigado por omissão na crise no Amazonas, foi ele substituído pelo atual ministro da saúde, Marcelo Queiroga, médico cardiologista.

A maior discussão entre os ministros e a presidência era o uso do dito "tratamento precoce" que determina a prescrição de hidroxicloroquina aos pacientes com sintomas de covid-19. Referido entendimento surgiu em meados de abril 2020, com base em análises do Dr. Didier Raoult e outros estudos[39] sobre o tema.

O Conselho Federal de Medicina, que por meio da Lei nº 12.842/13, tem permissão para definir, autorizar e vedar a utilização de tratamentos experimentais no Brasil, emitiu o Parecer CFM nº 4/2020, o qual considerou legítima a utilização dos referidos medicamentos, em condições excepcionais e com o expresso consentimento do paciente, conferindo ao médico exclusiva autonomia para definir o tratamento, sem ser eti-

[39] Cf. Gautret et al. **Hydroxychloroquine and azithromycin as a treatment of COVID-19:** results of an open-label non-randomized clinical trial. International Journal of Antimicrobial Agents. 2020. Disponível em: <https://www.ncbi.nlm.nih.gov/pmc/articles/PMC7102549/?report=reader>. Acesso em: 11 de nov. 2021.

camente responsabilizado por essa conduta enquanto perdurasse a crise sanitária.

Cabe um parêntese para dizer que, por vezes, utilizando-se de sua experiência, os profissionais prescrevem medicações de uso *off label* com base em evidências verificadas, usualmente com base em trabalhos publicados por meio de pesquisas clínicas[40]. Referida prescrição, conforme o entendimento da ANVISA, do Conselho Federal de Medicina e do próprio Judiciário, deverá ser pautada a critério do médico, sob sua responsabilidade civil, ética e penal.

Entretanto, a "contraposição de estudos com grupos amostrais relativamente próximos serve para ilustrar a dificuldade de admissão de eficácia com base em investigações isoladas e sem evidência robusta"[41], assim, após meses de pesquisa e desenvolvimento científico, chegou-se à conclusão de que os medicamentos não possuíam eficácia comprovada e restou notório que o médico que indicasse tais medicamentos, sob sua responsabilidade, estaria tratando o paciente de maneira ineficaz.

Nesse interim, é relevante ressaltar que a maioria dos pacientes infectados não precisariam de internação, todavia, em razão da discussão já relatada sobre as medidas de isolamento e a evidente ausência de investimento na atenção primária à saúde e na ampliação da testagem[42], viu-se um Brasil influenciado pelo negacionismo e pelas *Fake News*, além de outras práticas inadequadas para o enfrentamento de tal questão, como a "negação da gravidade do quadro, promessas tecnológicas irrealizáveis, cultura do medo, misticismo da imunidade e da cura, mercantilização do cuidado, exortação por um evitável sacrifício alheio, inépcia na gestão dos meios de combate disponíveis[43]".

[40] NOGUEIRA, Roberto Henrique Pôrto. Responsabilidade civil do médico na prescrição *off label* de medicamentos para Covid-19. *In:* MONTEIRO FILHO, Carlos Edson do Rêgo; NELSON, Rosenvald; DENSA, Roberta (Coord.). **Coronavírus e responsabilidade civil**: impactos contratuais e extracontratuais. Indaiatuba: Foco, 2020. p. 273.

[41] **Ibidem**, p. 286.

[42] FREITAS, Carlos Machado de et al (..) O Brasil Seis Meses após a Declaração da Covid-19 como Pandemia Global. *In:* BUSS, Paulo Marchiori; FONSECA, Luiz Eduardo. (Org.). **Diplomacia da saúde e Covid-19:** reflexões a meio caminho. Rio de Janeiro: FIOCRUZ, 2020, p. 289.

[43] LIMA, Nísia Trindade; BUSS, Paulo Marchiori; PAES-SOUSA, Rômulo. A pandemia da

Cabe salientar que o SUS, modelo exemplar de sistema de saúde, que já se mostrou plenamente eficaz em surtos e epidemias passadas, colocou em marcha um sistema de vigilância que foi capaz de detectar e responder aos primeiros casos de Covid-19, antes de sofrer as turbulências do pacto federativo[44]. Não era humanamente possível ter um sistema preparado para tal catástrofe, mas faltava investimento em pesquisa, valorização do profissional de saúde e o mercado de materiais hospitalares estava sofrendo com a escassez: a ausência de equipamentos, como máscara cirúrgica/N95, avental e até itens mais simples como sabão e álcool em gel.

Os profissionais de saúde, por seu turno, além da preocupação intrínseca acerca da possibilidade de demandas judiciais em razão de erro médico ou omissão de socorro, tinham receio, ainda, de faltar ou abandonar o plantão em razão da ausência de EPIs[45]. Nunca se falou tanto em *burnout* quanto nos últimos tempos.

A situação era bastante delicada: horas de trabalho intermináveis, fadiga, desgaste mental e até mesmo violência psicológica. Quando a população estava em casa se protegendo e os hospitais enfrentavam superlotações, tinham que se distanciar dos entes mais queridos, em razão da alta possibilidade de contaminação. Em meio ao caos sanitário, uma preocupação ainda maior: ao mesmo tempo que as pessoas precisavam se proteger do vírus, também tinham que se preocupar em pagar as próprias contas e, as medidas restritivas, em que pese necessárias, certa-

Covid-19: uma crise sanitária e humanitária. *In:* BUSS, Paulo Marchiori; FONSECA, Luiz Eduardo. (Org.). **Diplomacia da saúde e Covid-19:** reflexões a meio caminho. Rio de Janeiro: FIOCRUZ, 2020, p. 37.

44 BUENO, Flávia Thedim Costa; SOUTO, Ester Paiva; MATTA, Gustavo Corrêa. Notas sobre a Trajetória da Covid-19 no Brasil. *In:* MATTA, Gustavo Corrêa; REGO, Sergio; SOUTO, Ester Paiva; SEGATA, Jean. (Org.). **Os impactos sociais da Covid-19 no Brasil:** populações vulnerabilizadas e respostas à pandemia. Série Informação para Ação na Covid-19. Rio de Janeiro: FIOCRUZ, 2021, p. 35-36.

45 DANTAS, Eduardo; CLEMENTE, Graziella; NAGAROLLI, Rafaella. Ausência ou inadequação de equipamentos de proteção (EPIS) em tempos de pandemia: responsabilidade do Estado e reflexos jurídicos pela recusa no atendimento a pacientes. *In:* MONTEIRO FILHO, Carlos Edson do Rêgo; NELSON, Rosenvald; DENSA, Roberta (Coord.). **Coronavírus e responsabilidade civil**: impactos contratuais e extracontratuais. Indaiatuba: Foco, 2020. p. 273-276.

mente acabaram por causar um impacto na economia, que já não estava em sua melhor fase.

4.2 A crise econômica: as diferenças sociais e a extrema pobreza evidenciada

A lei 13.979/2020, que dispõe sobre as medidas para enfrentamento da emergência de saúde pública – conforme já abordado, foi por vezes deixada de lado em razão de disposições mais específicas dos Estados e Municípios – determina em seu art. 3º que, entre outras providencias a serem tomadas, as autoridades poderão adotar o isolamento social e a quarentena, levando-se em consideração, nas atividades desenvolvidas, os Decretos 10.282 e 10.292/2020 que definem os serviços considerados "essenciais", como serviços de assistência à saúde, segurança pública, trânsito e transporte, telecomunicações, energia elétrica, serviços funerários, entre outros.

Nesse sentido, entende-se que a edição de normas legais e legítimas dessa espécie gera para a sociedade um dever de obediência, sujeitando-a, inclusive, para além de sanções administrativas, às sanções no âmbito da responsabilidade civil, diante do ilícito praticado, mesmo sem danos específicos e individualizados, podendo fundar-se apenas e tão somente no dano social, caracterizado como o dano à sociedade[46],[47].

Dessarte, não há qualquer dúvida dos impactos econômicos causados pela pandemia, sendo a retomada das atividades sempre considerada relevante, visto que a suspensão destas, por meses a fio, acabara por prejudicar e, por vezes, até mesmo fechar algumas empresas. Nas palavras

[46] Reis, Clayton; Reis, Guilherme Albergue; Nogaroli, Rafaella. **Danos sociais na desobediência aos decretos de suspensão das atividades empresariais em razão da Covid-19.** *In:* Monteiro Filho, Carlos Edson do Rêgo; Nelson, Rosenvald; Densa, Roberta (Coord.). **Coronavírus e responsabilidade civil**: impactos contratuais e extracontratuais. Indaiatuba: Foco, 2020. p. 459-461.

[47] Cf. Enunciado 456 da V Jornada de Direito Civil: a expressão "dano" no art. 944 abrange não só os danos individuais, materiais ou imateriais, mas também os danos sociais, difusos, coletivos e individuais homogêneos a serem reclamados pelos legitimados para propor ações coletivas. Disponível em: <https://www.cjf.jus.br/cjf/corregedoria-da-justica-federal/centro-de-estudos-judiciarios-1/publicacoes-1/jornadas-cej/vjornadadireitocivil2012.pdf>. Acesso em 12 de nov. de 2021.

de Rodrigo Teixeira, as medidas restritivas implicaram em uma inevitável recessão global, haja vista a "queda acentuada dos principais índices das Bolsas de Valores ao redor do mundo, a redução significativa da produção e do consumo e a elevação dos índices de desemprego"[48].

A situação acabou por colocar à prova a autorregulação dos mercados, visto a necessidade, na maioria dos países, do fornecimento de auxílios estatais nas suas mais variadas formas, seja ao próprio cidadão ou mesmo a abertura de linha de crédito para os próprios empresários e microempreendedores[49]. Verificou-se, então, que "não é possível qualquer dissociação entre mercado e a realidade social e o Estado é o ator capaz de centralizar ações de combate à pandemia e de ordenar a vida em sociedade"[50].

Com efeito, também foi editada a Lei 14.010/2020, que cria um Regime Jurídico Emergencial em Direito Privado (RJET), constituindo um "Mini Código Civil Emergencial" que tem como intuito resolver problemas decorrentes da pandemia de Covid-19[51] no âmbito das relações civis, tratando de temas como os prazos prescricionais e decadenciais, a usucapião, o condomínio, entre outras regras de direito contratual, do consumidor, família e sucessões.

Sem embargo, para além dos empresários, dos empregados e da sociedade de classe média-alta em geral, as desigualdades em um país de território tão extenso quanto o Brasil trazem preocupações ainda maiores quanto aos desassistidos. Estudos demonstraram que nas áreas onde a pobreza humana é mais acentuada, especialmente em razão da ausência

[48] TÁVORA, Rodrigo de Almeida. Regulação econômica, pandemia e sustentabilidade. *In:* MONTEIRO FILHO, Carlos Edson do Rêgo; NELSON, Rosenvald; DENSA, Roberta (Coord.). **Coronavírus e responsabilidade civil**: impactos contratuais e extracontratuais. Indaiatuba: Foco, 2020. p. 263.

[49] **Ibidem**, p. 263-264.

[50] **Idem.**

[51] Cf. TARTUCE, Flávio; SIMÃO, José Fernando; BUNAZAR, Maurício. **Comentários à Lei 14.010/2020, que cria um sistema emergencial de Direito Privado em tempos de pandemia de Covid-19.** Revista de Direito Civil Contemporâneo. vol. 26. ano 8. p. 115-152. São Paulo: Ed. RT, jan-mar/2021. Disponível em: <http://ojs.direitocivilcontemporaneo.com/index.php/rdcc/issue/view/29>. Acesso em: 12 de nov. 2021.

de políticas públicas, o novo coronavírus avançou de forma mais rápida[52]. Nas favelas, havia um sério problema de saneamento básico: não há como instruir uma pessoa a lavar adequadamente as mãos com água e sabão quando na realidade dessa pessoa sequer há água potável. Nas ruas, via-se que as pessoas marginalizadas, à margem da sociedade, sequer sabiam o que estava acontecendo.

É sabido que não há, atualmente, nenhum tratado ou convenção de plano global que discipline de forma específica o direito à água potável e suas múltiplas dimensões, tendo apenas instrumentos menos burocráticos, menos formais e, portanto, com menos proteção. É relevante ressaltar, nesse sentido, que a acessibilidade deve ser garantida em todas as suas quatro dimensões, quais sejam: física – fornecimento de água ao alcance físico; econômico – custos acessíveis; não discriminado – abrangendo grupos vulneráveis e marginalizados e, por fim, informacional – garantia da busca, obtenção e recebimento de informações sobre a gestão da água[53]

Por essa ótica, sabe-se que um serviço público bem prestado é aquele que atende aos parâmetros de universalidade (acesso indiscriminado), confiabilidade (padrões de qualidade e segurança) e modicidade (preços adequados), o que não ocorre no serviço de saneamento básico do Brasil, que não é nem universal, nem confiável, nem módico[54]. Em todo esse contexto que acabamos de analisar, oportuna a reflexão de Gilmar Ferreira Mendes, José Roberto Afonso e Diego Viegas Veras:

[52] FREITAS, Carlos Machado de et al (..) O Brasil Seis Meses após a Declaração da Covid-19 como Pandemia Global. *In:* BUSS, Paulo Marchiori; FONSECA, Luiz Eduardo. (Org.). **Diplomacia da saúde e Covid-19:** reflexões a meio caminho. Rio de Janeiro: FIOCRUZ, 2020, p. 295-297.

[53] GONÇALVES, Pedro Gabriel Siqueira; CAMPELLO, Lívia Gaigher Bósio. **O direito humano à água potável:** influência das normas de *soft law* no seu processo de afirmação histórica. Revista de Direito Brasileira (RDB). vol. 28. n. 11. p. 223-227. Florianópolis. Jan-abr/2021. Disponível em: <https://www.indexlaw.org/index.php/rdb/article/view/6831/5376>. Acesso em: 12 de nov. 2021.

[54] SARSUR, Marcelo; PACHECO, Amanda. A endemia da exclusão e a pandemia da Covid-19: o acesso ao saneamento básico sob a ótica da bioética de intervenção. *In:* DADALTO, Luciana. (Org.). **Bioética e Covid-19.** Indaiatuba: Foco, 2020. Ebook.

> Muitas consequências já são conhecidas – milhares de mortes, desemprego de milhões de pessoas, fechamento de milhares de empresas, diminuição da remuneração e praticamente todo o Segundo e Terceiro setores, estagnação econômica, entre outras. Outras são marcadas pela grande incerteza – extensão da pandemia, tamanho da recessão, momento da retomada do crescimento econômico, retorno dos empregos e do padrão remuneratório perdidos, etc. As expectativas foram abaladas e isso torna inevitável e premente uma resposta estatal à altura do enorme desafio que se enfrenta.[55]

Assim, verifica-se uma necessária cooperação entre os entes federativos, no intuito de zelar pela saúde pública, exigindo grandeza, altivez e espírito público de todos aqueles que representam as esferas do poder público, por meio de uma coordenação centralizada, participativa e heterogênea[56].

4.3. A crise externa: um Brasil isolado no cenário internacional

Cabe ainda a análise do Brasil no cenário internacional. Despreocupado com questões diplomáticas e alvo de polêmicas quanto às questões ambientais, por algum tempo o Brasil teve ao seu lado apenas o governo dos Estados Unidos da América, até as eleições de 2021, quando o Presidente Joe Biden foi eleito e, ciente de sua agenda com o meio ambiente, também acabou por afastar tais relações.

Tais questões possuem consequências sérias: desvalorização da moeda, impacto na Bolsa de Valores, obstáculos no comércio de importação e exportação, especialmente quando o momento era de escassez de produtos hospitalares, o que acabou por fazer que o Brasil não estivesse entre os primeiros a receber qualquer auxílio internacional.

[55] MENDES, Gilmar Ferreira; AFONSO, José Roberto; VERAS, Diego Viegas. Combate à pandemia e suas consequências econômicas e sociais: coordenação, cooperação e consórcio. *In:* MENDES, Gilmar Ferreira; SANTANA, Hadassah Laís S.; AFONSO, José Roberto. (Org.). **Governance 4.0 para Covid-19 no Brasil:** propostas para gestão pública e para políticas sociais e econômicas. São Paulo: Almedina, 2020. Ebook.

[56] **Ibidem**, s/p.

Além disso, cabe pontuar também a questão das vacinas. O SUS, conhecido mundialmente por sua capacidade de vacinação em massa[57] dada a sua imensa capilaridade, enfrentava mais uma questão da crise institucional entre os governos federal e os estaduais acerca da compra de vacinas – fazendo com que o STF tivesse que definir que os governadores poderiam comprar vacinas por contra própria em razão do atraso da União[58].

Tal polêmica ocorria, em grande parte, em razão de o governo federal ter negado a eficácia da maioria das vacinas, especialmente a chinesa, causando conflitos diplomáticos sérios com aquele país[59].

Todo o negacionismo e os altos números de infecções e óbitos por covid – este último chegou ao registro de mais de mil óbitos por dia entre fevereiro e agosto de 2021, tendo registros de até três mil óbitos durante os meses de março e abril[60] – fizeram com que as fronteiras fossem fechadas por tempo indeterminado, o que prejudicou ainda mais o setor aéreo.

Conclusões

Destarte, mostra-se fundamental que aprendamos com as experiências tanto nacionais quanto transnacionais que esta pandemia do COVID-

[57] Cf. Passarinho, Nathalia. **Brasil consegue vacinar 60 milhões por mês contra covid-19; só falta a vacina, diz fundador da Anvisa.** BBC News Brasil. Disponível em: <https://www.bbc.com/portuguese/brasil-56104951>. Acesso em: 12 de nov. de 2021; BETIM, Felipe. **Meio século na linha de frente da vacinação no Brasil:** "A pandemia nos lembrou o valor do SUS". El País. Disponível em: <https://brasil.elpais.com/brasil/2021-02-07/meio-seculo-na-linha-de-frente-da-vacinacao-no-brasil-a-pandemia-nos-lembrou-o-valor-do-sus.html>. Acesso em: 12 de nov. de 2022.

[58] BRASIL. **Supremo Tribunal Federal (Tribunal Pleno).** Medida Cautelar na Arguição de Descumprimento de Preceito Fundamental ADPF nº 770. Requerente: Conselho Federal da Ordem Dos Advogados do Brasil – CFOAB. Relator: Min. Ricardo Lewandowski, 12 e 23 de fevereiro de 2021. Disponível em: <https://redir.stf.jus.br/paginadorpub/paginador.jsp?docTP=TP&docID=755275114>. Acesso em: 12 nov. 2021.

[59] Gadelha, Igor; Arbex, Thais. **Governo admite que ataques à China travam chegada de insumos para vacina**. CNN Brasil. Disponível em: <https://www.cnnbrasil.com.br/politica/governo-admite-que-ataques-a-china-travam-chegada-de-insumos-para-vacina/>. Acesso em: 12 de nov. de 2021.

[60] Dados disponíveis em: https://ourworldindata.org/coronavirus. Acesso em 11 de nov. de 2021.

19 – ainda não totalmente superada – nos trouxe. Ficou demonstrado ao longo do presente estudo a necessidade de criação de políticas públicas que possam centralizar esforços tanto no que se refere às ações dos Estados dentro de suas próprias fronteiras, quanto em políticas que envolvam mecanismos e programas multilaterais, em blocos econômicos ou nível global.

De se reforçar que problemas de natureza extremamente complexa, como o da pandemia em que o mundo ainda se encontra, não podem ser deslindados com fórmulas mágicas ou simplistas que se debrucem apenas sobre parte da equação (a problemática econômica, por exemplo).

As melhores soluções virão quando não houver parte da população que esteja relegada à margem da solução ofertada. Seja por pertencerem a países com menor poderio político ou à margem de blocos econômicos, sejam parcelas de populações mais vulneráveis – tanto que no que diz respeito a acesso a equipamentos de saúde quanto na capacidade de geração de renda e possiblidade de sobreviver a tragédias desta magnitude, sem intervenção estatal.

Respostas coordenadas e inclusivas, no maior número de esferas possíveis trarão avanços em como cuidar de problemas de abrangência global que, infelizmente, tendem a se repetir de maneira crescente. Que possamos com eles aprender!

Referências

ALPA, Guido. **Code is law**: il bilanciamento dei valori e il ruolo del diritto. Contratto e impresa, 2021, n. 2, CEDAM.

BETIM, Felipe. **Meio século na linha de frente da vacinação no Brasil:** "A pandemia nos lembrou o valor do SUS". El País. Disponível em: <https://brasil.elpais.com/brasil/2021-02-07/meio-seculo-na-linha-de-frente-da-vacinacao-no-brasil-a-pandemia-nos-lembrou-o-valor-do-sus.html>. Acesso em: 12 de nov. de 2022.

BRASIL. **Supremo Tribunal Federal (Tribunal Pleno).** Ação Direta de Inconstitucionalidade ADI nº 6.431. Requerente: Partido Democrático Trabalhista (PDT). Relator: Min. Marco Aurélio, 15 de abril de 2020. Disponível em: <redir.stf.jus.br/paginadorpub/paginador.jsp?docTP=TP&docID=754372183>. Acesso em: 12 nov. 2021.

—. **Supremo Tribunal Federal (Tribunal Pleno).** Medida Cautelar na Arguição de Descumprimento de Preceito Fundamental ADPF nº 770. Requerente: Conselho Federal da Ordem Dos Advogados do Brasil – CFOAB. Relator: Min. Ricardo Lewandowski, 12 e 23 de fevereiro de 2021. Disponível em: <https://redir.stf.jus.br/paginadorpub/paginador.jsp?docTP=TP&docID=755275114>. Acesso em: 12 nov. 2021.

BUSS, Paulo Marchiori; FONSECA, Luiz Eduardo. (Org.). **Diplomacia da saúde e Covid-19:** reflexões a meio caminho. Rio de Janeiro: FIOCRUZ, 2020.

CALLAWAY, Ewen. **Time to use the p-word? Coronavirus enter dangerous new phase**. Nature, 2020, p. 579 ss. Disponível em: <https://www.nature.com/articles/d41586-020-00551-1>. Acesso em: 21 de nov. 2021.

CANELA JUNIOR, Osvaldo. **A efetivação dos direitos fundamentais através do processo coletivo:** o âmbito de cognição das políticas públicas pelo Poder Judiciário. 2009. Tese (Doutorado em Direito Processual) – Faculdade de Direito, Universidade de São Paulo, São Paulo, 2009.

CARNEVALI, Ugo. **Emergenza Covid-19: un anno dopo**. I contratti, n. 2, 2021.

GADELHA, Igor; ARBEX, Thais. **Governo admite que ataques à China travam chegada de insumos para vacina**. CNN Brasil. Disponível em: <https://www.cnnbrasil.com.br/politica/governo-admite-que-ataques-a-china-travam-chegada-de-insumos-para-vacina/>. Acesso em: 12 de nov. de 2021.

GAUTRET et al. **Hydroxychloroquine and azithromycin as a treatment of COVID-19:** results of an open-label non-randomized clinical trial. International Journal of Antimicrobial Agents. 2020. Disponível em: <https://www.ncbi.nlm.nih.gov/pmc/articles/PMC7102549/?report=reader>. Acesso em: 11 de nov. 2021.

GONÇALVES, Pedro Gabriel Siqueira; CAMPELLO, Lívia Gaigher Bósio. **O direito humano à água potável:** influência das normas de *soft law* no seu processo de afirmação histórica. Florianópolis: Revista de Direito Brasileira (RDB). Vol. 28. N. 11. P. 115-152. Jan-abr/2021. Disponível em: <https://www.indexlaw.org/index.php/rdb/article/view/6831/5376>. Acesso em: 12 de nov. 2021.

HENAO KAFFURE, Liliana. **El concepto de pandemia: debate e implicaciones a proposito de la pandemia de influenza de 2009**. Revista Gerencia y Politicas de salud, 2010.

LEE, Kelley. **The World Health Organization (WHO).** New York: Routledge, 2009.

MATTA, Gustavo Corrêa; REGO, Sergio; SOUTO, Ester Paiva; SEGATA, Jean. (Org.). **Os impactos sociais da Covid-19 no Brasil:** populações vulnerabilizadas e respostas à pandemia. Série Informação para Ação na Covid-19. Rio de Janeiro: FIOCRUZ, 2021.

MENDES, Gilmar Ferreira; AFONSO, José Roberto; VERAS, Diego Viegas. Combate à pandemia e suas consequências econômicas e sociais: coordenação, cooperação e consórcio. *In:* MENDES, Gilmar Ferreira; SANTANA, Hadassah Laís S.; AFONSO, José Roberto. (Org.). **Governance 4.0 para Covid-19 no Brasil:** propostas para gestão pública e para políticas sociais e econômicas. São Paulo: Almedina, 2020. Ebook.

MISCIONE, Michelle. **Il lavoro dopo il Covid-19 o la sua normalizzazione**. Il lavoro nella giurisprudenza, n. 11, 2021.

MONTEIRO FILHO, Carlos Edson do Rêgo; NELSON, Rosenvald; DENSA, Roberta (Coord.). **Coronavírus e responsabilidade civil**: impactos contratuais e extracontratuais. Indaiatuba: Foco, 2020.

NEGRI, Stefania. Right to Health. *In*: BINDER, Christina; NOWAK, Manfred; HOFBAUER, Jane A; JANIG, Philipp (ed.). **Elgar Encyclopedia of Human Rights**, 2021.

—. **La tutela della salute pubblica internazionale tra governance globale, "sovranità sanitaria" e diritti fondamentali**. Studi in onore di Augusto Sinagra, 2015, Roma.

—. **Salute pubblica, sicurezza e diritti umani nel diritto internazionale**. Torino: Giappichelli, 2018.

PASSARINHO, Nathalia. **Brasil consegue vacinar 60 milhões por mês contra covid-19; só falta a vacina, diz fundador da Anvisa.** BBC News Brasil. Disponível em: <https://www.bbc.com/portuguese/brasil-56104951>. Acesso em: 12 de nov. De 2021.

PAVONE, Ilja Richard. **La dichiarazione di pandemia di covid-19 dell'OMS:** implicazioni di governance sanitaria globale. Biolaw Journal, 27 de mar. 2020. Disponível em: <https://www.biodiritto.org/content/download/3844/45493/version/1/file/58+Pavone.pdf>. Acesso em: 21 de nov. De 2021.

PEREZ, Rita. **La crisi del 2020: le prime reazioni europee e nazionali**. Il giornale di diritto amministrativo, n. 4, 2021.

ORGANIZAÇÃO MUNDIAL DA SAÚDE. **Regulamento Sanitário Internacional – RSI.** Trad. Aprovada pelo Congresso Nacional por meio do Decreto Legislativo 395/2009. Brasília: Anvisa – Agência Nacional de Vigilância Sanitária, 2009.

P. 18. Disponível em: <https://www.gov.br/anvisa/pt-br/assuntos/paf/regulamento-sanitario-internacional/arquivos/7181json-file-1>. Acesso em: 10 de nov. de 2021.

ORGANIZAÇÃO PAN-AMERICANA DA SAÚDE. **Mundo está se mobilizando pela equidade na distribuição de vacinas contra a Covid-19.** Disponível em: <https://www.paho.org/pt/noticias/19-2-2021-mundo-esta-se-mobilizando-pela-equidade-na-distribuicao-vacinas-contra-covid-19>. Acesso em: 10 de nov. de 2021.

SARSUR, Marcelo; PACHECO, Amanda. A endemia da exclusão e a pandemia da Covid-19: o acesso ao saneamento básico sob a ótica da bioética de intervenção. *In:* DADALTO, Luciana. (Org.). **Bioética e Covid-19.** Indaiatuba: Foco, 2020.

TARTUCE, Flávio; SIMÃO, José Fernando; BUNAZAR, Maurício. **Comentários à Lei 14.010/2020, que cria um sistema emergencial de Direito Privado em tempos de pandemia de Covid-19.** Revista de Direito Civil Contemporâneo. Vol. 26. Ano 8. P. 115-152. São Paulo: Ed. RT, jan-mar/2021. Disponível em: <http://ojs.direitocivilcontemporaneo.com/index.php/rdcc/issue/view/29>. Acesso em: 12 de nov. 2021.

UNITED NATIONS. **Covid-19 Response.** Disponível em: <https://www.un.org/en/un-coronavirus-communications-team>. Acesso em: 21 de nov. de 2021.

VILLAREAL, Pedro A. **Pandemic Declarations of the World Health Organization as an Exercise of International Public Authority**: The Possible Legal Answers to Frictions between Legitimacies. Goettingen Journal of International Law, 2016, p. 95 ss.

WATANABE, Phillippe. **OMS declara pandemia do novo isbonirus Sars-Cov-2.** Folha de São Paulo, 2020. Disponível em: <https://www1.folha.uol.com.br/equilibrioesaude/2020/03/oms-declara-pandemia-do-novo-coronavirus.shtml>. Acesso em: 11 de nov. de 2021.

WATSON, Rory. **WHO is accused of "crying wolf" over swine flu pandemic.** British Medical Journal, 2010, p. 340 ss.

WORLD HEALTH ORGANIZATION. **COVAX.** Disponível em: <https://www.who.int/initiatives/act-accelerator/covax>. Acesso em: 10 de nov. de 2021.

—. **Covid-19 Strategy Update.** Disponível em: <https://www.who.int/publications/m/item/covid-19-strategy-update>. Acesso em: 10 de nov. de 2021.

—. **WHO Director-General's opening remarks at the media briefing on COVID-19 – 11 March 2020.** Disponível em: <https://www.who.int/director-

-general/speeches/detail/who-director-general-s-opening-remarks-at-the--media-briefing-on-covid-19---11-march-2020>. Acesso em 21 de nov. de 2021.

—. **Pandemic Influenza Risk Management.** Disponível em: <https://apps.who.int/iris/bitstream/handle/10665/259893/WHO-WHE-IHM-GIP-2017.1-eng.pdf?sequence=1&isAllowed=y>. Acesso em: 21 de nov. de 2021.

9.
PROTEÇÃO SOCIAL E TRABALHO: A SIMBIOSE QUE PRECISA SER REPENSADA

MARTHA ELISA MONSALVE CUELLAR
CARLOS GUSTAVO MOIMAZ MARQUES
ZÉLIA LUIZA PIERDONÁ

Introdução

A crise sanitária decorrente da Pandemia do Coronavírus (Covid-19), que se instalou mundialmente há quase dois anos, além de revelar a precariedade dos sistemas de saúde, especialmente nos países pobres e em desenvolvimento, tem chamado atenção para a importância das técnicas de proteção social. Mais do que evidenciar a relevância da inter-relação indivíduo/coletividade, a pandemia tem demonstrado que no complexo mundo atual é imprescindível a adoção de medidas coletivas e não apenas reafirmações ou medidas individuais de proteção.

Se a proteção social sempre despertou interesse dos cidadãos ao longo do desenvolvimento da sociedade, a atual crise sanitária mundial chama a atenção de que tais instrumentos ainda são imprescindíveis. De certa forma, revela e reforça a realidade de que a singela e frágil condição humana não se alterou, mesmo diante da impactante revolução tecnológica que a humanidade tem experimentado.

A pandemia demonstrou também a importância da prevenção para enfrentar as adversidades e os desafios dela decorrentes, já que não é a primeira e certamente não será a última na história da humanidade.

De fato, mais do que chamar atenção para a importância da prevenção e da proteção social, a pandemia trouxe a certeza de que os mecanismos para efetivar a citada proteção não são para este ou aquele "desfavorecido", mas para todos. Precisa ser efetivamente universal, já que qualquer membro da sociedade múltipla e complexa, como a atual, pode se tornar vulnerável.

Há tempos a Organização das Nações Unidas – ONU tem destacado a necessidade de os Estados fortalecerem seus sistemas de proteção social como medida essencial para a reafirmação e efetivação da dignidade da condição humana. Isso se verifica na própria Declaração Universal de Direitos Humanos de 1948, especificamente no art. 22, o qual estabelece que a pessoa, como membro da sociedade, tem direito à proteção social.

Por sistema de proteção social, segundo a Organização Internacional do Trabalho – OIT, deve-se compreender o direito a prestações pecuniárias ou a serviços nas situações em que haja perda de rendimento associado ao trabalho, auxílio com gastos excessivos no acesso aos cuidados de saúde, bem como o apoio às famílias, particularmente no que se refere às crianças e aos adultos dependentes.

Quando se pensa em modelos de proteção social institucionalizados no mundo atual, o "sistema de seguridade social" é apresentado como um dos principais instrumentos acolhidos pelos diferentes países. Fruto do estudo multidisciplinar desenvolvido na Inglaterra, nos anos de 1941 e 1942, denominado "Plano Beveridge", a ideia de seguridade social construída propôs uma nova forma de "proteção social", cuja proposta é pensar a proteção de forma articulada. Parte do pressuposto de que a efetiva proteção social remete necessariamente à ideia de algo maior, desenhada e pensada de forma sistematizada por uma política nacional, englobando e se inter-relacionando com os mais diversos serviços ligados à satisfação das diversas necessidades humanas.

É justamente a denominada fase da "seguridade social" que foi acolhida e se apresenta até hoje em toda Europa Ocidental, bem como em alguns países da América Latina, dentre os quais o Brasil e a Colômbia, como o protótipo apto a responder aos riscos sociais.

Nesse sentido, a ONU, além da previsão estabelecida na própria Declaração de Direitos Humanos, referida acima, de que toda pessoa tem direito à seguridade social, estabeleceu, por meio da OIT (sua agência especializada), a Norma Mínima de Seguridade Social, instrumentalizada na Convenção nº 102, de 1952.

Se a esquematização da proteção social é tão importante e vital para a convivência humana, é imprescindível reforçá-la para que se mostre apta para potencializar seus efeitos, face à realidade atual. Mais do que isso, diante de uma sociedade em constantes mudanças, especialmente produzidas pelo desenvolvimento tecnológico, deve-se analisar a permanência das premissas que delimitam essa "organização" e que, se desaparecidas, poderão minar sua efetividade.

O presente artigo visa chamar atenção para a reflexão justamente de uma das regras básicas que sempre lastreou o modelo de proteção social denominado "seguridade social", que é o pleno emprego. Fazendo uma digressão histórica dos fundamentos que levaram a construção da ideia de proteção social existente até hoje, objetiva-se destacar a associação, quase que indissolúvel, entre as técnicas de proteção social existentes e a força de trabalho. Pretende-se demonstrar que se a realidade laboral muda, como tem acontecido, em face, dentre outras coisas, dos avanços tecnológicos, necessariamente a própria proteção social deve ser repensada.

Nesse contexto, como não entender a necessidade de reestruturação do modelo de proteção social, que tem suas bases delineadas em 1883 (com o seguro social alemão) e em 1942 (com a seguridade social britânica), face à sociedade atual com fatores econômicos tão diversos aos daquelas épocas? Os tempos e circunstâncias contemporâneas, que se caracterizam pela globalização da economia, pelas constantes mudanças decorrentes da incorporação das novas tecnologias (que repercutem na relação entre capital e trabalho e nas formas de trabalho) não exigem um novo modelo de proteção social?

O trabalho que segue pretende contribuir para essa reflexão.

1. O pensar da proteção social

Desde o fim do sistema feudal no século XV e o surgimento do capitalismo, a tensão entre as desigualdades sociais e a escassez são apontadas como reflexo do desequilíbrio entre capital e trabalho.

Foi justamente dentro da órbita "contradição entre trabalho e capital" que as principais técnicas de proteção social foram desenvolvidas, formatando-se, em especial, com a revolução industrial, na segunda metade do século XVIII. É a partir da diferença no desenvolvimento das forças produtivas trazidas pelo desenvolvimento tecnológico das máquinas, que a contradição trabalho e capital se esgarça, renascendo a necessidade de se repensar a proteção social, em especial seus mecanismos.

É nesse contexto histórico que se costuma apontar o surgimento de duas fases importantes desse pensar da "proteção social", quais sejam, o seguro social bismarkiano e a seguridade social beveridgiana.

O seguro social foi o instrumento de proteção social criado na Alemanha em 1883 (século XIX), pelo chanceler Otton Von Bismarck, como mecanismo de contenção dos conflitos sociais provocados pela massa de proletariados inválidos e famintos. Sua estrutura, assemelhada aos seguros privados, teve como intuito proteger o trabalhador contra situações de desemprego ou de perda da própria força de trabalho (proteção contra acidentes, seguro contra invalidez, velhice etc). Por meio de cotização, trabalhador, empregador e Estado contribuíam para um "fundo comum" que se incumbia em fornecer prestações pecuniárias nas ocorrências dos riscos sociais que afastavam a força de trabalho do segurado. A prestação pecuniária tinha natureza substitutiva, já que seu propósito era substituir, com a prestação pecuniária, o salário que o trabalhador deixava de ganhar.

Da mesma forma como o Estado reforça sua participação na proteção social, especificamente com o seguro social, ele é visto como agente importante em outras áreas, também com o escopo protetivo, como se dá na regulação das relações de emprego, buscando o equilíbrio entre as partes envolvidas.

No entanto, a proteção social era vista de forma desarticulada, com viés delimitado, específico nas mais diversas formas de proteção social: via-se a presença do Estado assistindo aos vulneráveis e estimulando a filantropia, como também no controle dos seguros sociais ou mesmo legislando sobre proteção e relação de trabalho. Porém, tais frentes eram feitas de forma desconectada, sem o viés da sistematização.

No século XX, com as duas grandes guerras, o avanço do socialismo soviético e as crises econômicas que sacodem o precário equilíbrio social, novamente as técnicas de proteção social são objeto de atenção. Nesse período é realizado o estudo multidisciplinar inglês denominado "Plano

Beverdige" (1941-1942). Na verdade, é dentro desse contexto que se estrutura a gênese do que se compreende hoje como sistema de seguridade social ou proteção social.

O pioneirismo e a quebra de paradigma apontada ao Plano Beveridge reside justamente na proposição de pensar a proteção social de forma coordenada e organizada por diversas frentes, que atuam sistematicamente, ou seja, de um plano de política concreta e articulada, com indicação de reformas sociais amplas, coordenadas e universais[1]. Dentro dessa ideia de proteção social atuam várias políticas públicas sociais, que são pensadas necessariamente de forma coordenada.

Nasce aí a ideia de proteção social como "sistema", ou seja, agrupamento de técnicas protetivas coordenadas. Mais do que isso, o Plano reforça o protagonismo do Estado como financiador e principal ator político para o enfrentamento das questões sociais.

É premissa da seguridade social beveridgiana a obrigação do Estado em garantir padrão mínimo de vida para todos. Justamente para conseguir prestar serviços que mantém todos dentro de um patamar mínimo de vida digna, o Estado precisa garantir lastro financeiro e, assim, o faz intervindo na economia para resguardar o pleno emprego e a própria efetividade das técnicas protetivas.

A intervenção para a garantia da empregabilidade é essencial à sobrevivência do plano: é o emprego o melhor e principal instrumento para se combater as grandes causas que levam à vulnerabilidade, além de ser a via em que prestigia a autonomia individual que calibra qualquer regime solidário (não exclui de cada indivíduo seu papel e importância para o objetivo comum, ao contrário, dá a ele a corresponsabilidade para o êxito da proteção coletiva).

2. O sistema de proteção social beveridgiano e a definição de proteção social adotada pela ONU/OIT

O propósito da Comissão liderada pelo economista Willian Beverdige (1941-1942) foi a reformulação e a construção de um modelo de prote-

[1] Até então as políticas sociais eram isoladas. Foi por meio dos estudos realizados pela equipe coordenada por Beveridge que surgiu a ideia de pensar a proteção social de forma sistêmica.

ção social que superasse os já existentes. Nas palavras de Beveridge, o momento era de superação, de "revoluções – não para remendos"[2].

Para o diagnóstico da situação e proposição de um novo paradigma, a Comissão estudou o histórico das políticas sociais inglesas dos últimos 45 anos, a Lei dos Pobres, todos os seguros sociais vigentes na Inglaterra na ocasião, os serviços de socorro médico, de proteção à infância, os serviços sociais prestados pela sociedade, bem como os instrumentos de proteção social de 30 países. Além disso, foram investigadas também as condições de vida das principais cidades da Inglaterra (Londres, Liverpool, Sheffield, Plumouth, Southampton, York e Bristol), bem como as principais causas da pobreza.

Como resultado a Comissão propôs o denominado plano de "seguridade/segurança social". O referido plano, como mencionado acima, pressupunha a necessidade de o Estado garantir um padrão mínimo de vida digna para as pessoas (direito de cidadania). Assim, políticas públicas sociais e econômicas, de forma articuladas, deviam atuar para alcançar e tratar as principais situações de insegurança social e, a partir daí, garantir as necessidades fundamentais de todos os cidadãos.

A efetivação do padrão mínimo de vida digna de todos os cidadãos se daria pela combinação das técnicas da provisão (seguro social) e ajuda (assistência nacional), ou seja, valendo-se das palavras empregadas no referido estudo, o Plano propõe alcançar este fim valendo-se de três "métodos de segurança", que são:

1. "Seguro social para as necessidade básicas" – técnica de provisão obrigatória (para as necessidades básicas do trabalhador e seus familiares);
2. "Assistência nacional para casos especiais" – técnica de ajuda (auxílio individual para os necessitados pagos pelo Tesouro Nacional) e;
3. "Seguro voluntário" – técnica de provisão facultativa (para coberturas adicionais).

[2] Beveridge, William. **Relatório sobre o seguro social e serviços afins**, p.11.

A primeira técnica protetiva, chamada técnica de provisão (ou também seguridade social contributiva), caracterizava-se pelo seguro social (previdência social). Adotava-se, na verdade, a técnica do seguro bisrmarkiano, no qual todos os trabalhadores cotizavam para uma instituição seguradora, que os protegiam nas situações de riscos sociais (situações que atingem a força de trabalho) de forma limitada, por meio de benefícios (que substituíam a remuneração) ou serviços (prestações para o trabalhador readquirir sua capacidade laborativa).

Seus elementos definidores são: base profissional (sujeitos protegidos são só os profissionais e seus dependentes), financiamento segundo a técnica de seguro e proteção projetada e garantida de forma limitada, de acordo com o que restou cotizado.

Trata-se, na verdade, de um mecanismo de solidariedade profissional, público e legal, garantido pelo Estado e por toda a sociedade em conjunto, não se podendo falar propriamente em "mecanismo redistributivo" em sua essência, uma vez que a técnica de seguro não altera substancialmente as desigualdades de rendas e salário no mercado (a cotização é que define e influencia o valor da prestação protetiva).

Por outro lado, estabelece a técnica de ajuda (seguridade social não contributiva). Opera-se em forma de tutela de todos que apresentam concreta situação de indigência ou privação.

Mostra-se como "mecanismo redistributivo" na medida em se propõe garantir segurança econômica e redistribuição de renda para todos os cidadãos (direito social de cidadania), sem pressupor qualquer prévia contribuição.

Como destacado no Relatório Beveridge[3], a proposta apresentada era que o seguro social e, subsidiariamente, a assistência nacional operassem, sob a tutela do Estado, para garantir a todos um "rendimento básico de subsistência". Qualquer proteção acima, que envolvesse efetivamente as rendas e "os padrões normais de despesa das diferentes camadas da população" ou seja "os padrões de vida mais elevados é função do indivíduo", ficando a sua "livre escolha" por meio do "seguro voluntário", sem a participação direta do Estado.

[3] Beveridge, William. **Relatório sobre o seguro social e serviços afins**, p.190.

Justamente porque atua por técnicas distintas (técnica de provisão/seguro e técnica de ajuda/assistência), o campo de atuação de cada um dos "métodos de segurança" é delimitado da seguinte forma: como o foco é a primazia do trabalho, deixa-se claro que "o plano é um plano de seguro, porque conserva o princípio da contributividade"[4]. Trata-se do principal instrumento de proteção e determina a porta principal de acesso ao sistema, devendo, por isso, cada cidadão/trabalhador contribuir conforme as regras do seguro, recebendo, quando das ocorrências dos riscos sociais (doença, morte etc), benefícios pecuniários necessários à subsistência.

Já "a assistência nacional é um método subsidiário"[5] ao seguro social, na medida que só estará disponível para atender os necessitados que não estão cobertos pelo seguro e comprovem efetiva situação de precariedade. E mais, deve atender as necessidades básicas de subsistência, porém deve "ser colocada como algo menos desejável que a proteção do seguro social"[6].

A estruturação do raciocínio beveridgiano acabou sendo absorvida em quase toda a Europa Ocidental e também em alguns países da América do Sul, como no Brasil e na Colômbia: os Estados passam a assumir o protagonismo político da proteção social, inclusive sendo visto como seu financiador.

Por seu turno, a visão de atuação articulada entre técnicas de proteção e o próprio alcance da proteção são repetidas pela Organização das Nações Unidas – ONU até hoje na indicação do protótipo de proteção social.

Como destacado pela Organização Internacional do Trabalho – OIT, o Comitê dos Direitos Econômicos, Sociais e Culturais, que acompanha a implementação do Pacto Internacional sobre Direitos Econômicos, Sociais e Culturais de 1966, fazendo referência aos documentos constitucionais da OIT, bem como a suas Convenções e Recomendações em matéria de seguridade social, em especial a Convenção nº 102 (Norma Mínima) e a Recomendação nº 202 (Pisos de Proteção Social), apresen-

[4] Beveridge, William. **Relatório sobre o seguro social e serviços afins**, p. 21.

[5] Beveridge, William. **Relatório sobre o seguro social e serviços afins**, p. 20.

[6] Beveridge, William. **Relatório sobre o seguro social e serviços afins**, p. 219.

tou, no Comentário Geral nº 19/08, a seguinte definição do que se deve compreender como direito à seguridade social:

> O direito a ter acesso a prestações, pecuniárias ou em espécie, e de continuar a beneficiar das mesmas, sem discriminação, a fim de garantir uma proteção, entre outros, contra: a) a perda de rendimento associado ao trabalho por motivo de doença, invalidez, maternidade, acidente de trabalho, desemprego, velhice ou morte de um membro da família; b) os gastos excessivos no acesso aos cuidados de saúde; c) o apoio insuficiente às famílias, particularmente no que se refere a crianças e adultos dependentes (parágrafo 2).[7]

Verifica-se que a definição transcrita acima em muito se assemelha à ideia beveridgiana de seguridade social.

3. A fundamentalidade da proteção social no trabalho

No Plano Beveridge, o pleno trabalho é a bússola que orienta o sistema de proteção social, seja para delimitar a intervenção do Estado no mercado, seja para orientar a técnica de proteção para a garantia do padrão mínimo de vida digna. Como destacado, "um sistema de seguridade social de sucesso pressupõe a manutenção do emprego e a prevenção do desemprego em massa"[8], já que é o emprego a principal causa de eliminação da miséria, bem como é a forma que o próprio cidadão, pelo viés da solidariedade (e em coautoria com o Estado), produz a riqueza coletiva necessária para o custeio de um sistema de proteção social para todos. Sem falar do próprio reforço à responsabilidade individual de cada um para com sua própria emancipação. Nesse sentido o relatório ressalta que "o plano não visa dar a todo indivíduo algo em que emancipe os beneficiários de quaisquer responsabilidades pessoais", mas sim "assegurar um rendimento para a subsistência, sob a condição de trabalho e contribuição, e a fim de conservar os homens aptos a continuar trabalhando. Ora, isso não poderá ser obtido sem esforço físico e mental"[9].

[7] Organização Internacional do Trabalho. **Construir sistemas de proteção social: Normas internacionais e instrumentos de direitos humanos**, p. 2.

[8] Beveridge, William. **Relatório sobre o seguro social e serviços afins**, p.251.

[9] BEVERIDGE, William. **Relatório sobre o seguro social e serviços afins**, p.262.

Assim, pode-se afirmar que é premissa do sistema de seguridade social inglês a obrigação de o Estado garantir um padrão mínimo de vida para todos. Justamente para conseguir prestar serviços que manterão o referido padrão, o Estado precisa garantir lastro financeiro, intervindo na economia para resguardar o pleno emprego e a própria efetividade das técnicas protetivas.

A intervenção para a garantia da empregabilidade é essencial à sobrevivência do plano: é o emprego o melhor e principal instrumento para se combater as grandes causas que levam a vulnerabilidade, além de ser a via que prestigia a autonomia individual que deve ordenar qualquer regime solidário (não exclui de cada indivíduo seu papel e importância para o objetivo comum, ao contrário, dá a ele a corresponsabilidade para o êxito da proteção coletiva). Ainda, é pelo fruto do trabalho que se produz a riqueza coletiva necessária para o financiamento do próprio sistema de seguridade social.

Daí porque colocar a proteção e efetivação do trabalho como "regra de ouro" na organização do sistema: ele organiza a intervenção do Estado e coordena as técnicas de proteção.

Como destaca Costa[10], mesmo antes de Beveridge, a centralidade no trabalho já era premissa fundante da proteção social. A autora sustenta que, ainda que se possa falar historicamente em modelos de proteção social (modelo alemão X modelo inglês), o ponto de convergência nos dois modelos reside em serem pensados e desenvolvidos tendo como foco o trabalho.

4. A transformação da realidade laboral e a necessidade de repensar a proteção social

Como visto acima, a gênese que orienta o modelo de proteção social dirigida a todos (seguridade social) foi pensada e elaborada há 80 anos (1941/1942). Na época, o plano foi desenvolvido tendo como ponto central o trabalho, o qual era quase que exclusivamente dentro da perspectiva da típica relação de emprego.

[10] Costa. Adalia Raissa Alves da. **A Seguridade Social no Plano Beveridge: história e fundamentos que a conformam,** p. 12.

Mais do que isso: sua premissa básica de manutenção e eficácia do próprio sistema é a garantia do pleno emprego e a vedação do desemprego em massa.

No contexto histórico, usado para lastrear o Plano Beveridge, a realidade laboral da época (relatada no próprio Estudo) era a seguinte: dos 47.000.000 de ingleses, 44% eram de trabalhadores (empregados e/ou autônomos), 5% desempregados e 10% de aposentados. Dentre os 44% de trabalhadores, a grande maioria era empregados 38% (vínculo de emprego típico), ficando apenas 6% para as demais espécies[11].

Como se verifica, são as típicas relações de emprego que balizaram o desenvolvimento da atual teia de proteção social. Justamente por causa delas, a principal forma de se garantir o lastro financeiro para a técnica de provisão (seguro – proteção previdenciária) se dá pela contribuição sobre a remuneração do trabalho (patrão e empregado). Assim, como a técnica de provisão é a principal porta de entrada para a proteção social, o acesso à técnica de ajuda constitui porta secundária, subsidiária.

Entretanto, a busca do pleno emprego, após os anos de desenvolvimento e implantação do ideário de seguridade social, mostrou-se como utopia frente à realidade do mercado laboral informal que sempre balizou muitos países ao redor do mundo, em especial os latino-americanos.

Segundo aponta a OIT[12], quase cinco de cada 10 trabalhadores na América Latina e Caribe não contribuem para um sistema de seguridade social. Isto decorre da alta informalidade, que impacta diretamente a participação aos sistemas de proteção social. Ainda segundo a OIT [13], no mundo 1,6 bilhões de trabalhadores estão na economia informal, o que representa precarização ou nenhum acesso à proteção social.

Tomando como exemplo a realidade atual brasileira, a informalidade é fenômeno típico inerente a própria cultura laborativa[14], que vem antes

[11] Beveridge, William. **Relatório sobre o seguro social e serviços afins**, p. 301

[12] Organização Internacional do Trabalho. **Panorama temático laboral 4: presente y futuro de la protección social en América Latina y el Caribe,** p. 12.

[13] Organização Internacional do Trabalho. **A proteção social em foco: respostas de protção social à pandemia da COVID-19 nos países em desenvolvimento,** p. 7.

[14] Pereira, Adriano José. **O comportamento da ocupação no Brasil: algumas evidências da informalização do formal.**

mesmo da instalação do "sistema de seguridade social", instituído com a Constituição Brasileira de 1988, e que permanece inalterada.

Se a informalidade é uma realidade que desnatura o mundo típico do trabalho e afasta a efetividade dos sistemas de proteção social, a nova realidade tecnológica (plataforma digital, automatização/robotização e inteligência artificial) traça um horizonte ainda mais caótico e restritivo para a efetivação da proteção social de todos, modelada no Plano Beveridge.

Segundo a Associação Internacional de Seguridade Social[15], a transição tecnológica e a economia digital, que ocorrerá até a metade deste século, levará a automatização de 30% da maioria dos trabalhos de hoje.

A nova realidade já vem se mostrando radicalmente inversa ao protótipo das relações laborais que estruturaram a seguridade social, aumentando exponencialmente à precarização e a exclusão de acesso à qualquer tipo de proteção social.

Trata-se, na maioria das vezes, de relações laborais delimitadas pelas características inversas dos típicos vínculos laborais, como a temporariedade, fragmentação e desterritorialidade. Relações contínuas e fixas entre empregador e empregado têm dado espaço para relações fragmentadas com diferentes tarefas, empregadores e sem fluxo temporal contínuo. Como consequência, a proteção social é excluída.

Não bastasse isso, as novas tecnologias nas relações de trabalho estão exigindo cada vez mais habilidades, preparação e aperfeiçoamentos contínuos. Segundo o Fórum Econômico Mundial de 2018[16], já agora em 2022, 54% dos trabalhadores do mundo necessitarão ampliar ou renovar suas competências para se manterem dentro do mercado de trabalho.

Os efeitos mais restritivos, nos quais incidirá a maior exclusão de postos de trabalho, se darão sobre a população mais vulnerável, já que a automatização e a robotização se concentram justamente na realização de tarefas rotineiras e repetitivas, levando a estimativa de supressão de mais de 75 milhões de postos de trabalhos nos próximos 15 ou 20 anos.

Assim, se a realidade experimentada com os modelos atuais de seguridade social já aponta que a eficácia protetiva da previdência social se

[15] Associação Internacional de Seguridade Social. **Fórum Mundial de Segurança Social 2019**.

[16] *WORLD ECONOMIC FORUM*. ***The Future of Jobs Report*** 2018, p. IX.

firmou inversamente à vulnerabilidade do mercado de trabalho (são mais protegidos pelo sistema de previdência os setores mais sofisticados e que exigem maior qualificação, ficando com ínfima ou nenhuma proteção os setores menos sofisticados e que exigem menor qualificação), a nova realidade tecnológica faz acender luz vermelha à atual modelagem de proteção social. Isso porque, dentro dessa nova realidade, fica evidente que a principal porta de acesso à seguridade social estará ainda mais fechada para os mais vulneráveis (justamente onde está a força de trabalho de menor qualificação e que serão supridas com as novas tecnologias).

Mais do que definições e reconhecimentos de uma relação laboral típica, o que estes grupos de trabalhadores (que desempenham um conjunto de novas tarefas não previstas ou regulamentadas) querem é uma proteção social que garanta saúde e segurança no trabalho, cobertura em casos de acidente ou doença e proteção para suas famílias em caso de infortúnio.

Diante desse novo contexto, a OIT[17] sustenta que o futuro do trabalho precisa de um sistema de proteção social com capacidade de respostas que atendam as necessidades das pessoas ao longo dos diferentes ciclos de vida, baseado nos princípios da solidariedade e de repartição dos riscos. Para tanto, defende que os governos devem, dentre outras coisas garantir uma proteção social universal, desde o nascimento até a velhice, por meio de um piso de proteção social que ofereça um nível básico de proteção a todas as pessoas que necessitarem.

Além dos mecanismos de proteção, a OIT defende sua sustentabilidade, inclusive tem disponibilizado importantes ferramentas que permitem projetar o futuro incerto, garantindo financiamento que viabilize a universalidade da proteção.

Enfim, a realidade atual exige uma reflexão séria sobre a necessidade de reestruturação da proteção social, que comporte a universalidade de cobertura, com uma visão de equidade e de não discriminação. A citada reflexão deve incluir as formas de financiamento, para garantir, além de sua sustentabilidade, a efetiva proteção universal, para as atuais e para as gerações futuras.

[17] Organização Internacional do Trabalho. **Trabajar para un futuro más prometedor – Comisión Mundial sobre el Futuro del Trabajo,** p. 36 e 37.

Conclusões

Tanto a experiência vivida na atualidade, como as projeções futuras indicam mudanças substanciais na realidade de vida dos cidadãos em todo o planeta. A velha lógica da produção de massa, com vínculos de empregos tipificados entre empregador e empregado, que organizou e fomentou as técnicas de proteção social, estão sendo impactada pelo desenvolvimento tecnológico.

Cada vez mais se fala que a produção do futuro não será mais feita em fábricas ou indústrias, mas sim em locais diversos, permeada pelo viés da diversidade e delimitada por vínculos de trabalhos fragmentados, extraterritoriais e múltiplos.

A própria preparação do profissional para se inserir nesse mercado será diferente: será necessário que os futuros profissionais desenvolvam inteligências múltiplas, abertas às transformações e com aptidão para as novas funções que virão a existir, desaparecer e reaparecer (abandonando a atual educação fixada no ensino como linha de produção em massa).

Se a revolução tecnológica traz mudanças estruturais na relação de trabalho e a experiência com os protótipos atuais de sistema de seguridade social já demonstra que falar em pleno emprego e ausência de desemprego em massa são quase utopia, quando se olha a realidade estrutural e peculiar dos diversos países, é necessário repensar o sistema de seguridade social. E isto se impõe justamente pela simbiose que sempre existiu entre trabalho e proteção social.

O atual modelo de proteção social (seguridade social), que foi sistematizado por técnicas protetivas distintas e coordenadas (técnica de provisão e técnica de ajuda), estrutura-se tomando como norte e pressupondo o pleno emprego e a vedação do desemprego em massa. Como é o trabalho a principal causa de eliminação da miséria e a forma com que todos na sociedade possam colaborar para a construção da "riqueza coletiva", necessária para pôr em prática as medidas de proteção social, o sistema de seguridade social se estruturou fixando como porta de acesso principal justamente a "proteção previdenciária", que pressupõe a figura do trabalhador.

Nesse contexto, surgem os questionamentos: como ficam aqueles que não conseguem trabalho em razão dos efeitos experimentados pela revolução tecnológica? Como ficam aqueles que, apesar de conseguirem trabalho, o exercem na informalidade e não contribuem para uma proteção previdenciária futura?

Não têm acesso à proteção, como reiteradamente tem apontado a OIT. Ou, quando conseguem ser alcançados, a proteção é realizada de forma precária pela via da assistência social (técnica de ajuda), sem uma atuação articulada entre proteção econômica suficiente e medidas políticas ativas de mercado e trabalho (atividades de mediação entre ofertantes de trabalho e desempregado, qualificação profissional e treinamento).

A realidade da precariedade estrutural na América Latina para efetivação de políticas de pleno emprego e a própria crise da zona do euro em 2008, que assolou em especial os países do mediterrâneo, exemplificam bem a exclusão de uma efetiva proteção social em uma realidade de redução de emprego formal e aumento expressivo do trabalho informal e dos empregos atípicos. A consequência disso é o aumento ou a manutenção dos índices de desigualdades sociais.

É justamente dessa experiência de exclusão, em especial na América Latina, e a própria reformulação das relações de trabalho advindas com a revolução tecnológica, que a articulação entre técnica de ajuda e técnica de proteção, nos sistemas de seguridade/segurança social, precisa ser repensada.

Se a atenção com a construção dos grandes modelos de seguridade social pelos Estados focou no trabalho e na proteção previdenciária, a roda da histórica atesta para a necessidade, agora, de se concentrar forças na assistência social. Não há como menosprezar ou estruturar com menor peso a técnica de ajuda (assistência social) em países nos quais o pleno emprego e as políticas do trabalho formal não existem.

Como destacado ao longo do presente estudo, o trabalhador informal, como regra, é o trabalhador não protegido pelo sistema previdenciário. Sem proteção pela técnica de provisão, o único caminho é a técnica de ajuda, a qual também deve ser pensada de forma articulada entre políticas passivas (concessão de prestação pecuniária para manutenção do mínimo vital) e ativas (medidas que fomentem a formalização do trabalho e que potencializem a capacidade profissional do cidadão).

Políticas de redistribuição de renda (políticas passivas) devem ser fixadas observando as reais necessidades do cidadão. E mais, necessariamente precisam vir articulada com políticas públicas ativas que realmente levem e estimule o cidadão ao trabalho.

O fortalecimento da técnica de ajuda (assistência social), por meio de políticas passivas de redistribuição de renda, ainda não é realidade em todos os sistemas de seguridade social no mundo. Mesmo naqueles existentes, como é o caso do Brasil (bolsa-família ou auxílio-brasil), sua estruturação é feita de forma desarticulada, sem atenção à necessidade de preparação ou inserção do cidadão no mercado de trabalho, ou seja, paga-se um benefício e o mantém na denominada "armadilha da pobreza" ou "armadilha da informalidade", já que a política protetiva não vem articulada com outras que realmente transportem o cidadão para o mundo do trabalho formal.

Sob este aspecto nunca é demais reforçar a diretriz fixada no Plano Beveridge de que a técnica de ajuda não se restringe em prover aporte financeiro ao cidadão para manutenção do mínimo necessário. Ela é vista e proposta para muito além, seja no que diz respeito à necessidade de atenção e cuidado para com as crianças, os idosos e ao próprio grupo familiar, com a construção de políticas públicas ativas que permitam que a realidade se transponha, seja preparando o cidadão para o trabalho, com uma educação adequada para tanto.

Referências

ASSOCIAÇÃO INTERNACIONAL DE SEGURIDADE SOCIAL. Fórum Mundial de Segurança Social, 2019. Disponível em: https://ww1.issa.int/pt/news/issa-report-10-global-challenges-social-security. Acesso em: 10 out. 2021.

BEVERIDGE, William. **Relatório sobre o seguro social e serviços afins**. Tradução de Almir de Andrade. Rio de Janeiro: Livraria José Olympio, 1943.

CABRAL, Nazaré da Costa. O impacto da nova Revolução Industrial no emprego e no mercado de trabalho: efeitos amplificados com a COVID 19? *In* **Observatório Almedina: de especialistas para especialistas**. Fev. 2021. Disponível em: https://observatorio.almedina.net/index.php/2021/02/04/o-impacto-da-nova-revolucao-industrial-no-emprego-e-no-mercado-de-trabalho-efeitos-amplificados-com-a-covid-19/?fbclid=IwAR0EpkH-isTPo-S8aoL4OnTJxrnXbjfAfapAhFJmS03Sq9tlfLl0fGBYJzE Acesso em: 10 out. 2021.

CARDOSO, Fábio Luiz Lopes. A Influência do Relatório Beveridge nas Origens do Welfare State (1942–1950). **Revista Todavia**, Porto Alegre, ano 1, n. 1, p. 39-53, jul. 2010.

COSTA. Adalia Raissa Alves da. **A Seguridade Social no Plano Beveridge: história e fundamentos que a conformam** (Dissertação) Mestrado em Política Social. Unb, Brasília, 2019.

INSTITUTO BRASILEIRO DE GEOGRAFIA E ESTATÍSTICA – IBGE. **Características Adicionais do Mercado de Trabalho 2018**. Rio de Janeiro, 2019. Disponível em: https://biblioteca.ibge.gov.br/visualizacao/livros/liv101694_informativo.pdf. Acesso em: 15 out. 2021.

—. PNAD Contínua (setembro/novembro 2020). Rio de Janeiro. Disponível em: https://www.ibge.gov.br/estatisticas/sociais/trabalho/9173-pesquisa-nacional-por-amostra-de-domicilios-continua-trimestral.html?edicao=29516&t=destaques. Acesso em: 15 out. 2021.

ORGANIZAÇÃO INTERNACIONAL DO TRABALHO – OIT. **Futuro do trabalho no Brasil: perspectivas e diálogos tripartites**. Brasília, 2018. Disponível em: https://www.ilo.org/wcmsp5/groups/public/---americas/---ro-lima/---ilo-brasilia/documents/publication/wcms_626908.pdf. Acesso em: 21 out. 2021.

—. **Panorama temático laboral 4: presente y futuro de la protección social en América Latina y el Caribe**. Lima: OIT / Oficina Regional, 2018. *para América Latina y el Caribe, 2018* Las plataformas digitales y el futuro del trabajo: Cómo fomentar el trabajo decente en el mundo digital. Ginebra: 2019.

—. **A proteção social em foco: respostas de protção social à pandemia da COVID-19 nos países em desenvolvimento. Maio de 2020.** P. 7. Disponível em: file:///C:/Users/Usuario/AppData/Local/Temp/wcms-747799.pdf. Acesso em: 05 nov. 2021.

—. **Construir sistemas de proteção social: Normas internacionais e instrumentos de direitos humanos**. Genebra: OIT, 2019. Disponível em: https://www.ilo.org/wcmsp5/groups/public/---europe/---ro-geneva/---ilo-lisbon/documents/publication/wcms_734079.pdf. Acesso em 05 nov. 2021.

—. **Relatório Mundial sobre Proteção Social 2017-19: Proteção social universal para alcançar os Objetivos de Desenvolvimento Sustentável**. Genebra: OIT, 2017. Disponível em: https://www.ilo.org/isbon/publica%C3%A7%C3%B5es/WCMS_698042/lang–pt/index.htm. Acesso em: 05 de nov. 2021.

—. **Trabajar para um futuro más prometedor – Comisión Mundial sobre el Futuro del Trabajo**. Genebra: OIT, 2019. Disponível em file:///C:/Users/Usuario/Desktop/Comiss%C3%A3o%20da%20OIT%20sobre%20º%20futuro%20do%20trabalho%20%20-%202019.pdf. Acesso em: 30 out. 2021.

PEREIRA, Adriano José. O comportamento da ocupação no Brasil: algumas evidências da informalização do formal. **Economia e Desenvolvimento**. Santa Maria, n. 15, 2003. Disponível em: file:///C:/Users/Usuario/AppData/Local/Temp/O_COMPORTAMENTO_DA_OCUPACAO_NO_BRASIL_ALGUMAS_EVID.pdf. Acesso em: 30 abr. 2021.

WORLD ECONOMIC FORUM. **The Future of Jobs Report 2018**. Disponível em: https://www3.weforum.org/docs/WEF_Future_of_Jobs_2018.pdf. Acesso em: 08 nov. 2021.

10.
INTELIGÊNCIA ARTIFICIAL E SOBERANIA: REGRAS EUROPEIAS E BRASILEIRAS

VITULIA IVONE
RODRIGO ARNONI SCALQUETTE

Introdução

Em meio a tantos desafios que envolvem a tecnologia e sua reverberação em várias áreas da ciência, a Inteligência artificial, seus limites e o respeito à soberania dos Estados é uma das questões mais intrigantes do Direito.

Quem determinará os limites, quem criará os critérios, quem os fiscalizará?

Devem ser elaborados critérios únicos ou cada Estado Soberano terá a liberdade para adaptá-los aos seus anseios criando parâmetros personalizados?

A proteção de dados é, afinal, a proteção dos próprios seres humanos na era digital e esta condição independe da nacionalidade ou teremos espaço para tratamentos legais "personalizados"?

Neste texto o objetivo é o de identificar como Brasil e União Europeia estão lidando com o tema que ainda está em sua fase embrionária em termos de pacificação, mas que, pela velocidade das comunicações na era digital, já pode ser classificado como um dos grandes problemas jurídicos da atualidade.

1. Inteligência Artificial e seus desafios

A Inteligência Artificial (IA) apresenta novas questões para a ciência jurídica e a classe de juristas, testando tanto as capacidades de resposta do sistema quanto as categorias conceituais tradicionais e atuais, para adaptá-lo à realidade em rápida mudança.

As perguntas são muito numerosas e os problemas que levantam emergem com força na sua variedade multifacetada.

A complexidade do tema é por demais evidente e suscita, de certa forma, novidades preocupantes, cujas reflexões extrapolam a dimensão do fenômeno teórico para o qual o jurista volta sua curiosidade e sua atenção hermenêutica, para projetar e afetar uma mesma ética sobre o comportamento humano e sobre as avaliações e decisões de política jurídica que serão tomadas no futuro[1].

A ideia de que uma máquina, por mais "inteligente" que seja, possa – através da consumação fria e gelada de um algoritmo, mediante uma "decisão robótica" – estabelecer o destino de uma pessoa, esteja ele relacionado apenas ao tamanho de seus bens, ou até mesmo chegando ao ponto de regular o campo do afeto e de relações familiares, do tratamento médico obrigatório e até àqueles sobre as decisões sobre a continuação ou o fim da vida, sem dúvida, suscita preocupação e consternação.

Este, no entanto, parece ser cada vez mais o futuro que nos espera e em relação ao qual o jurista não pode – e não deve – renunciar o seu papel, a sua presença, o seu trabalho de conhecer os fenômenos avaliar a relevância e qualidade concretas dos interesses em jogo e identificar as disciplinas e regras apropriadas[2].

O conhecimento do fenômeno é, portanto, imprescindível para a sua avaliação e reflexão.

A Inteligência Artificial (IA) é baseada em dados. Uma das razões pelas quais, apesar de ter sido amplamente estudada há muitos anos e apesar de já estar em muitos aspectos madura, não era uma tecnologia

[1] Santosuosso, Amedeo. **The human rights of nonhuman artificial entities: an oxymoron? In Yearbook of Science and Ethics/Jahrbuch für Wissenschaft und Ethik**. Berlin/Boston: Walter de Gruyter Publisher, 2015, p. 131.

[2] Cf. Alpa, Guido. **L'identità digitale e la tutela della persona. Spunti di riflessione**. *In*: Contratto e Impresa. Padova: CEDAN, 2017, III, pp.723-733.

ainda aplicável em razão da ausência de uma grande quantidade de dados disponíveis.

Hoje, os dados estão disponíveis e muitas vezes são fornecidos pelos próprios usuários, principalmente por meio de redes sociais e buscadores: *Google, Facebook, Instagram, Ali Baba e Baidu*.

Estima-se que bilhões de usuários fornecam dados diariamente, de forma "mais ou menos" consciente, em todo o mundo.

A IA alimenta-se de dados e agora os dados estão certamente disponíveis, muitas vezes até de graça. O novo petróleo, segundo a famosa metáfora do *The Economist* de 2017, é o recurso da nova economia digital[3].

2. Inteligência Artificial e União Europeia

Os dados pessoais constituem, ao mesmo tempo, o recurso em que assenta a economia digital e o objeto do direito à proteção dos dados pessoais[4].

O artigo 8º da Carta dos Direitos Fundamentais da União Europeia (UE) afirma que "todas as pessoas têm direito à proteção dos dados de caráter pessoal que lhes digam respeito. Esses dados devem ser objeto de um tratamento leal, para fins específicos e com o consentimento da pessoa interessada ou com outro fundamento legítimo previsto por lei. Todas as pessoas têm o direito de aceder aos dados coligidos que lhes digam respeito e de obter a respetiva retificação. O cumprimento destas regras fica sujeito a fiscalização por parte de uma autoridade independente".

A ação da União Europeia visa fomentar um novo mercado, o mercado único digital europeu.

O legislador europeu deseja consolidar a posição europeia no quadro global, afirmando uma abordagem unitária, que declina os princí-

[3] The Economist. **The world's most valuable resource is no longer oil, but data.** Disponível em: https://www.economist.com/leaders/2017/05/06/the-worlds-most-valuable-resource-is-no-longer-oil-but-data. Acesso em 03 dez. 2021.

[4] Cf. Lucchini Guastalla, Emanuele. **Il nuovo regolamento europeo sul trattamento dei dati personali: i principi ispiratori.** In: *Contratto e Impresa*, 2018, p. 89; I; Riccio, Scorza, Belisario (a cura di), **GDPR e Normativa Privacy.** *Commentario*, Milano, 2018, p. 42; Sica, D'Antonio, Riccio (a cura di). **La nuova disciplina europea della privacy**, Padova, 2016, p. 65; P. Stanzione. **Il Regolamento europeo sulla privacy: origini e ambito di applicazione, in Europa e Dir. Priv.**, 2016, IV, 1249-1264; N. Zorzi Galgano (a cura di). **Persona e mercato dei dati: riflessioni sul GDPR.** Padova: CEDAN, 2019, p. 129.

pios fundamentais consagrados na Carta dos Direitos Fundamentais da União Europeia. E deseja reforçar a confiança nas transações eletrônicas no mercado interno, garantindo a proteção dos dados pessoais e, assim, aumentando a eficácia dos serviços em linha públicos e privados na União Europeia.

No passado, nos anos 90, em primeiros estudos da Comissão Europeia sobre comércio eletrônico, o objetivo tem sido o de reforçar a confiança, sobretudo do consumidor, para favorecer o desenvolvimento do mercado[5].

Por conseguinte, o legislador europeu transita entre duas necessidades distintas: a de promover o desenvolvimento do mercado digital europeu, cujo bem da troca são as informações e os dados pessoais, e a de proteger a pessoa nos seus direitos fundamentais.

Neste sentido, existem dois regulamentos: o Regulamento UE 2014/910 do Parlamento Europeu e do Conselho sobre identificação eletrônica e serviços de confiança para transações eletrônicas no mercado interno; e o Regulamento UE 2016/679 de 27 de abril de 2016 relativo à proteção das pessoas e dos dados pessoais, à livre circulação desses dados.

[5] Legislação de referência: Diretiva 85/577/CEE do Conselho, de 20 de Dezembro de 1985, relativa à proteção dos consumidores no caso de contratos negociados fora dos estabelecimentos comerceia (esta Diretiva será revogada e substituída pela Diretiva 2011/83/UE, a partir de 13/06/2014 – diretiva relativa aos direitos dos consumidores); Diretiva 90/314/CEE do Conselho, de 13 de Junho de 1990, relativa às viagens organizadas, férias organizadas e circuitos organizados; Diretiva 93/13/CEE do Conselho, de 5 de Abril de 1993, relativa às cláusulas abusivas nos contratos celebrados com os consumidores (JO L 95 de 21.4.1993, p. 29). Diretiva alterada pela Decisão 2002/995/CE da Comissão; Diretiva 97/7/CE do Parlamento Europeu e do Conselho, de 20 de Maio de 1997, relativa à proteção dos consumidores em matéria de contratos à distância (esta Diretiva será revogada e substituída pela Diretiva 2011/83/UE, a partir de 13/06/2014 – diretiva relativa aos direitos dos consumidores); Diretiva 98/6/CE do Parlamento Europeu e do Conselho, de 16 de Fevereiro de 1998, relativa à defesa dos consumidores em matéria de indicações dos preços dos produtos oferecidos aos consumidores; Diretiva 1999/44/CE do parlamento Europeu e do Conselho, de 25 de Maio de 1999, relativa a certos aspetos da venda de bens de consumo e das garantias a ela relativas; Diretiva 2000/31/CE do Parlamento Europeu e do Conselho, de 8 de Junho de 2000, relativa a certos aspetos legais dos serviços da sociedade da informação, em especial do comércio eletrônico, no mercado interno (Diretiva " comércio eletrônico").

Estes dois regulamentos, considerados numa perspectiva unitária, indicam claramente a intenção do legislador europeu de conceber um mercado único digital, retirando os obstáculos jurídicos criados pela não homogeneidade das regras aplicáveis.

Trata-se de normas e não de diretivas: portanto, de aplicação direta e destinadas a estabelecer um sistema de referência legal uniforme e homogêneo.

O Regulamento Europeu 2016/679 surge desta dupla exigência, que, desde o título, clarifica o duplo objeto: a proteção das pessoas no que diz respeito ao tratamento de dados pessoais e a livre circulação de dados.

O Regulamento introduz regras mais claras sobre a divulgação e o consentimento, define os limites para o processamento automatizado de dados pessoais, estabelece as bases para o exercício de novos direitos, define critérios estritos para a transferência de dados para fora da UE e para casos de violação de dados pessoais (violação de dados).

A informação torna-se cada vez mais uma ferramenta de transparência no que diz respeito ao tratamento de dados pessoais e ao exercício de direitos.

Para facilitar a compreensão dos conteúdos, também podem ser utilizados nas informações ícones, idênticos em toda a União Europeia.

As partes interessadas terão de saber se os seus dados são transmitidos para fora da UE e com que garantias; assim como eles deveriam sabem que eles têm o direito de retirar o consentimento para certos tratamentos, como aqueles para fins de marketing direto[6].

O consentimento do titular dos dados para o tratamento dos dados pessoais deve ser preventivo e inequívoco, mesmo quando expresso por via eletrônica.

Para tratar dados sensíveis, o regulamento prevê que o consentimento também deve ser "explícito": é excluída qualquer forma de consentimento tácito ou obtido oferecendo a uma parte interessada uma série de opções já selecionadas. O consentimento pode ser revogado a qualquer momento. Os tratamentos realizados até esse momento pelo proprietário com base no consentimento permanecerão, em qualquer caso, legítimos.

[6] Cf. ALPA, Guido. **Fintech: un laboratorio per i giuristi**. *In*: Contratto e Impresa, 2. Padova: CEDAN, 2, 2019, p. 19.

Os provedores de serviços de *Internet* e as mídias sociais devem solicitar o consentimento dos pais ou daqueles que exercem autoridade parental para processar os dados pessoais de crianças menores de 16 anos.

O regulamento estabelece que as decisões que produzem efeitos jurídicos não podem basear-se exclusivamente no tratamento automatizado de dados (por exemplo, criação de perfis).

Os casos em que o interessado tenha dado consentimento expresso para o tratamento automatizado dos seus dados serão uma exceção, ou este tipo de processamento é estritamente necessário para a definição de um contrato ou ocorre com base em especificações obrigações legais.

Em qualquer caso, são dadas garantias aos interessados, como o direito de oposição à decisão adoptada com base no tratamento automatizado ou o direito de obter intervenção humana sobre a própria decisão.

Se o processamento for destinado a atividades de marketing direto, a parte interessada sempre tem o direito de se opor à definição de perfil.

O regulamento introduz o direito à "portabilidade" dos dados pessoais, a fim de transferi-los de um controlador de dados para outro.

No entanto, haverá algumas exceções que não permitem o exercício do direito: em particular, quando se trata de dados contidos em arquivos de interesse público, como os cartórios.

É proibida a transferência de dados pessoais para países localizados fora da União Europeia ou organizações internacionais que não cumpram os padrões de adequação em termos de proteção dados, relativamente aos quais o regulamento introduz critérios de avaliação mais rigorosos.

Como já acontece hoje, na ausência de um reconhecimento de adequação por parte da Comissão Europeia, os titulares poderão utilizar garantias específicas para a transferência contratual, para o qual o regulamento prevê regras pormenorizadas e vinculativas.

Na ausência de garantias contratuais ou reconhecimento de adequação, os dados só podem ser transferidos com o consentimento expresso do interessado, ou se cumpridas condições especiais.

A transferência ou comunicação de dados pessoais de um cidadão da UE a autoridades judiciais ou administrativas de países terceiros só podem ocorrer com base em acordos internacionais de assistência jurídica mútua ou por meio de instrumentos semelhantes.

O controlador de dados deve comunicar quaisquer violações de dados pessoais (violação de dados) à autoridade nacional de proteção de dados.

Se a violação de dados representar uma ameaça aos direitos e liberdades das pessoas, o responsável pelo tratamento deve também informar todas as partes interessadas de forma clara, simples e imediata e fornecer indicações sobre como pretende limitar as possíveis consequências negativas.

O responsável pelo tratamento pode decidir não informar os titulares dos dados se considerar que a violação não envolve um risco elevado para os seus direitos (quando não é, por exemplo, fraude, roubo de identidade, dano de imagem, etc.); ou se puder demonstrar que adotou medidas de segurança (como criptografia) para proteger os dados violados; ou, finalmente, no caso de informar as partes interessadas envolver um esforço desproporcional (por exemplo, se o número de pessoas envolvidas for elevado).

Neste último caso, uma comunicação pública ou adequada para atingir o maior número possível de partes interessadas ainda é necessária (por exemplo, por meio de um anúncio em um jornal ou uma comunicação no site do proprietário).

A Autoridade de Proteção de Dados pode, em qualquer caso, exigir que o controlador de dados informe os titulares dos dados com base em sua própria avaliação independente do risco associado à violação.

O artigo 6º do Regulamento da União Europeia, 2016/679, repropõe todo o conteúdo do art. 7º da Dir. 95/46 / CE, que abriu a seção dedicada aos princípios relativos à legitimidade do tratamento.

Esta regra dita os primeiros pré-requisitos para o processamento, mas não esgota as referências à legalidade. Na verdade, esse termo também aparece no art. 5º, "a", segundo a qual os dados pessoais devem ser tratados «de forma lícita, correta e transparente para com o interessado», de forma a colocar um problema de coordenação entre as duas regras, a fim de avaliar se o julgamento da legalidade deve ser entendido como único ou duplo[7].

[7] Como nota Dianora Poletti. **GDPR tra novità e discontinuità – le condizioni di liceità del trattamento dei dati personali.** *In*: Giurisprudenza.it, 12, 2019. «Seja qual for a opção aceita, é certo que a relação entre os dois dispositivos deve ser lida em progres-

Nos numerosos atos das instituições europeias relativos à inteligência artificial, podemos ler uma tentativa de equilíbrio.

A partilha e disponibilização de dados contam-se, com efeito, entre as ações estratégicas destinadas a promover o desenvolvimento de sistemas de inteligência artificial, desde que esses objetivos sejam prosseguidos no respeito dos direitos das pessoas e dos valores europeus.

Em 7 de dezembro de 2018, a Comunicação da Comissão Europeia esclarece imediatamente que por "inteligência artificial" (IA) entendemos os sistemas que apresentam um comportamento inteligente ao analisar o seu ambiente e agir, com um certo grau de autonomia, para alcançar objetivos específicos. Usamos IA diariamente, por exemplo, para bloquear *spam* em *email* ou para falar com assistentes digitais.

O aumento da capacidade de computação e disponibilidade de dados e avanços nos algoritmos tornaram a IA uma das tecnologias mais importantes do século 21.

A Comissão salienta a necessidade de criar um "espaço europeu de dados", afirmando expressamente que «para que a IA se desenvolva, é necessário um ecossistema de dados viável baseado na confiança, disponibilidade de dados e infraestrutura» e que o acesso aos dados «é um elemento fundamental para um cenário competitivo de IA».

Outra tarefa importante para a criação de um espaço europeu de dados é certamente facilitar este acesso aos dados «em total conformidade com as regras de proteção de dados pessoais».

Na Resolução do Parlamento Europeu de 12 de fevereiro de 2019 é reconhecido por um lado, que o desenvolvimento de produtos e serviços baseados em inteligência artificial requer o livre fluxo de dados e a acessibilidade aos dados dentro da União Europeia e por outro lado, que deve ser garantido um elevado nível de segurança, proteção e confidencialidade dos dados utilizados para a comunicação entre pessoas e robôs e inteligência artificial, apelando à Comissão para que garanta que qualquer futuro quadro regulamentar da UE sobre inteligência artificial garanta a confidencialidade das comunicações, a proteção de dados pessoais, incluindo os princípios de legalidade, equidade e transparência,

são numérica invertida, visto que, antes de definir "a forma" de realizar o tratamento, é necessário identificar as condições que o tornam *ex ante* legal».

proteção de dados desde a conceção e por defeito, a limitação da finalidade, a limitação da retenção e minimização dos dados, em total conformidade com a legislação da União em matéria de proteção e dados.

Em 2018, a Comunicação da Comissão Europeia destacou a necessidade de promover iniciativas no domínio da inteligência artificial em conformidade com um «quadro ético baseado nos valores da União e consistente com a Carta dos Direitos Fundamentais de União Europeia».

Em particular, no âmbito da estratégia europeia que visa tornar a Europa competitiva em termos de desenvolvimento e adoção de sistemas de inteligência artificial, foi prevista a preparação de «um projeto de diretrizes éticas para a inteligência artificial», em cooperação com o Grupo Europeu de Ética em Ciência e Novas Tecnologias.

A IA pode realizar muitas funções que antes só podiam ser realizadas por humanos. Os cidadãos e as entidades jurídicas estarão, portanto, cada vez mais sujeitos às ações e decisões dos sistemas de IA ou com o seu auxílio; isso nem sempre é uma conquista fácil, compreensível e difícil de se opor efetivamente quando necessário.

A IA também aumenta as chances de seguir e analisar os hábitos diários das pessoas. Existe, por exemplo, o risco potencial para uso de IA, em violação da proteção de dados da UE e outras regras, por autoridades estatais ou outras entidades para fins de vigilância em massa ou por empregadores. Uma vez que permite analisar grandes quantidades de dados e identificar *links* entre eles, a IA também pode ser usada para reconstruir e anonimizar dados relativos a indivíduos, o que implica novos riscos para a proteção de dados pessoais também em relação a conjuntos de dados que não contêm dados pessoais em si. AI é usada, também, por intermediários *online* para priorizar as informações a serem fornecidas aos seus usuários ou para fins de moderação de conteúdo.

Os dados processados, as formas como as aplicações são concebidas e o âmbito da intervenção humana podem afetar os direitos à liberdade de expressão, a proteção dos dados pessoais e a privacidade, bem como as liberdades políticas.

Diante do crescimento exponencial do uso de sistemas de IA em todos os campos, desde finanças, agricultura e saúde, a União Europeia tenta entrar no cenário mundial dominado pelos Estados Unidos e China, por meio da construção de uma legislação que conquista a confiança do consumidor e da empresa na IA.

3. O *Livro Branco* da Comissão Europeia

Em 19 de fevereiro de 2020, a Comissão Europeia ditou as regras sobre IA em um *Livro Branco*, expressando a necessidade de apoio estratégico para criar um bom grau de confiança do usuário nas tecnologias.

Aumentar a confiança do usuário é um requisito fundamental na implementação de sistemas inteligentes. Um sistema de confiança só pode ser construído por meio de uma política antropocêntrica que alcance um clima de segurança e confiabilidade.

A grande quantidade de dados necessários, a dependência dos algoritmos e a opacidade do processo de tomada de decisão da máquina inteligente tornam mais difícil prever o comportamento e entender as possíveis consequências.

Para fomentar um ecossistema baseado na confiança, é necessário focar em vários fatores, tais como a confidencialidade e a correta governança de dados; a transparência; a ética e a justiça e a prestação de contas (*accountability*)[8].

A opacidade dos sistemas de inteligência artificial, como a aprendizagem profunda (*deep learning*), pode estar em contraste com os princípios que inspiram a legislação europeia.

Os riscos podem surgir de falhas gerais de *design* em sistemas de IA ou do uso de dados incorretos. Com base nos riscos destacados, se destaca a neutralidade do quadro jurídico europeu em matéria de proteção de dados aplicável a todas as tecnologias.

O requisito ético referido no *Livro Branco* é baseado no cumprimento de três princípios fundamentais: i) o princípio da cognoscibilidade: ii) o princípio da não exclusividade e, iii) o princípio da não discriminação.

[8] Finocchiaro, Giusella. **GDPR tra novità e discontinuità**. *In*: Giurisprudenza.it, 12, 2019, p.2777.
O autor reflete sobre o princípio da *accountability* que informa toda a regulamentação europeia sobre a proteção de dados pessoais. Este é um novo princípio para o sistema jurídico italiano, que deve ser definido e enquadrado no sistema atual, sobretudo para as principais consequências da aplicação do princípio.

O primeiro pode ser traduzido em um direito absoluto de acesso, não se limitando ao único conhecimento do tratamento. Na verdade, o interessado deve ser capaz de compreender a lógica da decisão automatizada para poder decifrar seu uso.

O princípio da não exclusividade algorítmica lembra a necessidade de que uma decisão sobre uma parte interessada não ser resultado apenas da decisão automatizada. O tecido regulatório exige que no processo de tomada de decisão haja sempre uma contribuição humana capaz de controlar e validar a decisão algorítmica.

Finalmente, o princípio da não discriminação casa a visão antropocêntrica italiana e europeia sobre os sistemas de inteligência artificial[9].

Alguns sistemas de IA, como o aprendizado de máquina, usam esquemas de aprendizado que produzem soluções baseadas em recorrências estatísticas e que são mais adequados a um conceito de probabilidade do que de certeza.

Este sistema pode minar os princípios de igualdade, levando à discriminação em duas situações particulares: usuários finais e trabalhadores dentro da empresa.

Este *Livro Branco* apresenta opções políticas que permitem o desenvolvimento seguro e fiável da IA na Europa, respeitando plenamente os valores e direitos dos cidadãos da UE.

Através de uma parceria entre os setores público e privado, o objetivo deste quadro é mobilizar recursos para alcançar um "ecossistema de excelência" ao longo de toda a cadeia de valor, começando com pesquisa e inovação, e criar os incentivos certos para acelerar a adoção de soluções baseadas em IA, inclusive para pequenas e médias empresas (PMEs);

Os elementos-chave de um futuro quadro regulamentar para a IA na Europa, que criará um "ecossistema de confiança" único. Para o efeito, deve garantir o cumprimento das regras da UE, incluindo as que protegem os direitos fundamentais e os direitos dos consumidores, em particular para os sistemas de IA de alto risco operados na UE.

Construir um ecossistema confiável é um objetivo estratégico em si mesmo e deve dar aos cidadãos a confiança para adotar aplicativos de

[9] Amidei, Andrea. **Intelligenza artificiale e product liability: sviluppi del diritto dell'Unione Europea**. *In:* Giurisprudenza.it, 7, 2019, p.1657.

IA para empresas e organizações públicas bem como a certeza jurídica necessária para inovar usando IA.

A Comissão apoia fortemente uma abordagem antropocêntrica baseada em comunicação "Criando confiança na inteligência artificial antropocêntrica" e, também, levará em consideração as contribuições obtidas durante a fase piloto das diretrizes éticas desenvolvidas pelo grupo de especialistas de alto nível em IA[10].

A utilização de IA pode minar os valores em que assenta a União e conduzir a violações dos direitos fundamentais, incluindo os direitos à liberdade de expressão e reunião, a dignidade humana, a discriminação com base no sexo, a raça, a origem étnica, a religião ou crença, a idade ou orientação sexual (quando aplicável em certas áreas), a proteção dos dados pessoais e da privacidade ou o direito a um recurso judicial efetivo e a um processo justo, bem como a proteção do consumidor.

Esses riscos podem surgir de defeitos no projeto geral de sistemas de IA ou o uso de dados sem corrigir quaisquer distorções (por exemplo, se um sistema é treinado usando apenas ou principalmente dados masculinos, o que leva a resultados abaixo do ideal para as mulheres).

4. Projeto de Regulamento sobre Inteligência Artificial de 21 de abril 2021

Com o projeto de Regulamento sobre Inteligência Artificial publicado em 21 de abril 2021 pela Comissão Europeia, é delineado um quadro regulamentar que se desvia do "modelo americano" de *soft-law* baseado em princípios e padrões não vinculativos[11].

Com base em um modelo baseado no risco, o Regulamento proíbe as utilizações perigosas de sistemas de IA e impõe obrigações rigorosas àqueles considerados de alto risco. Se entre os sistemas de IA sujeitos a proibição absoluta, existem aqueles capazes de manipular o compor-

[10] Gambini, Marialuisa. **Intelligenza artificiale e diritto. Algoritmi e sicurezza.** *In*: Giurisprudenza.it, 7, 2019, p. 88.

[11] Proposal For a Regulation of the European Parliament and of the Council laying down harmonised rules on artificial intelligence (ARTIFICIAL INTELLIGENCE ACT) and amending certain union legislative acts {SEC (2021) 167 Final} – {SWD (2021) 84 Final} – {SWD (2021) 85 Final}.

tamento humano, aqueles utilizados em locais públicos para reconhecimento biométrico em tempo real a fim de garantir a aplicação da lei (com algumas exceções), ou aqueles utilizados para "pontuação social", entre os sistemas de "alto risco" figuram os utilizados em determinados setores (como transportes ou dispositivos médicos), os sistemas utilizados para processos de seleção de pessoal, os utilizados no âmbito da avaliação da solvência de crédito ou para a tomada de decisões judiciais.

O Regulamento dedica a essas tecnologias uma série de disposições que os fabricantes e fornecedores de sistemas de IA devem cumprir: passamos da obrigação de garantir a qualidade dos dados usados para treinar os sistemas de IA para as obrigações de robustez técnica, cibersegurança e precisão, passando pelos deveres de transparência (que incluem a obrigação de fornecer "instruções de uso") e de garantir a intervenção humana, capaz de corrigir quaisquer distorções nas decisões do sistema.

O amplo espectro regulatório coberto pelo regulamento de IA cobre todos os aspectos do ciclo de vida do desenvolvimento, venda e uso de sistemas de IA incluindo a colocação no mercado de sistemas de IA; o comissionamento de sistemas de IA; e o uso de sistemas de IA.

Todas as partes envolvidas na realização dessas atividades – como fornecedores, usuários, distribuidores, importadores ou revendedores – estarão sujeitos a um certo nível de conformidade regulamentar. Isto também se aplica a fornecedores ou usuários de sistemas de inteligência artificial localizados fora da União Europeia, caso eles coloquem sistemas de IA em serviço na União Europeia ou usem saídas derivadas de sistemas de IA em operação na União Europeia. Nesse sentido, o paralelismo com os efeitos extraterritoriais do *General Data Protection Regulation – GDPR* é imediato.

Um sistema de IA, de acordo com a definição dada na Recomendação da OCDE de 2019 sobre Inteligência Artificial, deve ser tecnologicamente neutro, "à prova de futuro" e, ao mesmo tempo, fornecer segurança jurídica. No âmbito do Regulamento IA, a definição de "sistema de IA" inclui *software* desenvolvido com uma ou mais técnicas e abordagens daquelas especificadas no Anexo I do referido Regulamento.

Atualmente, essas técnicas incluem abordagens de aprendizagem automática, abordagens baseadas em lógica e conhecimento e abordagens estatísticas, capazes de gerar, para um determinado conjunto de objetivos definidos pelo homem, resultados como conteúdos, previsões, recomendações ou decisões que influenciam os ambientes com os quais interagem.

Um sistema multinível de requisitos regulatórios também está previsto, dependendo do risco intrínseco associado ao sistema e / ou às práticas de Inteligência Artificial utilizadas. O regulamento proíbe práticas específicas de Inteligência Artificial (em vez de sistemas) que se acredita gerem um risco inaceitável.

Por exemplo, incluem a utilização de Inteligência Artificial por parte das autoridades públicas com o objetivo de obter a chamada "pontuação social" para avaliação do comportamento dos indivíduos (pontuação social), a utilização de sistemas de identificação biométrica remota em tempo real em espaços acessíveis ao público para fins de aplicação da lei (com algumas exceções) e técnicas subliminares destinadas a alterar significativamente o comportamento de uma pessoa de forma prejudicial. O regulamento estabelece uma categoria específica para sistemas de IA de alto risco. São tecnologias que apresentam um risco significativo de causar danos e, portanto, seu uso só é permitido na presença de controles de segurança específicos[12].

Em particular, os sistemas de IA de alto risco são definidos usando um modelo de classificação focado no risco associado ao próprio produto.

Uma primeira categoria inclui sistemas de IA destinados a serem usados como componentes de segurança de produtos (ou que sejam eles próprios um produto). Esses sistemas estão listados no Anexo II do Regulamento IA.

Uma segunda categoria inclui sistemas independentes de IA cujo uso pode impactar direitos fundamentais. Esses sistemas estão listados no Anexo III e dizem respeito, por exemplo, a sistemas de identificação biométrica em tempo real e em retrospecto.

[12] Esta parte do regulamento IA proposto adota a abordagem adotada na legislação da UE em vigor sobre segurança de produtos e gestão de riscos. Isso pode incluir, por exemplo, pontuação de crédito, sistemas de IA relacionados a infraestruturas públicas essenciais, justiça e seguridade social, dispositivos médicos e outros dispositivos regulamentados e sistemas de transporte.

O Regulamento IA também prevê uma série de verificações a serem realizadas em sistemas de IA de alto risco pelo fornecedor.

Sobre o tema da transparência, os sistemas de IA, de alto risco, devem ser projetados e desenvolvidos para garantir que sua operação seja suficientemente transparente para permitir que os usuários interpretem os resultados do sistema e os usem de forma adequada. As instruções e manuais do usuário a serem fornecidos ao usuário devem ser claros e conter informações sobre a identidade do fornecedor, as características, capacidades e limitações do sistema de IA e medidas de supervisão humana.

No quesito da segurança, o Regulamento IA indica um alto nível de precisão, robustez e segurança que deve ser garantido constantemente durante todo o ciclo de vida do sistema de IA de alto risco. Os acidentes graves e as avarias, de alto risco, do sistema devem ser imediatamente comunicados às autoridades de supervisão do Estado-Membro em que ocorreu o acidente.

O Regulamento IA prevê a criação de um *Comité Europeu de Inteligência Artificial* ("Comité"), cuja função será aconselhar e prestar assistência à Comissão Europeia nas questões abrangidas pelo Regulamento IA para contribuir para uma cooperação eficaz entre autoridades supervisoras nacionais e a Comissão, coordenar e contribuir para a orientação e análise de questões emergentes fornecidas pela Comissão e pelas autoridades supervisoras nacionais e outras autoridades competentes, e ajudar as autoridades supervisoras nacionais e a Comissão a garantir a aplicação coerente de as regras.

A estrutura do (EDPD) baseia-se nas competências e responsabilidades do *European Data Protection Board* previstas no *General Data Protection Regulation* (GDPR).

5. O caso *Clearview AI*

O caso *Clearview* se refere a uma tecnologia específica relacionada ao reconhecimento facial.

Esta é uma coleção algorítmica de dados biométricos, definidos pela Diretiva de Aplicação da Lei (*Law Enforcement Directive*) como "categorias especiais de dados pessoais": categoria especial de dados porque se refere a aspectos intrinsecamente ligados à pessoa a quem se referem: raça, sexo, religião, política ou inclinações sexuais. Portanto, dados pessoais.

A definição de dados biométricos pode ser encontrada no art. 10, parágrafo 1º, Dir. (EU) 2016/680 Diretiva de Aplicação da Lei (*Law Enforcement Directive*).

Uma tecnologia que se enquadra neste problema é o reconhecimento facial._

O FRT é um algoritmo utilizado para reconhecer rostos humanos por meio do uso de biometria, capaz de coletar informações de vídeos ou fotos, focando nos detalhes dos rostos, como, por exemplo, a distância dos olhos da testa, para criar uma "Assinatura facial".

Dos aeroportos a ação mais banal de desbloquear um *smartphone* de última geração, o FRT coleta dados biométricos por vários motivos. Pode-se entender facilmente os usos positivos de tal método: a criação de bancos de dados usados pela polícia por razões de segurança pública - como no ataque ao Capitólio, em 6 de janeiro de 2021, em que as imagens filmadas por câmeras mostraram os agressores caminhando imperturbáveis no momento da invasão; a busca de imagens para localizar menores desaparecidos; ou no local de trabalho, em que o reconhecimento facial é usado para tomar certas decisões.

No entanto, a disseminação do FRT é frequentemente objeto de pedidos pouco atentos à proteção de direitos fundamentais, como os sofridos pelos cidadãos de Mianmar durante os protestos que inflamaram o país.

Portanto, o uso de FRTs por agências de aplicação da lei em todo o mundo parece ser um fato estabelecido.

A vulnerabilidade desta tecnologia é logo dita: a proteção do imenso banco de dados à disposição de uma empresa como a *Clearview AI* que tem trabalhado com o Exército dos EUA e a Força Aérea Americana no gerenciamento de cerca de 3 bilhões de imagens obtidas pelo *Facebook, YouTube e Venmo.*

A inovação de tal sistema reside em ter colocado em um conjunto de dados imagens de pessoas que nunca deram seu consentimento para se envolver neste tipo de tecnologia.

Mais especificamente, é um material útil para "treinar o algoritmo" ou criar um "mecanismo de busca de rostos".

É importante entender o que são os principais pontos críticos desta tecnologia.

Os dados processados são dados biométricos: este aspecto levanta questões sobre a necessidade e proporcionalidade do processamento. Os dados biométricos são, na verdade, dados distintivos de um indivíduo que o caracterizam de forma única em relação a outro ser humano.

Devemos sempre lembrar que uma *selfie* não é apenas uma *selfie*, pelo contrário, ela vive uma vida dupla como um "dado de treinamento" a serviço de uma análise biométrico-algorítmica para a qual nenhum tipo de consentimento foi expresso.

A atividade conduzida pela *Clearview AI* inclui 3 bilhões de fotografias: o que implica, senão tantas, mas ainda um enorme número de pessoas em seus bancos de dados que a ignoram completamente e que não têm controle sobre o destino de suas fotos e seus dados.

O perigo do *Clearview* também está em sua opacidade, escassez de informação, bem como na declaração falsa de que coletaria apenas "fotos disponíveis", como afirma o site. Na verdade, como as fontes esclarecem, a empresa processa uma grande quantidade de dados além das fotos: metadados obtidos nos sites onde se encontram as fotos citadas.

Devido à natureza controversa da tecnologia usada e do próprio banco de dados, várias autoridades de privacidade estão começando a estabelecer limites nos Estados Unidos e no Canadá. Mas na Europa a *Clearview AI* não realiza atividades, apesar de muitas fotos de cidadãos europeus estarem presentes em sua base de dados: a empresa não coleta, de fato, "simplesmente" as fotos de pessoas encontradas na *web*.

Como também esclareceu a Autoridade de Privacidade de Hamburgo, na Alemanha, os resultados com que a aplicação funciona ultrapassam as imagens, envolvendo também aqueles metadados associados às próprias imagens: uma atividade que se insere em todos os aspectos na definição da atividade de monitorização dos comportamentos dos cidadãos dos países europeus e que vai além do mero uso e treinamento do banco de dados.

Lembre-se que em uma decisão inédita na legislação da UE, a autoridade supervisora de Hamburgo ordenou a empresa em fevereiro de 2020 que excluísse qualquer informação relativa a um cidadão alemão, que havia enviado um pedido à empresa e descoberto que seu rosto estava disponível no mecanismo de busca.

Em fevereiro de 2021, a Autoridade Sueca de Privacidade, IMY, sancionou uma força policial por usar ilegalmente o *Clearview* durante algumas investigações. A nota divulgada pela Autoridade também destaca que o aplicativo teria sido utilizado por alguns diretores sem as autorizações necessárias.

De realçar que, em janeiro de 2021, a Comissão Europeia, no âmbito da redação do *Livro Branco* sobre Inteligência Artificial, estava a ponderar a possibilidade de estabelecer uma moratória de cinco anos com o objetivo de utilizar o FTR em espaços abertos ao público.

Uma medida que não foi recentemente adotada, deixando mais uma vez em aberto grande número de questões relativas à sua utilização legítima no quadro do direito euro-unitário. Também são fracas as Diretrizes do *Comité Europeu de Inteligência Artificial* publicadas em janeiro de 2021, onde a distinção entre bons e maus usos do reconhecimento facial não faz justiça ao grau real de intrusão dessa tecnologia.

A Autoridade Italiana para a Proteção de Dados Pessoais também se interessou recentemente pelo assunto, enviando à empresa Clearview uma carta de esclarecimento sobre os métodos técnicos com os quais os dados são gerenciados e protegidos. Em particular, a autoridade quer saber se os dados biométricos são processados a partir das fotos tratadas, se estão adequadamente protegidos e se existem processos de decisão automáticos por trás da análise facial.

6. Os princípios constitucionais envolvidos quando se trata de algoritmos e inteligência artificial

Entre os princípios constitucionais italianos envolvidos, o primeiro é o direito da personalidade.

É uma categoria conceitual jurídica importante no sistema de direito civil italiano, que visa identificar aquele conjunto de direitos subjetivos que têm por objeto os atributos de personalidade, físicos e imateriais, caracterizados pela elasticidade.

De fato, os limites desta noção jurídica não são estáticos. Estão incluídos nele, o direito ao nome (artigo 6º do Código Civil e artigo 22º da Constituição), o direito a imagem (artigo 10º do Código Civil italiano e artigo 96); o direito a confidencialidade e controle sobre a circulação de dados pessoais; o direito a honra e a reputação (artigos 594-595 do Código Penal); o direito a pessoal identidade e, por fim, as faculdades morais previstas nos direitos autorais (artigos 20-24, 81 e 142, de 22 de abril de 1941, n. 633).

O Tribunal Constitucional italiano, em 1994, deu uma excelente definição de identidade pessoal como "o direito de ser você mesmo, entendido como o respeito pela imagem da participação na vida associada, com a aquisição de ideias e experiências, com convicções ideológicas e religiosas, morais e sociais que diferenciam, e ao mesmo tempo qualificam, o indivíduo"[13].

Em uma sentença notória do Tribunal Constitucional, a identidade pessoal se configura como um "bem-valor constituído pela projeção social da personalidade do indivíduo, que está atrelado com um interesse da pessoa a ser representada, na vida de relação, com sua verdadeira identidade, e não ver o próprio patrimônio intelectual, ideológico, ético, religioso, profissional deturpado" [14].

A identidade não apenas identifica a pessoa a que se refere, mas o representa e afirma sua personalidade individual, como diferente das outras, mas idêntica a si mesma.

Coisa diferente é a identidade digital: em primeiro lugar, essa noção geralmente identifica a identidade pessoal "na rede" ou "virtual", em oposição à "física".

Pelo contrário, num sentido mais técnico, jurídico-informático, a identidade digital define o conjunto de informações e recursos concedidos por um sistema informático a um determinado utilizador do referido, normalmente protegidos por um sistema de autenticação.

As violações de identidade por meio de redes sociais podem ser realizadas, concretamente, graças às funcionalidades das plataformas *online* (ou, mais corretamente, provedores de serviços de hospedagem, provedores de serviços de armazenamento) que permitem aos usuários criar conteúdo digital em formato de texto, visual, vocal (por exemplo, posta-

[13] (Tribunal Constitucional de 3 de fevereiro de 1994, n. 13).

[14] (Cass., 7 de fevereiro de 1996, n. 978).

gem, comentários, imagens, vídeos, áudio) e divulgá-los, tanto com uma conta pessoal quanto criando perfis digitais falsos.

Em 2015, a Corte Constitucional italiana decidiu que criar um comentário e publicá-lo no quadro de avisos de uma rede social significa dar à mensagem uma possibilidade de divulgação potencialmente capaz de prejudicar a reputação de forma exponencial, uma vez que pode chegar a um prazo indefinido número de usuários cadastrados na plataforma[15].

Portanto, caso esse conteúdo se enquadre nos requisitos da declaração difamatória prevista no art. 595 do Código Penal, deve-se considerar a infração agravada. Esta abordagem foi também confirmada em decisões subsequentes do mesmo Tribunal no 2016.

A questão da proteção dos direitos da personalidade deve permanecer no centro do atual debate doutrinário e jurisprudencial.

Se o direito de ter a identidade pessoal não for alterada, distorcida, mal representada permanece central, devemos esperar que os juízes tratem dos novos casos relativos às lesões aos direitos da personalidade decorrentes do uso malicioso de inteligência artificial e a partir da difusão do *deepfake*, uma tecnologia adequada para criar conteúdo difamatório e mentiroso de alta credibilidade e, portanto, prejudicar a identidade do ofendido.

Por essas razões, argumento que cabe ao jurista interromper a temporada da tirania do algoritmo e lembrar que a pessoa e seus direitos estão no centro do sistema jurídico.

7. Inteligência Artificial e soberania

Nos tempos atuais do mundo globalizado, tecnológico, 5G e profundamente baseado na Inteligência Artificial (IA) – a atividade humana é facilmente substituída por máquinas e algorítmos – que prestam o papel de dar uma rapidíssima resposta aos "quereres sem fim" de diversos personagens espalhados pelo globo terrestre.

Por outro lado, há uma ligação imediata entre as ações praticadas pelas pessoas e as consequências quase que instantâneas destas ações, como no

[15] Corte cost., Sent., (ud. 10-02-2015) 15-06-2015, n. 109.

caso da Covid-19, em que um vírus surgido em uma cidade da China teve repercussão no mundo inteiro.

Como vimos a Inteligência Artificial (IA) é baseada em dados que, em inúmeras vezes, são obtidos nos motores de busca da *internet* como no *Bing, Google, Yahoo, YouTube*, e em redes sociais como *Badoo, Facebook, Instagram, Twitter*. Bilhões de usuários destes instrumentos tecnológicos fornecem dados em todo mundo interligando pessoas de forma contínua e ininterrupta.

Como determinar regras e limites para a IA? Há um local de competência para julgar eventuais abusos da tirania do algorítimo?

Para responder estas questões há a necessidade de entender o que vem a ser Soberania.

Em linhas gerais soberania é o poder de dizer o Direito dentro de um determinado território ou o poder de Império que um determinado Estado tem em relação aos seus próprios atos.

Vários teóricos políticos abordaram a questão da Soberania, dentre outros, Bodin, Hobbes e Maquiavel. Porém, foi Jean Bodin que a definiu tradicionalmente como sendo "o poder absoluto e perpétuo de uma comunidade"[16].

Lembrando a questão do poder na Soberania há a doutrina de Jubilut:

> A soberania pode ser entendida como um vocábulo de poder, ou seja, uma estrutura juridicamente definida, a fim de organizar e delimitar o poder. É, assim, um conceito jurídico-político e se beneficia e sofre em função de tal característica. Beneficia-se por ser definida a partir do Direito que busca lhe assegurar contornos delimitados, mas sofre por ser um conceito jurídico que deve ser aplicado no universo político, ganhando contornos de fluidez e de questionamento.[17]

[16] BODIN, Jean. **On Sovereignty: Four Chapters from The Six Books of the Commonwealth.** Julian H. Franklin Editor: Cambridge, 1992, p. 1.

[17] JUBILUT, Liliana Lyra. **O conceito de soberania: Modificações e Responsabilidade.** *In*: Epitácio Pessoa e a codificação no direito internacional. Marcílio Toscano Franca Filho; Jorge Luís Mialhe; Ulisses da Silveira Job, organizadores. Porto Alegre: Sergio Antonio Fabris editor, 2013, p. 249.

Esta demonstração de poder que advém da soberania – segundo a qual uma determinada sociedade em um dado território pode dizer o Direito – seria uma resposta eficaz para os abusos cometidos em nome da IA, dos algorítimos, que inúmeras vezes afetam os direitos à liberdade de expressão, à proteção dos dados pessoais e à privacidade, bem como às liberdades políticas, pois no atual "mundo líquido" em que há uma notória "cortina de fumaça" para a identificação de pessoas e máquinas que inundam a *internet*[18] de notícias falsas e ódio generalizado a diversos grupos sociais, o abuso acaba por minar os valores em que se assenta a sociedade organizada conduzindo a violações dos direitos fundamentais tão duramente conquistados ao longo da História.

Interessante, neste ponto, transcrever-se as características da soberania, preconizadas por Flávio Martins, *in verbis*:

> São características da soberania: *una* (não se admite num mesmo Estado a convivência de duas soberanias; *indivisível* (ela se aplica a todos os fatos ocorridos no Estado, sendo inadmissível a existência de várias partes separadas da soberania); *inalienável* (aquele que a detém desaparece quando fica sem ela); *imprescritível* (jamais seria verdadeiramente superior se tivesse um prazo de duração); *originário* (nasce no exato momento em que nasce o Estado, como seu atributo inseparável); *incondicionado* (só encontra limites postos pelo próprio Estado) e *coativo* (o Estado não só ordena, mas dispõe de meios para fazer cumprir suas ordens).[19]

Foi justamente com as peculiaridades acima expostas que afirmamos que a soberania é o poder de império que um Estado possui e, partindo desta premissa, ela é indivisível e inalienável; vale dizer, ou um Estado

[18] Com relação à *internet* no Brasil vale destacar a Lei 12.965/14 – *Marco Civil da Internet*: isto é, uma espécie de "Constituição da Internet" que regula o uso da internet no país, prevendo princípios, garantias, direitos e deveres para o uso do sistema global de rede de computadores, além de estabelecer diretrizes para o Estado no que se refere à *internet*. Cf. Scalquettte, Rodrigo Arnoni. **Lições Sistematizadas de História do Direito**. 2ª ed. São Paulo: Almedina, 2020, pp. 182-183.

[19] Martins, Flávio. **Curso de direito constitucional**. 1ª ed. São Paulo: Editora Revista dos Tribunais, 2017, p. 498.

possui ou não possui Soberania, logo não há soberania partilhada, compartilhada ou diminuída.[20]

Por outro lado, no mundo de "atitudes líquidas", de incertezas, de "cada um por si", na demonstração diária de hábitos pessoais desde a simples postagem nas redes sociais de um prato de comida, de um *drink*, de posicionametos políticos, de ódio a determinados grupos sociais, da transferência de dados pessoais sem autorização, da exaltação da ideia: "*minha vida é melhor que a sua*" – parafrasendo o sociólogo polonês Zygmund Bauman – na "*pressa da modernidade líquida*" – atualíssima são suas lições:

> O tempo jorra em todos os lugares. E nós envelhecemos no Tibete ou em Nova York. Mas a experiência da passagem do tempo nós organizamos de maneira diferente, dependendo da sociedade em que estamos inseridos. Na maior parte da história da Humanidade, tínhamos basicamente duas formas de organização: o tempo cíclico, que se repete dia após dia, ano após ano, vivido pelas sociedades agrárias, como o Tibete. E o tempo linear, que marcha, move em direção ao futuro, dominante nas sociedades industriais e que expressa essa ideia de modernidade, progresso. O que estamos percebendo em Nova York – ou no Rio – é uma terceira e relativamente nova organização do tempo, que ganha terreno no que eu chamo de modernidade líquida: uma forma de vivenciar a passagem do tempo que não é nem cíclica e nem linear, um tempo sem seta, sem direção, dissipado numa infinidade de momentos, cada um deles episódico, fechado e curto, apenas frouxamente conectado com o momento anterior ou o seguinte, numa sucessão caótica. As oportunidades são imprevisíveis e incontroláveis. Então a vigilância sem trégua parece imprescindível. Esse tempo da modernidade líquida gera ansiedade e a sensação de ter perdido algo. Não importa o quanto tentamos, nunca estaremos em dia com o que aparentemente nos é oferecido. Vivemos um tempo em que estamos constantemente correndo atrás. O que ninguém sabe é correndo atrás de quê.[21]

[20] Cf. SCALQUETTE, Rodrigo Arnoni. **Elementos da Soberania e do Tribunal Penal Internacional.** São Paulo: LCTE editora, 2007, p. 115.

[21] Bauman, Professor emérito das Universidades de Leeds e de Varsóvia, autor de best-sellers como "O mal-estar da pós-modernidade", "Modernidade líquida" e "Amor líquido".

Nos tempos de *modernidade líquida* descrita por Bauman, interessante se faz notar, como anteriormente abordado, que as violações de identidade por meio de redes sociais podem ser realizadas, concretamente, graças às funcionalidades das plataformas *online* que permitem aos usuários criar conteúdo digital em formato de texto, visual, vocal e divulgá-los, tanto com uma conta pessoal quanto criando perfis digitais falsos e, é sempre bom lembrar que, cabe aos operadores do direito[22] interromper com as violações aos direitos da pessoa humana, pacificando conflitos existentes.

Em um primeiro momento podemos pensar em um *sistema preventivo* internacional para a regulamentação da Inteligência Artificial – com princípios gerais de boa conduta no manejo dos algoritmos– uma espécie de microssistema da Inteligência Artificial, primando sempre pela prevalência dos direitos fundamentais, como liberdade de expressão, proteção dos dados pessoais, privacidade e liberdades políticas, dentre outros.

Caso, eventualmente, este sistema preventivo não surta efeitos, deve entrar em cena o *sistema repressivo* – respeitando-se as regras da soberania. Se o abuso de direito – realizado pela IA – ocorrer em um dado Estado, será o direito interno deste Estado que deverá dar uma resposta à "tirania do algoritmo".

Por fim, se ambos os sistemas – preventivo e repressivo – de alguma forma não funcionarem as partes envolvidas poderão se valer do *princípio da complementariedade*[23], isto é, recorre-se à jurisdição internacional pre-

Entrevista, por *email*, ao jornal EXTRA do Grupo Globo, disponível em : https://extra.globo.com/noticias/saude-e-ciencia/zigmunt-bauman-estamos-constantemente-correndo-atras-que-ninguem-sabe-correndo-atras-de-que-273321.html?ixzz1ltTxMWlQ. Acesso em 03 de dez. 2021.

[22] Vitulia Ivone lembra o papel do jurista no mundo atual: "Se uma Constituição democrática deve ser o canal em que repousa a integração entre Estado e sociedade, bem como o lugar para compatibilizar as regras de direito e as exigências da vida política, o jurista deve ser então encarregado de refletir sobre um novo *ethos* republicano, baseado em seus princípios de justiça que são realizados e recompostos, não separados por conflitos e oposições, mas na esteira de uma ordem dinâmica entre vontades e valores." **Cultura como uma forma elevada do espírito: a valorização do patrimônio cultural de Benedetto Crocce ao *Art Bonus*.** Campos dos Goytacazes, RJ: Brasil Multicultural, 2019, p. 18.

[23] Com relação ao princípio da complementariedade ver: SCALQUETTE, Rodrigo Arnoni.

vista em diversos tratados internacionais que criaram, por exemplo, no caso das Américas a Corte Interamericana de Direitos Humanos[24]. Em primeiro lugar, via de regra, deve-se recorrer ao sistema judiciário nacional e, só após manifesta incapacidade ou falta de disposição do judiciário interno de um Estado, busca-se a jurisdição internacional.

Feitas estas considerações sobre a questão da Soberania e seus possíveis pontos de tangência com a Inteligência Artificial, necessário se faz evidenciar a tutela legislativa brasileira sobre a proteção de dados, pioneira no país mas que não aborda a Inteligência Artificial e o Projeto de Lei 21/2020 que busca estabelecer o regramento necessário ao tema da I.A.

8. Inteligência Artificial e Proteção de Dados no Brasil: (LGPD, Lei n. 13.709/2018 e Projeto de Lei 21/2020)

Em 14 de agosto de 2018 foi sancionada pelo presidente da República Michel Temer a Lei 13.709/2018 denominada Lei Geral de Proteção de Dados (LGPD)[25]. A LGPD foi o resultado de diversos debates que tiveram início no Ministério da Justiça no ano de 2011. Posteriormente, houve várias consultas públicas durante o período de quatro anos – demonstrando o viés de participação democrática no texto de lei – que acabou por desaguar no Anteprojeto de Lei em 2015.

Vigorava na União Europeia, neste período, a Diretiva 95/46 sobre proteção de dados, referida anteriormente, mas, em razão das velozes mudanças tecnológicas, o projeto de Lei de 2015, com base na Diretiva 95/46, ficou superado. Na sequência entra em cena um novo projeto de lei (PL 5.276-A) que teve forte inspiração no *General Data Protection Regu-*

Elementos da Soberania e do Tribunal Penal Internacional. São Paulo: LCTE editora, 2007.

[24] Com relação aos direitos humanos e direitos fundamentais em situações de crise consultar a obra: SCALQUETTE, Ana Claudia Silva. **Sistemas Constitucionais das Crises: os direitos fundamentais face a situações extremas.** 1ª ed. Porto Alegre: Sergio Antonio Fabris editor, 2004.

[25] Conforme redação dada pela Lei n. 13.853/2019.

lation – GDPR (Regulation 2016/679), também abordado acima, dando redação final à Lei Geral de Proteção de Dados.[26]

A LGPD, vale ressaltar, é um microssistema com sessenta e cinco artigos divididos em dez capítulos que dispõe sobre o tratamento de dados pessoais, inclusive nos meios digitais, por pessoa natural ou por pessoa jurídica de direito público ou privado, com o objetivo de proteger os direitos fundamentais de liberdade e de privacidade e o livre desenvolvimento da personalidade da pessoa natural[27].

Para uma melhor compreensão da Lei Geral de Proteção de Dados brasileira, é bom ter em mente que há algumas denominações utilizadas pelos personagens envolvidos com Inteligência Artificial e com a proteção de dados conforme previsão do artigo 5º da LGPD conforme segue:

- *dado pessoal*: informação relacionada a pessoa natural identificada ou identificável;
- *dado pessoal sensível*: dado pessoal sobre origem racial ou étnica, convicção religiosa, opinião política, filiação a sindicato ou a organização de caráter religioso, filosófico ou político, dado referente à saúde ou à vida sexual, dado genético ou biométrico, quando vinculado a uma pessoa natural;
- *dado anonimizado*: dado relativo a titular que não possa ser identificado, considerando a utilização de meios técnicos razoáveis e disponíveis na ocasião de seu tratamento;
- *banco de dados*: conjunto estruturado de dados pessoais, estabelecido em um ou em vários locais, em suporte eletrônico ou físico;
- *titular*: pessoa natural a quem se referem os dados pessoais que são objeto de tratamento;
- *controlador*: pessoa natural ou jurídica, de direito público ou privado, a quem competem as decisões referentes ao tratamento de dados pessoais;

[26] Cf. LIMA, Cíntia Rosa Pereira de. **Apresentação**. *In*: Comentários à Lei Geral de Proteção de Dados: Lei n. 13.709/2018, com alteração da Lei n. 13.853/209. Coordenadora Cíntia Rosa Pereira de Lima. São Paulo: Almedina, 2020, p. 15.

[27] Cf. Art. 1º da Lei 13.709/2018.

- *operador*: pessoa natural ou jurídica, de direito público ou privado, que realiza o tratamento de dados pessoais em nome do controlador;
- *encarregado*: pessoa indicada pelo controlador e operador para atuar como canal de comunicação entre o controlador, os titulares dos dados e a Autoridade Nacional de Proteção de Dados (ANPD);
- *agentes de tratamento*: o controlador e o operador;
- *tratamento*: toda operação realizada com dados pessoais, como as que se referem a coleta, produção, recepção, classificação, utilização, acesso, reprodução, transmissão, distribuição, processamento, arquivamento, armazenamento, eliminação, avaliação ou controle da informação, modificação, comunicação, transferência, difusão ou extração;
- *anonimização*: utilização de meios técnicos razoáveis e disponíveis no momento do tratamento, por meio dos quais um dado perde a possibilidade de associação, direta ou indireta, a um indivíduo;
- *consentimento*: manifestação livre, informada e inequívoca pela qual o titular concorda com o tratamento de seus dados pessoais para uma finalidade determinada;
- *bloqueio*: suspensão temporária de qualquer operação de tratamento, mediante guarda do dado pessoal ou do banco de dados;
- *eliminação*: exclusão de dado ou de conjunto de dados armazenados em banco de dados, independentemente do procedimento empregado;
- *transferência internacional de dados*: transferência de dados pessoais para país estrangeiro ou organismo internacional do qual o país seja membro;
- *uso compartilhado de dados*: comunicação, difusão, transferência internacional, interconexão de dados pessoais ou tratamento compartilhado de bancos de dados pessoais por órgãos e entidades públicos no cumprimento de suas competências legais, ou entre esses e entes privados, reciprocamente, com autorização específica, para uma ou mais modalidades de tratamento permitidas por esses entes públicos, ou entre entes privados;
- *relatório de impacto à proteção de dados pessoais*: documentação do controlador que contém a descrição dos processos de tratamento de dados pessoais que podem gerar riscos às liberdades civis e aos

direitos fundamentais, bem como medidas, salvaguardas e mecanismos de mitigação de risco;

- *órgão de pesquisa*: órgão ou entidade da administração pública direta ou indireta ou pessoa jurídica de direito privado sem fins lucrativos legalmente constituída sob as leis brasileiras, com sede e foro no País, que inclua em sua missão institucional ou em seu objetivo social ou estatutário a pesquisa básica ou aplicada de caráter histórico, científico, tecnológico ou estatístico;
- *autoridade nacional*: órgão da administração pública responsável por zelar, implementar e fiscalizar o cumprimento desta Lei em todo o território nacional.

A preocupação com as denominações e seus significados pode ser entendida como um esforço legislativo de deixar a informação bastante compreensível a fim de que as determinações legais possam ser aplicadas sem maiores dificuldades, contudo, em razão da abrangência da referida legislação certamente um esforço ainda maior deverá ser feito até que se consiga chegar à esperada harmonização.

Interessante se faz, ainda, notar que inúmeras empresas no Brasil estão se adequando às diretrizes da Lei Geral de Proteção de Dados – inclusive apresentando questionários que informam aos seus usuários que os dados pessoais e dados pessoais sensíveis, por exemplo, estão protegidos e resguardados em sintonia com o principal objetivo da LGPD que é o de proteger os direitos fundamentais de liberdade e de privacidade e o livre desenvolvimento da personalidade da pessoa humana.

Como se pode observar, embora com proposta louvável de garantir a proteção de dados no Brasil, a LGPD não abrangeu questões que envolvem a Inteligência Artificial.

O tema da IA no Brasil está sendo especificamente tratado no Projeto de Lei – PL n. 21/2020, de autoria do deputado Eduardo Bismarck (PDT-CE), que cria o marco legal do desenvolvimento e uso da Inteligência Artificial (IA) pelo poder público, por empresas, entidades diversas e pessoas físicas. O texto, em tramitação[28] na Câmara dos Deputados, esta-

[28] Cf. Agência Câmara de Notícias. Disponível em: <https://www.camara.leg.br/noticias/641927-projeto-cria-marco-legal-para-uso-de-inteligencia-artificial-no-brasil>.

belece princípios, direitos, deveres e instrumentos de governança para a IA. Entre outros pontos, a proposta estabelece que o uso da IA terá como fundamento o respeito aos direitos humanos e aos valores democráticos, a igualdade, a não discriminação, a pluralidade, a livre iniciativa e a privacidade de dados.[29]

O Projeto de n. Lei 21/2020 que cria o marco legal da IA no Brasil foi aprovado pela Câmara dos Deputados **em 29/09/2021**, na forma de um *substitutivo*, apresentado pela deputada federal Luisa Canziani (PTB-PR). A aprovação se deu por **413 votos favoráveis e 15 contrários.** O texto será agora apreciado pelo Senado Federal.[30]

É de se destacar que o Projeto de Lei da Câmara apresenta o sistema de inteligência artificial (IA) como aquele baseado em processo computacional que, a partir de um conjunto de objetivos definidos por humanos, pode, por meio do processamento de dados e informações, aprender a perceber, interpretar e interagir com o ambiente externo, fazendo predições, recomendações, classificações ou decisões, e que utiliza técnicas como os seguintes exemplos, sem a eles se limitar: i) sistemas de aprendizagem de máquina (*machine learning*), incluindo aprendizagem supervisionada, não supervisionada e por reforço; ii) sistemas baseados em conhecimento ou em lógica e, iii) abordagens estatísticas, inferência bayesiana, métodos de pesquisa e otimização.[31]

O Projeto de Lei sobre IA determina, ainda, em seu artigo 5º, os princípios para o desenvolvimento e aplicação de inteligência artificial no Brasil, conforme abaixo:

I – *finalidade benéfica*: os sistemas de inteligência artificial devem buscar resultados benéficos para a humanidade;

Acesso em: 18 de mar. 2022.

[29] Notícia veiculada pela Agência Câmara de Notícias, da Câmara dos Deputados – Brasília/DF. Disponível em: <https://www.camara.leg.br/proposicoesWeb/prop_mostrarintegra?codteor=1853928>. Acesso em: 18 de mar. 2022.

[30] Cf. Agência de notícias do Senado Federal – Brasília/DF. Senado vai analisar projeto que regulamenta uso da IA. Disponível em: <https://www12.senado.leg.br/noticias/materias/2021/10/02/senado-vai-analisar-projeto-que-regulamenta-uso-da-inteligencia-artificial>. Acesso em: 18 de mar. 2022.

[31] TMP20210929180620.PDF (camara.leg.br).

II – *centralidade do ser humano*: respeito à dignidade humana, à privacidade, à proteção de dados pessoais e aos direitos fundamentais, quando o sistema tratar de questões relacionadas ao ser humano;

III – *não discriminação*: mitigar a possibilidade de uso dos sistemas para fins discriminatórios ilícitos ou abusivos;

IV – *busca pela neutralidade*: é recomendável que os agentes que atuam na cadeia de desenvolvimento e operação de sistemas de inteligência artificial busquem identificar e mitigar vieses contrários ao disposto na legislação vigente;

V – *transparência*: salvo disposição legal em sentido contrário, e observados os segredos comercial e industrial, as pessoas têm direito a serem informadas de maneira clara, acessível e precisa sobre a utilização das soluções de inteligência artificial nas seguintes hipóteses: a) quando estão diretamente se comunicando com sistemas de inteligência artificial, tal como por meio de robôs de conversação para atendimento personalizado online (*chatbot*); b) sobre a identidade da pessoa natural, quando ela operar o sistema de maneira autônoma e individual, ou da pessoa jurídica responsável pela operação dos sistemas de inteligência artificial; c) sobre critérios gerais que orientam o funcionamento do sistema de inteligência artificial, assegurados os segredos comercial e industrial, sempre que houver potencial de risco relevante para os direitos fundamentais;

VI – *segurança e prevenção*: utilização de medidas técnicas, organizacionais e administrativas, considerando a utilização de meios razoáveis e disponíveis na ocasião, compatíveis com melhores práticas, os padrões internacionais e viabilidade econômica, voltadas a permitir o gerenciamento e a mitigação de riscos oriundos da operação de sistemas de inteligência artificial durante todo o seu ciclo de vida e o seu contínuo funcionamento.

VII – *inovação responsável*: os agentes que atuam na cadeia de desenvolvimento e operação de sistemas de inteligência artificial que estejam em uso, devem assegurar a adoção do disposto nesta Lei, documentando seu processo interno de gestão e responsabilizando-se, nos limites de sua respectiva participação, do contexto e das tecnologias disponíveis, pelos resultados do funcionamento desses sistemas.

VIII – *disponibilidade de dados*: o uso de dados, banco de dados e textos protegidos por direito de autor para fins de treinamento de sistemas de inteligência artificial não implica a violação destes direitos, desde que não impacte a exploração normal da obra por seu titular.

Os princípios informadores da IA no Brasil, considerando a vulnerabilidade da pessoa humana submetida a processos decisórios com emprego de inteligência artificial, servem como alicerce da boa gestão em processo computacional e, dessa forma, devem sempre priorizar sua finalidade benéfica ao ser humano de forma transparente, neutra e sem discriminação.

É bom lembrar que substitutivo aprovado pela Câmara aponta várias diretrizes para a atuação da União, dos Estados, do Distrito Federal e dos Municípios em relação ao uso e ao fomento dos sistemas de IA no Brasil. Entre essas diretrizes, destacam-se o dever de estimular a criação de mecanismos de governança transparente e colaborativa com a participação de representantes de vários setores; promover a cooperação internacional e a negociação de tratados, acordos e padrões técnicos globais que facilitem a "conversa" (interoperabilidade) entre os sistemas e a harmonização da legislação a esse respeito; e estimular a adoção de instrumentos regulatórios que promovam a inovação. O poder público deverá, de acordo com a proposta, atuar para estimular a capacitação e a preparação das pessoas para a reestruturação do mercado de trabalho; e estimular práticas pedagógicas inovadoras, com visão multidisciplinar com reflexos sobre o processo de formação de professores.[32]

Por fim, sem a pretensão de finalizar a discussão, mas, ao contrário, de fomentá-la, a chamada "tirania do algorítimo" nos programas envolvendo Inteligência Artificial ou as condutas ilegítimas[33] que desrespeitem a

[32] Cf. Agência de notícias do Senado Federal – Brasília/DF. Senado vai analisar projeto que regulamenta uso da IA. Disponível em: <https://www12.senado.leg.br/noticias/materias/2021/10/02/senado-vai-analisar-projeto-que-regulamenta-uso-da-inteligencia-artificial>. Acesso em: 18 de mar. 2022.

[33] Rosa Maria de Andrade Nery e Nelson Nery Junior asseveram com relação as condutas ilegítimas na rede mundial de computadores: "Uma nova vertente e trabalhos doutrinários e jurisprudenciais é entender, pautar e teorizar a funcionalidade da *internet*, no contexto das condutas que são apontadas como ilegítimas. *Assim, o equilíbrio entre a liberdade de pensamento e o abuso do direito de criticar, ou a intenção com que se dá a conhecer pela rede fatos que podem levar ao entendimento de ter havido efetivação de prática legalmente proibida, podem ser objeto*

proteção de dados encontram antídotos legais, primeiramente impostos pela legislação e, em um segundo momento, caso o desrespeito à lei não possa ser evitado, caberá ao poder judiciário pacificar os abusos e garantir a proteção de dados pessoais. Contudo, como se pôde evidenciar, tem havido um empenho considerável dos entes envolvidos para que a solução seja encontrada na prevenção.

Conclusões

Como se pôde perceber, a normatização envolvendo a Inteligência Artificial e seus reflexos, assim como o respeito tanto à proteção de dados quanto à Soberania dos Estados é tema que ainda vai ocupar por muito tempo as discussões jurídicas e doutrinárias.

A questão é relevante em nível mundial e quanto mais estiver em pauta no âmbito acadêmico, legislativo e jurisprudencial mais rapidamente será alcançado um dos objetivos da ciência jurídica que é a pacificação de conflitos.

Não se deve perder de vista que embora o esforço individual dos países isoladamente – como é o caso do Brasil – ou em bloco – como é o caso da União Europeia seja necessário, uma eficaz tutela legal apenas poderá ser efetivada com a discussão global dos problemas trazidos pela IA e a consequente criação de um sistema jurídico-legislativo perene em que mecanismos de prevenção e repressão estejam presentes. Espera-se que a consciência da abrangência da questão seja rapidamente compreendida para que esforços sejam enveredados para a construção destes limites sem que haja desrespeito à Soberania dos Estados e aos próprios seres humanos.

Referências

ALPA, Guido. **Fintech: un laboratorio per i giuristi**. *In*: Contratto e Impresa, 2. Padova: CEDAN, 2, 2019.

—. **L'identità digitale e la tutela della persona. Spunti di riflessione**. *In*: Contratto e Impresa. Padova: CEDAN, 2017.

de toda a sorte de análise jurídica." **Instituições de Direito Civil: direitos da personalidade (direito de humanidade)**. São Paulo: Editora Revista dos Tribunais, 2017, pp. 112-113.

AMIDEI, Andrea. **Intelligenza artificiale e product liability: sviluppi del diritto dell'Unione Europea.** *In:* Giurisprudenza.it, 7, 2019.

BAUMAN, Zygmund. **Entrevista**, por *email*, ao jornal EXTRA do Grupo Globo, disponível em: https://extra.globo.com/noticias/saude-e-ciencia/zigmunt-bauman-estamos-constantemente-correndo-atras-que-ninguem-sabe-correndo-atras-de-que-273321.html?ixzz1ltTxMWlQ. Acesso em 03 dez. 2021.

BODIN, Jean. **On Sovereignty: Four Chapters from The Six Books of the Commonwealth**. Julian H. Franklin Editor: Cambridge, 1992.

FINOCCHIARO, Giusella. **GDPR tra novità e discontinuità**. *In*: Giurisprudenza.it, 12, 2019.

GAMBINI, Marialuisa. **Intelligenza artificiale e diritto. Algoritmi e sicurezza.** *In*: Giurisprudenza.it, 7, 2019.

IVONE, Vitulia. **Cultura como uma forma elevada do espírito: a valorização do patrimônio cultural de Benedetto Crocce ao *Art Bonus*.** Campos dos Goytacazes, RJ: Brasil Multicultural, 2019.

JUBILUT, Liliana Lyra. **O conceito de soberania: Modificações e Responsabilidade**. *In*: Epitácio Pessoa e a codificação no direito internacional. Marcílio Toscano Franca Filho; Jorge Luís Mialhe; Ulisses da Silveira Job, organizadores. Porto Alegre: Sergio Antonio Fabris editor, 2013.

LIMA, Cíntia Rosa Pereira de. **Apresentação**. *In*: Comentários à Lei Geral de Proteção de Dados: Lei n. 13.709/2018, com alteração da Lei n. 13.853/209. Coordenadora Cíntia Rosa Pereira de Lima. São Paulo: Almedina, 2020.

LUCCHINI GUASTALLA, Emanuele. **Il nuovo regolamento europeo sul trattamento dei dati personali: i principi ispiratori**. In: *Contratto e Impresa*, 2018; I; RICCIO, SCORZA, BELISARIO (a cura di), **GDPR e Normativa Privacy**. *Commentario*, Milano, 2018; SICA, D'ANTONIO, RICCIO (a cura di). **La nuova disciplina europea della privacy**, Padova, 2016; P. STANZIONE, **Il Regolamento europeo sulla privacy: origini e ambito di applicazione, in Europa** *e Dir. Priv.*, 2016, IV, 1249-1264; N. ZORZI GALGANO (a cura di), **Persona e mercato dei dati: riflessioni sul GDPR**. Padova: CEDAN, 2019.

MARTINS, Flávio. **Curso de direito constitucional**. 1ª ed. São Paulo: Editora Revista dos Tribunais, 2017.

NERY, Rosa Maria de Andrade; NERY JUNIOR, Nelson. **Instituições de Direito Civil: direitos da personalidade (direito de humanidade)**. São Paulo: Editora Revista dos Tribunais, 2017.

POLETTI, Dianora. **GDPR tra novità e discontinuità – le condizioni di liceità del trattamento dei dati personali.** *In*: Giurisprudenza.it, 12, 2019.

SANTOSUOSSO, Amedeo. **The human rights of nonhuman artificial entities: an oxymoron? In Yearbook of Science and Ethics/Jahrbuch für Wissenschaft und Ethik**. Berlin/Boston: Walter de Gruyter Publisher, 2015.

SCALQUETTE, Ana Claudia Silva. **Sistemas Constitucionais das Crises: os direitos fundamentais face a situações extremas.** 1ª ed. Porto Alegre: Sergio Antonio Fabris editor, 2004.

SCALQUETTE, Rodrigo Arnoni. **Elementos da Soberania e do Tribunal Penal Internacional**. São Paulo: LCTE editora, 2007.

—. **Lições Sistematizadas de História do Direito**. 2ª ed. São Paulo: Almedina, 2020.

THE ECONOMIST. **The world's most valuable resource is no longer oil, but data**. Disponível em: https://www.economist.com/leaders/2017/05/06/the-worlds-most-valuable-resource-is-no-longer-oil-but-data. Acesso em 03 dez. 2021.

11.
REGULAÇÃO ÉTICA DA INTELIGÊNCIA ARTIFICIAL

ANA FLÁVIA MESSA
RUI FERREIRA

Introdução

No presente artigo, interessa-nos destacar e enfatizar a regulação ética da inteligência artificial e a robótica, enquanto tecnologias que terão um impacto significativo no desenvolvimento da humanidade, com o objetivo de compreensão do alcance da sua atualização expansiva, que por sua vez, supõe, por isso, considerar na realização da interpretação, além do referencial linguístico do comando jurídico, todo o contexto sócio-político-econômico da sociedade estatal da época[1]. Neste contexto, levantam-se questões fundamentais sobre o que devemos fazer com esses sistemas baseados na inteligência artificial, bem como o que esses mesmos sistemas devem fazer, quais os riscos que envolvem e como podemos controlá-los. Os valores constitucionalizados são critérios jurídicos construídos pela vontade popular na dinâmica da vida, compatível com as exigências por uma justiça voltada para a proteção jurídica dos direitos do homem, encontrada na prática da boa governança, e representativa da efetividade jurídica.

[1] "toda interpretação tem seu ponto de partida na expressão como um todo, em combinação com o contexto e a situação nos quais aquela ocorre" (Ross, Alf. *Direito e justiça*. Trad. Edson Bini. Bauru: EDIPRO, 2000, p. 174-175).

1. Dinâmica evolutiva da sociedade: reflexos jurídicos

A dinâmica evolutiva da sociedade traz reflexos na compreensão das características do Direito[2] e do Estado no século XXI. De uma forma geral, como decorre do pensamento de João Baptista Machado, o direito é visto no mundo sociológico com um instrumento de controle social particularmente eficaz[3]. Constatam-se mudanças qualitativas que exigem uma reformulação dos esquemas teóricos com os quais se apreendem e transmitem os fenômenos jurídicos e a atuação estatal, descobrindo novos horizontes de análise.

Sob esse prisma, pode-se afirmar que a teoria política e jurídica enfrenta atualmente uma crise de legitimidade, já que as novas condições institucionais e culturais no cenário sociopolítico contemporâneo tornaram obsoletos os fundamentos do direito e a eficácia do agir político-administrativo. Dentre o que Hespanha[4] denominou com acerto, "*... não se pode ignorar que estamos hoje perante um direito realmente diferente daquele para o qual foi construída a dogmática jurídica corrente*".

São tantas as mudanças ocorridas no cenário jurídico nos últimos tempos, a atuação do Estado Garantidor[5], a emergência de uma quinta[6]

[2] "...o Direito, entre as outras ciências sociais, tem o caráter distintivo do ser, como a língua, não só parte integrante mas também espelho integral da vida social" (TARDE, G. *Les Transformations Du Droit.* Paris: Berg, 1994).

[3] MACHADO, António Baptista. Introdução ao Direito e ao Discurso Legitimador. Coimbra: Almedina, 13ª reimpressão, 2002.

[4] HESPANHA, Antônio Manuel. *Pluralismo Jurídico e Direito Democrático.* São Paulo: Annablume Editora, 2013.

[5] "...há quem fale de Estado "Pós-Social", visto que o Estado deixa de ser o Estado Providência (o Estado Social de Serviço Público) e, sem regressar ao Estado Liberal, se transforma, nas áreas econômicas e sociais num Estado de Garantia (ou "Estado Garantidor") que regula, orienta, incentiva as atividades privadas, designadamente e com especial intensidade aquelas que prosseguem interesses gerais ou colectivos." (ANDRADE, José Carlos Vieira de. *Lições de Direito Administrativo.* Coimbra: Coimbra Editora, 2011, p.22).

[6] Paulo Bonavides "destaca a paz como um direito de quinta geração que legitima o estabelecimento da ordem, da liberdade e do bem comum na convivência dos povos. Segundo ele, a concepção da paz no âmbito da normatividade jurídica configura um dos mais notáveis progressos já alcançados pela teoria dos direitos fundamentais" (BONAVIDES, Paulo. *O direito à paz como direito fundamental da quinta geração.* Revista Interesse Público. Belo Horizonte: Ed. Fórum, 1999-, v. 8, nº. 40, de nov./dez. 2006); Outros defendem que a biotec-

ou até sexta[7] geração dos direitos fundamentais, o desenvolvimento das tecnologias de informação e comunicação[8], a globalização, a constitucionalização dos ramos do direito, a valorização dos direitos fundamentais, que se põe obrigatoriamente na agenda da discussão, em face da inadequação da "dogmática jurídica clássica"[9] às novas realidades jurídico-administrativas, a releitura de parâmetros comportamentais da sociedade.

Com efeito, face ao descompasso entre a realidade contemporânea e o instrumental jurídico-político criado para os séculos XIX e XX, surge necessidade de refletir sobre como a sociedade, o governo[10] e a administração pública, nomeadamente na sua atividade administrativa, enfrentará os novos desafios.

Nos últimos tempos, o tema da inteligência artificial foi desenvolvido, de forma a constituir chave reflexiva na sociedade atual do século

nologia e a informática fazem parte dos direitos de quinta geração (MELO, A. N. *Liberdade de expressão: um direito fundamental na concretização da democracia.* Fortaleza: Premius, 2009.

[7] FACHIN , Zulmar, SILVA, Deise Marcelino da. *Acesso à água potável: direito fundamental de sexta geração.* São Paulo. Millennium editora. 2010. p. 74.

[8] DOMINGUEZ LUIS, José Antonio. *El derecho de información administrativa: información documentada y transparencia administrativa.* Civitas: Revista Española de Derecho Administrativo, Madrid, n. 88, out./dez. 1995.

[9] Não é possível defender o dogmatismo na ciência jurídica, que considera a norma jurídica como algo dado e imobilizado, pois tal situação é incompatível com a dinamicidade do conhecimento científico, e com o influxo determinante dos aspectos axiológicos e críticos no estudo do direito. A adoção do termo da dogmática foi com o sentido de ramo da ciência jurídica que estuda as normas jurídicas vigentes em uma determinada comunidade. O uso das aspas é justificado, pois tal expressão reúne dois termos antagônicos. No estudo do direito as normas só possuem sentido quando conectados com os fatos e os valores (KAUFMANN, Arthur. *Filosofia del derecho.* Tradução de Luis Villar Borda e Ana Maria Montoya. Bogotá: Universidad Externado de Colômbia, 2002; MARQUES NETO, Agostinho Ramalho. *A ciência do direito: conceito, objeto, método.* Rio de Janeiro: Renovar, 2001; MARÍN, Rafael Hernández. *Introducción a la teoría de la norma jurídica.* Madrid: Marcial Pons, 2002).

[10] "O Governo é, do ponto de vista administrativo, o órgão principal da administração central do Estado, incumbido do Poder Executivo." (AMARAL, Diogo Freitas do. *Curso de Direito Administrativo.* Vol. 1. Coimbra: Editora Almedina, 2006).

XXI[11], em que afigura-se com nitidez um ambiente de riscos, incertezas[12] e mudanças significativas, inclusive de paradigmas[13] construídos pela modernidade ocidental[14], trazendo novos ares em sua organização e valores, com repercussão imediata no âmbito do Direito, provocando reflexões e a necessidade de posturas novas diante de opções e variações num contexto de complexidade e dinamicidade.

Com efeito, a possibilidade de criar estruturas tecnológicas, dotadas de inteligência artificial, levanta um conjunto de questões éticas, numa perspectiva que a sua utilização global não deverá prejudicar os seres humanos, que devem ser objeto de discussão.

Após um período caracterizado na crença do progresso e nos ideais iluministas, vive-se a partir da segunda metade do século XX numa con-

[11] "O século XXI será recordado na História da Humanidade como o século da mudança, do perigo iminente, do "choque das civilizações, da insegurança colectiva, da desconfiança do "outro", das injustiças praticadas, da Guerra do Iraque e, principalmente, dos trágicos atentados terroristas ocorridos a 11 de setembro de 2001, nos Estados Unidos, a 11 de março de 2004, em Espanha, e a 7 de julho de 2005, em Londres. (Rodrigues, José Noronha. *A Política Exterior e de Segurança Comum. Scientia Ivridica.* Revista de Direito Comparado Português e Brasileiro. Tomo LVIII. Nº 317. Janeiro/março 2009. Universidade do Minho, Portugal)

[12] "científico é o saber que se sabe precário, que não se julga absoluto, que sabe ter de expor com plausibilidade a fundamentação de tudo que se afirma. Leis científicas, por definição, são temporárias. Serão refutadas. A refutação só prova que determinadas teses foram científicas enquanto foram críveis, plausíveis, para nós." (Carvalho Netto, Menelick de & Scotti, Guilherme. *Os direitos fundamentais e a (in) certeza do direito: a produtividade das tensões principiológicas e a superação do sistema de regras.* Belo Horizonte: Fórum, 2011).

[13] Paradigmas são instrumentos de compreensão da realidade, gerados num contexto histórico, científico e social, que possibilitam previsibilidade no sentido de funcionamento e planejamento da vida das pessoas em sociedade. Os paradigmas jurídicos são construções teóricas estruturantes que funcionam como padrão ou modelo ordenador das relações sociais. Com a evolução e as novas exigências, os paradigmas construídos transformam-se em insatisfações teóricas, pois o pensamento jurídico tem por finalidade reduzir a incerteza do direito. A conscientização e a concretização dos paradigmas jurídicos permitem a compreensão da realidade e do sistema jurídico, gerando a possibilidade de análise crítica com debates e sugestões, características de um processo evolutivo. É caminhar de um conhecimento de regulação para um conhecimento por emancipação.

[14] Bittar, Eduardo Carlos Bianca. *O direito na pós modernidade.* Revista Sequência, nº 57, p. 131-152, dez. 2008.

dição histórica pós-moderna[15] de incertezas e riscos, com a desconstrução de princípios e valores construídos na modernidade e ausência de projeto do futuro. A realidade atual é regida por uma narrativa do inconstante[16] combinada com a evolução tecnológica, a revolução digital e a globalização, no contexto de transição[17] e busca de nova estrutura social.

2. Pós-modernidade

Vivemos a pós-modernidade, um conceito ainda em construção. Na verdade, a pós-modernidade representa transformações em relação a diversos temas, e se caracteriza pela invasão da tecnologia eletrônica, da automação e da informação

A imagem que caracteriza de forma mais original as relações entre paradigmas nos dias atuais, parece-me ser, sem dúvida, a de um *período de transição paradigmática*[18], em que a dinâmica da realidade exige novos paradigmas que consigam melhor explicar os problemas contemporâneos[19].

[15] "Na noção de uma não-história é que o pensamento pós-moderno procura se estabelecer enquanto ruptura com o moderno." (MENEZES, P. *A Crise do Passado*. São Paulo: Experimento, 1994); "O pós-moderno sem dúvida traz ambiguidades. É isso que ele propõe: **a prudência como método, a ironia como crítica, o fragmento como base e o descontínuo como limite** [...] (SEVCENKO, Nicolau. ***O enigma pós-moderno.*** IN : Oliveira, Roberto Cardoso de (org.). Pós-modernidade. Campinas-SP : Editora da UNICAMP, 1987).

[16] "O rótulo genérico abriga a mistura de estilos, a descrença no poder absoluto da razão, o desprestígio do Estado. A era da velocidade. A imagem acima do conteúdo. O efêmero e o volátil parecem derrotar o permanente e o essencial. Vive-se a angústia do que não pode ser e a perplexidade de um tempo sem verdades seguras. Uma época aparentemente pós-tudo: pós-marxista, pós-kelseniana, pós-freudiana." (ADEODATO, João Maurício. *Ética & Retórica. Para uma teoria da dogmática jurídica*. São Paulo: Saraiva, 2009, p. 353).

[17] "O mundo é "um" em certo sentido, mas radicalmente cindido por desigualdades de poder em outro. E um dos traços mais característicos da modernidade é a descoberta de que o desenvolvimento do conhecimento empírico não nos permite, por si mesmo, decidir entre diferentes posições de valor" (GIDDENS, A. *As Conseqüências da Modernidade*. São Paulo: Edunesp, 1991).

[18] [...] a definição da transição paradigmática implica a definição das lutas paradigmáticas, ou seja, das lutas que visam aprofundar a crise do paradigma dominante e acelerar a transição para o paradigma ou paradigmas emergentes". (SANTOS, Boaventura de Sousa. *A crítica da razão indolente. Contra o desperdício da experiência. Para um novo senso comum. A ciência, o direito e a política na transição paradigmática*. São Paulo: Cortez, 2000. v. 1, p. 19).

[19] "Os paradigmas fazem a ponte entre a teoria e a realidade por meio da elaboração de

Esta imagem espelha de forma muito sugestiva os dilemas e os desafios epistemológicos que existem no século XXI, em que múltiplos e inter-relacionados problemas evidenciam a existência de um estado de mal-estar[20].

O sociólogo alemão *Ulrich Beck* chama a nossa sociedade contemporânea de sociedade global do risco, uma verdadeira "caixa de pandora" que promove o crescente e contínuo processo de liberação aleatória de "novos riscos" que redundam no retorno da incerteza, da imprevisibilidade e da insegurança, em suas dimensões cognitiva e normativa[21]. Já o sociólogo britânico *Anthony Giddens* chama de "crise do controle", concebida como perda de domínio sobre o mundo em virtude do surgimento de perigos novos[22].

Por isso, reconhece-se, aos novos problemas, verdades novas e, a partir desse processo é estabelecido um diálogo com a realidade permeado de evidências e resistências, com a produção de conhecimentos que enfrentem os desafios decorrentes das novas necessidades da época.

A transição paradigmática, fruto da revolução científica do século XVI que ocorreu nas ciências naturais, baseada no positivismo e no modelo cartesiano, e que também, fez presente, a partir do século XIX nas ciências sociais, incluindo o direito, demonstra as insuficiências dos paradigmas dominantes como fontes de conhecimento para respostas aos problemas da nova ordem mundial[23].

teses científicas que são utilizadas na elaboração de programas e sistemas, na execução de políticas, de projetos de desenvolvimento. Estes têm como referências os conhecimentos construídos a partir de determinada visão de mundo que projeta as ações necessárias para a transformação da realidade". (Arendt, Hannah. O que é política?. In: O que é política?. Tradução: Reinaldo Guarany. Rio Janeiro: Bertrand Brasil, 1998. p. 21-25).

20 Bauman, Zygmunt. *O mal-estar da pós-modernidade*. Rio de Janeiro: Editora Jorge Zahar, 1998.

21 Beck, Ulrich. *Sociedade de risco: rumo a uma outra modernidade*. Tradução de Sebastião do Nascimento. São Paulo: Editora 34, 2011.

22 Giddens, Anthony. *As consequências da modernidade*. Tradução de Raul Fiker. São Paulo: Editora UNESP, 1991, pp. 133 e ss.

23 Santos, Boaventura de Souza. *Um discurso sobre ciência*. São Paulo: Cortez, 2005.

Nesta perspectiva se busca romper com as referências teóricas construídas pelo pensamento moderno europeu[24], para construção de um paradigma emergente do "mal-estar da modernidade[25]". Essa hesitação surge como reação ao paradigma da modernidade definido na razão iluminista entre os séculos XVI e XVIII, gestado por um processo crescente de secularização e racionalização proveniente de fenômenos culturais como o humanismo do Renascimento e a Reforma Protestante[26]. Neste sentido acentua BITTAR[27]:

> "Na medida em que tudo está fundamentado pelo ideário da utilidade para o bem-estar do homem, a razão se manifesta no Estado burocraticamente organizado, na nação sociologicamente construída, no território geográfico mapeado, na natureza cientificamente controlada, nos procedimentos produtivos fabris controlados pela arquitetura das esteiras de produção e técnicas de mecanização do trabalho (cuja maior expressão foi o fordismo), nas doenças remediadas pela medicina, nos corpos perigosos encarcerados pela prisão etc. Aqui se manifesta a verdadeira ideologia da modernidade, [...].

Com efeito, no momento em que os conceitos e técnicas que forma o paradigma da modernidade não conseguem resolver os problemas do seu campo de aplicação teórico e prático, surge a pós-modernidade, tempo de indefinição, do medo, da insegurança, caracterizada pela invasão da tecnologia eletrônica, da automação e da informação[28].

24 CASTORIADIS, Cornelius. *As encruzilhadas do labirinto.* Vol.1. Rio de Janeiro : Paz e Terra, 1997. p.202.

25 "O pós-moderno é muito mais a fadiga crepuscular de uma época que parece extinguir-se ingloriosamente que o hino de júbilo de amanhãs que despontam." (ROUANET, Sérgio P. *As razões do iluminismo.* São Paulo, Companhia das Letras, 1987, p. 229-277).

26 WOLKMER, Antonio Carlos. *Síntese de uma história das ideias jurídicas. Da antiguidade clássica à modernidade.* Florianópolis: Fundação Boiteux, 2008, p. 109.

27 BITTAR, Eduardo C. B. *O Direito na pós-modernidade.* Rio de Janeiro: Forense Universitária, 2009, P. 55.

28 "Em vez da eternidade, a história; em vez do determinismo, a imprevisibilidade; em vez do mecanicismo, a interpenetração, a espontaneidade e a auto-organização; em vez da reversibilidade, a irreversibilidade e a evolução; em vez da ordem, a desordem; em vez da necessidade, a criatividade e o acidente" (SANTOS, Boaventura de Sousa. *A crítica da razão*

Bordoni abre passagem para a reflexão sobre a transição paradigmática quando relata que a modernidade retirou suas promessas, e que a pós-modernidade as subestimou, até zombou delas. A visão da modernidade em crise de Bordoni, articula-se com a de Bauman quando afirma que as promessas ficaram imunes às ondas cruzadas da história, sendo abandonadas estratégias favorecidas, assim como modelos de "boa sociedade" eventualmente concebidos para coroar o esforço de persegui-los de forma resoluta e fiel[29].

É verdade que, na prática, o fracasso do paradigma moderno, originado no século XVI e com influência até o século XX, é estimulante para busca de novas alternativas que visem solucionar problemas e compreender a realidade, e ao mesmo tempo, desafiador, na escolha de estratégias que se imponham como formas dominantes num reino da incerteza, do acaso e da criatividade.

O paradigma da modernidade como princípio articulador do pensamento linear de causa-efeito mostra-se insuficiente para lidar com os paradoxos de um mundo complexo. Seus conceitos e métodos articulados no referencial tradicional funcionam com um instrumental incompatível com a pretensão moderna e hegemônica de uma cultura universal, e fundamento na indeterminação e descontinuidade de modelos e projetos de vidas desnecessariamente circunscritas[30].

A crise do paradigma moderno nos mostra a necessidade de reformulação de suas premissas epistemológicas, seja por oposição, com a ruptura de seus parâmetros, seja por uma continuidade remodelada da modernidade[31]. As forças que nos levam às crises trazem em si as sementes da renovação.

indolente. Contra o desperdício da experiência. Para um novo senso comum. A ciência, o direito e a política na transição paradigmática. São Paulo: Cortez, 2000. v. 1, p. 70-71).

29 Bauman, Zygmunt & Bordoni, Carlo. *Estado de Crise*. Tradução Renato Aguiar. Rio de Janeiro: Zahar, 2016, p. 9-75.

30 "(...) há uma notável mutação na sensibilidade, nas práticas e nas formações discursivas que distingue um conjunto pós-moderno de pressupostos, experiências e proposições do de um período precedente". (Huyssen, Andreas. "Mapping the postmodern". *New German Critique* 33, pp. 5-52. *The Independent*, 28/5/87).

31 Harvey, David. *Condição pós-moderna*. São Paulo: Loyola, 1992.

As possibilidades de salvação nesse momento de crise parte da constatação das características desta condição pós-moderna, e reconhece elementos orientadores dentro do universo de incerteza a fim de compreender a realidade[32].

Alertados para uma compreensão mais elaborada a pós-modernidade se coloca no contexto da complexidade em termos de totalidade e interconexão, em função de um processo evolutivo contínuo e inacabado caracterizado pela verificação de que o que é sólido pode acabar por se tornar fluído com o progresso e a situação de fluidez gera busca por uma solidez duradoura[33], que considere a variabilidade no conhecimento e conceba um repensar multidimensional.

A condição pós-moderna é influenciada pela tecnologia de informação e comunicação, o que determina conformação do modelo sociocultural[34]. A tecnologia, como corpo intermediário que é posicionando-se entre o homem e a natureza, atua como canal de expressão da cultura das sociedades[35], servindo como instrumento transformador das formações sociais, que afeta nosso modo de viver, interagir e aprender a realidade.

A problemática do paradigma emergente da pós-modernidade, partindo do pressuposto da existência de uma diversidade de teorias, enfrenta duplo desafio: o primeiro é a identificação de critérios que sejam suficientemente sólidos para definir padrões de orientação de condutas; o segundo é delimitar as bases e os fundamentos dos novos paradigmas.

3. A mudança de paradigmas: continuidade e descontinuidade do processo da construção do conhecimento científico

O progresso nas ciências é um processo contraditório marcado pelas revoluções do pensamento científico, e pela construção de paradigmas,

[32] "Entre as ruínas que se escondem atrás das fachadas, podem pressentir-se os sinais, por enquanto vagos, da emergência de um novo paradigma" (Santos, Boaventura de Souza. *A crítica da razão indolente: contra o desperdício da experiência*. São Paulo: Cortez, 2000, p. 56).

[33] Bauman, Zygmunt. *Modernidade líquida*. Rio de Janeiro: Zahar, 1998.

[34] Lévy, Pierre. *Cibercultura*. Tradução de Carlos Irineu da Costa. São Paulo: 34, 1999, p. 25.

[35] Bastos, João Augusto de Souza L A. *Educação Tecnológica: conceitos, características e perspectivas* In: Revista Tecnologia e Interação. Curitiba: CEFET – PR, 1998.

processo complexo e multifacetado, que, como modelos explicativos, consideram problemas, elege métodos e permite o foco da pesquisa.

Essa diversidade de mudanças paradigmáticas da ciência é uma característica relevante da evolução do pensamento científico e corresponde à própria necessidade de referenciais teóricos que acompanhem as transformações dos valores, das crenças, dos conceitos e das ideias acerca da realidade.

Assim, quando surge um novo paradigma, temos um processo desenvolvido nos seguintes termos:

a) *uma nova perspectiva*: uma nova estrutura de pensamento na compreensão do mundo, dos homens e das coisas, visando solução de velhos e novos problemas. O surgimento de novas descobertas com mudanças nas crenças e valores subjacentes à prática científica. Em relação às teorias aceitas no passado, pode-se dizer que os problemas ali surgidos receberam soluções possíveis. Acontece que, as mudanças nas circunstâncias históricas e sociais, tornam as teorias aceitas no passado, falsas e/ou insuficientes, pois já não conseguem responder novas perguntas e dar contas dos novos fenômenos.
b) *falta de tipicidade*: os velhos paradigmas são insuficientes como modelo explicativo. Nesta esteira, para KUHN, as referências teóricas que fornecem respostas são chamadas de paradigmas, que por sua vez, sofrem rupturas e superações na dinâmica evolutiva, surgindo revoluções científicas[36]. Fala-se em *crise paradigmática*, com o reconhecimento de que os acontecimentos e problemas da realidade não se encaixam dentro do padrão de soluções modulares, provocando um mal-estar na comunidade científica;

[36] "[...] as crises são uma pré-condição necessária para a emergência de novas teorias [...]: uma teoria científica, após ter atingido o status de paradigma, somente é considerada inválida quando existe uma alternativa disponível para substituí-la. [...]. Decidir rejeitar um paradigma é sempre decidir simultaneamente aceitar outro e o juízo que conduz a essa decisão envolvem a comparação de ambos os paradigmas com a natureza, bem como sua comparação mútua". (KUHN, Tomas Samuel. *A estrutura das revoluções científicas*. São Paulo: Perspectiva, 1994. p. 107-108).

c) *amplitude*: o novo paradigma pode introduzir uma nova percepção, uma visão mais ampla do conhecimento tradicional, conciliando aparentes contradições. Neste sentido acentua FERGUSON[37]:

"(....) muitas observações intrigantes acumulam-se fora do antigo modelo explicativo, forçando-o a modificar-se....Uma nova e poderosa percepção explica as aparentes contradições. É introduzido um novo princípio... uma nova perspectiva. Forçando uma teoria mais ampla, a crise não é destrutiva, e sim instrutiva....Por sua perspectiva mais ampla, transforma o conhecimento tradicional e as novas e persistentes observações, conciliando as aparentes contradições. O novo paradigma é mais produtivo que o antigo. Prevê com mais precisão. E, além do mais, escancara portas e janelas a novas explorações".

d) *mudança de postura*: a adesão à nova ideia deve ser percebida de forma imediata resultando numa ampliação de conhecimentos. A conscientização da comunidade científica é sinal de maturidade científica no entendimento de ser momento oportuno para uma melhor compreensão do conhecimento. Os problemas da realidade social podem ser compartilhados por diferentes paradigmas de forma complementar. Nem sempre os paradigmas são progressivos, podendo falar-se, inclusive, em progresso cumulativo[38].

4. Direito e realidade social: relação de continuidade-mudança

O eixo básico à reflexão é a que a regulação jurídica (Direito), se insere no horizonte temporal, como referência de orientação na vida da coletividade jamais concluída e sempre a refazer, face às configurações culturais e históricas em movimento da realidade social.

As características e as propriedades dinâmicas e relacionais de circunstâncias históricas, sociais, teóricas e filosóficas refletem nas expres-

[37] FERGUSON, Marilyn. *A conspiração aquariana*. Tradução de Carlos Evaristo M. Costa. Rio de Janeiro: Record: Nova Era, 2000, p. 1-42.

[38] LAUDAN, Larry, *O progresso e seus problemas: rumo a uma teoria do crescimento científico*. Tradução Roberto Leal Ferreira. São Paulo: Editora Unesp, 2011.

sões temporais[39], permitindo a apreensão do significado do Direito como regulação jurídica cuja eficácia dependeria do grau de concretização do texto em prol da implementação dos direitos fundamentais.

Desta forma, embora vocacionado para estabilidade e permanência, em face da exigência social de um mínimo de certeza e estabilidade na sociedade, o direito não é eterno, embora o direito concebido até meados do século XX tenha assumindo feição de algo autônomo do tempo e limitado ao seu aspecto normativo.

A ideia de eternidade na perspectiva jurídica ao considerar o direito como um modelo fundamental da vida em grupo, indiferente ao tempo, apesar de acolhida pelo jusnaturalismo antigo e moderno, e incrementada sob os auspícios do positivismo jurídico, não se revela compatível ao mundo histórico-cultural em que se insere que por sua vez exige uma leitura construída por meio do consenso social, linguístico e progressivo na solução de problemas[40].

A ideia de uma articulação do direito com o tempo social, não encontra respaldo no positivismo jurídico que, embora conceba um direito contingente e mutável, não permite uma interpretação evolutiva do direito, pois a significação era obtida pelos sentidos imediatos encontrados nos textos legislativos, como resultado de um legalismo hermenêutico.

A ideia da separação do direito do tempo social, na ótica positivista, é fomentada pelas técnicas interpretativas em que a busca do alcance e

[39] "A vida social do grupo se reflete nas expressões temporais. (.....)Cada grupo, com seu íntimo nexo de entendimento mútuo e comum sobre o ritmo das atividades sociais, define seu tempo a fim de se ajustar ao seu comportamento. Nenhum cálculo altamente complexo baseado na precisão matemática, nem a beleza das observações astronômicas são necessárias para coordenar e sincronizar o comportamento societal." (MERTON Robert K., SOROKIN, Pitirim A. *Social time: a Methodological and functional analysis.* In: American Journal of Sociology, Chicago, v. 42, n. 5, p. 615-629, Mar. 1937, tradução nossa).

[40] "Se, porém, aceitarmos a proposta de que a avaliação das doutrinas deve basear-se na progressividade e na efetividade quanto à solução de problemas da tradição de pesquisa com que estão associadas, estaremos comprometidos com a ideia de que a História intelectual deve ser um ingrediente indispensável de qualquer situação de escolha racional" (LAUDAN, Larry. *O progresso e seus problemas: rumo a uma teoria do conhecimento científico.* Tradução Roberto Leal Ferreira. São Paulo: Editora Unesp, 2011, p. 273).

significado da norma, ou se limitava na busca da vontade da lei/legislador, ou na descoberta das convenções linguísticas.

A compreensão temporal do direito, como referência verdadeira no seio da sociedade, ainda que desconsiderada nas vertentes jusnaturalista (antiga e moderna) e positivista, é resgatada no período pós-positivista, e será analisada com base na atividade hermenêutica a partir de sua relação com a temporalidade inserida como metodologia de compreensão das normas jurídicas.

5. Tecnologia, sociedade e inteligência artificial

A tecnologia é parte integrante da vida do homem e da sociedade, funcionando como ferramenta para o desenvolvimento da civilização. Insere-se num processo histórico não linear, atua como canal de expressão da cultura das sociedades, e serve como instrumento transformador das formações sociais.[41]

Fala-se em interação entre sociedade e tecnologia, como um processo impreciso, e de conteúdo heterogêneo, associado à determinação das técnicas de que dispõe um grupo social em qualquer fase histórica de seu desenvolvimento, e ao surgimento de comportamentos, valores e atitudes adaptáveis aos estágios evolutivos referentes aos momentos tecnológicos.[42]

[41] Vargas, M. Para uma filosofia da tecnologia. São Paulo: Alfa Omega, 1994; Brito, Glaucia da Silva. Educação e Novas Tecnologias: um re-pensar. Curitiba: Ibpex, 2008; Johnson, Steven. Cultura da interface: como o computador transforma nossa maneira de criar e comunicar. Rio de Janeiro: Jorge Zahar, 2001; Pinto, Álvaro Vieira. O conceito de tecnologia. Rio de Janeiro: Contraponto, 2005. v. 1, p.20; "o valor da tecnologia não está nela em si mesma, mas depende do uso que fazemos dela." (Côrrea, Juliana. Novas tecnologias de informação e da comunicação: novas tecnologias de ensino e aprendizagem. In: Coscarelli, Carla Viana (org). Novas tecnologias, novos textos, novas formas de pensar. Belo Horizonte: Autentica, 2002); Cardoso, T. F. L. Sociedade e Desenvolvimento Tecnológico: Uma Abordagem Histórica. In: Grinspun, M.P.S.Z. (org.). Educação Tecnológica : Desafios e Pespectivas. São Paulo. Cortez. 2001; Veraszto, E. V. Projeto Teckids: Educação Tecnológica no Ensino Fundamental. Dissertação de Mestrado. Campinas. Faculdade de Educação. UNICAMP. 2004.

[42] "As tecnologias são produzidas e apropriadas de formas diferenciadas, a partir de dinâmicos processos socioeconômicos, culturais e políticos específicos. Uma tecnologia influencia fenômenos sociais e é marcada por eles, em um complexo movimento histórico

Fator de organização social, instrumental de produtividade e/ou competitividade, aplicação de conhecimentos ou atividade humana em que se busca a solução de problemas práticos, a tecnologia exerce influência decisiva na sociedade, seja trazendo benefícios à humanidade com o conforto proporcionado pelos diversos aparatos e dispositivos técnicos, seja com os riscos da evolução tecnológica resultante em lucros, interesses e diversas questões sociais, éticas e políticas[43].

É neste contexto do progresso tecnológico e do seu impacto social, que na história da humanidade, desde o início da civilização, é possível detectar movimentos ou eras tecnológicas, ou seja, épocas na evolução histórico-social do homem marcadas pelo predomínio de um tipo de tecnologia[44]. O desenvolvimento tecnológico da humanidade pode ser classificado em quatro eras: industrial, elétrica, eletrônica e da informação.

de reciprocidades, usos, inovações, desvirtuamentos e disputas" (Ribeiro de Mello, Gilberto. Estudos de Prática de Governança Eletrônica: instrumento de controladoria para tomada de decisões na gestão dos Estados Brasileiros. São Paulo: USP, 2009. 187 f. Tese (Doutorado em Ciências Contábeis) – Programa de Pós-Graduação em Ciências Contábeis, Faculdade de Economia, Administração e Contabilidade, Universidade São Paulo, São Paulo, 2009).

43 Schienstock, G. Thecnology policy in the process of change. Changing paradigms in research and thecnology policy? In: Aichholzer y Schienstock, 1994; Wynne, B. Redefining the Issues of Risk and Public Acceptance. In: Futures, Fevereiro, 1983; Bunge, M. Treatise on basic philosophy. v.7: Philosophy of science and technology. Dordrecht, Reidel, 1985; Mitcham, Carl. Thinking through technology. The path between engineering and philosophy. Chicago: The University of Chicago Press, 1994; Schienstock, G. (1994): "Technology policy in the process of change. Changing paradigms in research and technology policy", en Aichholzer, G y Schienstock, G. (eds.) Technology policy: Towards and integration of social and ecological concerns,Berlin-Nueva York, De Gruyter; WYNNE, B. (1.983): "Redefining the issues of risk and public acceptance" Futures, Febrero, 13, 32; Pacey, A. The Culture of Technology. Cambridge, MA: MIT Press. 1983; Carvalho, M. G. Tecnologia e Sociedade. IN: Tecnologia e Interação. João A S. L. Bastos (org.) Coletânea "Educação e Tecnologia", PPGTE-CEFET. Curitiba: CEFET- PR, 1998, p. 01; BAZZO, W. A. Ciência, Tecnologia e Sociedade: e o contexto da educação tecnológica. Florianópolis: Ed. da UFSC, 1998; Herrera, Amílcar. et al. Las Nuevas Tecnologías y el Futuro de América Latina. Siglo XXI. México. 1994; Heidegger, Martin. Introdução à Metafísica. São Paulo: Piaget, 1987.

44 Ortega y Gasset, J. Meditação da técnica. Rio de Janeiro: Livro Ibero Americano Limitada, 1963.

Com isso, se o desenvolvimento tecnológico faz parte das dinâmicas sociais, bastante peculiar à perspectiva do progresso técnico, é possível afirmar, com a chegada dos computadores, e principalmente com a internet, que estamos vivendo numa realidade em que o fluxo de mensagens e imagens entre as redes passou a ser o ingrediente básico nas relações sociais, revelando a configuração de uma sociedade tecnológica marcada pelo avanço da tecnologia de informação, uma verdadeira sociedade de informação.

No contexto da sociedade de informação, os avanços da microeletrônica permitiram o desenvolvimento das tecnologias de informação e comunicação, e o surgimento da era eletrônica, fatores que condicionam a exigência de um momento histórico-cultural mais aberto e potencializado pela difusão, disseminação e transmissão de informações para todos e por todos[45].

Na era eletrônica, ancorada nas novas tecnologias digitais, surge um novo ambiente de informação e comunicação, com transmissão global, velocidade ímpar e subversão dos fatores de tempo e espaço, que propicia novas formas de sociabilidade, influenciando no relacionamento entre o público e o privado. É o ciberespaço[46], termo citado por William Gibson

[45] "A capacidade criar, difundir e usar conhecimento e informação é cada vez mais o principal fator para o crescimento econômico e a melhoria da qualidade de vida" (OCDE, OCDE SCIENCE. Technology and Industry Scoreboard 1999. Benchmarking Know ledge – based Economies, OCDE, 1999); Hobsbawm, E O Novo Século (Entrevista a Antônio Polito). São Paulo, Companhia das Letras, 2000.

[46] Parece-nos útil delimitar o âmbito do ciberespaço em dois aspectos: a) aspecto subjetivo: ele designa os seres que navegam e alimentam o universo das redes digitais; dentro do aspecto subjetivo do ciberespaço a concepção dos seres se utiliza desse espaço se identificam como identidades nômades sem corpo, sem simultaneidade de presença, apenas em solidão coletiva. Nesta linha há um universo complexo e dinâmico de interações de sujeitos que transitam no ambiente virtual com discursos, práticas e imagens que passam a influenciar a conformação social; b) aspecto objetivo: ele designa o conteúdo que abrange um universo oceânico de informações com base numa infraestrutura material da comunicação digital. Ao lado da socialização, o ambiente virtual proporciona intercâmbio intenso de informações e imagens, especialmente com o advento da internet e o desenvolvimento da web (Levy, Pierre. Cibercultura. São Paulo: Editora 34, 1999; Lysloff, René. Musical life in Softcity: in internet ethnography. In musica and technoculture. Lysloff, René &

no romance Neuromancer, entendido como um espaço de comunicação aberta que surge da interconexão mundial de computadores.

A Era Eletrônica, especialmente com o surgimento da internet, propicia a invasão no corpo da vida comunitária de uma nova identidade social baseada na ampliação da informação como papel de moeda globalizante, criando a *sociedade em rede* e uma *cidadania eletrônica* ou *cibercidadania*[47].

Neste contexto, a inteligência artificial, como ramo da ciência da computação, surge como disciplina científica em 1956, em um workshop organizado por pesquisadores norte-americanos, com o objetivo de elaborar dispositivos que simulem a capacidade do ser humano de raciocinar, perceber, solucionar problemas e tomar decisões. Enfim, trata-se de buscar simular a capacidade do ser humano de ser inteligente.

A possibilidade de descrever com precisão habilidades humanas a ponto de conseguir programá-las num computador para reprodução é a missão da inteligência artificial, no contexto do conhecimento científico. Em mais de 60 anos de existência da inteligência artificial não há nada que tenha negado ou provado de maneira irrefutável tal possibilidade, que permanece aberta e repleta de potencial.

Enquanto nos últimos anos, pode-se falar em um progresso técnico com avanços incríveis no campo da inteligência artificial, sofrendo investimentos consideráveis pelos países, resultando na criação de robôs que

Gay, Leslie (orgs). Middletown: Wesleyan University Press; Giddens, Anthony. Modernidade e identidade. Traduzido por Plínio Dentizien. Rio de Janeiro: Jorge Zahar, 2002).

[47] Pieranti, O. P.; Rodrigues, S.; Peci, A.. Governança e New Public Management: convergências e contradições no contexto brasileiro. In: XXXI Encontro da ANPAD, Rio de Janeiro, 2007; Toffler, Alvin. A terceira onda. Rio de Janeiro: Record, 1997; Akutsu, L.; Pinho, J. A. G.. Sociedade da informação, accountability, e democracia delegada: investigação em portais de governo no Brasil. Revista de Administração Pública, Rio de Janeiro, v. 36, n. 5, p. 723-745, set./out. 2002; Lock, F. N.. Transparência da gestão municipal através das informações contábeis divulgadas na internet. 2003. 111f. (Dissertação – Mestrado em Gestão Pública para o Desenvolvimento do Nordeste) – Universidade Federal de Pernambuco. Recife, 2003. Santana Junior, J. J. B.. Transparência fiscal eletrônica: uma análise dos níveis de transparência apresentados nos sites dos poderes e órgãos dos Estados e do Distrito Federal do Brasil. 2008. 176f. Dissertação (Mestrado em Ciências Contábeis) – Programa Multinstitucional e Inter-regional de Pós-graduação em Ciências Contábeis. Recife, 2008; Castells, Manuel. A sociedade em rede. São Paulo: Paz e Terra, 1999.

começam a demonstrar suas habilidades físicas e cognitivas, não existe essa evolução em termos éticos.

O universo da inteligência artificial, diante das modificações tecnológicas contemporâneas processadas, confronta a humanidade que passa a ter que refletir sobre orientações éticas com objetivo último de considerar essa área de pesquisa sobre computadores simulando o comportamento humano inteligente como ferramentas que devem propiciar e aumentar o bem-estar humano.

5.1. O conceito de inteligência artificial e robótica

A noção de inteligência artificial vem sendo entendida como abrangendo qualquer tipo de sistema computacional artificial, que compreenda a existência de um comportamento inteligente, isto é, um comportamento complexo que conduz ao alcance de determinados objetivos. Assim, no seguimento do pensamento de Minsky[48]não deveremos restringir o conceito de "inteligência" à conceptualização da inteligência humana, pelo que devemos incluir uma grande gama de máquinas, mesmo aquelas que apenas detêm capacidades limitadas de aprendizagem ou raciocínio, mas com tarefas de automação específicas[49].

Os principais objetivos de um agente artificialmente inteligente envolvem tarefas de detecção, modelagem, planeamento e ação, mas os atuais aplicativos de inteligência artificial incluem ainda a percepção, análise de texto, processamento de linguagem natural, raciocínio lógico, jogos, sistemas de apoio à decisão, análise de dados, análise preditiva, bem como veículos autómatos e outras formas de robótica[50].

A inteligência artificial pode assim envolver qualquer número de técnicas computacionais com o escopo de atingir esses objetivos, seja a inte-

[48] Minsky, Marvin. *The Society of Mind*, New York: Simon & Schuster, 1985.

[49] Neste sentido, veja-se: MINSKY, Marvin. *The Society of Mind*, New York: Simon & Schuster, 1985.

[50] Neste sentido, veja-se: Stone, Peter; Brooks, Rodney; Brynjolsson, Erik; Calo, Ryan; Etzioni, Ore; Hager, Greg; Hirschberg, Julia; Kalvanakrishnan, Shivaram; Kamar, Ece; Kraus, Sarit; Leyton-Brown, Kevin; Parkes, David; Press, William; Saxenian, Anna Lee; SHAH, Julie; Tambe, Milind; Teller, Astro Teller. "Artificial Intelligence and Life in 2030". One Hundred Year Study on Artificial Intelligence: Report of the 2015–2016 Study Panel, Stanford University, Stanford, CA, September 2016.

ligência artificial inspirada na cognição natural ou na aprendizagem das estruturas tecnológicas por via de redes neurais[51].

Num contexto histórico, importa salientar que a partir de 2010 o conceito sofreu uma ampliação, ao ponto de quase toda a ciência da computação e até mesmo a alta tecnologia serem agrupadas como inteligência artificial. Atualmente, a inteligência artificial compreende uma indústria em plena expansão, que beneficia de um forte investimento de capital[52]. Como Erik Brynjolfsson[53] observou, a inteligência artificial pode permitir eliminar virtualmente a pobreza global, reduzir massivamente as doenças e fornecer melhor educação a quase todas as pessoas no planeta[54].

Embora a inteligência artificial possa ser inteiramente software, por outro lado, os robôs são máquinas físicas que se movem. Os robôs estão sujeitos a impactos físicos, em geral, por recurso a sensores, exercendo uma determinada força física, por meio de "atuadores", como por exemplo uma "mão" mecânica. Consequentemente, automóveis ou aviões autômatos entram no conceito de robôs, e apenas uma muito pequena parcela dos robôs é "humanoide". Ademais, alguns robôs usam a inteligência artificial, enquanto outros não a utilizam.

É justo referir que, embora os sistemas robóticos causem mais preocupações ao público em geral, os sistemas de inteligência artificial são mais

[51] Neste sentido, vejam-se, entre outros: GOODFELLOW, Ian; BENGIO, Yoshua; COURVILLE, Aaron Courville. *Deep Learning*, Cambridge, MA: MIT Press, 2016; SILVER, David; HUBERT, Thomas; SCHRITTWIESER, Julian; ANTONOGLOU, Ioannis; LAI, Matthew; GUEZ, Arthur; LANCTOT, Marc; SIFRE, Laurent; KUMARAN, Dharshan; GRAEPEL, Thore; LILLICRAP, Timothy; SIMONYAN, Karen; HASSABIS, Demis. "A General Reinforcement Learning Algorithm That Masters Chess, Shogi, and Go through Self-Play". *Science*, 362(6419), 2018, pp. 1140–1144. doi:10.1126/science.aar640.

[52] Neste sentido, veja-se: SHOHAM, Yoav; RAYMOND, Perrault; BRYNJOLFSSON, Erik, CLARK, Jack; MANVIKA, James; NIEBLES Juan Carlos; BAUER, Zoe. "The AI Index 2018 Annual Report", 17 December 2018, Stanford, CA: AI Index Steering Committee, Human-Centered AI Initiative, Stanford University, 2018.

[53] BRYNJOLFSSON, Erik; MCAFEE, Andrew. *The Second Machine Age: Work, Progress, and Prosperity in a Time of Brilliant Technologies,* New York: W. W. Norton, 2016.

[54] Neste sentido, veja-se: ANDERSON, Janna; RAINIE, Lee; LUCHSINGER, Alex . *Artificial Intelligence and the Future of Humans*, Washington, DC: Pew Research Center, 2018.

propensos a ter um impacto maior na humanidade. Além disso, os mencionados sistemas de inteligência artificial ou robótica para um conjunto restrito de tarefas têm menos probabilidade de causar novos problemas do que os sistemas mais flexíveis e autônomos. A robótica e a inteligência podem, portanto, ser vistas como abrangendo dois conjuntos de sistemas sobrepostos: sistemas que são apenas de inteligência artificial, sistemas que são apenas de robótica e sistemas que são mistos.

5.2. Os principais debates e problemas em redor da inteligência artificial

Existe um conjunto de questões éticas relativas uso humano de sistemas de inteligência artificial e da robótica que podem ser mais ou menos autônomos, sobre o qual cumpre agora fazer a sua delimitação. Nesse contexto, partimos da permissa-base que as tecnologias sempre farão com que alguns usos sejam mais fáceis e, portanto, mais frequentes, e que dificultarão outros usos. O *design* com que são concebidos tem, portanto, relevância ética para o seu uso[55]. Consequentemente, o Direito tem a responsabilidade de regular o "uso responsável", bem como estruturar um "design responsável" neste campo.

A análise centrada no uso não pressupõe quais as abordagens éticas que são mais adequadas para lidar com essas questões, visto que eles podem muito bem ser a ética da virtude[56], em vez de consequencialistas[57].

[55] Neste sentido, vejam-se: Houkes, Wybo; Vermaas, Pieter E. *Technical Functions: On the Use and Design of Artefacts*, (Philosophy of Engineering and Technology 1), Dordrecht: Springer Netherlands, 2010. doi:10.1007/978-90-481-3900-2; Verbeek, Peter-Paul. *Moralizing Technology: Understanding and Designing the Morality of Things*, Chicago: University of Chicago Press,2011.

[56] Neste sentido, Vallor, Shannon. *Technology and the Virtues: A Philosophical Guide to a Future Worth Wanting*, Oxford: Oxford University Press, 2017. doi:10.1093/acprof:oso/9780190498511.001.0001

[57] Neste sentido, veja-se: Floridi, Luciano; Cowls, Josh; Beltrametti, Monica; Chatila, Raja; Chazerand, Patrice; Dignum, Virginia; Luetge, Christoph; Madelin, Robert; Pagallo, Ugo; Rossi, Francesca; Schafer, Burkhard; Valcke, Peggy; Vayena, Effy. "AI4People–An Ethical Framework for a Good AI Society: Opportunities, Risks, Principles, and Recommendations". *Minds and Machines*, 28(4), 2018, pp. 689–707. doi:10.1007/s11023-018-9482-5.

5.2.1. Privacidade e vigilância

Há uma permanente discussão em torno da privacidade e da vigilância[58], derivado ao acesso a dados privados e a dados que permitem a identificação do indivíduo. Os estudos sobre a privacidade concentram-se historicamente na vigilância do Estado pelos serviços de vigilância, mas agora incluem a vigilância por outros agentes do Estado, empresas e até mesmos por outros indivíduos.

A tecnologia mudou significativamente nas últimas décadas, com a regulamentação a mostrar-se tardia, e a vivenciar-se uma certa anarquia, que é explorada pelos indivíduos mais poderosos. Na realidade, o mundo digital tem tido um crescimento exponencial, com a recolha e armazenamento de dados a serem na atualidade digitais, o que conduz que a vida dos seres humanos seja cada vez mais digital.

Neste cenário, a inteligência artificial aumenta as possibilidades de recolha inteligente de dados e as possibilidades de análise de dados. Além disso, muitos destes dados são negociados entre agentes económicos. Por outro lado, controlar a recolha de dados e quem tem acesso aos mesmos é muito mais complexo no mundo digital, cujo problema é amplificado pelo recurso às novas tecnologias de inteligência artificial[59]. Essa economia de vigilância é por alguns autores designada de *capitalismo de vigilância*[60].

Em face deste problema, Harari, em *Homo Deus*, questiona sobre as consequências a longo prazo da inteligência artificial: "*O que acontecerá*

[58] Neste sentido, veja-se: Macnish, Kevin. *The Ethics of Surveillance: An Introduction*, London: Routledge, 2017; Roessler, Beate. "Privacy as a Human Right". *Proceedings of the Aristotelian Society*, 117(2), 2017, pp. 187–206. doi:10.1093/arisoc/aox008

[59] Neste sentido, veja-se: Whittaker, Meredith; Crawford, Kate; Dobbe, Roel; Fried, Genevieve; Kaziunas, Elizabeth; Mathur, Varoon; Schultz, Jason. "AI Now Report 2018", New York: AI Now Institute, New York University, 2018. O autor refere como exemplo o reconhecimento do rosto de pessoas em fotos e vídeos, permitindo a identificação e, assim, o perfil e a busca de indivíduos. Outros exemplos resultam da impressão digital do dispositivo. É assim deixado um rastro pessoal através dos dados que são deixados no mundo digital, muitas vezes recolhidos por serviços gratuitos, e sem que os indivíduos sejam informados da recolha e do seu valor económico.

[60] Neste sentido, veja-se: Zuboff, Shoshana. *The Age of Surveillance Capitalism: The Fight for a Human Future at the New Frontier of Power*, New York: Public Affairs, 2019

com a sociedade, a política e a vida diária quando algoritmos inconscientes, mas altamente inteligentes, nos conhecerem melhor do que nós mesmos?"[61]

Uma das principais dificuldades neste setor é fazer cumprir a regulamentação, tanto no nível do Estado, quanto no nível do indivíduo que desenvolve uma ação. A proteção legal bem estabelecida, como direitos do consumidor, responsabilidade pelo produto e outros tipos de responsabilidade civil ou proteção dos direitos de propriedade intelectual, muitas vezes não existe nos produtos digitais ou é de difícil aplicação. Isso significa que as empresas com histórico "digital" estão acostumadas a testar os seus produtos nos consumidores sem receios de responsabilização, enquanto defendem os seus direitos de propriedade intelectual.

5.2.2. Manipulação comportamental

As questões éticas da inteligência artificial na vigilância ultrapassam a mera recolha e transação de dados, incluem ainda o uso da informação para manipular o comportamento, de uma forma que fica comprometida a escolha racional autônoma. Esta não é uma questão nova, mas o uso de sistemas dotados de inteligência artificial vem tornar este problema mais atual e sério. Dada a intensa interação dos usuários com sistemas de dados e o profundo conhecimento sobre os indivíduos que lhes garante, eles tornam-se vulneráveis à manipulação.

Com efeito, os algoritmos podem ser usados para atingir os indivíduos ou pequenos grupos, com base no elemento que provavelmente os influenciará em particular[62]. Essa manipulação é o modelo de negócios em muitos setores de jogos de sorte e azar, mas está a alastrar-se a outros setores da economia. No *design* de interface em páginas da web ou em

[61] Harari, Yuval Noah. *Homo Deus: A Brief History of Tomorrow*, New York: Harper, 2016, p. 462.

[62] Neste sentido, veja-se: Costa, Elisabeth; Halpern, David. "The Behavioural Science of Online Harm and Manipulation, and What to Do About It: An Exploratory Paper to Spark Ideas and Debate", The Behavioural Insights Team Report, 2019, pp. 1-82. Muitos anunciantes e vendedores online usarão todos os meios legais à sua disposição para maximizar o lucro, incluindo a exploração de preconceitos comportamentais, o recurso a meios de engano e a criação de vícios

jogos, utiliza-se essa manipulação, que é chamada de "padrões escuros"[63]. Além disso, a mídia social é agora o local privilegiado para a propaganda política. Essa influência pode ser usada para orientar o comportamento eleitoral[64], que sendo bem-sucedidas, pode prejudicar a autonomia dos indivíduos[65].

As tecnologias aprimoradas de "falsificação" de inteligência artificial transformam o que antes era uma evidência confiável numa evidência não confiável, pelo que em breve será muito fácil criar (em vez de alterar) textos, fotos e materiais de vídeo "profundamente falsos" com qualquer conteúdo desejado. Em breve, a sofisticada interação em tempo real com pessoas por texto, telefone ou vídeo também será falsificada. Portanto, não podemos confiar nas interações digitais enquanto estamos, ao mesmo tempo, cada vez mais dependentes dessas interações.

Um concreto problema resulta das técnicas de aprendizagem de uma máquina, que dependem da programação com grandes quantidades de dados, o que implica que frequentemente haverá uma compensação entre privacidade e direito aos dados *versus* qualidade técnica do produto. Daqui resulta que as liberdades civis e a proteção dos direitos individuais estão sob intensa pressão do *lobby* de empresas, serviços secretos e outras agências estatais que dependem da existência de vigilância. A proteção da privacidade diminuiu enormemente em comparação com a era pré-digital, quando a comunicação era baseada em cartas, comunicações telefônicas analógicas e conversas pessoais e, bem assim, quando a vigilância operava sob restrições legais significativas.

[63] Neste sentido, veja-se: MATHUR, Arunesh; ACAR, Gunes; FRIEDMAN, Michael J.; LUCHERINI, Elena; MAYER, Jonathan; CHETTY, Marshini; NARAYANAN, Arvind. "Dark Patterns at Scale: Findings from a Crawl of 11K Shopping Websites". *Proceedings of the ACM on Human-Computer Interaction*, 3(CSCW): art. 81, 2019. doi:10.1145/3359183.

[64] Este sentido, veja-se: WOOLLEY, Samuel C.; HOWARD, Philip N. (ed.). *Computational Propaganda: Political Parties, Politicians, and Political Manipulation on Social Media*, Oxford: Oxford University Press, 2017. doi:10.1093/oso/9780190931407.001.0001. BRADSHAW, Samantha; NEUDERT, Lisa-Maria; HOWARD, Phil. "Government Responses to Malicious Use of Social Media". Working Paper 2019.2, Oxford: Project on Computational Propaganda.

[65] SUSSER, Daniel; ROESSLER, Beate; NISSENBAUM, Helen. "Technology, Autonomy, and Manipulation". *Internet Policy Review*, 8(2), 30 June 2019.

Enquanto a UE reforçou a sua política de privacidade, países como os Estados Unidos da América e a China optaram por um modelo com menor regulação[66], com o escopo de retirar vantagens competitivas. É, pois, evidente que os agentes económicos e estatais aumentaram sua capacidade para invadir a privacidade e manipular as pessoas com o recurso às tecnologias da inteligência artificial, e continuarão a fazê-lo para promover os seus interesses particulares, a menos que sejam limitados por via legal, para defesa do interesse da sociedade em geral.

5.2.3. A opacidade dos sistemas de inteligência artificial

A opacidade e o preconceito são questões fundamentais para a ética de dados ou ética de *big data*[67]. Os sistemas de inteligência artificial para suporte automatizado à decisão e análise preditiva levantam "*preocupações significativas sobre a falta do devido processo, responsabilidade, envolvimento da comunidade e auditoria*"[68]. Eles fazem parte de uma estrutura de poder na qual "*estamos a criar processos de tomada de decisão que restringem e limitam as oportunidades de participação humana*"[69].

Igualmente, muitas vezes será impossível para a pessoa afetada saber como o sistema chegou a essa decisão, ou seja, o sistema é "opaco" para essa pessoa. Se o sistema envolver um processo de aprendizagem da máquina, ele normalmente será opaco até mesmo para o especialista, que não saberá como um determinado padrão foi identificado ou mesmo qual é o padrão.

66 Thompson, Nicholas; Bremmer, Ian. "The AI Cold War That Threatens Us All", *Wired*, 23 November 2018

67 Neste sentido, veja-se: FLoridi, Luciano; Taddeo, Mariarosaria. "What Is Data Ethics?". *Philosophical Transactions of the Royal Society A: Mathematical, Physical and Engineering Sciences*, 374(2083): 20160360, 2016. doi:10.1098/rsta.2016.0360. Mittelstadt, Brent Daniel; Floridi, Luciano. "The Ethics of Big Data: Current and Foreseeable Issues in Biomedical Contexts". *Science and Engineering Ethics*, 22(2), pp. 303–341. doi:10.1007/s11948-015-9652-2

68 Whittaker, Meredith; Crawford, Kate; Dobbe, Roel; Fried, Genevieve; Kaziunas, Elizabeth; Mathur, Varoon; Schultz, Jason. "AI Now Report 2018", New York: AI Now Institute, New York University, 2018, pp. 18 ss.

69 Danaher, John, "The Threat of Algocracy: Reality, Resistance and Accommodation". **Philosophy & Technology**, 29(3), 2016, p. 245. doi:10.1007/s13347-015-0211-1.

O preconceito em sistemas de decisão e conjuntos de dados é exponenciado por essa opacidade, pelo que, nos casos em que há um desejo de remover o preconceito, a análise da opacidade e do preconceito andam de mãos dadas, e a resposta política deve abordar as duas questões em conjunto.

Com efeito, muitos sistemas de inteligência artificial dependem de técnicas de aprendizagem das máquinas em redes neurais (simuladas), que extrairão padrões de um determinado conjunto de dados, com ou sem soluções "corretas", sem que o programador compreenda verdadeiramente quais os padrões que o sistema utilizou. Na verdade, os programas estão a evoluir, pelo que o recebimento de "novos" dados, conduz a que os padrões usados pelo sistema de aprendizagem evoluam, modificando-se.

Esta facto implica que o resultado não é transparente para o usuário ou para os programadores. Ademais, a qualidade do programa depende da qualidade dos dados fornecidos, pelo que se os dados já envolveram um preconceito, o programa reproduzirá esse preconceito.

Alguns autores sustentam que os problemas éticos de hoje são o resultado de "atalhos" técnicos que a inteligência artificial adotou[70]. Nesse contexto, existe uma demanda por um mecanismo capaz de elucidar as estruturas de poder, preconceitos e influências que os artefatos computacionais exercem na sociedade[71]. Na prática trata-se da procura de uma inteligência artificial que explique o seu raciocínio, o que implicaria uma maior autonomia moral, do que aquela que atualmente se atribui aos sistemas de inteligência artificial[72]. A não eliminação deste

[70] Neste sentido, veja-se: Cristianini, Nello. "Shortcuts to Artificial Intelligence", in *Machines We Trust*, Marcello Pelillo and Teresa Scantamburlo (ed.), Cambridge, MA: MIT Press, 2021.

[71] Neste sentido, veja-se: Diakopoulos, Nicholas. "Algorithmic Accountability: Journalistic Investigation of Computational Power Structures". **Digital Journalism**, 3(3), 2015, p. 398. doi:10.1080/21670811.2014.976411.

[72] O político Henry Kissinger destacou a existência de um problema fundamental para a tomada de decisão democrática se contarmos com um sistema que é supostamente superior aos humanos, mas que não consegue explicar suas decisões. O mesmo refere que podemos ter "*gerado uma tecnologia potencialmente dominante em busca de uma filosofia orientadora*" – Kissinger, Henry A."How the Enlightenment Ends: Philosophically, Intellectually–in

problema conduz àquilo que nas palavras de Danaher seria "*a ameaça da algocracia*"[73].

5.2.4. Distorções nos sistemas de decisão

Os sistemas automatizados de apoio à decisão, baseados em inteligência artificial e "análises preditivas" operam nos dados e produzem uma decisão. A análise de dados é frequentemente usada em "análises preditivas" nos negócios, na saúde e em outros campos, para prever desenvolvimentos futuros.

Um uso da previsão é no "policiamento preditivo", que muitos temem que possa levar a uma erosão das liberdades públicas[74], porque pode retirar o poder das pessoas. Parece, no entanto, que muitas das preocupações com o policiamento dependem de cenários futuristas, onde a polícia prevê e pune as ações planeadas, ao invés de esperar que um crime seja cometido. Uma preocupação é que esses sistemas possam perpetuar o preconceito que já estava nos dados usados para configurar o sistema.

Além disso, as polícias podem receber mais dados, oferecendo-lhes mais controle e facilitando as decisões, através de software de suporte de fluxo de trabalho. Se isso é problemático, depende do nível apropriado de confiança na qualidade técnica desses sistemas e da avaliação dos objetivos do próprio trabalho policial[75].

O preconceito normalmente surge quando julgamentos injustos são realizados, porque o indivíduo que faz o julgamento é influenciado por

Every Way–Human Society Is Unprepared for the Rise of Artificial Intelligence". *The Atlantic,* June 2018.

[73] DANAHER, John, "The Threat of Algocracy: Reality, Resistance and Accommodation". **Philosophy & Technology**, 29(3), 2016, p. 245. doi:10.1007/s13347-015-0211-1. No mesmo sentido, CAVE, Stephen. "To Save Us from a Kafkaesque Future, We Must Democratise AI". **The Guardian** , 04 January 2019. Este autor enfatiza que é preciso um movimento social mais amplo em direção a uma tomada de decisão mais "democrática", para evitar que a inteligência artificial seja uma força que leva a um sistema de supressão impenetrável, ao estilo Kafka, na administração pública e em outros lugares.

[74] Neste sentido, veja-se: FERGUSON, Andrew Guthrie. **The Rise of Big Data Policing: Surveillance, Race, and the Future of Law Enforcement**, New York: NYU Press, 2017.

[75] Neste sentido, veja-se: ASARO, Peter M. "AI Ethics in Predictive Policing: From Models of Threat to an Ethics of Care". **IEEE Technology and Society Magazine**, 38(2), 2019, pp. 40–53. doi:10.1109/MTS.2019.2915154

uma característica, que é realmente irrelevante para o assunto em questão. Portanto, uma forma de preconceito é uma característica cognitiva aprendida de uma pessoa, muitas vezes não explicitada. A pessoa em questão pode com efeito não estar ciente de ter essa tendência[76].

Além do fenômeno social de preconceito apreendido, o sistema cognitivo humano é geralmente sujeito a vários tipos de "preconceitos cognitivos", uma vez que os seres humanos tendem a interpretar as informações como uma confirmação do que eles já acreditam. Existe ainda uma outra distorção, a qual resulta dos dados, quando exibe um erro sistemático, por exemplo, uma distorção estatística. Em concreto, qualquer conjunto de dados será imparcial apenas para um único tipo de problema, pelo que a mera criação de um conjunto de dados envolve o perigo de que ele possa ser usado para um tipo diferente de problema e, em seguida, acabe sendo tendencioso para esse tipo.

A aprendizagem de uma máquina, com base nesses dados, não apenas deixaria de reconhecer a distorção, mas também codificaria e automatizaria a "distorção histórica". O problema com estes sistemas resulta do preconceito e, bem assim, do facto da natureza humana depositar confiança excessiva nos sistemas. Ademais, as correções tecnológicas têm os seus limites, uma vez que precisam de uma noção matemática de justiça, o que é difícil de encontrar[77].

5.2.5. Interação humanos-robôs

A interação do homem-robô é um campo acadêmico por direito próprio, que agora presta atenção significativa às questões éticas, à dinâmica da

[76] Neste sentido, veja-se: Binns, Reuben. "Fairness in Machine Learning: Lessons from Political Philosophy". **Proceedings of the 1st Conference on Fairness, Accountability and Transparency**, in **Proceedings of Machine Learning Research**, 81, 2018, pp. 149–159.

[77] Neste sentido, veja-se: Whittaker, Meredith; Crawford, Kate; Dobbe, Roel; Fried, Genevieve; Kaziunas, Elizabeth; Mathur, Varoon; Schultz, Jason. "AI Now Report 2018", New York: AI Now Institute, New York University, 2018. Selbst, Andrew D.; Boyd, Danah; Friedler, Sorelle A.; Venkatasubramanian, Suresh; Vertesi, Janet. "Fairness and Abstraction in Sociotechnical Systems". **Proceedings of the Conference on Fairness, Accountability, and Transparency–FAT* '19**, Atlanta, GA: ACM Press, 2019, pp. 59–68. doi:10.1145/3287560.3287598.

percepção de ambos os lados e aos diferentes interesses presentes e à complexidade do contexto social, incluindo o co-trabalho[78].

Embora a inteligência artificial possa ser utilizada na manipulação de seres humanos para que tenham determinadas ações, também pode ser utilizada para controlar robôs mais problemáticos, se os seus processos ou aparência envolverem erro, ameaçarem a dignidade humana ou violarem o requisito kantiano de "*respeito para a humanidade*".

Os seres humanos atribuem com muita facilidade propriedades mentais aos objetos e têm empatia por eles, especialmente quando a aparência externa desses objetos é semelhante à dos seres vivos. Isso pode ser usado para enganar os seres humanos, atribuindo-lhes um maior significado intelectual ou mesmo emocional aos robôs ou aos sistemas de inteligência artificial do que eles merecem.

A este propósito algumas partes da robótica humanoide são problemáticas, e há casos que foram claramente enganosos para fins de relações públicas. Obviamente, existem algumas restrições, bastante básicas, de ética e de legislação nos negócios, que também se aplicam aos robôs, como sejam, a segurança e a responsabilidade do produto ou o não-engano na publicidade. Parece que essas restrições atendem a muitas preocupações que são levantadas. Porém, há casos em que a interação humano-humano tem aspectos que parecem especificamente humanos, de formas que talvez não possam ser substituídas por robôs: cuidado, amor e sexo.

5.2.6. Automação e emprego

A inteligência artificial e a robótica podem conduzir a ganhos significativos de produtividade e, portanto, ao crescimento da riqueza em geral. A tentativa de aumentar a produtividade sempre foi uma característica da economia, embora a ênfase no "crescimento" seja um fenômeno moderno[79].

[78] Arnold, Thomas; Scheutz, Matthias Scheutz. "Beyond Moral Dilemmas: Exploring the Ethical Landscape in HRI", in **Proceedings of the 2017 ACM/IEEE International Conference on Human-Robot Interaction–HRI '17**, Vienna, Austria: ACM Press, 2015, pp. 445–452. doi:10.1145/2909824.3020255

[79] Harari, Yuval Noah. *Homo Deus: A Brief History of Tomorrow*, New York: Harper, 2016, p. 240.

No entanto, os ganhos de produtividade através da automação, em regra, significam que menos pessoas são necessárias para a mesma produção. Isso não implica necessariamente uma perda de emprego geral, no entanto, porque a riqueza disponível aumenta, isso pode aumentar a demanda, a um nível suficiente para neutralizar o ganho de produtividade. No longo prazo, a produtividade mais elevada nas sociedades industriais conduzirá a uma maior riqueza.

As principais perturbações do mercado de trabalho ocorreram nas indústrias de mão-de-obra intensiva, que implicou a sua deslocalização para locais com menor custo de mão-de-obra.

A automação clássica substituiu o músculo humano, enquanto a automação digital substitui o pensamento humano ou o processamento de informações, que ao contrário das máquinas físicas, é muito menos onerosa[80]. Pode, portanto, significar uma mudança mais radical no mercado de trabalho. As respostas à questão do desemprego da inteligência artificial variaram de alarmadas[81] a neutras[82] e otimistas[83]. Em princípio, o efeito da automação no mercado de trabalho parece ser bastante bem compreendido como envolvendo duas perspectivas: (i) a natureza das

[80] Neste sentido, veja-se: BOSTROM, Nick; YUDKOWSKY, Eliezer. "The Ethics of Artificial Intelligence". *The Cambridge Handbook of Artificial Intelligence*, Keith Frankish and William M. Ramsey (ed.), Cambridge: Cambridge University Press, 2014, pp. 316–334. doi:10.1017/CBO9781139046855.020

[81] Neste sentido, vejam-se: FREY, Carl Benedikt; OSBORNE, Michael A. "The Future of Employment: How Susceptible Are Jobs to Computerisation?", Oxford Martin School Working Papers, 17 September 2013. WESTLAKE, Stian (ed.). *Our Work Here Is Done: Visions of a Robot Economy*, London: Nesta, 2014.

[82] Neste sentido, vejam-se: METCALF, Jacob; KELLER, Emily F.; BOYD, Danah. "Perspectives on Big Data, Ethics, and Society", 23 May 2016, Council for Big Data, Ethics, and Society. CALO, Ryan. "Artificial Intelligence Policy: A Primer and Roadmap". **University of Bologna Law Review**, 3(2), 2018, pp. 180-218. doi:10.6092/ISSN.2531-6133/8670. FREY, Carl Benedict. **The Technology Trap: Capital, Labour, and Power in the Age of Automation**, Princeton, NJ: Princeton University Press, 2019.

[83] Neste sentido, vejam-se: BRYNJOLFSSON, Erik; MCAFEE, Andrew. *The Second Machine Age: Work, Progress, and Prosperity in a Time of Brilliant Technologies*, New York: W. W. Norton, 2016. HARARI, Yuval Noah. *Homo Deus: A Brief History of Tomorrow*, New York: Harper, 2016. DANAHER, John. **Automation and Utopia: Human Flourishing in a World without Work**, Cambridge, MA: Harvard University Press, 2019.

interações entre trabalhadores com habilidades diferentes e novas tecnologias que afetam a demanda de trabalho e (ii) os efeitos de equilíbrio do progresso tecnológico por meio de mudanças consequentes na oferta de trabalho e nos mercados de produtos[84].

O que atualmente parece acontecer no mercado de trabalho, como resultado da inteligência artificial, e da automação robótica, é a "polarização do trabalho", em que os empregos técnicos, altamente qualificados, têm uma grande demanda e são bem pagos, enquanto os empregos de serviços de baixa qualificação, têm igualmente uma forte demanda e são mais mal pagos. Por seu lado, os empregos de qualificação média, em fábricas e escritórios, estão sob pressão e vêm sendo reduzidos, porque são relativamente previsíveis e têm maior probabilidade de serem automatizados[85].

Em termos gerais, a questão do desemprego é uma questão de como os bens numa sociedade devem ser distribuídos de forma justa. Uma visão padrão é que a justiça distributiva deve ser decidida racionalmente por trás de um "*véu de ignorância*"[86]. Parece que a economia da inteligência artificial tem três características que tornam essa justiça improvável: primeiro, ela opera em um ambiente amplamente desregulamentado, onde a responsabilidade costuma ser difícil de alocar. Em segundo lugar, ela opera em mercados que possuem uma característica de "o vencedor leva tudo", onde os monopólios se desenvolvem rapidamente. Terceiro, a "nova economia" das indústrias de serviços digitais é baseada em ativos intangíveis, também chamados de "*capitalismo sem capital*"[87].

Daqui resulta que é difícil controlar as empresas digitais que não dependem de uma sede física num determinado local. Essas três características parecem sugerir que, se deixarmos a distribuição da riqueza para

[84] Goos, Maarten. "The Impact of Technological Progress on Labour Markets: Policy Challenges", **Oxford Review of Economic Policy**, 34(3), 2018, p. 362. doi:10.1093/oxrep/gry002.

[85] Neste sentido, veja-se: BALDWIN, Richard. **The Globotics Upheaval: Globalisation, Robotics and the Future of Work**, New York: Oxford University Press, 2019

[86] Neste sentido, veja-se: RAWLS, John. **A Theory of Justice**, Cambridge, MA: Belknap Press, 1971

[87] Neste sentido, veja-se: HASKEL, Jonathan; WESTLAKE. **Capitalism without Capital: The Rise of the Intangible Economy**, Princeton, NJ: Princeton University Press, 2017.

as forças do mercado livre, o resultado seria uma distribuição altamente injusta.

5.2.7. Sistemas autônomos

Existem várias noções de autonomia na discussão sobre os sistemas autônomos. Uma noção mais forte decorre de vários debates filosóficos, onde a autonomia é a base para a responsabilidade e a personalidade[88]. Neste contexto, a responsabilidade implica autonomia, mas não o inverso, pelo que podem existir sistemas que tenham graus de autonomia técnica sem suscitarem questões de responsabilidade.

A noção mais fraca e técnica de autonomia na robótica é relativa e gradual, em que um sistema é considerado autônomo em relação ao controle humano até um certo grau[89]. Há um paralelo aqui com as questões de preconceito e opacidade na inteligência artificial, uma vez que a autonomia também diz respeito a uma relação de poder.

De modo geral, uma das questões que se colocam é saber até que ponto os robôs autônomos levantam questões às quais os nossos atuais esquemas conceituais devem se adaptar, ou se eles apenas requerem ajustes técnicos.

Na maioria das jurisdições, existe um sistema sofisticado de responsabilidade civil e criminal para resolver essas questões. Os padrões técnicos, por exemplo, para o uso seguro de máquinas em ambientes médicos, provavelmente precisarão ser ajustados. Por seu lado, já existe um campo de "inteligência artificial verificável" para tais sistemas de segurança crítica e para "aplicações de segurança".

5.2.8. Ética da máquina

A Ética das máquinas é a ética das máquinas como sujeitos, e não do uso humano das máquinas como objetos. Muitas vezes não é muito claro se

[88] Neste sentido, veja-se: CHRISTMAN, John. "Autonomy in Moral and Political Philosophy". **Stanford Encyclopedia of Philosophy** (EDITION NEEDED), URL = <https://plato.stanford.edu/archives/spr2018/entries/autonomy-moral/>

[89] Neste sentido, veja-se: MULLER, Vincent C. "Autonomous Cognitive Systems in Real-World Environments: Less Control, More Flexibility and Better Interaction". **Cognitive Computation**, 4(3), 2012, pp. 212–215. doi:10.1007/s12559-012-9129-4

isso deve abranger toda a ética da inteligência artificial ou fazer parte dela[90]. Às vezes, parece que existe a inferência (duvidosa) se as máquinas agem de maneiras eticamente relevantes, então precisamos de uma ética da máquina. Consequentemente, alguns usam uma noção mais ampla.

A ética da máquina está preocupada em garantir que o comportamento das mesmas em relação aos usuários humanos, e talvez em realção a outras máquinas, seja eticamente aceitável[91]. Isso pode implicar meras questões de segurança do produto. Outros autores parecem mais ambiciosos, mas usam uma noção mais restrita, em que o raciocínio da inteligência artificial deve ser capaz de levar em consideração os valores sociais e as considerações morais e éticas[92].

Parte da discussão sobre a ética da máquina faz a suposição bastante substancial de que as máquinas podem, em certo sentido, serem agentes éticos responsáveis pelas suas ações, ou "agentes morais autônomos"[93]. A ideia básica da ética da máquina está agora à procura do seu caminho para a robótica real, onde a suposição de que essas máquinas são agentes morais artificiais em qualquer sentido substancial geralmente não é feita[94]. Por vezes, é observado que um robô programado para seguir regras éticas pode ser facilmente modificado para seguir regras antiéti-

[90] Neste sentido, vejam-se: FLORIDI, Luciano; SANDERS, Jeff W. Sanders. "On the Morality of Artificial Agents". **Minds and Machines**, 14(3), 2004, pp. 349–379. doi:10.1023/B:MIND.0000035461.63578.9d. ANDERSON, Michael; ANDERSON, Susan Leigh (ed.). *Machine Ethics*, Cambridge: Cambridge University Press, 2011. doi:10.1017/CBO9780511978036. WALLACH, Wendell; ASARO, Peter M. (ed.. **Machine Ethics and Robot Ethics**, London: Routledge, 2017

[91] Neste sentido, veja-se: ANDERSON, Michael; ANDERSON, Susan Leigh. "Machine Ethics: Creating an Ethical Intelligent Agent". **AI Magazine**, 28(4), 2007, p. 15

[92] Neste sentido, veja-se: DIGNUM, Virginia. "Ethics in Artificial Intelligence: Introduction to the Special Issue". **Ethics and Information Technology**, 20(1), 2018, pp. 1-2. doi:10.1007/s10676-018-9450-z.

[93] Neste sentido, veja-se: VAN WYNSBERGHE, Aimee; ROBBINS, Scott. "Critiquing the Reasons for Making Artificial Moral Agents". **Science and Engineering Ethics**, 25(3), 2019, pp. 719–735. doi:10.1007/s11948-018-0030-8.

[94] Neste sentido, veja-se: WINFIELD, Alan; MICHAEL, Katina; PITT, Jeremy; EVERS, Vanessa (ed.). **Machine Ethics: The Design and Governance of Ethical AI and Autonomous Systems**, special issue of **Proceedings of the IEEE**, 107(3), 2019, pp. 501–632.

cas[95]. A ideia de que a ética da máquina pode assumir a forma de "leis" foi investigada por Isaac Asimov, que propôs as "três leis da robótica"[96]. Segundo essas leis, um robô não pode ferir um ser humano ou, por inação, permitir que um ser humano sofra algum dano. Por outro lado, um robô deve obedecer às ordens dadas por seres humanos, exceto quando tais ordens entrarem em conflito com a anteriormente referida. Por último, um robô deve proteger a sua própria existência, desde que tal proteção não entre em conflito com as anteriormente mencionadas.

Porém, não está claro que haja na atualidade uma noção consistente de "ética da máquina".

5.2.9. Agentes morais artificiais

Se considerarmos que a ética da máquina diz respeito a agentes morais, em algum sentido substancial, esses agentes podem ser chamados de "agentes morais artificiais", tendo direitos e responsabilidades. No entanto, a discussão sobre entidades artificiais desafia uma série de noções comuns em ética e pode ser muito útil entendê-las abstraindo-nos do caso humano[97].

Na doutrina vários autores usam o termo "agente moral artificial" em um sentido menos exigente, utilizando o termo de "agente" em engenharia de software, caso em que questões de responsabilidade e direitos não surgirão[98]. Neste contexto, James Moor[99] distingue quatro tipos de agen-

[95] Neste sentido, veja-se: VANDERELST, Dieter; WINFIELD, Alan. "The Dark Side of Ethical Robots". **Proceedings of the 2018 AAAI/ACM Conference on AI, Ethics, and Society**, New Orleans, LA: ACM, 2018, pp. 317–322. doi:10.1145/3278721.3278726

[96] Neste sentido, veja-se: ASIMOV, Isaac. "Runaround: A Short Story". *Astounding Science Fiction*, March 1942. "I, Robot", New York: Gnome Press 1950. Este autor mostrou numa série de histórias como os conflitos entre essas três leis tornarão problemático o seu uso, apesar da sua organização hierárquica.

[97] Neste sentido, veja-se: MISSELHORN, Catrin. "Artificial Systems with Moral Capacities? A Research Design and Its Implementation in a Geriatric Care System". **Artificial Intelligence**, 278: art. 103179, 2020. doi:10.1016/j.artint.2019.103179.

[98] Neste sentido, veja-se: ALLEN, Colin; VARNER, Gary; ZINSER, Jason. "Prolegomena to Any Future Artificial Moral Agent". **Journal of Experimental & Theoretical Artificial Intelligence**, 12(3), 2000, pp. 251–261. doi:10.1080/09528130050111428

[99] MOOR, James H. "The Nature, Importance, and Difficulty of Machine Ethics". **IEEE Intelligent Systems**, 21(4), 2006, pp. 18–21. doi:10.1109/MIS.2006.80

tes de máquina: agentes de impacto, agentes éticos implícitos, agentes éticos explícitos e agentes éticos completos.

Existem várias formas de alcançar agentes éticos "explícitos" ou "completos", ou seja, através da sua programação, por meio do "desenvolvimento" da própria ética ou do da moralidade desenvolvida com plena inteligência[100]. Os agentes programados às vezes não são considerados agentes "completos" porque são "competentes sem compreensão", assim como os neurônios de um cérebro[101].

Em algumas discussões, a noção de "paciente moral" desempenha um papel importante. Efetivamente, os agentes éticos têm responsabilidades, enquanto os pacientes éticos têm direitos, porque o dano para eles é importante. Parece claro que algumas entidades são pacientes sem serem agentes. Por outro lado, é normalmente entendido que todos os agentes também serão pacientes. Por regra, é o facto de ser "pessoa" que faz de uma entidade um agente responsável, isto é, alguém que pode ter deveres e ser objeto de preocupações éticas. Tal pessoalidade é tipicamente uma noção associada à consciência fenomenal, à intenção e ao livre arbítrio.

Alguns autores, como Torrance sugerem que "*a ética artificial (ou da máquina) pode ser definida como projetar máquinas que fazem coisas que, quando feitas por humanos, são indicativas da posse de 'status ético' nesses humanos*"[102], o que ele considera ser "*produtividade ética e receptividade ética*"[103].

No que concerne às responsabilidades dos robôs, há um amplo consenso de que a responsabilidade é um conceito básico que deve ser mantido em face das novas tecnologias, mas a questão no caso dos robôs é

[100] Neste sentido, vejam-se: ALLEN, Colin; SMIT, Iva; WALLACH, Wendell. "Artificial Morality: Top-down, Bottom-up, and Hybrid Approaches". **Ethics and Information Technology**, 7(3), 2005, pp. 149–155. doi:10.1007/s10676-006-0004-4. MOOR, James H. "The Nature, Importance, and Difficulty of Machine Ethics". **IEEE Intelligent Systems**, 21(4), 2006, pp. 18–21. doi:10.1109/MIS.2006.80.

[101] Neste sentido, vejam-se: DENNETT, Daniel C. **From Bacteria to Bach and Back: The Evolution of Minds**, New York: W.W. Norton, 2017. HAKLI, Raul; MAKELA; Pekka. "Moral Responsibility of Robots and Hybrid Agents", **The Monist**, 102(2), 2019, pp. 259–275. doi:10.1093/monist/onz009.

[102] TORRANCE, Steve. "Machine Ethics and the Idea of a More-Than-Human Moral World", in Anderson and Anderson, 2011, p. 117. doi:10.1017/CBO9780511978036.011

[103] TORRANCE, Steve, *op. cit.*

como isso pode ser feito e como a responsabilidade pode ser alocada. Aqui coloca-se a questão de saber se os robôs ao agirem, eles próprios serão responsáveis pelas suas ações, ou se a distribuição do risco deve ter precedência sobre as discussões da responsabilidade.

Em geral, os efeitos das decisões ou ações baseadas na inteligência artificial são frequentemente o resultado de inúmeras interações entre muitos atores, incluindo designers, usuários, software e hardware. Ora, daqui resulta a responsabilidade distribuída[104]. Como essa distribuição pode ocorrer não é um problema específico da inteligência artificial, mas ganha particular urgência nesse contexto[105].

Por seu lado, no que respeita aos direitos dos robôs, alguns autores indicaram que devem ser considerados seriamente se os robôs atuais devem ter direitos[106]. Esta posição parece basear-se amplamente na crítica dos oponentes e na observação empírica de que os robôs e outras não-pessoas às vezes são tratadas como possuidores de direitos. Nesse sentido, foi proposto que, se nos relacionamos com os robôs como se eles tivessem direitos, então seria aconselhável não pesquisar se eles têm "realmente" esses direitos. Isto levanta a questão de saber até onde esse antirrealismo ou quase-realismo pode ir, e o que significa então dizer que os "robôs têm direitos", numa abordagem centrada no ser humano[107]. Por seu lado, Bryson insistiu que os robôs não deveriam gozar de direitos[108].

[104] Neste sentido, veja-se: TADDEO, Mariarosaria; FLORIDI, Luciano. "How AI Can Be a Force for Good". **Science**, 361(6404), 2018, p. 751. doi:10.1126/science.aat599

[105] Neste sentido, vejam-se: NYHOLM, Sven. "Attributing Agency to Automated Systems: Reflections on Human–Robot Collaborations and Responsibility-Loci". **Science and Engineering Ethics**, 24(4), 2018, pp. 1201–1219. doi:10.1007/s11948-017-9943-x. NYHOLM, Sven. "The Ethics of Crashes with Self-Driving Cars: A Roadmap, II". **Philosophy Compass**, 13(7): e12506, 2018. doi:10.1111/phc3.12506.

[106] Neste sentido, veja-se: GUNKEL, David J. "The Other Question: Can and Should Robots Have Rights?". **Ethics and Information Technology**, 20(2), 2018, pp. 87–99. doi:10.1007/s10676-017-9442-4.

[107] Neste sentido, veja-se: GERDES, Anne. "The Issue of Moral Consideration in Robot Ethics". **ACM SIGCAS Computers and Society**, 45(3), 2016, pp. 274–279. doi:10.1145/2874239.2874278

[108] BRYSON, Joanna J. "Robots Should Be Slaves". **Close Engagements with Artificial Companions: Key Social, Psychological, Ethical and Design Issues**, Yorick Wilks (ed.),

Por outro lado, há uma questão totalmente distinta, que consiste em saber se os robôs (ou outros sistemas de inteligência artificial) devem receber o status de "entidades legais" ou "pessoas jurídicas", uma vez que os Estados, empresas ou organizações também são "entidades", ou seja, eles podem ter direitos e deveres legais. O Parlamento Europeu considerou atribuir tal *status* aos robôs para lidar com a responsabilidade civil[109], mas não a responsabilidade criminal, que é reservada para pessoas físicas. Também seria possível atribuir apenas um determinado subconjunto de direitos e deveres aos robôs. Outros autores sustentam que "*tal ação legislativa seria moralmente desnecessária e legalmente problemática*"[110], porque não serviria aos interesses dos seres humanos.

Também foi dito que as razões para desenvolver robôs com direitos, ou pacientes morais artificiais, no futuro são eticamente duvidosas[111]. Há assim uma preocupação dos pesquisadores da "consciência artificial", sobre se seria ético criar tal consciência, uma vez que criá-la implicaria, presumivelmente, obrigações éticas, o que leva alguns deles a sustentar uma "*moratória da fenomenologia sintética*"[112].

6. Regulação ética da inteligência artificial

Diante dos novos desafios impostos por essa realidade em mudança, é importante destacar a necessidade de revalorização dos princípios éticos, como alicerces do ordenamento jurídico, na resolução dos problemas, do qual os valores partilhados pela sociedade com respaldo constitucional

(Natural Language Processing 8), Amsterdam: John Benjamins Publishing Company, 2010, pp. 63–74. doi:10.1075/nlp.8.11bry

[109] Bertolini, Andrea; Aiello, Giuseppe. "Robot Companions: A Legal and Ethical Analysis". **The Information Society**, 34(3), 2018, pp. 130–140. doi:10.1080/01972243.2018.1444249.

[110] Bryson, Joanna J.; Diamantis, Mihailis E.; Grant, Thomas D. "Of, for, and by the People: The Legal Lacuna of Synthetic Persons". *Artificial Intelligence and Law*, 25(3), 2017, pp. 273–291. doi:10.1007/s10506-017-9214-9

[111] Neste sentido, veja-se: Van Wynsberghe, Aimee; Robbins, Scott. "Critiquing the Reasons for Making Artificial Moral Agents". *Science and Engineering Ethics*, 25(3), 2019, pp.719–735. doi:10.1007/s11948-018-0030-8

[112] Bentley, Peter J.; Olle Haggstrom, Miles Brundage; Metzinger, Thomas. "Should We Fear Artificial Intelligence? In-Depth Analysis". European Parliamentary Research Service, Scientific Foresight Unit (STOA), March 2018, PE 614.547, pp. 1–40.

aparecem com o seu potencial de possibilitar solução técnica-instrumental e valorativa na criação da legitimidade dos comportamentos no âmbito dos sistemas de inteligência artificial, tanto os que devem ser seguidos, como os que devem ser suportados.

Em abril de 2019, a União Europeia fez publicar as diretrizes éticas para a Inteligência Artificial (IA), por meio do documento *Ethics guidelines for thustworthy AI*, fruto dos trabalhos da Comissão Europeia e do grupo AI HLEG (*High Level Expert Group on Artificial Intellingence)*, formado por 52 membros, entre empreendedores de tecnologia, representantes da sociedade civil, juristas, pesquisadores, entre outros. De acordo com o documento, a Inteligência Artificial deverá se desenvolver eticamente confiável, transparente, com supervisão humana e algoritmos seguros e confiáveis, sujeitos a regras de privacidade e proteção de dados, dentre outras recomendações[113].

São as seguintes as diretrizes éticas que visem possibilitar a construção de uma inteligência artificial confiável:

a) Transparência: significa oferecer aos utilizadores dos sistemas de inteligência artificial quatro instrumentos visando possibilitar visibilidade tecnológica:

1) rastreabilidade dos dados: é importante que os sistemas registrem e documentem todas as decisões proferidas no âmbito da inteligência artificial;
2) justificativa: é o oferecimento da explicação de todas as decisões e o processo que originou essas decisões com base em algoritmos;
3) comunicabilidade: é a informação completa e adequada aos utilizados de todas as capacidades e limitações dos sistemas de inteligência artificial;
4) interatividade: identificar os responsáveis pelos sistemas para que haja uma interação com os utilizadores.

b) Responsabilidade: é a previsão de mecanismos que garantam a responsabilização dos sistemas de inteligência artificial em suas aplica-

[113] European Commission, *Ethics guidelines for trustworthy AI.* Disponível em https://ec.europa.eu/digital-single-market/en/news/ethics-guidelines-trustworthy-ai, acessado em 10/04/2019.

ções, bem como de auditoria interna e externa com disponibilização dos respectivos relatórios.

c) Robustez e segurança: exige que os algoritmos sejam seguros, confiáveis e suficientemente robustos (resistentes) para lidar: com erros ou incoerências, resultados errados e tentativas de manipular dados ou os próprios algoritmos. Desta forma deve ser: 1) construído um plano de recurso em caso de problemas; 2) criado mecanismos de proteção e de segurança desde a concepção dos sistemas, bem como processos destinados a clarificar e avaliar os riscos potenciais associados à utilização de sistemas de em diferentes áreas de aplicação.

d) Privacidade e governação dos dados: além de permitir que as pessoas tenham pleno controle sobre os seus próprios dados deve ser assegurada a integridade dos dados, bem como o acesso aos dados adequadamente regulado e controlado.

e) Acessibilidade: garantir uma abordagem universal com respeito à diversidade, nomeadamente com igualdade de acesso às pessoas com deficiência._

f) Sustentabilidade: devem ser incentivadas a sustentabilidade e a responsabilidade ecológica dos sistemas de IA.

Conclusões

No presente artigo, a regulação ética da inteligência artificial e a robótica, representam reflexões construtivas sobre a criação da confiança humana sobre visibilidade nos planos, regras, processos e ações de **mecanismos e dispositivos tecnológicos que possam simular o raciocínio humano**. Por meio de uma inteligência artificial confiável, percebemos valores constitucionalizados compatibilizados com as exigências por uma justiça voltada para a proteção jurídica dos direitos do homem, encontrada na prática da boa governança, e representativa da efetividade jurídica, numa numa unidade estruturada para beneficiar toda a sociedade e economia.

Referências

ADEODATO, João Maurício. *Ética & Retórica. Para uma teoria da dogmática jurídica.* São Paulo: Saraiva, 2009.

AMARAL, Diogo Freitas do. *Curso de Direito Administrativo*. Vol. 1. Coimbra: Editora Almedina, 2006.

ANDRADE, José Carlos Vieira de. *Lições de Direito Administrativo*. Coimbra: Coimbra Editora, 2011

ARENDT, Hannah. O que é política?. In: O que é política?. Tradução: Reinaldo Guarany. Rio Janeiro: Bertrand Brasil, 1998.

BALDWIN, Richard. **The Globotics Upheaval: Globalisation, Robotics and the Future of Work**, New York: Oxford University Press, 2019

BAUMAN, Zygmunt. *O mal-estar da pós-modernidade*. Rio de Janeiro: Editora Jorge Zahar, 1998.

BAUMAN, Zygmunt & BORDONI, Carlo. *Estado de Crise*. Tradução Renato Aguiar. Rio de Janeiro: Zahar, 2016.

BECK, Ulrich. *Sociedade de risco: rumo a uma outra modernidade*. Tradução de Sebastião do Nascimento. São Paulo: Editora 34, 2011.

BITTAR, Eduardo Carlos Bianca. *O direito na pós modernidade*. Revista Sequência, nº 57, p. 131-152, dez. 2008.

BONAVIDES, Paulo. *O direito à paz como direito fundamental da quinta geração*. Revista Interesse Público. Belo Horizonte: Ed. Fórum, 1999-, v. 8, nº. 40, de nov./dez. 2006

CASTELLS, Manuel. A sociedade em rede. São Paulo: Paz e Terra, 1999.CASTORIADIS, Cornelius. *As encruzilhadas do labirinto*. Vol.1. Rio de Janeiro : Paz e Terra, 1997.

DOMINGUEZ LUIS, José Antonio. *El derecho de información administrativa : información documentada y transparencia administrativa*. Civitas: Revista Española de Derecho Administrativo, Madrid, n. 88, out./dez. 1995.

FACHIN, Zulmar, SILVA, Deise Marcelino da. *Acesso à água potável: direito fundamental de sexta geração*. São Paulo. Millennium editora. 2010.

FERGUSON, Marilyn. *A conspiração aquariana*. Tradução de Carlos Evaristo M. Costa. Rio de Janeiro: Record: Nova Era, 2000.

GIDDENS, A. *As Conseqüências da Modernidade*. São Paulo: Edunesp, 1991.

HARARI, Yuval Noah. *Homo Deus: A Brief History of Tomorrow*, New York: Harper, 2016.

HASKEL, Jonathan; WESTLAKE. **Capitalism without Capital: The Rise of the Intangible Economy**, Princeton, NJ: Princeton University Press, 2017.

HESPANHA, Antônio Manuel. *Pluralismo Jurídico e Direito Democrático*. São Paulo: Annablume Editora, 2013.

HUYSSEN, Andreas. "Mapping the postmodern". *New German Critique* 33, pp. 5-52. *The Independent,* 28/5/87.

KAUFMANN, Arthur. *Filosofia del derecho*. Tradução de Luis Villar Borda e Ana Maria Montoya. Bogotá: Universidad Externado de Colômbia, 2002.

KUHN, Tomas Samuel. *A estrutura das revoluções científicas*. São Paulo: Perspectiva, 1994. p. 107-108).

LAUDAN, Larry, *O progresso e seus problemas: rumo a uma teoria do crescimento científico*. Tradução Roberto Leal Ferreira. São Paulo: Editora Unesp, 2011.

LÉVY, Pierre. *Cibercultura*. Tradução de Carlos Irineu da Costa. São Paulo: 34, 1999.

MACHADO, António Baptista. Introdução ao Direito e ao Discurso Legitimador. Coimbra: Almedina, 13ª reimpressão, 2002.

MARÍN, Rafael Hernández. *Introducción a la teoría de la norma jurídica*. Madrid: Marcial Pons, 2002.

MARQUES NETO, Agostinho Ramalho. *A ciência do direito: conceito, objeto, método*. Rio de Janeiro: Renovar, 2001.

MELO, A. N. *Liberdade de expressão: um direito fundamental na concretização da democracia*. Fortaleza: Premius, 2009.

MENEZES, P. *A Crise do Passado*. São Paulo: Experimento, 1994

MINSKY, Marvin. *The Society of Mind*, New York: Simon & Schuster, 1985.

RAWLS, John. **A Theory of Justice**, Cambridge, MA: Belknap Press, 1971

ROSS, Alf. *Direito e justiça*. Trad. Edson Bini. Bauru: EDIPRO, 2000.

ROUANET, Sérgio P. *As razões do iluminismo*. São Paulo, Companhia das Letras, 1987.

SANTOS, Boaventura de Sousa. *A crítica da razão indolente. Contra o desperdício da experiência. Para um novo senso comum. A ciência, o direito e a política na transição paradigmática*. São Paulo: Cortez, 2000.

SEVCENKO, Nicolau. ***O enigma pós-moderno.*** IN : Oliveira, Roberto Cardoso de (org.). Pós-modernidade. Campinas-SP : Editora da UNICAMP, 1987.

TARDE, G. *Les Transformations Du Droit*. Paris: Berg, 1994.

WOLKMER, Antonio Carlos. *Síntese de uma história das ideias jurídicas. Da antiguidade clássica à modernidade*. Florianópolis: Fundação Boiteux, 2008.

ZUBOFF, Shoshana. *The Age of Surveillance Capitalism: The Fight for a Human Future at the New Frontier of Power*, New York: Public Affairs, 2019

12.
CIÊNCIA DE DADOS APLICADA À DETECÇÃO DE CANDIDATURAS DE RISCO NO BRASIL: ANÁLISE DOS PADRÕES DE GASTO DAS ELEIÇÕES MUNICIPAIS DE 2016 E 2020

FÁBIO RAMAZZINI BECHARA
DANILO CARLOTTI

Introdução

A Convenção das Nações Unidas contra a Corrupção, ratificada pelo Brasil por meio do Decreto n. 5.687/2006, embora não adote um conceito padrão sobre "corrupção", define como escopo a adoção de políticas coordenadas e eficazes que promovam a participação da sociedade e reflitam os princípios do Estado de Direito, a devida gestão dos assuntos e bens públicos, a integridade, a transparência e a obrigação de render contas. Reconhece, logo no preâmbulo, a corrupção como uma ameaça para a estabilidade e a segurança das sociedades, ao enfraquecer as instituições e os valores da democracia, da ética e da justiça e ao comprometer o desenvolvimento sustentável e o Estado de Direito[1].

[1] http://www.planalto.gov.br/ccivil_03/_Ato2004-2006/2006/Decreto/D5687.htm (acesso em 25/03/2021)

A corrupção enquanto ameaça para a democracia[2] pode se manifestar por diferentes meios, da busca por um benefício pessoal à cooptação das instituições, a captura da legislação, a compra de votos, a concentração e a perpetuação do poder de decisão sobre as principais questões afetas ao normal funcionamento de um país e de uma sociedade[3].

Especificamente no que se refere ao processo que legitima o exercício do poder, assume particular destaque a sua organização e o seu financiamento. A sua organização é instrumentalizada nas principais democracias por meio dos partidos políticos, e o seu financiamento é estruturado segundo diferentes sistemas, assim compreendidos o financiamento público e o privado[4].

Tanto a organização por meio dos partidos políticos como o sistema de financiamento revelam disfuncionalidades que criam incentivos para práticas corruptivas, e por via de consequência, ameaçam as democracias[5].

No caso dos partidos políticos o principal aspecto a ser ressaltado é o risco de concentração de poder, baixa alternância na sua estrutura de comando, excessiva autonomia e privatização na sua organização e gestão, principalmente dos recursos, reduzido o nível de controle social, e limitada responsabilização dos seus dirigentes[6].

Já em relação aos sistemas de financiamento, os pontos de atenção compreendem os ingressos – se público ou privado, os riscos de contrapartida, cooptação e vantagens no uso da máquina pública –, os gastos

[2] Caggiano, Monica Herman. Corrupção, lobbies e esvaziamento da democracia *in* Bechara, Fábio Ramazzini Bechara; Vilares, Fernanda Regina; Soares, Inês Virgínia Prado; ZILLI, Marcos; Lucon, Paulo Henrique dos Santos. Corrupção: diálogos interdisciplinares. São Paulo: 2020. Almedina. 1a. edição, p. 227-231.

[3] Nicholls QC, Colin; Daniel, Tim; Bacarese, Alan; Hatchard, John. Corruption and misuse of public office. New York: 2011. Oxford University Press. 2a edição, p. 3.

[4] González, Joaquín. Corrupción y justicia democrática. Madrid: 2000. Clamores. 1ª edição, p. 133.

[5] González, Joaquín. Corrupción y justicia democrática. Madrid: 2000. Clamores. 1ª edição, p. 133.

[6] Rose-Ackerman, Susan; Palifka, Bonnie J. Corruption and government: causes, consequences and reform. New York: 2016. Oxford University Press. 1a. edição, p. 341-373.

– limites e itens –, e a transparência em relação aos dois primeiros, de modo a assegurar o efetivo controle[7].

O controle sobre os ingressos, gastos e a sua transparência no financiamento constitui o fator de criticidade a ser observado no presente estudo, principalmente pelo fato de que, somente por seu intermédio, é que será possível verificar a efetiva existência de competição, em igualdade de condições, a todos que pretendem participar do processo eletivo.

Nesse sentido, ganham relevância e interesse as iniciativas, principalmente no plano regulatório, cujo objetivo é tornar efetiva as candidaturas de gênero. A lei nº 9504/1997 estabelece que deve ser respeitada a proporção máxima de 30%/70% das vagas dos candidatos entre pessoas do gênero masculino e feminino[8]. Os partidos começaram, contudo, a ser punidos somente a partir de 2012. Em 2019 foi decidido, pelo Tribunal Superior Eleitoral, que o repasse das verbas dos partidos do fundo eleitoral às candidaturas deveria também respeitar a proporção mínima de gênero estabelecida. Esta obrigação é verificada no momento de prestação de contas pelos partidos políticos[9].

Atualmente as regras que impõem obrigações para a prestação de contas dos candidatos e candidatas levam em consideração o valor declarado por estas pessoas em suas campanhas, mas não considera se estas campanhas de fato existiram ou foram minimamente competitivas[10].

O desafio do monitoramento e da fiscalização das mais de 30 mil candidaturas nas eleições municipais de 2020 ainda persiste, por mais valorosos que sejam os esforços e os avanços no plano regulatório e de governança, liderados pelo Tribunal Superior Eleitoral.

[7] Casseb, Paulo Adib. Operação Lava Jato e o financiamento de campanhas eleitorais. In Ambos, Kai; Zilli, Marcos; Mendes, Paulo de Sousa. Corrupção: ensaios sobre a Operação Lava Jato. São Paulo: 2019. Marcial Pons. 1ª edição, p. 30-33.

[8] https://www.planalto.gov.br/ccivil_03/Leis/L9504.htm (acesso em 25/03/2021).

[9] https://www.tse.jus.br/legislacao/compilada/res/2019/resolucao-no-23-607-de-17-de--dezembro-de-2019 (acesso em 25/03/2021).

[10] Barbieri, Catarina Helena Cortada; Ramos, Luciana de Oliveira. Democracia e representação nas eleições de 2018: campanhas eleitorais, financiamento e diversidade de gênero (Relatório final 2018/2019). FGV/Direito SP, 2019, p. 16.

Contudo, este fenômeno aparenta afetar de maneira absolutamente desproporcional as candidaturas femininas, mas também pode se reproduzir com candidaturas de negros ou de qualquer outra minoria que vier a ser protegida por lei. Além dos eventuais desvios de recursos, nota-se uma quantidade muito razoável de candidaturas nada competitivas que podem sugerir irregularidades como forma de burlar o sistema de cotas que deveria ser respeitado.

Pretendemos responder à seguinte pergunta no presente artigo: é possível identificar por meio da técnica de *screening*, a partir dos custos das campanhas declarados à justiça eleitoral, de 2016 a 2020, os padrões de gasto, por tipo de despesa, sua relação com o número de votos recebido por candidato, e reconhecer possíveis tipologias de risco, indicativas de candidaturas fictícias e outras fraudes?

A hipótese da pesquisa é que o reconhecimento do comportamento do gasto nas campanhas eleitorais, constitui uma chave para a constatação de atos de corrupção no processo eleitoral. Destaque-se que desde 2018 os valores das campanhas declarados por candidatas mulheres estariam sendo utilizados em prol de campanhas de candidatos masculinos, como forma de fraudar a decisão do Tribunal Superior Eleitoral.

O artigo estará dividido em quatro partes. Na primeira parte será apresentada a forma pela qual os dados foram coletados e processados. Na segunda parte será apresentada a metodologia de análise dos dados. Na terceira parte os resultados são apresentados e discutidos sob a perspectivas dos possíveis fatores de incentivo a tais irregularidades constatadas. Na última parte são apresentadas as conclusões.

1. Coleta e processamento dos dados

Todos os dados coletados e utilizados nesta pesquisa estão publicamente disponíveis no portal do Tribunal Superior Eleitoral.

A coluna que identifica de maneira única os candidatos é a "SQ_CANDIDATO", presente em algumas tabelas e permite verificar seus respectivos partidos, qual o número de voto dos candidatos, suas despesas e suas características pessoais, como sexo e raça (cor).

Só foram consideradas as informações de despesas e votos daqueles candidatos cujas informações estivessem nas tabelas de consulta a candidatos ("consulta_cand_2020_ESTADO.csv").

Para avaliação do gasto de cada candidato e candidata por voto, foram considerados todos os candidatos e despesas. Para melhor normalização e observação de um padrão, foram desconsiderados os candidatos e candidatas que estivessem entre os 5% que gastaram menos na campanha e os que que estivessem nos 95% dentre os que mais gastaram. Após esse filtro, foram desconsiderados os candidatos e candidatas sem nenhum voto, já que esta métrica não se aplica a estes casos.

2. Metodologia

A hipótese de que há gastos anormais, em especial tendo em vista uma distorção nos gastos entre mulheres e homens nos partidos, deve ser investigada analisando perfis de gastos das pessoas que concorreram nas eleições. As anomalias no padrão de gastos foram verificadas de três maneiras: verificando-se a média entre partidos considerando os gêneros das pessoas candidatas; calculando a entropia dos tipos de gastos dos candidatos e candidatas; e o percentual de gastos realizados com um único item por qualquer pessoa.

A média de despesas por pessoas de cada partido foi calculada de maneira trivial, considerando apenas os registros de candidatos e candidatas de cada partido, agrupando os gastos totais de homens e mulheres.

A fórmula de entropia utilizada para calcular um índice de concentração de despesas em poucos ou muitos diferentes tipos de itens é a entropia de Shannon (1948). Desenvolvida para servir a sua teoria da informação, essa fórmula serve para medir o nível de incerteza no resultado que uma variável pode ter. No caso do presente estudo, a variável é qual item foi comprado pelos candidatos e candidatas e o nível de incerteza é a dificuldade em saber qual foi este item. Se uma pessoa compra somente um item, então quando se transmite a informação a respeito do que foi comprado não há incerteza nenhuma. Se a pessoa adquiriu vários itens, há maior incerteza. Isso é medido pela entropia de Shannon.

Esse nível de entropia permite verificar qual a diversidade de itens adquiridos pelas campanhas, para se obter um ranking de quais campanhas tiveram gastos mais e menos diversos. Cada compra, de cada item, é computada como uma ocorrência da variável. No caso foi calculada a entropia usando a base 2 para o logaritmo da fórmula:

$$H(X) = -\sum_{i=1}^{n} P(x_i) \log_b P(x_i)$$

Dessa forma, se a entropia resultante é 4 isso significa que, aproximadamente, tendo em vista a diversidade de itens comprados, a quantidade de itens diversos aproxima-se de 16 (2 elevado a 4). Quanto menor a entropia, menor a diversidade, sendo que a entropia igual a 0 indica que somente um tipo de item foi adquirido, já que 2 elevado a 0 é igual a 1.

O percentual de gastos dos candidatos e candidatas com cada item foi calculado de forma trivial. O objetivo é permitir a análise humana do tipo de gasto para verificar se a campanha é possível em tese ter sido realizado somente com aquele tipo de gasto ou se há uma probabilidade de que o gasto tenha sido desviado para outros membros do partido. Quando isso é feito como forma de desrespeitar a decisão do Tribunal Superior Eleitoral torna-se evidente a intenção de fraudar o processo democrático.

No caso dos candidatos e candidatas sem nenhum voto, foi utilizada uma técnica de detecção de outlier para determinar aqueles que, dentro de cada partido, tiveram um gasto anormalmente grande mesmo não tendo obtido nenhum voto.

3. Apresentação descritiva dos dados

A mudança no padrão de competitividade entre candidatos e candidatas é percebido com a comparação entre eleições de 2016 e 2020, ambas para os mesmos cargos eletivos. Como forma de ilustração, apresenta-se a comparação de gastos por voto entre mulheres e homens no estado de São Paulo em 2016 e 2020.

Em 2016, seguindo a mesma metodologia descrita para análise dos candidatos em 2020, foram consideradas 67446 candidaturas. O valor gasto por voto entre mulheres, na média, foi de R$ 14,97. O valor gasto por voto entre homens foi de R$10,03. Em 2020, foram consideradas 33669 candidaturas. O valor gasto por voto entre mulheres, na média, foi de aproximadamente R$ 57. O valor gasto por voto entre homens foi de aproximadamente R$19.

A disparidade pode ser medida pela comparação da evolução entre candidaturas masculinas e femininas. Os candidatos aumentaram seu gasto por voto em 93,91%, enquanto as candidatas aumentaram seu gasto por voto em 280,06%. A proporção do gasto no voto feminino sobre o masculino passou de 1,49 para 2,92.

Abaixo são mostrados os gráficos com a razão de gasto entre votos femininos e masculinos nos anos de 2016 e 2020. Nota-se como a disparidade apesar de sempre ter estado presente se acentuou significativamente após 2018.

FIGURA 1. *Proporção gasto por voto entre mulheres e homens 2016*

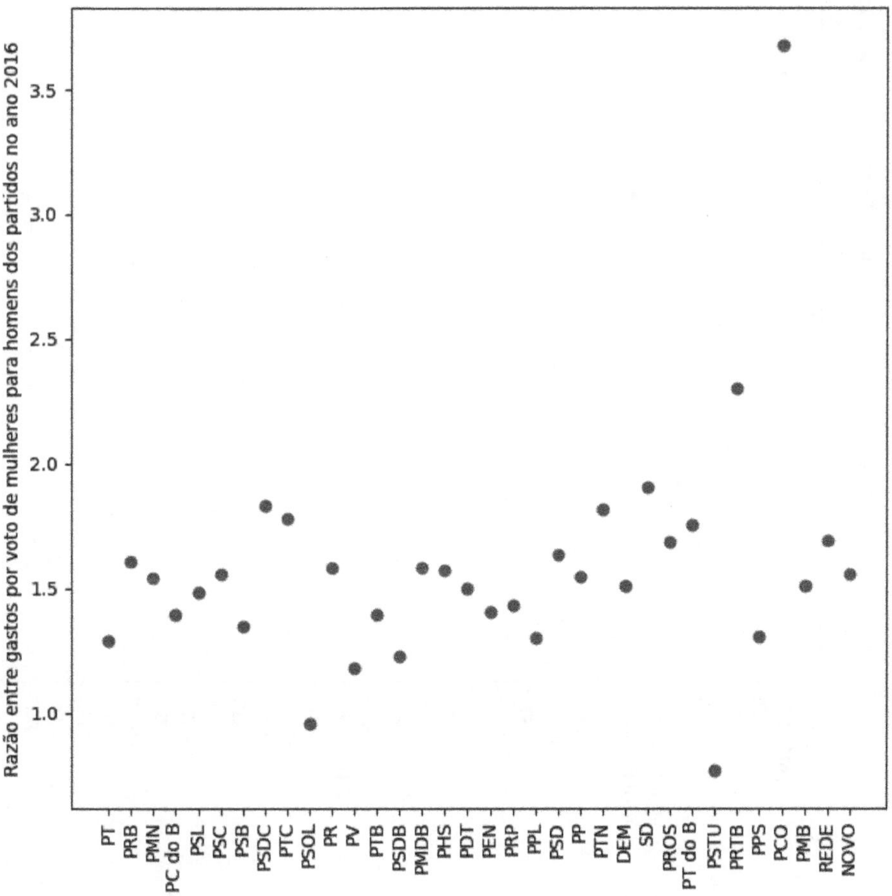

FIGURA 2. *Proporção gasto por voto entre mulheres e homens 2020*

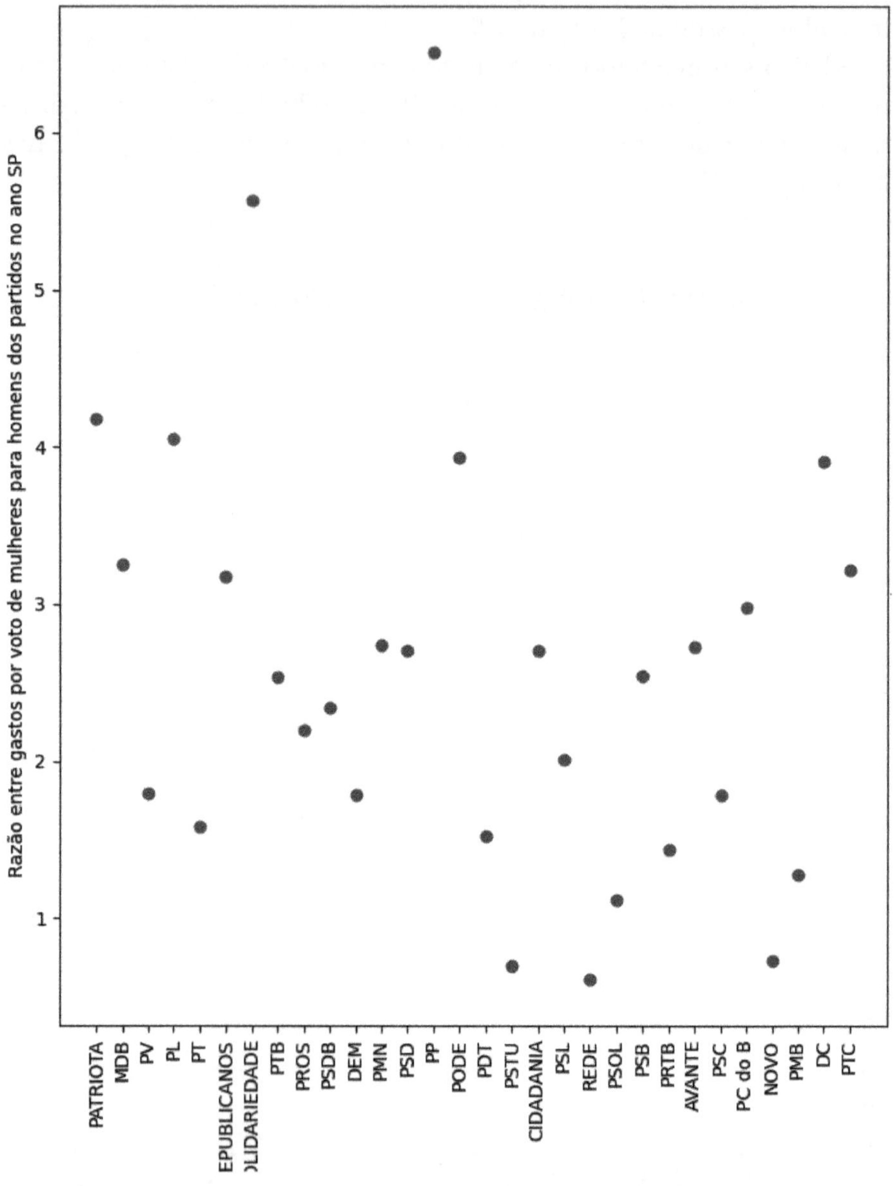

Apresenta-se abaixo as principais características da eleição de 2020 no Brasil.

Em primeiro lugar, nota-se como há uma predominância grande de candidatos homens em relação a candidatas mulheres, sempre muito próximo da proporção mínima exigida por lei.

TABELA 1. *Percentual de candidatos masculinos*

ESTADO	PERCENTUAL CANDIDATOS MASCULINOS
AC	63%
AL	71%
AM	66%
AP	65%
BA	70%
CE	69%
ES	70%
GO	67%
MA	68%
MG	71%
MS	66%
MT	66%
PA	68%
PB	70%
PE	71%
PI	66%
PR	68%
RJ	71%
RN	66%
RO	66%
RR	64%
RS	65%
SC	66%
SE	69%
SP	70%
TO	65%

Nota-se que a desproporção entre gastos por voto entre homens e mulheres é um fenômeno nacional.

Tabela 2. *Comparação na média de gastos por homens e mulheres*

ESTADO	MÉDIA GASTO POR VOTO MASC.	MÉDIA GASTO POR VOTO FEM
AC	56,46	171,01
AL	28,13	117,33
AM	46,26	166,70
AP	135,34	338,20
BA	16,91	56,82
CE	17,73	71,99
ES	22,58	77,67
GO	36,72	108,29
MA	28,50	72,11
MG	18,72	54,49
MS	47,14	126,68
MT	47,60	117,22
PA	25,97	83,96
PB	27,04	113,01
PE	20,96	91,72
PI	30,52	114,93
PR	21,45	58,17
RJ	28,21	115,20
RN	22,62	71,15
RO	29,24	111,02
RR	91,90	277,89
RS	18,03	45,62
SC	23,72	72,08
SE	23,80	75,96
SP	19,72	57,09
TO	50,68	123,70

Além do gasto por voto ser maior, o número médio de votos em mulheres e homens também revela essa disparidade. Como é possível notar abaixo, em todos os Estados as mulheres tiverem, em média, menos votos que os homens.

TABELA 3. *Número de votos na média em candidatos e candidatas*

ESTADO	MÉDIA DO NÚMERO DE VOTOS MASC.	MÉDIA DO NÚMERO DE VOTOS FEM.
AC	883,47	503,81
AL	966,84	432,99
AM	1181,73	167,08
AP	861,57	261,30
BA	796,44	364,30
CE	1329,09	520,31
ES	861,27	217,94
GO	588,74	183,13
MA	839,34	392,26
MG	559,28	283,01
MS	558,91	177,99
MT	491,97	152,62
PA	937,84	366,17
PB	710,94	348,43
PE	969,48	612,07
PI	644,50	267,67
PR	592,51	245,57
RJ	1886,61	648,13
RN	592,14	317,05
RO	537,85	276,25
RR	704,62	199,68
RS	602,37	292,25
SC	637,79	201,22
SE	731,43	468,02
SP	1414,73	512,67
TO	307,57	160,39

A análise da entropia dos gastos revela um fenômeno interessante. Em todos os Estados as mulheres tiveram, na média, uma entropia de gastos menor que os homens. Isso é indicativo de que as mulheres na média tiveram gastos menos diversos que os candidatos homens nos mesmos Estados, com exceção do Acre.

TABELA 4. *Entropia de gastos masculinos e femininos*

ESTADO	ENTROPIA GASTOS MASC	ENTROPIA GASTOS FEM
AC	1,57	1,70
AL	2,28	2,00
AM	1,83	1,59
AP	2,48	2,37
BA	2,22	1,92
CE	2,30	2,04
ES	2,05	1,55
GO	2,09	1,71
MA	2,09	1,93
MG	2,04	1,69
MS	1,88	1,66
MT	2,20	1,90
PA	1,93	1,71
PB	2,30	2,02
PE	2,25	1,97
PI	2,47	2,44
PR	2,10	1,80
RJ	2,20	1,87
RN	2,51	2,28
RO	2,14	1,88
RR	2,18	2,00
RS	2,38	2,16
SC	2,22	2,03
SE	2,25	2,05
SP	2,03	1,78
TO	2,03	1,88

Além da comparação em candidatos homens e mulheres, foi realizada uma análise de percentual de despesas com cada item por cada candidato e candidata. Foram objeto de análises todos candidatos e candidatas que gastaram pelo menos 90% do valor de campanha com único item da campanha. A tabela a seguir mostra, para cada Estado, o percentual de candidatos e candidatas que gastaram acima de 90% com um único item e os principais itens comprados com essas verbas.

TABELA 5. *Gastos em quase um único item por Estado*

ESTADO	PERCENTUAL DE CANDIDATOS COM 90% OU MAIS DE DESPESA EM UM ITEM	TOP 3 ITENS E FREQUÊNCIA ABSOLUTA EM QUE FIGURARAM COMO DESPESA QUASE QUE ÚNICA DAS PESSOAS CANDIDATAS
AC	6%	[('GASOLINA COMUM', 80), ('CABO ELEITORAL', 46), ('ASSISTENTE ELEITORAL', 42)]
AL	2%	[('SANTINHOS', 185), ('GASOLINA COMUM', 127), ('SERVIÇOS CONTABEIS', 105)]
AM	3%	[('GASOLINA COMUM', 224), ('SANTINHOS', 154), ('SANTINHO', 146)]
AP	2%	[('SERVIÇOS ADVOCATICIOS', 42), ('SANTINHOS', 41), ('SERVIÇOS ADVOCATÍCIOS-ASSINATURA E ACOMPANHAMENTO', 40)]
BA	3%	[('SANTINHOS', 1275), ('TARIFA BANCARIA', 564), ('PRAGUINHAS', 538)]
CE	2%	[('TARIFA BANCARIA', 304), ('SANTINHOS', 293), ('SERVIÇOS ADVOCATICIOS', 268)]
ES	3%	[('GASOLINA COMUM', 183), ('SERVIÇOS DE ASSESSORIA E CONSULTORIA CONTÁBIL', 103), ('CABO ELEITORAL', 84)]

ESTADO	PERCENTUAL DE CANDIDATOS COM 90% OU MAIS DE DESPESA EM UM ITEM	TOP 3 ITENS E FREQUÊNCIA ABSOLUTA EM QUE FIGURARAM COMO DESPESA QUASE QUE ÚNICA DAS PESSOAS CANDIDATAS
GO	3%	[('CABO ELEITORAL', 1265), ('SANTINHOS', 585), ('GASOLINA COMUM', 336)]
MA	2%	[('SERVIÇOS ADVOCATICIOS', 630), ('SERVIÇOS CONTABEIS', 519), ('SANTINHOS', 387)]
MG	3%	[('SANTINHOS', 1940), ('GASOLINA COMUM', 1071), ('SERVIÇOS CONTABEIS', 729)]
MS	4%	[('CABO ELEITORAL', 710), ('SERVIÇOS CONTABEIS', 188), ('SERVIÇO DE CABO ELEITORAL', 183)]
MT	3%	[('CABO ELEITORAL', 522), ('GASOLINA COMUM', 315), ('SANTINHOS', 191)]
PA	4%	[('GASOLINA COMUM', 518), ('SANTINHOS', 421), ('SERVIÇOS CONTABEIS', 323)]
PB	2%	[('SANTINHOS', 331), ('ELAB. PREST. CONTAS DA CAMPANHA ELEITORAL/2020', 185), ('SERVIÇOS DE ASSESSORIA JURIDICA ELEITORAL', 180)]
PE	2%	[('SANTINHOS', 519), ('SANTINHO', 288), ('PRAGUINHAS', 265)]
PI	1%	[('SERVIÇOS CONTABEIS', 415), ('SANTINHOS', 403), ('SERVIÇOS ADVOCATICIOS', 336)]
PR	3%	[('SANTINHOS', 1029), ('GASOLINA COMUM', 907), ('CABO ELEITORAL', 672)]
RJ	2%	[('TARIFA BANCARIA', 241), ('SANTINHOS', 235), ('PANFLETAGEM', 183)]
RN	2%	[('SANTINHOS', 278), ('TARIFA BANCARIA', 205), ('TAR DOC/TED ELETRONICO', 193)]

ESTADO	PERCENTUAL DE CANDIDATOS COM 90% OU MAIS DE DESPESA EM UM ITEM	TOP 3 ITENS E FREQUÊNCIA ABSOLUTA EM QUE FIGURARAM COMO DESPESA QUASE QUE ÚNICA DAS PESSOAS CANDIDATAS
RO	3%	[('GASOLINA COMUM', 310), ('SANTINHOS', 74), ('SERVIÇOS CONTABEIS', 72)]
RR	2%	[('PRESTAÇÃO DE SERVIÇO DE ASSESSORIA JURÍDICA', 121), ('PRESTAÇÃO DE SERVIÇOS DE ASSESSORIA CONTÁBIL', 118), ('PRESTAÇÃO DE SERVIÇOS DE PANFLETAGEM', 68)]
RS	2%	[('TARIFA TED', 1525), ('SANTINHOS', 872), ('FOLHA CHEQUE', 866)]
SC	3%	[('GASOLINA COMUM', 622), ('SANTINHOS', 380), ('#NULO#', 284)]
SE	2%	[('SANTINHOS', 118), ('DOC/ TEDINTERNET', 107), ('DOC/TED INTERNET', 99)]
SP	3%	[('SANTINHOS', 1115), ('SANTINHO', 743), ('CABO ELEITORAL', 707)]
TO	3%	[('GASOLINA COMUM', 259), ('SANTINHOS', 189), ('TARIFA BANCARIA', 178)]

4. Análise e discussão

Em síntese, verifica-se em primeiro lugar um padrão de competitividade por mulheres pior em relação a homens, considerando-se o valor dispendido por cada voto alcançado. A explicação de que as mulheres são menos competitivas na política por fatores culturais não se sustenta, já que caso este fosse o caso o padrão de competitividade de 2016 deveria ter sido de alguma forma preservado em 2020. O que se observa é que mais mulheres têm despesas elevadas em comparação à média de gastos femininos e, de maneira geral, cresceu ainda mais a disparidade entre competitividade de homens e mulheres.

O número de votos em mulheres continua estando bem abaixo dos votos em homens, bem como o número de candidatas concorrendo pelos partidos.

O gasto com entropia reduzida revela que, na maior parte dos casos, as despesas dos candidatos e candidatas não é diversificada. Há casos, como demonstrado, em que as pessoas gastam quase que exclusivamente em itens como aluguel de carros ou gasolina, o que não é razoável supor que seja feito em uma campanha competitiva ou racionalmente gerida.

Uma das hipóteses para explicar as situações de anormalidades verificadas nos gastos de campanha, é a legislação em vigor, notadamente no âmbito do Tribunal Superior Eleitoral.

A Resolução n. 23.607, de 17 de dezembro de 2019, do Tribunal Superior Eleitoral, que dispõe sobre a arrecadação e os gastos de recursos por partidos políticos e candidatos, bem como e sobre a prestação de contas nas eleições, regulamenta, no artigo 35, os gastos eleitorais, notadamente:

> *Artigo 35 (...)*
> *I – confecção de material impresso de qualquer natureza, observado o tamanho fixado no § 20, inciso II do art. 37 e nos §§ 30 e 40 do art. 38, todos da Lei nº 9.504/1 997;*
> *II – propaganda e publicidade direta ou indireta, por qualquer meio de divulgação;*
> *III – aluguel de locais para a promoção de atos de campanha eleitoral;*
> *IV – despesas com transporte ou deslocamento de candidato e de pessoal a serviço das candidaturas;*
> *V – correspondências e despesas postais;*
> *VI – despesas de instalação, organização e funcionamento de comitês de campanha e serviços necessários às eleições, observadas as exceções previstas no § 61 d o art. 35 desta Resolução;*
> *VII – remuneração ou gratificação de qualquer espécie paga a quem preste serviço a candidatos e a partidos políticos;*
> *VIII – montagem e operação de carros de som, de propaganda e de assemelhados;*
> *IX – realização de comícios ou eventos destinados à promoção de candidatura;*
> *X – produção de programas de rádio, televisão ou vídeo, inclusive os destinados à propaganda gratuita;*
> *Xl – realização de pesquisas ou testes pré-eleitorais;*

XII – custos com a criação e a inclusão de páginas na internet e com o impulsionamento de conteúdos contratados diretamente de provedor da aplicação de internet com sede e foro no país;
XIII – multas aplicadas, até as eleições, aos candidatos e partidos políticos por infração do disposto na legislação eleitoral;
XIV – doações para outros partidos políticos ou outros candidatos;
XV – produção de jingles, vinhetas e slogans para propaganda eleitoral.

O que chama a atenção nessa redação, bem como nos demais dispositivos que se sucedem, é que muito embora a resolução tenha delimitado a natureza das despesas, não definiu qualquer critério na sua distribuição, o que permite, por exemplo, o gasto com um único item somente. No que se refere às candidaturas de gênero, embora seja fixado por lei, o percentual de 30% das vagas, que deveria igualmente corresponder a 30% dos recursos recebidos, não há qualquer definição nesse sentido, nem tampouco qualquer referência à natureza das despesas que se revelem essenciais para assegurar a concretude de tais candidaturas.

Sem um processo de investigação de materiais de campanha eficiente e que tenha como pressuposto que as candidaturas têm que ser minimamente competitivas para não acobertarem fraudes, a fiscalização se torna um procedimento meramente formal, sem o condão de assegurar um processo eleitoral efetivamente competitivo por pessoas que estejam realmente concorrendo para os cargos disputados.

O que nos parece importante verificar é se a partir das tipologias de risco identificadas acima, a conclusão quanto à sua ocorrência constitui ou não evidência suficiente para justificar o início de uma investigação formal, seja no âmbito eleitoral, seja no âmbito da responsabilidade criminal.

Não há dúvidas de que se trata de uma informação relevante, que possibilita identificar sinais de atenção num universo expressivamente grande, complexo e desorganizado de dados. Contudo, o seu caráter conclusivo sobre a fundada existência de uma fraude depende da busca de outros meios que possam corroborar o conteúdo. Parece-nos temerário atribuir às tipologias de risco valor além do apontamento do foco do problema, sob pena de gerar infundadas presunções de irregularidade. Toda e qualquer narrativa que traduza uma hipótese a ser investigada, deverá estar justificada de forma racional e objetiva em evidências, como documentos, depoimentos, que aportem o mínimo de probabilidade em relação ao reconhecimento do ato ilícito.

Conclusões

A técnica de *screeening* aplicada aos custos das campanhas declarados à justiça eleitoral, de 2016 a 2020, revelou, a partir dos padrões de gasto, por tipo de despesa, sua relação com o número de votos recebido por candidato, tipologias de risco que são indicativas de candidaturas fictícias, notadamente no que se refere às candidaturas femininas e de negros.

O consumo desses achados, todavia, possibilita aprimoramento do modelo regulatório, considerando que a legislação se qualifica como um dos principais incentivos para que os desvios ainda persistam. Mas os achados igualmente se qualificam como um importante mecanismo de detecção de indicativos de fraude, que por sua vez, podem auxiliar no esforço de evitar que as fraudes se consumem. E por fim, os achados podem, ainda, auxiliar os órgãos de investigação, como a polícia federal e o Ministério Público Eleitoral, na apuração dos ilícitos eleitorais e penais, com a cautela de que, para que as conclusões geradas pelos achados sustentem a hipótese a ser investigada, seja confirmada por outras evidências, que corroborem a confiabilidade em relação ao seu conteúdo.

O aprimoramento da capacidade de detecção e resposta na área eleitoral visando assegurar a competitividade e a efetividade das candidaturas de gênero e outras minorias, passa, necessariamente, pelo incremento proporcionado por outras áreas de conhecimento, em particular a ciência de dados, que possibilita a redução do esforço, a rapidez e a assertividade no enfretamento do problema.

Caso contrário, eleição após eleição, continuaremos a assistir o mesmo comportamento, com diferentes atores, porém, seguindo o mesmo roteiro.

Referências

BARBIERI, Catarina Helena Cortada; RAMOS, Luciana de Oliveira. Democracia e representação nas eleições de 2018: campanhas eleitorais, financiamento e diversidade de gênero (Relatório final 2018/2019). FGV/Direito SP, 2019, p. 135.

BINNS, R. Algorithmic Accountability and Public Reason. *Philos. Technol.* 31, 543–556 (2018)

CAGGIANO, Monica Herman. Corrupção, lobbies e esvaziamento da democracia. *IN* BECHARA, Fábio Ramazzini Bechara; VILARES, Fernanda Regina; SOARES, Inês Virgínia Prado; ZILLI, Marcos; LUCON, Paulo Henrique dos Santos. Corrupção: diálogos interdisciplinares. São Paulo: 2020. Almedina. 1a. edição, p. 227-231

CASSEB, Paulo Adib. Operação Lava Jato e o financiamento de campanhas eleitorais. *IN* AMBOS, Kai; ZILLI, Marcos; MENDES, Paulo de Sousa. Corrupção: ensaios sobre a Operação Lava Jato. São Paulo: 2019. Marcial Pons. 1ª edição, p. 30-33.

FINK, K. (2018) Opening the government's black boxes: freedom of information and algorithmic accountability, Information, Communication & Society, 21:10, 1453-1471

GONZÁLEZ, Joaquín. Corrupción y justicia democrática. Madrid: 2000. Clamores. 1ª edição, p. 133-136.

KEMPER, J., KOLKMAN, D. (2019) Transparent to whom? No algorithmic accountability without a critical audience, *Information, Communication & Society*, 22:14, 2081-2096.

KROLL, J., HUEY, J., BAROCAS, S., FELTEN,E., REIDENBERG, J., ROBINSON,D & YU, H. (2017) **Accountable Algorithms**, 165 U. Pa. L. Rev. 633.

RICOEUR, P. (1977) *La sémantique de l'action. I ère partie: Le discours de l'action*, Paris : Editions du Centre National de la Recherche Scientifique.

ROSE-ACKERMAN, Susan; PALIFKA, Bonnie J. Corruption and government: causes, consequences and reform. New York: 2016. Oxford University Press. 1a. edição, p. 341-373.

SHANNON, C.E. (1948), A Mathematical Theory of Communication. Bell System Technical Journal, 27: 379-423.

WERBACH, Kevin. Trust, but verify: why the blockchain needs the law. Berkeley Technology Law Journal (2018). Vol. 33, p. 487-550.

13.
CRIPTOMOEDAS E DIREITO PENAL: ALGUMAS CONSIDERAÇÕES

ALEXIS COUTO DE BRITO

FERNANDO NAVARRO CARDOSO

Introdução

O objetivo deste trabalho é a análise criminológica e político-criminal do uso de determinadas criptomoedas para atividades criminosas, seja dificultando a persecução do crime como nos casos de lavagem de dinheiro, seja proporcionando outras formas de criminalidade como financiamento ao terrorismo, tráfico de drogas, evasão fiscal e fraudes. Isso requer algumas explicações prévias, na linguagem mais pedagógica e descritiva possível. Sem elas, compreendemos que seja difícil apreender a mecânica utilizada e as decisões de política legislativa que são recomendadas e, por sua vez, adotadas por entidades e organizações dos mais diversos tipos. Uma vez descrito o ecossistema em que nascem e se desenvolvem, iniciamos o estudo, com especial atenção à criptomoeda chamada bitcoin. Também abordaremos os ativos criptográficos, como a oferta inicial de moeda (ICO), que captura criptomoedas, especialmente *ether* e *bitcoin* para financiar projetos (ou até mesmo moeda de curso legal), e oferece novos *tokens*, pois várias entidades públicas e privadas, nacionais e supranacionais, estão alertando sobre os riscos de lavagem de dinheiro por meio deste instrumento.

Todas essas explicações anteriores tornam-se mais relevantes, uma vez que o atual posicionamento da Força-Tarefa de Ação Financeira Internacional (FATF), em uma clara evolução do entendimento original de bitcoin e outras criptomoedas, à concepção atual como ativos criptográficos (que dependendo de suas características podem ser criptomoedas, ativos financeiros ou apenas utilitários), tem muito a ver com seu uso criminoso.

1. A tecnologia *blockchain*

A cadeia de blocos (*blockchain*, em inglês) é o ecossistema das criptomoedas, no caso do *bitcoin*; Em outras palavras, é a espinha dorsal sobre a qual suas arquiteturas se baseiam.

Alguns esclarecimentos são necessários. O Blockchain está em uma relação gênero-espécie no que diz respeito à tecnologia de razão distribuída (DLT), cujas principais características são permitir que seus usuários registrem e armazenem permanentemente, simultaneamente e publicamente (embora possa haver DLTs privados), informações (que podem ser dados ou códigos) que são compartilhadas por um grupo de pessoas em diferentes máquinas telemáticas ou servidores de computador, que são chamados de nós. A diferença básica entre uma DLT, em geral, e a *Blockchain* em particular, é que esta última, como seu próprio nome indica, recorre à cadeia de blocos para suportar o registro distribuído[1].

É essa comunidade de pessoas que dá nome ao sistema de armazenamento. É um sistema distribuído que se apoia naquele conjunto disperso de nós, que também pode atuar como um registro, este sim descentralizado (distribuído), pois não existe uma entidade central de registro[2].

[1] Vid. García Mexía, P.: «Introducción general», en García Mexía, P. (dir.), *Criptoderecho. La regulación de Blockchain*, Wolters Kluwer, Madrid, 2018, p. 23, nota 1.

[2] Descentralizado e distribuído não são termos equivalentes. Um registro descentralizado é aquele que consiste em vários nós, interconectados entre si, a alguns dos quais, ou a todos eles, vários terminais estão conectados. Em um registro distribuído, como dito, todos os computadores estão interconectados entre si, de modo que todos atuam como nós. Este último funciona como uma base de dados na qual existem múltiplas cópias idênticas distribuídas entre vários participantes, as quais são atualizadas de forma sincronizada por consenso das partes. O exemplo mais conhecido da aplicação desta tecnologia são justamente as criptomoedas, especialmente o bitcoin. Vid., para uma aproximação, Romero

Ou seja, possui esta qualidade na medida em que não está sujeito ao controle de um intermediário centralizado, embora seja provavelmente mais expressivo dizer centralizador, sendo exemplos paradigmáticos o Banco Central do Brasil em relação ao real, ou o Federal Reserve em relação ao dólar.

Outra qualidade é que, no âmbito das criptomoedas, a palavra *blockchain* é geralmente usada não como referência a um aspecto ou fornecimento da tecnologia de registros distribuídos, mas exclusivamente à própria rede de registros descentralizada, apoiada no conjunto de nós, máquinas que configuram essa rede ou plataforma de troca de informações para vincular blocos entrelaçados com a tecnologia criptográfica[3].

Nessa perspectiva, e com uma visão puramente pedagógica, o *blockchain* é um grande livro de contabilidade, um grande banco de dados, onde nenhuma entrada pode ser excluída ou modificada, e que não é gerenciado por uma única pessoa, mas por muitos, porque cada um – com sua máquina – faz um assentamento, de maneira que uma modificação exigiria que todas as pessoas concordassem. A razão também tem a ver com o que diremos a seguir.

Uma boa definição descritiva da cadeia de blocos é a apresentada por Preukschat: "Uma *blockchain* não é outra coisa que uma base de dados que se acha distribuída entre diferentes participantes, protegida criptograficamente e organizada em blocos de transações relacionados entre si matematicamente. De forma mais breve, é uma base de dados descentralizada que não pode ser alterada"[4].

O que antecede coloca-nos no quadro das chamadas redes P2P ou *peer-to-peer*, redes teoricamente sustentadas por iguais, pois todos contribuem para o fluxo de informação, atuando como clientes e servidores ao mesmo tempo (servindo de exemplos clássicos o eMule e o BitTorrent).

Ugarte, J.L.: «Tecnología de registros distribuidos (DLT): una introducción», *Banco de España. Boletín Económico* 4/2018, p. 1 [Online: www.bde.es]. Vid., para um conhecimento muito mais exaustivo, Ibáñez Jiménez, J.W.: *Blockchain: primeiras cuestines en el ordenamento jurídico español*, Dykinson, Madrid, 2018.

[3] Ibáñez Jiménez, J.W.: *Blockchain: primeras cuestiones en el ordenamiento español*, cit., p. 15.

[4] Preukschat, A.: «Los fundamentos de la tecnología blockchain», en el mismo (coord.), *Blockchain: la revolución industrial de internet*, 8ª edic., Gestión 2000, Barcelona, 2019, p. 23.

Porém, como apontaremos a seguir, a igualdade é apenas teórica, dados os altos custos de infraestrutura e consumo de energia gerados pela mineração de criptomoedas, principalmente o *bitcoin*. A mineração de blocos consiste em realizar uma série de cálculos complexos que requerem tempo (capacidade computacional) e cada vez mais eletricidade.

O livro funciona concatenando blocos, o anterior com o próximo, formando uma cadeia. O bloco é "selado" com a inclusão de um código alfanumérico, produto do uso de tecnologia algorítmica, denominado *hash*. Cada novo bloco deve conter o *hash* do bloco anterior[5]. Portanto, cada novo bloco que entra na cadeia possui todo o histórico da transação.

Sem dúvida alguma, a grande contribuição da cadeia de blocos é que na verdade explica seu nascimento: sua finalidade fiduciária, ou seja, sua capacidade para provar, afiançar, a existência de uma transação e certa informação relativa a ela.

Como dito, *blockchain* significa cadeia de blocos. À medida que as transações são realizadas, elas são gravadas e embaladas em bloco, sendo verificadas pelos mineradores. Os "mineiros" são equipamentos/chips dedicados à verificação e integração de blocos (validação/selagem) no *blockchain*. Em outras palavras, um conjunto de transações (as entradas do "livro de contabilidade") gera um bloco e cada bloco incorpora o *hash* do anterior.

Uma das vantagens é que todo aquele que quiser participar – o chamado mineiro – ganha uma recompensa, de modo que quem intervém é o primeiro interessado em que o livro seja um verdadeiro reflexo da contabilidade. Eles recebem a recompensa porque colocam seus próprios recursos à disposição da rede. E como cada novo bloco carrega o histórico da transação, são necessários equipamentos com grande capacidade de processamento e computação, para o que é necessário um alto investimento. Além disso, isso gera um alto consumo de energia; o que, aliás, permite identificar os principais países onde estão localizadas as chamadas "fazendas mineradoras".

[5] Vid., sobre a função *hash*, Conesa, C.: «Bitcoin: ¿una solución para los sistemas de pago o una solución en busca de problema?», *Banco de España. Documentos Ocasionales*, nº 1901, 2019, pp. 9 y ss. [On-line: www.bde.es. Ultimo acesso: setembro de 2021].

Isso está diretamente vinculado à idoneidade do *blockchain*, que no marco do *bitcoin*, se dá por meio da chamada "prova de trabalho" (*proof of work*)[6]. Sua implementação para validar novos blocos gera um custo computacional (e, portanto, de energia) tão alto que impossibilita – pelo menos por hora, enquanto se aguarda o desenvolvimento da computação quântica – o controle malicioso por quem o desejar[7].

Na verdade, o mineiro recebe dois estipêndios. O primeiro pode ser anexado à própria transação que é lançada na rede por quem deseja realizá-la. Para fazer com que haja interesse e a gerencie (confirme), é oferecida uma comissão. Quanto mais atraente for, maior será a probabilidade de um mineiro prestar atenção. Isso é corroborado pelo fato de que, se formos a www.blockchain.info para verificar a razão das transações (a média diária é de pouco mais de trezentos e cinquenta mil, e cada uma requer cerca de 512 bytes, um bloco tem o tamanho máximo de 1 mb, 1024 kb, e pode conter um pouco mais de duas mil transações), o *Mempool* (dito em romano paladino, a sala de espera para que as transações sejam confirmadas) tem um tamanho de mais de dez milhões de bytes, que em grande parte correspondem às transações que não são administradas, justamente por não serem atrativas para o esforço econômico e tecnológico que lhes deve ser dedicado[8].

[6] Com a prova de trabalho se resolve o potencial problema de que uma maioria (51% seria suficiente) concordem em corromper a cadeia. É o chamado "problema dos generais bizantinos". Vid., a respeito, Brezo Fernández, F.; Rubio Viñuela, Y.: *Bitcoin. La tecnología Blockchain y su investigación*, ZeroXWord Computing, Madrid, 2017, pp. 51 y ss.

[7] Há outra forma de participar da validação que consome menos energia e força bruta, chamada de "prova de estaca" ou de "poder". Aqueles que possuem "riqueza" dentro da rede, o que significa que possuem um número alto de bitcoins em sua carteira. Eles poderão validar a transação e um vez escolhidos e aceitos, após sua validação, seus fundos ficam sob custódia. Se a transação for fraudulenta, seu saldo será utilizado para ressarcir o prejudicado. Neste caso a remuneração pela "prova de estaca" é feita pelas taxas de transação, e não por novos bitcoins.

[8] Blockchain.com oferece uma valiosa informação em tempo real da *mempool*, assim como do número de transações a serem confirmadas, também em tempo real. Sobre o custo energético já se escreveu muito. Destacamos um dado preocupante: a mineração de um bitcoin consome por volta de 200 kWh (vid. Pastor, J.: «Mitos y realidades sobre el consumo energético de la minería de bitcoins», www.xataca.com [blog], 27/04/2018 [on-line: Último acceso: setembro de 2021]). É a própria configuração do sistema bitcoin e suas medidas de

O segundo estipêndio é a conhecida recompensa, que é gerada automaticamente pelo sistema quando um bloco é (aleatoriamente) fechado. Com o tempo (a cada quatro anos), a quantidade de *bitcoin* dedicada a esse pagamento é reduzida pela metade. Atualmente está definido em 6,25 *bitcoin,* o que dependendo de seu preço, significará um ou outro valor em moeda fiduciária (reais, euros, dólares etc.). Não podemos deixar de notar que, em média, um bloco é fechado a cada 10 minutos. Isso implica uma recompensa a cada 10 minutos. Se somarmos a isso a concentração atual (*pool*) da atividade de mineração, dá-se uma ideia completa do seu interesse econômico[9].

Em última análise, trata-se de tecnologia distribuída, visto que a base de dados ou os registos não é gerida por um computador central, mas muitos deles, os nós, geridos por mineiros, que seguramente obtêm uma recompensa, um incentivo econômico essencial, dadas as enormes infraestruturas que a mineração requer, bem como o significativo consumo de energia que gera.

Aplicada ao *bitcoin*, a operação, de forma muito resumida, é a seguinte: uma transação é lançada na rede, os mineiros a buscam para verifica-la – levando em consideração o que foi dito antes de que muitas permanecem no limbo, e que nem todos os mineiros vão para este processo –. Após este passo, ela se junta a um bloco. Um bloco é composto por um conjunto de transações e seus "selos" de verificação. Cada bloco está unido ao anterior pelos referidos selos, além de uma marca de tempo e dos dados da transação, informações públicas. Os selos são funções de resumo, as chamadas *hash*, código alfanumérico que constitui o problema criptográfico a ser resolvido, questão sobre a qual retornaremos ao explicar na seção seguinte uma das características do *bitcoin*, a segurança.

Para finalizar, é conveniente, ao menos, deixar destacado que se distinguem três classes de cadeias de blocos: de acesso público, abertas e

segurança que geram este consumo: os processos de verificação e inserção em um bloco são longos, cada vez mais na medida em que a cadeia segue aumentando, demandando, portanto, maior consumo tecnológico, e, por consequência, maior consumo energético.

[9] Conesa, C.: «Bitcoin: ¿una solución para los sistemas de pago o una solución en busca de problema?», cit., p. 28, fala de quatro grandes *pool* que concentram mais de 50% do poder de computação. O dado é coincidente com outras publicações.

descentralizadas (*blockchain* pública); privadas, fechadas e centralizadas (*blockchain* privada ou permissionada); y as híbridas, parcialmente fechadas e distribuídas (*blockchain* consorciada)[10]. O *Bitcoin* se mantém com base na primeira delas, as públicas.

2. As criptomoedas: especial referência ao *bitcoin*

2.1. Definição e características. Constatação da preocupação por seu potencial uso criminoso

É indubitável que a criptomoeda mais conhecida é o *bitcoin*, embora a quantidade delas existentes possa surpreender. No www.coinmarketcap.com, podemos encontrar mais de 14.000. É verdade que se costuma dizer que cerca de 7.000 estão de fato operando.

Para compreender o alcance das definições fornecidas e, sobretudo, a finalidade que, em alguns casos, se pretende imprimir, é necessário identificar as principais utilidades que possuem (ou não, dependendo de quem emite o parecer), as moedas virtuais. Coincidem – ou podem ser, dependendo, reiteramos, de quem dá a sua opinião – com as do dinheiro: reserva de valor (transfere o poder de compra do presente para o futuro, para que quem receba uma criptomoeda como contrapartida do objeto vendido pode, por sua vez, utilizá-lo para comprar, sem que seja necessário que conserve exatamente o mesmo valor), unidade de conta (permite definir e saber o preço do que deseja comprar ou vender), e meio de pagamento ou troca (permite realizar qualquer tipo de transação, facilitando a troca de bens e serviços, de forma que seja aceita como contraprestação na venda)[11].

É óbvio que o fato de as criptomoedas cumprirem, ou poderem cumprir, as funções atribuídas ao dinheiro em termos econômico-financeiros,

[10] Legerén-Molina, A.: «Retos jurídicos que plantea la tecnología de la cadena de bloques. Aspectos legales de blockchain», *Revista de Derecho Civil*, vol. 6, nº 1, 2019, pp. 178 y ss.

[11] Vid., sobre as funções do dinheiro, McLeay, M.; Radia, A.; Thomas, R.: «El dinero en la economía moderna: una introducción», *Revista de Economía Institucional*, vol. 17, nº 33, 2015, pp. 333 y ss. [on-line: Último acceso: setembro de 2021]. Vid. um resumo do conceito de dinheiro em Casanueva Cañete, D.; López de la Cruz, N.: «El concepto de criptomoneda y breves consideraciones en torno a su tributación», *Documentos Instituto de Estudios Fiscales*, nº 10, 2018, pp. 77 y ss.

não implica, por si só, que tenham, ou devam ter, tal consideração do ponto de vista jurídico[12]. Como teremos ocasião de verificar, a existência de regulamentações nacionais não foi acompanhada pelo seu reconhecimento como moeda fiduciária. No melhor dos casos, alguns dos serviços públicos mencionados foram legalmente reconhecidos.

Expusemos as definições do *bitcoin* porque, desde o início, não é correto refletir sobre algo novo sem ao menos descrevê-lo. Parece-nos relevante notar, entretanto, que muito do debate gira em torno do que são criptomoedas, em geral, e *bitcoin*, em particular; e que esta polêmica não tem significado especial do ponto de vista jurídico-penal; Ou, pelo menos, não tem o alcance que economistas e outros lhe conferem[13]. O que é relevante para nós não é o que é, mas o que é se está sendo usado para a prática de atos criminosos graves, como lavagem de dinheiro (ou financiamento do terrorismo, tráfico de drogas ou fraude fiscal), cuja prática não depende da natureza jurídica dos meios empregados[14].

Ao fazê-lo, não negamos que este debate possa inclusive não nos interessar. Pensemos, por exemplo, no perdimento de bens ou confisco alargado. Não adquirem interesse penal até serem considerados objetos materiais do delito, o que dependerá de que tal natureza seja conectada à tipicidade de determinadas condutas. Em suma: criptomoedas não são algo ilícito *per se*.

Incialmente a compreensão das criptomoedas era a de que deveriam ser entendidas como dinheiro. Assistimos, atualmente, a um novo posicionamento dos países atentos à evolução das criptomoedas desde o seu

[12] Pérez López, X.: «Las criptomonedas: consideraciones generales y empleo de las criptomonedas como instrumento de blanqueo de capitales en la Unión Europea y en España», *Revista de Derecho Penal y Criminología*, nº 18, 2017, p. 143.

[13] Para um estudo mais profundo, vid. Brezo Fernández, F.; Rubio Viñuela, Y.: *Bitcoin. La tecnología Blockchain y su investigación*, cit., para as questões teóricas, pp. 23 y ss., y para as questões operativas, pp. 63 y ss.

[14] Alguns pretendem utilizar o nome "paramonedas", a fim de se distanciar do conceito e das utilidades do dinheiro, o que nos parece ter pouco rendimento material, ainda que possa render para fins pedagógicos. Vid. Nieto Giménez-Montesinos, M.A.; Hernáez Molera, J.: «Monedas virtuales y locales: las paramonedas, ¿nuevas formas de dinero?», *Revista de Estabilidad Financiera*, nº 35, 2018, pp. 103 y ss.; outros autores não conseguem evitar o permanente recurso à expressão "moeda virtual".

reconhecimento original como dinheiro até à sua pretendida (e talvez realista, conclusão não relacionada com o presente trabalho) compreensão atual como um ativo financeiro.

Tomemos inicialmente a definição oferecida pelo Banco Central Europeu: moeda virtual é "uma representação digital do valor, não emitida por qualquer autoridade bancária central, instituição de crédito ou emissor de dinheiro eletrônico reconhecido que, em certas ocasiões, pode ser usada como um meio de pagamento alternativo ao dinheiro".

Ele tenta escapar, como pode ser visto, de uma concepção líquida de dinheiro. A chamada "Quinta Diretiva", Diretiva (UE) 2018/843 do Parlamento Europeu e do Conselho de 30 de maio de 2018 que altera a Diretiva (UE) 2015/849 sobre a Prevenção do Financiamento da Utilização do Sistema para Lavagem de Capitais ou Financiamento do Terrorismo, que altera as Diretivas 2009/138/CE e 2013/36/EU[15], define moedas virtuais, em seu art. 1, ponto 2, letra d), como "representação digital de valor não emitida ou garantida por um banco central ou por uma autoridade pública, não necessariamente associada a uma moeda legalmente estabelecida, que não tem o estatuto jurídico de moeda ou dinheiro, mas aceita por pessoas físicas ou jurídicas como meio de troca e que pode ser transferida, armazenada e comercializada eletronicamente".

No Brasil a definição de criptoativo é dada pela Instrução Normativa 1.888/2019 como sendo "a representação digital de valor denominada em sua própria unidade de conta, cujo preço pode ser expresso em moeda soberana local ou estrangeira, transacionado eletronicamente com a utilização de criptografia e de tecnologias de registros distribuídos, que pode ser utilizado como forma de investimento, instrumento de transferência de valores ou acesso a serviços, e que não constitui moeda de curso legal".

O relatório de fevereiro de 2015 do Banco Central Europeu destaca as características das criptomoedas, que poderiam ser resumidas de forma consensual como: **segurança**, **descentralização** e **anonimato**[16].

[15] DOUE L 156, de 19 de setembro de 2018.

[16] Vid., para uma simples aproximação, Preukschat, A.: «Criptomonedas y tokens no son el mismo criptoactivo», *el Economista.es*, 06/11/2017 [on-line: www.eleconomista.es. Acesso: setembro de 2021]. De qualquer forma, o próprio Satoshi Nakamoto já as descreveu em seu famoso artigo que deu origem ao bitcoin (lembrando que não se sabe até hoje quem

A **segurança** é fornecida pelas funções de resumo que permitem resistir a ataques que tentem violar a segurança do sistema (autenticidade), bem como a tecnologia *blockchain* (rastreabilidade) que a suporta[17]. Na medida em que uma vez que a transação é inserida em um bloco, ela é lacrada e unida ao próximo, aquela – a transação – tem tal segurança que fornece soluções sólidas contra as fraudes que outras moedas digitais clássicas propiciam, mais conhecidas como o dinheiro eletrônico, no caso dos cartões de crédito, bem como em relação a alguns problemas inerentes às moedas virtuais.

Uma das fraudes mais conhecidas em relação ao dinheiro eletrônico, no caso do cartão de crédito, é a sua falsificação. Por sua vez, um dos problemas mais citados que se evita com a segurança das criptomoedas é o chamado "gasto duplo": que a mesma moeda possa ser gasta mais de uma vez pela mesma pessoa. Obviamente, com o papel-moeda não existe esse inconveniente, pois o pagamento em uma venda gera seu repasse físico ao vendedor. Isso não acontece nesses termos com a moeda virtual, embora esse problema tenha sido convenientemente resolvido com a arquitetura da cadeia de blocos como um livro contábil compartilhado e criptografado[18].

Obviamente, à medida que a cadeia de blocos aumenta, aumenta a necessidade de capacidade de computação, em relação àqueles que pretendem, por exemplo, modificar uma transação realizada. Não devemos perder de vista que um bloco fecha em média a cada dez minutos, de

é ou quem são os que se utilizaram desse pseudônimo). Vid., Nakamoto, S.: «A Peer-to-Peer Electronic Cash System», 31/10/2008 [on-line. Acesso: setembro de 2021]. Existe uma versão em portugues: «Bitcoin: Um Sistema de Dinheiro Eletrônico Peer-to-peer» [on-line. Acesso: setembro de 2021]. Vid., também, Böhme, R.; Christin, N.; Edelman, B.; Mo, T.: «Bitcoin: Economics, Technology, and Governance», *Journal of Economic Perspectives*, nº 2, 2015, pp. 213 y ss., trabalho que permite uma adequada contextualização com distintas perspectivas.

[17] Se deve entender que o que aporta a criptografía (os *hashs*, realmente) na tecnologia *blockchain* é a validação, não cifrada, de tal sorte que a segurança recai em assegurar unicamente sua autenticidade e rastreabilidade.

[18] Vid., sobre esta questão, a título de aproximação, Anguiano Jiménez, J.M.: «El anarco-dinero y la superación del problema del doble gasto», *Centro de Estudios Garrigues* [blog], 25/05/2018 [on-line: http://blog.centrogarrigues.com]. Acesso: setembro de 2021].

forma que pela força bruta seria necessário realizar a ação de *hacking* em um tempo menor[19].

Outra questão é o momento preciso de confirmação de uma operação, que, na prática, embora não exista qualquer estipulação do sistema a este respeito, estima-se que são necessários o fechamento dos quatro, cinco ou seis blocos seguintes em que está inserida a transação (valor que fica às custas do que é exigido pela pessoa física ou jurídica, ou pela empresa prestadora do serviço de câmbio). Isso se deve ao fato de que diferentes mineradores podem propor diferentes blocos simultaneamente, produzindo *forks* temporários ou bifurcações temporais durante o processo de validação dos blocos, ou seja, diferentes canais de validação ocorrem quando dois mineradores encontram uma solução para a prova de trabalho e propõem seus blocos praticamente ao mesmo tempo. Resolve-se no recebimento de um novo bloco, de forma que a cadeia mais longa ou com maior volume de trabalho acumulado seja aceita como válida, embora possa coincidir novamente, razão pela qual se estabelece um número de blocos para garantir estatisticamente que a transação é final.

Desta forma, a subtração pode ser tentada antes que a confirmação ocorra, mas em qualquer caso, a capacidade computacional necessária para "reverter"[20] o *blockchain* até aquele ponto, uma vez que cada confirmação (cada bloco adicionado) reduz essa possibilidade, da mesma forma que diminui exponencialmente o risco de reversão[21].

É interessante notar, no mínimo, que as criptomoedas como o *bitcoin* são baseadas em criptografia assimétrica para gerenciar o acesso aos

[19] Escapa em muito aos fins deste trabalho abordar as questões técnicas atinentes à segurança. Apenas destacamos que a computação quântica pode representar um perigo, pelo notável incremento da velocidade de trabalho. Vid. Iglesias, A.: «La computación cuántica podría hacer vulnerable a la blockchain», *Bitcoin.es*, 13/12/2018 [on-line: www.bitcoin.es. Acesso: setembro de 2019]; Maldonado, J.: «Computación cuántica: una amenaza para la criptografía blockchain», *Criptotendencias*, 05/12/2018 [on-line: www.criptotendencias.com. Acesso: setembro de 2019].

[20] Entre aspas, uma vez que as transações são irrevogáveis, impedindo que o receptor possa devolvê-las ao emissor.

[21] Vid., sobre o modo com o qual se protege o sistema bitcoin das tentativas de fraude, Conesa, C.: «Bitcoin: ¿una solución para los sistemas de pago o una solución en busca de problema?», cit., pp. 18 y ss.

bitcoins armazenados em uma carteira. Uma carteira é um contêiner de endereços *bitcoin*, onde cada endereço pode ser equivalente a um cartão de débito.

A posse de ambas as chaves pública/privada determina o controle sobre os *bitcoins* armazenados em uma carteira e, portanto, é importante que a chave privada permaneça sempre sob o controle do proprietário dessa conta. Nesse sentido, é importante destacar que as chaves digitais são criadas e armazenadas independentemente do protocolo *bitcoin*. Assim, um par de chaves é gerado, a pública e a privada. A robustez do algoritmo de assinatura ou criptografia é o que apoia a segurança do usuário, evitando que outro, que conheça apenas uma chave pública, seja capaz de extrair o valor da chave privada com a qual pode utilizar o saldo[22]. E uma nuance em relação às contas bitcoin: a chave privada fica armazenada em sua bolsa ou carteira, que pode ser hospedada em seu computador pessoal, unidade móvel (pendrive ou HD) ou em um serviço externo de gerenciamento de carteira. Como medida de segurança, as chaves privadas são criptografadas com base em uma palavra-chave ou *seed*, de modo que é necessário conhecê-la para acessá-las.

A **descentralização** é o segundo grande recurso: como já mencionamos, as transações são incorporadas a um bloco e, bloco a bloco, são adicionadas a um livro contábil distribuído entre várias equipes ou nós. Ao contrário das formas de pagamento centralizadas, onde as operações são geralmente registradas em um único servidor (embora o normal seja que os backups sejam feitos em outro servidor), no *blockchain* as transações são incorporadas naquele livro contábil, primeiro em um dos nós participantes, e então são transmitidos para o resto conectado na rede. Cada uma dessas transmissões é chamada de "confirmação".

Quanto maior o número de nós, mais difícil será poder modificar essa cadeia de blocos e, portanto, mais difícil será para um agente externo modificar as transações. A razão é que assim que for observada uma alte-

22 Ramírez Morán, D.: «Riesgos y regulación de las divisas virtuales», *Boletín electrónico--Instituto Español de Estudios Estratégicos*, nº 18, 2014, p. 5.; Capaccioli, S.: *Criptovalute e bitcoin: un'analisi giuridica*, Giuffrè, Milano, 2015, pp. 37 y ss. Vid. uma pedagógica explicação da criptografia assimétrica en Conesa, C.: «Bitcoin: ¿una solución para los sistemas de pago o una solución en busca de problema?», cit., pp. 9 y ss.

ração na cadeia, ela será rejeitada pelas demais. Dessa forma, quanto maior a descentralização, maior a inalterabilidade das transações realizadas. Desta forma, as autoridades centrais ou intermediários não são obrigados a validar e autorizar as transações realizadas no sistema, uma vez que todos contribuem para a validação.

A isso se somam, como característica da descentralização, mas o que também contribui para a segurança, os tempos de geração de cada bloco, que no caso de criptomoedas como o *bitcoin*, é em média de dez minutos.

A última característica é o **anonimato**. É provavelmente a questão mais polêmica, porque enquanto alguns afirmam que o anonimato é algo pleno, outros o amenizam e outros, é claro, o negam. Desde o início, geralmente é feita uma distinção entre anonimato e privacidade. O anonimato se refere às pessoas: o remetente e o destinatário são ignorados. A privacidade tem a ver com o objeto: o objeto da transação e seu valor são desconhecidos, mas não seus atores.

Para negociar *bitcoins* é necessária a criação de uma *wallet* (carteira virtual) que armazenará todos os *bitcoins* de seu dono, e que somente pode ser criada no site www.blockchain.com. Cada carteira recebe um número próprio, uma espécie de identidade, de códigos alfanuméricos que será utilizada como identificação para enviar e receber os *bitcoins*. A transferência de dados pessoais não é necessária para criar carteiras ou realizar transações, especialmente se realizadas diretamente entre os interessados na oferta de produtos ou serviços. É necessário apenas esse identificador pseudoaleatório associado a uma carteira, o que leva alguns a falar sobre a "pseudonímia" do *bitcoin*[23].

Mas a depender da forma como fazemos a transação, o anonimato pode começar a desaparecer, até se tornar inexistente. Atualmente as *exchanges* são obrigadas a informar detalhadamente as operações que realizam, e isso inclui os dados pessoais dos remetentes e destinatários.

Muitas informações podem ser obtidas a partir de um endereço ou transação, análise do balanço de *bitcoins* ou do histórico de transações, bem como o fluxo de dinheiro, saque, conectividade, fuso horário e geolocaliza-

[23] Vid. Pérez Bernabeu, B.: «La Administración tributaria frente al anonimato de las criptomonedas: la seudonimia del Bitcoin», *Documentos-Instituto de Estudios Fiscales*, nº 10, 2018, pp. 153 y ss.

ção aproximada do proprietário. Em qualquer caso, é extremamente difícil conseguir a atribuição nominal de um endereço ou carteira de *bitcoin*, a menos que tenha havido falhas de segurança nas operações realizadas.

É verdade que o *blockchain*, como livro contábil onde são registradas as operações, permite a rastreabilidade das transações, mas se não houver outros dados, como o endereço IP do computador, ou a identificação do sujeito, se recorre a uma via ordinária de monetização, isto é, a conversão da criptomoeda em moeda legal ou fiduciária (euros, dólares, reais etc.), o anonimato permanece[24].

Em suma, falar de bitcoin é falar de moeda digital, descentralizada, rede ponto a ponto, segura e, em princípio, anônima.

E por que o *bitcoin* tem **valor**?

O *bitcoin* ou qualquer outra criptomoeda tem valor pelos mesmos motivos de qualquer outra moeda: **confiança** e **adoção**. A **confiança** que se deposita no *biticoin* tem o adicional relativo à solidez da informação armazenada, confiança que tem seu lastro na matemática e nos algoritmos computacionais, e na publicidade, que possibilita a verificação dos dados dos por qualquer um dos interessados. Também em sua escassez, pois foi projetado para um número finito de moedas (21 milhões), que são "mineiradas" de forma previsível e constante. Mas principalmente na forma de armazenamento da informação da transação. Todas as transações são mantidas de forma segura por cada integrante da rede que tem uma exata cópia da informação. E quanto maior o número de participantes, mais confiança (valor) se adiciona à rede. Se compararmos com a moeda fiduciária ou mais, com a moeda eletrônica que hoje é a mais utilizada nas transações, as informações financeiras ficam armazenadas em um único servidor do banco ao qual pertence o dono da transação, o que em tese pode ser mais facilmente violado e alterado do que a informação de uma *blockchain*. Se o banco de dados de uma instituição financeira for hackeado ou sequestrado todas as informações das contas bancárias podem ser apagadas e o dinheiro eletrônico que ali se encontra, sumir. Na tecnologia *blockchain*, se um dos nós perder a informação bastará recolhê-

[24] Vid., com profusão, sobre o processo de investigação diante da presença de criptodivisas, Brezo Fernández, F.; Rubio Viñuela, Y.: *Bitcoin. La tecnología Blockchain y su investigación*, cit., pp. 113 y ss.

-la em outro ponto da rede, que possui uma cópia exata da informação. Se alguém tentar inserir uma informação incorreta alterando um bloco específico tal alteração não será validada pelos demais nós da rede, e a alteração será descartada.

A partir do momento em que passam a ser **adotados** demonstram a confiança que possuem como moeda, ou seja, reserva de valor, unidade de conta e meio de pagamento ou troca. Especificamente sobre o *bitcoin*, possui as exatas características das moedas fiduciárias atuais por sua portabilidade, escassez, divisibilidade, fungibilidade, além da grande base de usuários que confirma sua aceitação como moeda. A partir da adoção a consequência é a mesma de uma moeda de curso normal: os valores serão utilizados por meio de transferências semelhantes a de um banco comum e do dinheiro eletrônico, ou seja, anota-se na conta corrente (nesse caso, *wallet*) que tal montante foi transferido para outra conta, que passa a dispor desse mesmo valor econômico para transferi-lo adiante, e assim sucessivamente. E tudo isso a um custo muito menor do que toda a estrutura bancária (o intermediário) que se utiliza para garantir a regularidade da informação. No caso da criptomoeda, são os próprios usuários da rede que (diretamente) validam e asseguram a informação.

2.2. Usos legítimos

Repetimos que as criptomoedas não são por si só algo ilícito. Tomando o *bitcoin* como a criptomoeda de referência, já ficou claro que não é uma moeda fiduciária de curso legal, como o euro, o iene ou o dólar. Questão diferente é que seja usada, no entanto, como uma moeda de pagamento. Aqui devemos citar o Japão que aprovou a alteração de sua legislação em virtude da qual, a partir de 1º de abril de 2017, o *bitcoin* passou a ser um instrumento de pagamento. Foi a contrapartida da imposição de uma série de requisitos legais às empresas que operavam com criptomoeda: deveriam ser cadastradas, cumprir requisitos de capital mínimo, seguir as leis contra lavagem de dinheiro e proteger as contas de cada usuário separadamente, de forma a prevenir roubos em massa[25]. Claro, a origem

[25] Ventura, V.: «El "boom" del bitcoin en Japón sostiene el rally de la moneda tras enfriarse en China», *elEconomista.es*, 31/05/2017 [en línea: www.eleconomista.es. Último acceso: junio de 2017].

dessa atividade regulatória não pode ser perdida de vista: em janeiro de 2013, a Mt. Gox, uma casa de câmbio de *bitcoins* que também funcionava como um banco para os usuários daquela criptomoeda, faliu depois de anunciar que quase todas as suas economias haviam sido roubadas após um ataque cibernético. A quantia roubada em *bitcoin* foi igual a mais de um bilhão de dólares.

Outros países com regulamentação específica sobre *bitcoin* são os EUA, Canadá e Suíça[26]. No âmbito da União Europeia, já salientamos que o Jornal Oficial da União Europeia de 19 de setembro de 2018 publicou a chamada Quinta Diretiva relativa à prevenção à lavagem de capitais e do financiamento do terrorismo. Para fornecer algumas referências de países latino-americanos, México o admite como moeda de pagamento, enquanto Bolívia proibiu seu uso (o Banco Central da Bolívia emitiu a Resolução do Conselho nº 044/2014 que proíbe o uso de denominações e moedas monetárias não regulamentadas dentro âmbito do sistema nacional de pagamentos)[27]. O Equador pode representar aquela situação ambígua em que o *bitcoin* às vezes é encontrado em jurisdições nacionais (foi anunciada a instalação de caixas eletrônicos que operam com algumas criptomoedas), embora o Banco Central do Equador tenha reiterado que "*bitcoin* não é um meio de pagamento autorizado para uso no país".

Mas, sem dúvidas, o referencial internacional é hoje El Salvador. É o primeiro país do mundo a reconhecer o *bitcóin* como moeda de curso legal. Em una decisão histórica adotada em junho deste ano de 2021, o uso da moeda virtual será "irrestrito, com poder liberatório e ilimitado em qualquer transação e a qualquer título que as pessoas naturais ou jurídicas públicas ou privadas queiram realizar". Basta destacar, por último,

[26] Vid. Biblioteca Jurídica do Congresso dos Estados Unidos: Regulation of Bitcoin in Selected Jurisdictions, Informe, janeiro de 2014 [on-line: www.loc.gov. Acesso: setembro de 2021]. O último Informe é de 2018, se bem com referencia apenas à Argentina, Australia, Bielorrusia, Brasil, Canadá, China, França, Gibraltar [sic: es una colônia que o Reino Unido mantém na Espanha], Irã, Israel, Japão, o Estado de Jersey (EUA.), México e Suíça. Vid. Biblioteca Jurídica do Congresso dos Estados Unidos: Regulation of Bitcoin in Selected Jurisdictions, Informe, junho de 2021 [on-line: www.loc.gov. Acesso: setembro de 2021].

[27] Vid. https://www.bcb.gob.bo/webdocs/01_resoluciones/044%202014.PDF. [on-line. Acesso: setembro de 2021].

que esta decisão foi adotada, segundo o governo salvadorenho, com o objetivo de reduzir os custos nos envios de remessas, atrair investimentos estrangeiros e impulsionar o consumo interno.

No que nos interessa agora, reitero que os órgãos da União reconhecem que o *bitcoin* é utilizado como meio de troca e de pagamento. De fato, é possível em muitos países europeus acessar bens e serviços pagando com *bitcoin*: desde pagamentos em cafés e restaurantes, acesso a museus ou compras em lojas[28]. Não se pode deixar de apontar, é claro, que qualquer análise comparativa do número de transações diárias entre moedas eletrônicas e moedas virtuais produz um resultado indiscutível: o uso desta última é desprezível em comparação com o uso da primeira; sobretudo, tendo em conta que o dinheiro eletrônico é hoje o mais utilizado na atividade comercial[29].

Em relação a esta questão das utilizações, o Tribunal de Justiça da União Europeia teve oportunidade de se pronunciar, ainda que de forma indireta. Em seu julgamento de 22 de outubro de 2015[30], que resolve uma questão preliminar de natureza tributária (basicamente, se as operações de câmbio legais de bitcoin, e vice-versa, estão sujeitas a IVA ou não), sustenta, com clareza cristalina, que "a moeda virtual de fluxo bidirecional «bitcoin» ... não tem outra finalidade senão a de meio de pagamento" (parágrafo 24). E, a seguir, iguala-as, nesse sentido, às moedas de curso legal: "O mesmo ocorre com as moedas tradicionais, visto que são moedas que são meios legais de pagamento" (artigo 25). Desta forma, conclui afirmando que o *bitcoin* "constitui um meio de pagamento direto entre os operadores que o aceitam" (apartado 42).

Por se tratar de um meio de pagamento, para efeitos de IVA, uma transação com *bitcoin* não produz uma entrega de mercadorias, mas sim uma

[28] Um rápido acesso à rede permite verificar múltiplos exemplos. Por seu valor simbólico, citamos um: hoje é possível pagar com criptomoedas o ticket para realizar uma visita guiada a La Alhambra, em Granada. Vid. https://13tickets.com [on-line. Acesso: setembro de 2021].

[29] Vid., Conesa, C.: «Bitcoin: ¿una solución para los sistemas de pago o una solución en busca de problema?», cit., p. 22.

[30] Sentença de 22 de outubro de 2015, Skatteverket contra David Hedqvist, C-264/14, ECLI:EU:C:2015:718 [on-line. Acesso: setembro de 2021. Se cita conforme as normas ditadas pelo Tribunal].

prestação de serviços. Como resultado, a troca de *bitcoin* deve ser considerada uma transação sujeita e isenta de IVA. Uma questão separada é, para fins fiscais (Imposto de Renda Pessoal, Imposto sobre Valor Agregado e Imposto sobre Riqueza), a atividade de mineradores, prestadores de serviços e usuários que compram e vendem *bitcoins* com o objetivo de investir, obtendo ganho ou perda de capital com a operação[31].

Por fim, ao final deste estudo, se não há expansão no uso do *bitcoin*, ele está experimentando uma melhora em seu preço[32]. Seria interessante analisar, pelo menos do ponto de vista criminológico, que como 2018 foi um ano "ruim" para o *bitcoin*, a verdade é que foi em termos de preço, pois naquele ano duplicou-se o número de usuários individuais de criptomoedas (de dezessete milhões para trinta e cinco milhões) e as pessoas que trabalham em criptografia cresceram ainda mais rápido: 2,6 vezes[33]. Mas um único usuário pode usar vários *wallets*, e isso pode ser devido precisamente a atividades de ocultação e prevenção de rastreabilidade para fins criminosos.

No Brasil não há regulamentação legal específica[34], embora desde 2014 o Banco Central tenha emitido um comunicado nº 25.306 no qual a preocupação era a de distinguir a "moeda eletrônica" de que trata a lei 12.865/13 das "moedas virtuais". Anos depois, em 2017, o Banco Central emitiu novo comunicado alertando para a falta de garantia das moedas virtuais e reafirmando que se a compra e guarda de tais moeda implicarem transferências internacionais com referência em moedas estrangeiras estarão obrigadas a obedecer as normas cambiais, em especial, que a

[31] Casanueva Cañete, D.; López de la Cruz, N.: «El concepto de criptomoneda y breves consideraciones en torno a su tributación», cit., pp. 80 y ss. Vid. esta contribuição, assim como as inseridas no bojo do documento de trabalho, para os pronunciamentos da Direção Geral de Tributos espanhola.

[32] Vid. Piergiorgio, M. S.: «El bitcoin es el activo que más se ha revalorizado a lo largo del 2019», *diario La Vanguardia*, 06/05/ 2019 [on-line: www.lavanguardia.com. Acesso: setembro de 2021].

[33] Piergiorgio, M. S.: «El cuento del bitcoin», *diario La Vanguardia*, 23/12/2018 [on-line: www.lavanguardia.com. Acesso: setembro de 2021];

[34] Existem em tramitação no congresso nacional cinco projetos de lei. No senado tramitam os projetos de lei nº 3949/19, 3828/19, 4207/20, e na Câmara dos Deputados os de nº 2303/15, 2060/19, 2140/21.

transação seja realizada exclusivamente por meio de instituições autorizadas pelo Banco Central a operar no mercado de câmbio (item 6). No ano de 2017 a Receita Federal passou a tratar as moedas digitais como ativos financeiros exigindo um imposto de 15% sobre os ganhos de capital no momento da venda[35]. Atualmente a Resolução SRF 1.888, de 3 de maio de 2019 é a que se entende como única normativa sobre o tema, e tendo por objeto a tributação que possa incidir sobre os criptoativos e sua movimentação, institui e disciplina a obrigatoriedade de prestação de informações realizadas com criptoativos à secretaria Especial da Receita Federal. Conforme a instrução, as pessoas físicas e jurídicas domiciliadas no Brasil deverão informar as operações de compra e venda, permuta, doação, cessão, dação em pagamento, emissão e transferências à SRF sempre que ultrapassarem o valor mensal de R$ 30.000 (trinta mil reais), exceto as *exchanges* (agências de serviços de criptoativos) domiciliadas no Brasil, que deverão informar independentemente desse limite. Quanto ao teor das informações dizem respeito à identificação da *exchange* (quando houver), data e tipo da operação, titulares, quantidade de criptoativos, valor em reais, valor das taxas e endereço da *wallet* de remessa e recebimento. Especial obrigação é dada às *exchanges*, que deverão manter e informar anualmente o saldo de moedas fiduciárias em reais, o saldo de cada espécie de criptoativos e o custo em reais de obtenção de cada espécie de criptativos declarado pelo usuário de seus serviços.

Há autorregulação oferecida pela Abracripto – Associação Brasileira de Criptoeconomia – que segundo a associação, tem a finalidade de "colaborar com o aperfeiçoamento das práticas e condutas seguidas pelos Associados e propiciar um padrão de atuação capaz de ampliar a eficiência e transparência do mercado"[36]. A iniciativa é interessante na medida em que prevê um comportamento ético de seus afiliados com base na legalidade e transparência, inclusive impondo sanções pelo seu descumprimento. A Associação disponibiliza ainda um Manual de Boas

[35] Andrade, M. D. «Tratamento Jurídico das criptomoedas: a dinâmica dos *bitcoins* e o crime de lavagem de dinheiro», *Revista Brasileira de Políticas Públicas*, v. 7, n. 3. [on-line: www.publicacoes.uniceub.br/RBPP/article/view/4897. Acesso setembro de 2021].

[36] Vid. https://www.abcripto.com.br/autorregulacao-abcripto. Acesso em setembro de 2021.

Práticas com o intuito de prevenção à lavagem de dinheiro e o financiamento ao Terrorismo voltado às *exchanges* brasileiras.

Contudo, mesmo sem regulamentação legal, o reconhecimento jurídico e econômico já é uma realidade. No âmbito econômico veio oficialmente pela Bolsa de Valores. A Comissão de Valores Imobiliários (CVM) já autorizou cinco ETFs[37] ligados a criptoativos no mercado financeiro tradicional. E no cenário jurídico, o Tribunal de Justiça de São Paulo e os Tribunais Regionais do Trabalho começam a admitir pedidos para que Bitcoins sejam penhorados como meio de garantir a execução judicial de um crédito, por considerar a criptomoeda como bem patrimonial do devedor[38].

3. Criptomoedas e seu reflexo no âmbito penal

3.1. Considerações gerais

Além de usos legítimos, as criptomoedas podem ser usadas na esfera criminal. As novas tecnologias, de uma forma geral, têm propiciado a atividade criminosa também no âmbito da lavagem de capitais, da fraude fiscal, entre outros motivos, pela promoção de um certo anonimato, pela rapidez das transações, pela falta do fator presencial e pela transnacionalidade[39].

[37] A sigla ETF significa *Exchange Traded Funds*, que são fundos de investimentos com cota na bolsa de valores, que seguem um índice de referência no qual os participantes aplicam seus recursos conjuntamente, e o gestor busca manter aquele índice. Vid. https://www.investidor.gov.br/menu/Menu_Investidor/valores_mobiliarios/ETFs.html. Acesso em setembro de 2021.

[38] AGRAVO DE INSTRUMENTO. Execução de título extrajudicial. Penhora de moeda virtual (bitcoin). Indeferimento. Pedido genérico. Ausência de indícios de que os executados sejam titulares de bens dessa natureza. Decisão mantida. Recurso desprovido. Agravo de instrumento nº 2202157-35.2017.8.26.0000. Voto nº 19863 Rel. Des. Milton Paulo de Carvalho Filho. 36ª Câmara de Direito Privado. 21/11/2017.

[39] Vid., dentre outros, Abel Souto, M.: «Blanqueo, innovaciones tecnológicas, amnistía fiscal de 2012 y reforma penal», *Revista Electrónica de Ciencia Penal y Criminología*, nº 14, 2012; De la Mata Barranco N.J.: «Ilícitos vinculados al ámbito informático: la respuesta penal», em De la Cuesta Arzamendi, J.L. (dir.), *Derecho penal informático*, Aranzadi, Cizur Menor, 2010, pp. 15 y ss.; Fernández Teruelo, J.G.: *Cibercrimen. Los delitos cometidos a través de internet*, Constitutio Criminalis Carolina, Oviedo, 2007; o mesmo: *Derecho penal e internet*,

Ainda não há consenso sobre a potencialidade do uso criminoso das criptomoedas. Dos diferentes usos criminosos, a principal preocupação centra-se na sua utilização como meio de pagamento no tráfico de drogas, na extorsão (ataques de *ransomware*, sejam ou não de falsa bandeira) e na lavagem de dinheiro, e até na evasão fiscal. Além da particularidade do uso da criptomoeda, outros crimes têm sido cometidos em razão dela, como fraudes e estelionatos.

Esta falta de consenso é explicita nos informes oficiais de algumas entidades. De acordo com um relatório do Tesouro do Reino Unido de 2015, de acordo com a opinião da National Crime Agency (NCA), o risco de sua utilidade para o cibercrime é alto, embora o risco de lavagem seja relativamente baixo[40].

3.2. Lavagem de dinheiro e financiamento ao terrorismo

Uma das principais razões para prosseguir com o seu tratamento e regulamentação é, como já dissemos, evitar a sua utilização criminosa, nomeadamente no âmbito da lavagem de capitais e do financiamento do terrorismo. Nesta perspectiva, explica-se perfeitamente que a nova Diretiva da União Europeia, dedicada ao combate a estes dois graves fenômenos criminais, presta a sua atenção e insta, precisamente, à regulamentação pelas jurisdições nacionais[41].

Como dissemos no início ao abordar o conceito de *bitcoin*, qualquer que seja sua semelhança com as funções teóricas do dinheiro, se ele é

Lex Nova, Valladolid, 2011; Ferré Olive, J.C.: «Tecnologías de la información y comunicación, comercio electrónico, precios de transferencia y fraude fiscal», *Revista Penal México*, nº 4, 2013; Miró Llinares, F.: «La oportunidad criminal en el ciberespacio. Aplicación y desarrollo de la teoría de las actividades cotidianas para la prevención del cibercrimen», *Revista Electrónica de Ciencia Penal y Criminología*, nº 13, 2011.

[40] Buck, J.: «Bitcoin es de bajo riesgo para el lavado de dinero, alto para el cibercrimen: Tesoro del Reino Unido», *Cointelegraph*, 29/10/2017 [on-line: https://es.cointelegraph.com. Acesso: setembro de 2021].

[41] A última diretiva aprovada na União Europeia em matéria de repressão contra a lavagem de dinheiro e o financiamento do terrorismo é a Diretiva (UE) 2018/843 do Parlamento Europeu e do Conselho, de 30 de maio de 2018, pela que se modifica a Directiva (UE) 2015/849 relativa à prevenção da utilização do sistema financeiro para a lavagem de dinheiro e o financiamento do terrorismo, e pela que se modificam as Diretivas 2009/138/CE y 2013/36/UE (Texto pertinente para efeitos doEEE).

um instrumento que facilita a prática do crime de lavagem de dinheiro, as medidas formuladas ou a serem formuladas devem ser aplicáveis a ele, visando impedir a circulação de lucros de atividades criminosas, bem como seu ingresso na economia legal; em suma, medidas de combate à lavagem.

Esta grave preocupação com a utilização criminosa das criptomoedas é confirmada pela atenção que lhe é dada pelo FATF[42], que emitiu relatório com uma definição das mesmas, embora, tal como o BCE, esteja a reposicionar-se. Assim, dentro de suas *Diretrizes para uma abordagem baseada no risco para moedas virtuais*, datadas de junho de 2015[43], definindo os conceitos-chave, refere-se a eles nos seguintes termos: "Moeda virtual é uma representação digital de valor que pode ser negociada em meio digital e funciona como (1) um meio de troca; e / ou (2) uma unidade de conta; e / ou (3) reserva de valor, mas não tem curso legal (ou seja, quando apresentada a um credor, é uma oferta de pagamento válida e legal) em qualquer jurisdição. Não é emitida ou garantida por qualquer jurisdição e cumpre as funções acima apenas por acordo dentro da comunidade de usuários da moeda virtual. A moeda virtual é diferente da moeda fiduciária (também conhecida como "moeda real", "dinheiro real" ou "moeda nacional"), que é a moeda "metal e papel" de um país designada como de curso legal; circula; e é comumente usada e aceita como meio de troca no país emissor. É diferente do dinheiro eletrônico, que é uma representação digital da moeda fiduciária usada para transferir eletronicamente valores denominados em moeda fiduciária. O dinheiro eletrônico é um mecanismo de transferência digital de moeda fiduciária

[42] O FATF (ou GAFI em inglês) é um ente intergovernamental estabelecido em 1989 cujo objetivo é fixar estândares e promover a implementação efetiva de medidas legais, regulatórias e operativas para combater a lavagem de dinheiro, o financiamento ao terrorismo e a proliferação de armas de destruição em massa, bem como outras ameaças à integridade do sistema financeiro internacional. As atuais recomendações do FATF são produto da refundação em 2012 das 40 iniciais em matéria de lavagem mais as 9 especiais em matéria de financiamento ao terrorismo. Vid. GAFI: The FATF Recomendations. [on-line: www.fatf-gafi.org. Acesso: setembro de 2021].

[43] GAFI: Diretrizes para um enfoque baseado em risco para moedas virtuais, junho de 2015 [on-line: www.fatf-gafi.org. Acesso: setembro de 2019]

– ou seja, transfere eletronicamente o valor que tem o status de moeda com curso legal".

Uma das mais-valias que a definição do FATF tem em termos político-criminais é que – como a Quinta Diretiva – reconhece os principais usos do dinheiro para a moeda virtual, e que vimos anteriormente: reserva de valor, unidade de conta e meios de pagamento. A Quinta Diretiva Anti-Lavagem de Dinheiro torna os prestadores de serviços de troca de moedas virtuais por moedas fiduciárias (trocas), bem como os prestadores de serviços de *wallets* (carteiras), sujeitos obrigados, que até agora o eram para identificar operações de câmbio, o que facilitou a introdução anônima de dinheiro de origem ilícita no sistema financeiro da União Europeia. Só esse extremo em relação à nova exigência imposta a esses provedores de denunciar transações suspeitas revela a virtualidade do anonimato.

3.3. Lavagem de criptomoedas (Mix ou Tumblr)

Como explicamos anteriormente, as transações com bitcoin aparentemente podem ser anônimas, se realizadas integralmente no ambiente de rede. Porém se alguém pretender participar a partir da troca por moeda de curso regular, deverá fazê-lo por meio de uma *Exchange,* e neste momento é prática comum que tal pessoa se identifique. Mas ainda que em ambiente totalmente virtual, as *wallets* estão vinculadas a uma chave pública, e a movimentação sempre poderá ser rastreada desde seu início e, por vezes, ser associada a um IP que movimenta tal *wallet.*

Por isso, visando um maior anonimato, já existem formas de desassociar os *bitcoins* da identidade de quem os negociou. Na internet podem ser encontrados alguns guias, e o mais comum atualmente é a "mixagem" realizada pelo *Tumblr.* O serviço de mixagem recebe os *bitcoins* de uma pessoa que os troca por outros de valor equivalente, por uma pequena comissão. Em seguida o proprietário pode retirar os "novos" *bitcoins* do serviço e enviá-los para uma nova carteira.

A operação em si não é considerada ilegal mas inserida em um contexto de lavagem de dinheiro ou financiamento ao terrorismo adquire um potencial que não pode ser desprezado. Segundo notícia retirada do Departamento de Justiça dos EUA, Larry Harmon foi acusado de utilizar o Helix de 2014 a 2017, uma plataforma que funcionava como um "mixer" permitindo que clientes enviassem bitcoin a destinatários específicos e que a fonte ou o dono do *bitcoin* fosse oculto[44].

3.4. Remuneração pelo tráfico de drogas

Em 2014 o Escritório das Nações Unidas sobre Drogas e Crime (UNODC) publicou um guia sobre detecção e combate à lavagem de dinheiro por meio de criptomoedas[45], e já em seu *Relatório World Drug 2017* incorporou uma seção dedicada ao uso de criptomoeda pelo narcotráfico, dentro de um capítulo sobre "O problema das drogas e do crime organizado"[46]. Por sua vez, a *Avaliação Nacional de Ameaças às Drogas 2017* da Agência Antidrogas dos Estados Unidos (DEA) alerta que o crime organizado usa o *bitcoin* para lavar dinheiro por meio do comércio com a China. No *World Drug Report 2018* da mesma organização internacional (UNDOC) afirma-se, no Livro 2, dedicado às demandas e ofertas de drogas, que embora os *bitcoins* continuem a ser o principal meio de troca nas transações mercantis da *dark web*, o volume usado para transações ilícitas de drogas ainda parece representar uma parte limitada de todas as transações de *bitcoin*[47]. No entanto, e este dado não é desprezível, cita um estudo recente da Fundação para a Defesa das Democracias em que aponta que é provavelmente uma estimativa baixa, e que o verdadeiro percentual de lavagem com *bitcoin* pode ser mais alto[48]. Finalmente, na *Avaliação Nacional* corres-

[44] Vid. https://www.justice.gov/opa/pr/ohio-resident-charged-operating-darknet-based-bitcoin-mixer-which-laundered-over-300-million?utm_source=Brave+New+Coin+Newsletters&utm_campaign=05396669e1-BNCDAILY_2020_2_14&utm_medium=email&utm_term=0_d7fa8797a2-05396669e1-245435229

[45] United Nations Office on Drugs and Crime: Basic Manual on the Detection And Investigation of the Laundering of Crime Proceeds Using Virtual Currencies, junio de 2014 [oi-line: www.unodc.org].

[46] United Nations Office on Drugs and Crime: World Drug Report 2017, Book 5: The drug problem and organized crime, illicit financial flows, corruption and terrorism. A: The drug problem and organized crime, mayo de 2017, pp. 16 y ss. [oin-line: www.unodc.org. Acesso: setembro de 2019].

[47] United Nations Office on Drugs and Crime: World Drug Report 2018, Book 2: Global overview of drug demand and supply. Latest trends, cross-cutting issues, p. 36 [on-line: www.unodc.org. Acesso: setembro de 2019].

[48] Vid. Fanusie, Y.J.; Robinson, T.: Bitcoin Laundering: An Analysis of Illicit Flows into Digital Currency Services. Fundation for Defense of Democracies. Center of Sanctions &

pondente ao ano de 2018, o DEA afirma, já no Sumário, que "moedas virtuais, como *Bitcoin*, estão se tornando cada vez mais comuns e oferecem aos traficantes um método relativamente seguro para movimentar lucros ilícitos em todo o mundo com muito menos risco em comparação com os métodos tradicionais"[49]. Posteriormente, no Panorama Geral da seção dedicada ao financiamento ilegal, destaca que "nos últimos anos, a lavagem de dinheiro por meio de moedas virtuais como o *Bitcoin* ganhou destaque, pois permite que organizações criminosas transnacionais transfiram o produto ilícito internacionalmente e com mais segurança do que as transações tradicionais em dinheiro"[50]. Na verdade, ele dedica uma seção específica dentro desse capítulo dedicado ao financiamento ilegal[51].

No Rio de Janeiro recentemente a polícia revelou um esquema de venda de drogas por *whatsapp* e pagamento via *bitcoin*[52].

3.5. Evasão de divisas e outros crimes financeiros

Conforme a legislação brasileira, a manutenção de contas no exterior sem a devida comunicação às autoridades competentes configura o delito de evasão de divisas (art. 22, parágrafo único)[53]. Em algumas operações da Polícia Federal que ocorreram recentemente é recorrente que a acusação que se acosta aos autos de inquérito policial seja a de evasão de divisas, conjugada com algumas outras. Contudo, a tipificação da manutenção de criptoativos em uma *wallet* não parece percorrer o tipo penal citado. Divisas e moeda são elementos normativos com definição própria, e pelo

Illicit Finance, janeiro de 2018 [on-line: www.fdd.org. Acesso: setembro de 2021].

[49] Drug Enforcement Administration: National Drug Threat Assessment 2018. US Departament of Justice, outubro de 2018, p. VII [on-line: https://www.dea.gov. Acesso: setembro de 2021].

[50] Ibidem, p. 123.

[51] Ibidem, p. 126 e ss.

[52] Vid. https://www.seudinheiro.com/2021/bitcoin/trafico-de-drogas-bitcoin-criptomoedas-whatsapp. Acesso em setembro de 2021.

[53] Lei 7.492, art. 22. Efetuar operação de câmbio não autorizada, com o fim de promover evasão de divisas do País: Pena – Reclusão, de 2 (dois) a 6 (seis) anos, e multa. Parágrafo único. Incorre na mesma pena quem, a qualquer título, promove, sem autorização legal, a saída de moeda ou divisa para o exterior, ou nele **mantiver depósitos não declarados à repartição federal competente**. Grifamos.

que já expusemos acima o *bitcoin* ou outro cripto ativo não pode ser considerado como dinheiro. outro elemento normativo é o "depósito", que faz referência a uma instituição financeira, o que não possui correlativo direto no caso do *bitcoin*. Acreditamos que em um futuro próximo as *exchanges* poderão ser objeto de uma regulamentação nacional e internacional e talvez serem equiparadas a instituição para fins de depósito.

Mas no tocante à operação de fundos de investimento que tenham por objeto as criptomoedas, tratando-se de contratos financeiros, seus operadores deverão cumprir com as exigências da lei 6.385/76 que dispõe sobre o mercado de valores mobiliários e nas disposições da lei 7.492/86 que define os crimes contra o sistema financeiro. Aqueles que se comprometem a investir dinheiro de terceiros realiza um contrato de investimento coletivo (CIC), pelo qual capta os recursos. Embora as criptomoedas não sejam valor mobiliário legalmente reconhecido, o contrato de investimento coletivo em si é uma espécie de valor mobiliário conforme o art. 2º, IX, da Lei n. 6.385/76, e deve ser registrado na CVM conforme a legislação.

Há também a situação de fraude na captação de dinheiro sem o lastro devido, conhecido por "pirâmide financeira" e que tem sua tipificação na Lei nº 1.521/51, art. 2º[54]. Na verdade, o que ocorre é que o agente se utilize do atrativo da criptomoeda para cometer uma fraude a determinadas pessoas que, sob o pretexto de investirem no ativo, acabam entregando seu valor a um estelionatário.

3.6. Sonegação tributária

A partir da única regulamentação oficial sobre criptoativos, como já expusemos, por meio da Portaria 1.888, a não informação à Receita Federal do recebimento e movimentação dos valores existentes em criptoativos poderá configurar crime contra a ordem tributária nos termos do art. 1º da Lei 8.137/90[55].

[54] IX – obter ou tentar obter ganhos ilícitos em detrimento do povo ou de número indeterminado de pessoas mediante especulações ou processos fraudulentos ("bola de neve", "cadeias", "pichardismo" e quaisquer outros equivalentes). Pena – detenção, de 6 (seis) meses a 2 (dois) anos, e multa [...].

[55] Art. 1º Constitui crime contra a ordem tributária suprimir ou reduzir tributo, ou contri-

3.7. Peculato

Uma situação inusitada, mas que pode ser realidade em alguns lugares, é a má utilização dos recursos do estado por seus funcionários em proveito próprio, o que poderia caracterizar peculato. Segundo o *New York Times*, um supervisor de TI do condado de Suffolk foi preso por supostamente comandar uma operação de mineração de criptomoedas em escritórios do governo em *Long Island*. Christopher Naples é um supervisor de operações de tecnologia da informação no escritório do secretário do condado, e foi acusado de operar 46 dispositivos de mineração de criptomoedas em um prédio do condado em *Riverhead*. Pelo menos dez das máquinas estavam funcionando desde fevereiro, extraindo *bitcoin* e outras criptomoedas, o que significou um prejuízo de eletricidade no valor de US$ 6.000. O fator que levou à desconfiança foi o repentino aquecimento da temperatura ambiente do escritório.

3.8. Extorsão e outros crimes contra o patrimônio

No Brasil já há registros de casos de extorsão mediante sequestro no qual os sequestradores exigiram o pagamento do resgate em bitcoins. E também há casos de *ransomware*[56], com o cometido contra o laboratório Fleury e contra o Tribunal de Justiça do Rio Grande do Sul, em que se exigiu uma grande quantidade de bitcoins para a liberação do acesso a parte do banco de dados da empresa. Nestes casos não há qualquer problema em configurar os delitos como Extorsão, previstas no Código penal, art. 158[57].

Conclusões

A cadeia de blocos não é uma panaceia. Tampouco é a inteligência artificial para acabar com problemas do mundo[58]. Contudo, no que se refere

buição social e qualquer acessório, mediante as seguintes condutas: I – omitir informação, ou prestar declaração falsa às autoridades fazendárias.

56 Em apertada síntese, se sequestra de modo remoto um equipamento, encriptando-o, e se exige um pagamento em bitcoin, para entregar a senha que permite liberá-lo.

57 Art. 158 – Constranger alguém, mediante violência ou grave ameaça, e com o intuito de obter para si ou para outrem indevida vantagem econômica, a fazer, tolerar que se faça ou deixar de fazer alguma coisa: Pena – reclusão, de quatro a dez anos, e multa.

58 Centre for Public Impact: *How to make AI work in government and for people* [report]. Octubre 2018, p. 5 [En línea: https://www.centreforpublicimpact.org. Último acceso:

à *blockchain*, "veio para ficar". São muitas as materializações da cadeia e seu emprego em muitos âmbitos e setores. Inclusive, há a possibilidade de se recorrer aos contratos inteligentes inseridos em *blockchains* a fim de aproveitar as vantagens destas tecnologias no desenho e execução de programas de *compliance* penal[59].

O mesmo se pode dizer das criptomoedas: "vieram para ficar". Não agora, mas seguramente viveremos o "e-Real", como o "e-Dólar" ou o "e-Euro", do mesmo modo que já é uma "realidade" o "e-Yuang", a moeda digital respaldada pelo Banco Central da China como representação criptografada do yuang.

Já assinalamos que as criptomoedas têm usos legítimos, sobretudo, apoiados em *blockchains*, o que é de extrema importância devido à sua capacidade creditícia e probatória. Agora se deve avançar na superação tecnológica das desvantagens que as criptomoedas têm, especialmente em questões de lavagem de dinheiro e financiamento do terrorismo.

É verdade que a atividade regulatória pode apresentar certo efeito inibidor da inovação e do desenvolvimento de novos cenários para a atividade empresarial e financeira. Mas é absolutamente essencial. Além disso, esse efeito deve ser entendido como um custo direto, mas não precisa ser corrigido se pretendemos aproveitar as vantagens que as criptomoedas oferecem. Dissemos há apenas dois anos que desconhecíamos o futuro das criptomoedas, em geral, e das criptomoedas, e do *bitcoin*, em particular. A verdade é que já existe um primeiro país que admitiu o *bitcoin* como moeda corrente que, de qualquer forma, está sendo utilizado como instrumento de pagamento, e que um país como a China já possui a versão criptográfica de sua moeda fiduciária. Realidades.

O uso criminoso também continua a ser uma realidade. E todos os esforços necessários devem ser feitos, sem poupar recursos, para coibir (ou, pelo menos, reduzir a margens suportáveis, se possível) o uso criminoso de criptomoedas, em geral, e *bitcoin*, em particular. Dito isto, não percamos de

junio de 2021]

59 Navarro Cardoso, F.: «*Blockchain, smart contracts* y *criminal compliance*: anotaciones para el Derecho Penal de la persona jurídica», en Demetrio Crespo, E. (dir)., *Derecho Penal y comportamiento humano: avances desde la neurociencia y la inteligencia artificial*, Tirant lo Blanch, Valencia, 2022 (no preloa).

vista um truísmo: não criminalizemos o objeto do crime. Da mesma forma que não nos ocorre criminalizar o veículo por ser de uso criminoso (basta pensar em crimes contra a segurança viária), não criminalizemos as criptomoedas por serem utilizadas de forma criminosa, pelo menos enquanto não tivermos a total certeza de que fazem parte do problema e não da solução. Reiteramos: a China já está testando sua criptografia (e veremos como as reivindicações do governo se materializam em face das Olimpíadas de Pequim em 2022). O Banco Central Europeu quer introduzir o euro digital.

Outro ponto óbvio é que resta saber o que restará de tudo isso com a computação quântica e a inteligência artificial. Até lá, devemos continuar desenvolvendo o uso legal da tecnologia, e criar barreiras para seu uso criminoso.

Referências

ABEL SOUTO, M.: **Blanqueo, innovaciones tecnológicas, amnistía fiscal de 2012 y reforma penal.**, *Revista Electrónica de Ciencia Penal y Criminología*, nº 14, 2012.

ANDRADE, M. D. **Tratamento Jurídico das criptomoedas: a dinâmica dos *bitcoins* e o crime de lavagem de dinheiro**. *Revista Brasileira de Políticas Públicas*, v. 7, n. 3. [on-line: www.publicacoes.uniceub.br/RBPP/article/view/4897. Acesso setembro de 2021].

ANGUIANO JIMÉNEZ, J.M.: **El anarco-dinero y la superación del problema del doble gasto**. *Centro de Estudios Garrigues* [blog], 25/05/2018 [on-line: http://blog.centrogarrigues.com]. Acesso: setembro de 2021].

BREZO FERNÁNDEZ, F.; RUBIO VIÑUELA, Y.: **Bitcoin. La tecnología Blockchain y su investigación**. Madrid: ZeroXWord Computing, 2017.

BUCK, J.: **Bitcoin es de bajo riesgo para el lavado de dinero, alto para el cibercrimen: Tesoro del Reino Unido**. *Cointelegraph*, 29/10/2017 [on-line: https://es.cointelegraph.com. Acesso: setembro de 2021].

CAPACCIOLI, S.: **Criptovalute e bitcoin: un'analisi giuridica**. Milano: Giuffrè, 2015.

CASANUEVA CAÑETE, D.; LÓPEZ DE LA CRUZ, N.: **El concepto de criptomoneda y breves consideraciones en torno a su tributación.** *Documentos Instituto de Estudios Fiscales*, nº 10, 2018.

CONESA, C.: **Bitcoin: ¿una solución para los sistemas de pago o una solución en busca de problema?** *Banco de España. Documentos Ocasionales*, nº 1901, 2019.

DE LA MATA BARRANCO N.J.: **Ilícitos vinculados al ámbito informático: la respuesta penal**. En De la Cuesta Arzamendi, J.L. (dir.), *Derecho penal informático*, Aranzadi, Cizur Menor, 2010.

FERNÁNDEZ TERUELO, J.G.: **Cibercrimen. Los delitos cometidos a través de internet**. Constitutio Criminalis Carolina, Oviedo, 2007; o mesmo: *Derecho penal e internet*. Valladolid: Lex Nova, 2011.

FERRÉ OLIVE, J.C.: **Tecnologías de la información y comunicación, comercio electrónico, precios de transferencia y fraude fiscal**. *Revista Penal México*, nº 4, 2013.

GARCÍA MEXÍA, P.: Introducción general, en García Mexía, P. (dir.), **Criptoderecho. La regulación de Blockchain** Madrid: Wolters Kluwer, 2018.

IBÁÑEZ JIMÉNEZ, J.W.: **Blockchain: primeiras cuestines en el ordenamento jurídico español**, Madrid: Dykinson, 2018.

IGLESIAS, A.: **La computación cuántica podría hacer vulnerable a la blockchain**. *Bitcoin.es*, 13/12/2018 [on-line: www.bitcoin.es. Acesso: setembro de 2019].

LEGERÉN-MOLINA, A.: **Retos jurídicos que plantea la tecnología de la cadena de bloques. Aspectos legales de blockchain**. *Revista de Derecho Civil*, vol. 6, nº 1, 2019.

MALDONADO, J.: **Computación cuántica: una amenaza para la criptografía blockchain**. *Criptotendencias*, 05/12/2018 [on-line: www.criptotendencias.com. Acesso: setembro de 2019].

MCLEAY, M.; RADIA, A.; THOMAS, R.: **El dinero en la economía moderna: una introducción**. *Revista de Economía Institucional*, vol. 17, nº 33, 2015.

MIRÓ LLINARES, F.: **La oportunidad criminal en el ciberespacio. Aplicación y desarrollo de la teoría de las actividades cotidianas para la prevención del cibercrimen**. *Revista Electrónica de Ciencia Penal y Criminología*, nº 13, 2011.

NAKAMOTO, S.: **A Peer-to-Peer Electronic Cash System**. 31/10/2008 [on-line. Acesso: setembro de 2021].

NAVARRO CARDOSO, F.: **Blockchain, smart contracts y criminal compliance: anotaciones para el Derecho Penal de la persona jurídica.** *En* Demetrio Crespo, E. (dir)., Derecho Penal y comportamiento humano: avances desde la neurociencia y la inteligencia artificial. Valencia: Tirant lo Blanch, 2022.

NIETO GIMÉNEZ-MONTESINOS, M.A.; HERNÁEZ MOLERA, J.: **Monedas virtuales y locales: las paramonedas, ¿nuevas formas de dinero?** *Revista de Estabilidad Financiera*, nº 35, 2018.

PASTOR, J.: **Mitos y realidades sobre el consumo energético de la minería de bitcoins**. www.xataca.com [blog], 27/04/2018 [on-line: Último acceso: setembro de 2021]).

PÉREZ BERNABEU, B.: **La Administración tributaria frente al anonimato de las criptomonedas: la seudonimia del Bitcoin**. *Documentos-Instituto de Estudios Fiscales*, nº 10, 2018.

PÉREZ LÓPEZ, X.: **Las criptomonedas: consideraciones generales y empleo de las criptomonedas como instrumento de blanqueo de capitales en la Unión Europea y en España.** *Revista de Derecho Penal y Criminología*, nº 18, 2017.

PIERGIORGIO, M. S.: **El bitcoin es el activo que más se ha revalorizado a lo largo del 2019.** *Diario La Vanguardia*, 06/05/2019 [on-line: www.lavanguardia.com. Acesso: setembro de 2021].

PREUKSCHAT, A.: **Los fundamentos de la tecnología blockchain**, *en* el mismo (coord.), *Blockchain: la revolución industrial de internet*, 8ª ed. Barcelona: Gestión 2000, 2019.

RAMÍREZ MORÁN, D.: **Riesgos y regulación de las divisas virtuales**. *Boletín electrónico-Instituto Español de Estudios Estratégicos*, nº 18, 2014.

ROMERO UGARTE, J.L.: **Tecnología de registros distribuidos (DLT): una introducción**. Banco de España. Boletín Económico 4/2018.

VENTURA, V.: **El "boom" del bitcoin en Japón sostiene el rally de la moneda tras enfriarse en China**. *El Economista.es*, 31/05/2017 [en línea: www.eleconomista.es. Último acceso: junio de 2017].

14.
DIREITO À SAÚDE E EVOLUÇÃO DOS DIREITOS HUMANOS. UMA LEITURA SISTÊMICA NO CONTEXTO DO SUPREMO TRIBUNAL FEDERAL BRASILEIRO

FERNANDO RISTER DE SOUSA LIMA
MATTEO FINCO

Introdução

Se partimos[1] – com a teoria dos sistemas sociais do sociólogo Niklas Luhmann – da ideia de que os direitos fundamentais e humanos[2] garantem as condições mínimas que permitem ao ser humano de ter um papel na

[1] Este trabalho foi elaborado a partir de um artigo publicado na «Revista Pensamento Jurídico» (v. 13, n. 2, 2019) com o título *Teoria sistêmica e direitos humanos: o Supremo Tribunal Federal e o direito à saúde.*

[2] Falaremos, neste trabalho, indiferentemente de direitos humanos e fundamentais, ignorando a distinção tradicional onde os primeiros seriam aqueles afirmados internacionalmente, e os segundos aqueles contidos nas constituições nacionais. Isso porque adotamos uma perspectiva sociológica que identifica neles um papel mais amplo do que o jurídico. Podemos explicar isso a partir do mesmo Luhmann. O autor, ao contrário do que em *Grundrechte als Institution* (1965), nas suas obras mais recentes não se refere mais aos direitos fundamentais, mas sim aos direitos humanos (*Menschenrechte*). A razão pode ser atribuída, pelo menos em parte, ao interesse pela semântica da individualidade, para o problema da exclusão e para os "escândalos inaceitáveis", ou seja, as violações extremas de dignidade humana.

comunicação[3], ou seja, para atuar nos diferentes sistemas da sociedade, isso significa que estes direitos representam as condições para a inclusão. A participação, ou seja, a relevância no nível da comunicação dos indivíduos na sociedade é garantida pelos direitos. Que são subjetivos, mas gerais, isto é, não específicos, não são "adaptados" para cada um, mas flexíveis, adaptáveis, abertos e também, como qualquer outro direito, mutáveis. Ademais, a distância entre o conteúdo dos direitos e a sua efetivação é grande: as normas jurídicas são um produto do sistema político, e tornar elas efetivas é um papel sobretudo desse sistema, através de políticas públicas. O sistema jurídico, por outro lado, intervém somente quando há casos evidentes de desrespeito dos direitos, através de tribunais que possam identificar os culpados, estabelecer uma pena e, possivelmente, formas de compensação para as vítimas.

De fato, os direitos humanos são *valores*, que estabelecem um horizonte – o da inclusão: neste sentido, são *promessas* de que a sociedade tem como objetivo fazer com que todos possam ter um papel nela. Por isso os direitos humanos são genéricos, flexíveis, indeterminados, mas em qualquer caso pontos de referência constantes que, em cada sistema funcional, estabelecem os critérios mínimos de inclusão. Ao mesmo tempo, essas promessas "nada podem fazer em relação à gestão efetiva da inclusão e à suas consequências"[4].

No entanto, é preciso destacar que – ao contrário do que implicaria a retórica comum dos direitos, mesmo quando trata-se da expressão de um desejo legítimo de progresso – os direitos humanos não representam o produto de um direito superior e absoluto, soberano sobre qualquer outra esfera da sociedade, mas "ocupam o espaço intermediário que separa, mas poderíamos dizer também que combinam, direito e política" – entendidos como sistemas sociais. Assim, tal como a Constituição – que para Luhmann representa o acoplamento estrutural entre política e direito[5] – os direitos fundamentais têm uma "função evolutiva" que

[3] Luhmann, 2002.

[4] De Giorgi, 2017a, p. 327. A *tradução* dos trechos de volumes publicados em línguas estrangeiras são nossas.

[5] Luhmann, 1996.

consiste precisamente em "bloquear a involução, evitando que o passado aniquile o presente com os seus escombros"[6].

1. A função dos direitos fundamentais

Para Luhmann, direitos fundamentais são *instituições*, ou seja, expectativas de comportamento relacionadas aos papéis sociais e baseadas no consentimento social. São estruturas que servem para estabilizar a diferenciação do sistema político (chamado a produzir decisões vinculantes), bem como garantias para os indivíduos, que devem ser protegidos dos excessos do próprio Estado.

Não se trata, portanto, de "direitos humanos eternos"[7], mas de uma ferramenta moderna que visa prevenir tendências regressivas da ordem social e garantir oportunidades de comunicação, através da estabilização do sistema político, de forma que não invade outras esferas sociais, como a personalidade individual, os processos de socialização, outros subsistemas da sociedade.

Na teoria dos sistemas, não há espaço para retórica ou tensões morais: a diferenciação funcional não é um valor a ser defendido, mas uma condição da ordem social: os direitos fundamentais servem para evitar o retrocesso da sociedade a estágios anteriores de desenvolvimento. Não se trata de uma tarefa fácil. Numa sociedade complexa, caracterizada por uma elevada contingência e evolução contínua, é necessário que os direitos fundamentais permaneçam abertos ao desenvolvimento e à mudança: por isso não podem ser determinados de forma muito específica. A Constituição serve para este propósito: ela estabelece os princípios fundadores do Estado, os direitos subjetivos inalienáveis e os valores e as normas gerais que representam um ponto de referência para todos os direitos e demandas que surgirão no futuro, com novas necessidades e condições não previsíveis no momento presente. A Constituição conecta direito e política, ao mesmo tempo que os mantém separados: a legitimidade política e a organização do sistema administrativo e de governo são justificados juridicamente, encontrando suas garantias essenciais na carta constitucional. Ao mesmo tempo, o direito permanece aberto para o futuro,

[6] De Giorgi, 2017a, p. 328.
[7] Luhmann, 2002, p. 59-60.

pois a Constituição atua como referência constante diante das demandas da sociedade: os princípios nela contidos podem ser aplicados a novas situações de tempos em tempos, e podem ser modificados pelo poder legislativo, de acordo com as modalidades previstas na Constituição.

Assim, os direitos fundamentais mantêm o futuro "aberto" ("flexibilidade" para novas possibilidades); garantem a diferenciação funcional (a separação entre os subsistemas e suas autonomia); protegem o indivíduo face às pressões e necessidades funcionais dos sistemas (em particular o político); tornam possível incluir os indivíduos nos diferentes sistemas funcionais por meio do sucesso da autorrepresentação da personalidade individual, que permite ao indivíduo "referir suas ações a múltiplos sistemas sociais e reunir suas necessidades contrastantes em uma síntese comportamental pessoal", isto é, "representar-se como o mesmo" em qualquer circunstância[8].

2. A função evolutiva dos direitos humanos e a inclusão

Os direitos humanos, nesse sentido, são direitos "mínimos": não apenas no sentido de que devem garantir as condições básicas para uma existência digna, evitando violações flagrantes, abusos, etc., mas também enquanto representam elementos irrenunciáveis para a ordem social. Nesse sentido, os direitos humanos são construtos que protegem a autonomia individual e que mantêm a separação entre os diferentes subsistemas da sociedade. Assim, para além de sua promessa de inclusão dos indivíduos e para além das suas flexibilidade e adaptabilidade, eles fornecem "as condições nas quais é possível estabilizar a forma de diferenciação social tipicamente moderna"[9]. Isso enquanto separam os diferentes subsistemas da sociedade e tornam possível "a eliminação das desigualdades naturais como ambiente do direito, da política e da economia" e "legítima a determinação interna dos limites do agir de qualquer sistema social"[10]. Dessa forma, eles garantem a possibilidade constante de equilíbrio e "ajustes" da realidade social.

[8] Luhmann, 2002, p. 99.
[9] De Giorgi, 2017b, p. 46.
[10] De Giorgi, 2017b, p. 47.

Para o sistema do direito, os direitos humanos também garantem a possibilidade de evolução, permitindo ao sistema "a possibilidade de alcançar níveis sempre mais altos de artificialidade, níveis sempre mais refinados de sedimentação jurídica da comunicação social"[11]. Isso exatamente porque os direitos humanos são, na sua generalidade e flexibilidade, *abertos ao futuro*. Futuro que obviamente não pode ser conhecido, mas somente imaginado. Ter valores adaptáveis, então, permite também que o direito como um todo possa mudar, evoluir, se adaptar a situações sempre novas.

Assim, compartilhamos a definição de Marcelo Neves: os direitos humanos, passando por cima dos limites determinados das fronteiras nacionais, são expectativas normativas de inclusão jurídica de toda e qualquer pessoa na sociedade mundial; portanto, são expectativas normativas de *acesso universal* ao direito enquanto sistema social[12].

Assim, o reconhecer as condições básicas para a inclusão (o fato de ter direito, enquanto indivíduo, de apresentar demandas de participação nas esferas sociais), assegura que os sistemas permaneçam abertos ao ambiente, ao reconhecimento contínuo do outro[13] e, portanto, à evolução. Eles devem continuamente ser capazes de conhecer e processar as *irritações* que tem suas origens no ambiente, e que impulsionam o sistema a se adaptar. Na terminologia da teoria dos sistemas sociais, trata se da *abertura cognitiva* (possibilidade de aprender), frente o *fechamento operacional* (o fato de que o sistema tem sua própria lógica específica, com base na sua estrutura).

Desta forma, os direitos humanos permanecem flexíveis, isto é, não predeterminados, mas mutáveis, a fim de compreender novos casos, adaptando-se a situações e contextos culturais diferentes. Isso permite também que os conflitos entre valores possam ser enfrentados e resolvidos, estabelecendo, cada vez, os casos em que um direito prevalece sobre outro (liberdade vs. dignidade, propriedade vs. igualdade, etc.).

[11] De Giorgi, 2017a, p. 334.

[12] Neves, 2009, p. 225.

[13] "o esquema dos Direitos Humanos contribui para a estabilidade da sociedade moderna porque deixa aberto o espaço para a contínua produção do outro, para a contínua emergência daquilo que é outro.": De Giorgi, 2017a, p. 329.

A flexibilidade é alcançada por um lado através da intervenção do sistema político, chamado a efetivar os direitos e a criar e especificar leis e normas; por outro através do sistema do direito (essencialmente os tribunais, centro do sistema), chamado a interpretar as leis e julgar.

Que o direito permaneça cognitivamente aberto significa que os tribunais, e concretamente os juízes, devem ser capazes de interpretar a realidade social na sua complexidade. Para fazer isso, por exemplo, eles não devem julgar ideologicamente, tomar uma postura conservadora, barrar o acesso ao novo e ao diferente. Não devem evitar ou ignorar as irritações do ambiente, mas "absorvê-las" aprendendo delas, para decidir e assim continuar as operações jurídicas: assim, esse processo contribui à evolução do direito.

Também o sistema político deve enfrentar a realidade e processá-la, mantendo-se aberto à aprender. Muitas vezes, pelo contrário, acontece que tem resistência a aprender, com a tentativa de reduzir a complexidade através do uso de ideias tradicionais e assumindo posições ideológicas, para manter e aumentar facilmente o consentimento.

Neste sentido, os direitos humanos, entendidos como um ponto de contato entre a política e o direito (nos termos de Luhmann, *acoplamento estrutural*), se tornam uma estrutura de potencialização da comunicação que pode aumentar a abertura para a inclusão de novas situações e novos sentidos. Variações impulsionam a seleção e assim a estabilização das estruturas[14].

Assim, a inclusão universal permitida pelos direitos humanos é um correlato da *universalidade da razão*: o sujeito unitário, racional e livre pode ter acesso a todos os sistemas porque não há mais um direito natural, mas sim um direito positivo, com uma sua própria razão. Também cada um dos outros sistemas tem uma razão específica (características, critérios, regras diferenciadas): cada sistema conserva suas próprias razões ("autoconservação da razão")[15]. Assim, os direitos humanos garantem a estabilização das possibilidades do agir na sociedade moderna, ou seja,

[14] Campilongo, 2002. A evolução é o resultado de um processo que inicia com uma variação, contínua com uma seleção e acaba com uma re-estabilização: Luhmann, 2007.
[15] De Giorgi, 2017a, p. 327.

garantem a potencial inclusão – mas a partir da seletividade própria de cada sistema.

Não é difícil ver que os direitos humanos servem primariamente para a sociedade, e não para os seres humanos (para valorizar suas vidas, consideradas *sagradas*). Os direitos humanos são uma necessidade da ordem social: ao aumento da complexidade, é necessário ter indivíduos prontos para participar na sociedade com modalidades diferenciadas, cada vez mais improváveis. Os direitos humanos representam assim uma forma que torna continuamente possível a ordem social, cada vez mais complexa.

O fato de apresentar – como nas declarações internacionais – os direitos humanos na forma de "catálogos"

> torna possível dispor de um ambiente útil para que o direito e a política possam construir aquilo que é usado como realidade: um ambiente artificial, precisamente, que fornece o longo horizonte no qual o direito e a política podem exercitar-se na prática de suas atividades decisionais.[16]

Através da forma-catálogo, disponibilizam-se referências para programas políticos.[17] Ela fornece "esquemas de referência úteis para a estabilização das possibilidades do agir nessa sociedade moderna"[18] nos diferentes âmbitos (subsistemas). Não é por acaso que há diferentes tipos de declarações (catálogos): direitos econômicos, sociais e culturais, direitos da infância, direitos dos doentes, etc. Mas isso exatamente porque a inclusão deve ser universal cada vez mais maior, mais ampla.

Contudo, a expansão da inclusão representa também um problema na contemporaneidade: a *hipertrofia* de direitos (inclusive dos direitos humanos), ou seja, as demandas crescentes de direitos, do ponto de vista quantitativo e qualitativo. Reivindica-se mais direitos (quantidade) e também diretos com maior eficácia (qualidade). Trata-se de uma carac-

[16] De Giorgi, 2017b, p. 47.

[17] "Aqueles direitos estão expostos seja à Política, seja ao Direito, o que significa que são caracterizados por uma alta sensibilidade nos confrontos de ambos.": De Giorgi, 2017a, p. 335.

[18] De Giorgi, 2017a, p. 335.

terística do *Welfare State* (Estado de bem-estar): a garantia de direitos, por parte do Estado, é progressivamente ampliada. Isso encoraja e legitima as demandas, na forma de pedidos de direitos subjetivos. Não há, a princípio, soluções para limitar essas demandas, e isso leva também a problemas do ponto de vista jurisprudencial. Trata-se, enfim, do fenômeno chamado de *inflação de demandas* (*Anspruchsinflation*)[19].

A legitimação a apresentar demandas tem fundamento no fato de que, no direito moderno positivo, os direitos subjetivos são criados e legitimados. Isso é uma característica da modernidade.

Na tradição da Europa antiga, *ius* apontava para o que era considerado "justo" a partir de uma ordem objetiva. Ao mesmo tempo, *subiecto* apontava para quem estava "submetido" a um poder público ou privado. Com o enfraquecimento, a partir da Idade Média, do controle do Estado sobre o indivíduo e a emancipação das limitações tradicionais (classe, família, etc.), ou seja, com uma sociedade em expansão e cada vez mais complexa, muda também o direito. Não há mais direito natural, no sentido de inalterável: frente às demandas de liberdade, torna-se mais conveniente não vincular demais. O pacto social (contrato), como ensina Hobbes, leva a possibilidade de fazer ou deixar de fazer[20]. O ser humano não é mais o "objeto" das normas, mas o *subiectum*, ou seja, o protagonista delas.[21] Assim, há o conceito de *pessoa jurídica*, que manifesta demandas e interesses.

Assim, numa sociedade funcionalmente diferenciada, o impulso para decidir autonomamente (liberdade) é legitimado pelo direito, através de uma ferramenta adequada para o propósito: os *direitos subjetivos*. O sujeito agora poderá apresentar demandas na forma de interesses a ser legitimados e transformados em direitos, com o objetivo de alcançar esse a própria pessoal, exclusiva e autônoma individualidade.

O direito, então, na modernidade, encoraja o indivíduo a ser autônomo, tornando-se uma ferramenta que, além de regular conflitos, possibilita a individualidade dos indivíduos[22].

[19] Luhmann, 2015.

[20] Hobbes, 1651.

[21] Esta transição de o *subiecto* para o *subiectum* é descrita por Orestano, 1950.

[22] Como explica De Giorgi, o "agir que se autodetermina é legitimado na sua forma con-

Assim, os direitos subjetivos são invenções que tornam o sistema jurídico adequado à crescente complexidade social. Eles "constituem um mecanismo estável de contínua auto-reprodução do direito. Esta autor-reprodução, por sua vez, alimenta uma contínua auto-reprodução das demandas ou, se preferirem, dos interesses"[23].

De fato, os direitos subjetivos são uma "ficção operacional" que permite, no Estado de bem-estar de realizar programas políticos.

Agora nos perguntamos: o que acontece quando essa inflação de demandas (de direitos) chegam no judiciário? Para tentar responder, vamos analisar um caso concreto.

Conclusões: direito à saúde, judicialização e STF

A fundamentação axiológica do direito à saúde nos julgamentos do Supremo Tribunal Federal gira em torno da vinculação de tal direito aos direitos humanos. Assim, ideias como a de indisponibilidade e a da irrenunciabilidade, inerentes à uma postura "humanista", são adotadas pelos juízes da Suprema Corte nos seus raciocínios. Dessa forma, as decisões levam à obrigação estatal ao fornecimento de fármacos e de tratamentos de saúde, independentemente do custo ou da existência de verba pública, sob o fundamento de que a saúde é um bem indisponível, e sobretudo legitimando à ideia que os direitos subjetivos individuais devem ser protegidos, considerando a saúde, quase exclusivamente, como um direito subjetivo, e deixando de fato do lado a ideia do mesmo como interesse da coletividade.

Um conjunto de decisões aventam a indisponibilidade de um bem com a sua mantença mesmo diante de argumentos de difícil superação, como a efetiva escassez de recursos[24]. Constrói-se a indisponibilidade do direito à saúde em desfavor da sua não concretude, de modo que a União interpôs Agravo de Despacho Denegatório de Recurso Extraordinário de

tingente, assim como o direito que se autoproduz é legitimado na sua validade.": De Giorgi, 1998, p. 108.

[23] De Giorgi, 1998, p. 108.

[24] Na literatura sócio-jurídica recente o tema da "reserva do possível" é bastante desenvolvido. Por uma crítica, veja-se Schwartz, 2009.

n. 640722/SC em face de decisão do TJSC em que se deferiu a outorga de medicamentos ao autor[25].

O STF tende em considerar o direito à saúde um direito inviolável que, também e sobretudo, implica a obrigação do Estado de intervir, de garantir o fornecimento de medicamentos, com destaque para o atendimento de doenças graves.[26] Assim, de fato, trata-se de um dever do Estado (num sentido genérico) concretizado não pelo sistema político, mas pelo direito. O Estado, em outras palavras, se ativa não através do sistema político – deputado a criar leis e ações políticas diferentes –, mas através do judiciário, com uma evidente inversão de papéis.

[25] BRASIL. Supremo Tribunal Federal. *Recurso Extraordinário com Agravo n. 640722/SC.* Relator Ministro Ricardo Lewandowski. Requerente: União. Requerido: Ministério Público Federal. Intimado: Estado de Santa Catarina. Intimado: Município de Videira. Brasília, DF. Julgado em 24.05.2011. Publicado em 30.05.2011. Disponível em: <http://stf.jusbrasil.com.br/jurisprudencia/22936567/recurso-extraordinario-com-agravo-are-640722-sc-stf>. Acesso em: 16 out. 2013. Trecho do mesmo julgado, p. 1: "1. A Constituição Federal, com precisão, erige a saúde como um direito de todos e dever do Estado (art. 196). Daí a seguinte conclusão: é obrigação do Estado no sentido genérico (União, Estados e Municípios) assegurar às pessoas desprovidas de recurso financeiro o acesso à medicação necessária para a cura de suas mazelas, em especial, as mais graves". Trecho do mesmo julgado, p. 1: "2. O direito público subjetivo à saúde representa prerrogativa jurídica indisponível assegurada à generalidade das pessoas pela própria Constituição da República (art. 196)". Trecho do mesmo julgado, p. 1: "3. O Poder Público, qualquer que seja a esfera institucional de sua atuação no plano da organização federativa brasileira, não se pode mostrar indiferente ao problema da saúde da população, sob pena de incidir, ainda que por censurável omissão, em grave comportamento inconstitucional".

[26] Trecho do mesmo julgado, p. 1: "O agravo não merece acolhida. Isso porque, o julgado impugnado encontra-se em harmonia com a orientação da Corte que, ao julgar o RE 271.286- AgR/RS, Rel. Min. Celso de Mello entendeu que o Poder Público, qualquer que seja a esfera institucional de sua atuação no plano da organização federativa brasileira, não pode se mostrar indiferente ao problema da saúde da população, sob pena de incidir, ainda que por censurável omissão, em grave comportamento inconstitucional. Salientou-se, ainda, no citado julgado, que a regra contida no art. 196 da Constituição tem por destinatário todos os entes políticos que compõem, no plano institucional, a organização federativa do Estado brasileiro. No mesmo sentido, menciono as seguintes decisões, entre outras: RE 393.175-AgR/RS e AI 662.822/RS, Rel. Min. Celso de Mello; RE 566.575/ES, Rel. Min. Ayres Britto; RE 539.216/RS, Rel. Min. Eros Grau; RE 572.252/RS, Rel. Min. Cezar Peluso; AI 507.072/MG, Rel. Min. Joaquim Barbosa; RE 535.145/MT, Rel. Min. Cármen Lúcia; AI 635.766/RS, Rel. Min. Sepúlveda Pertence".

Uma decisão muito debatida parte do pressuposto de que o direito à saúde seria afirmado como norma programática, entretanto, a sua interpretação não poderia resultar numa promessa inconsequente. Essa assertiva é tida – para os juízes – como uma premissa inconteste. Bem por isso, é repetida como axioma numa grande quantidade de decisões, como, por exemplo, nos julgados AI n. 662822/RS, AGR no RE n. 393175/RS, e, ilustrativamente, transcreve-se trecho do RE n. 535145-MT:

> [...] A INTERPRETAÇÃO DA NORMA PROGRAMÁTICA NÃO PODE TRANSFORMÁ-LA EM PROMESSA CONSTITUCIONAL INCONSEQÜENTE. – O caráter programático da regra inscrita no art. 196 da Carta Política – que tem por destinatários todos os entes políticos que compõem, no plano institucional, a organização federativa do Estado brasileiro – não pode converter-se em promessa constitucional inconseqüente, sob pena de o Poder Público, fraudando justas expectativas nele depositadas pela coletividade, substituir, de maneira ilegítima, o cumprimento de seu impostergável dever, por um gesto irresponsável de infidelidade governamental ao que determina a própria Lei Fundamental do Estado. [...].

Assim, é legitimada uma visão do direito à saúde que consiste na união do direito à saúde com força vinculante e do direito à saúde como norma programática[27] produzindo uma interpretação enérgica dirigida para uma postura emocional e ideológica.

Desta forma, a dimensão temporal do "programa em direito à saúde" vai perder importância. A sua interpretação desse "programa" aproxima-se muito mais das normas de eficácia imediata, em que pese ainda serem chamadas pelo STF de normas de eficácia programática.

Contudo, o direito moderno é um direito positivo, distinto da moral, e posto por uma decisão e alterável por outra: funciona com base em operações sistêmicas de reflexão interna (fechamento operacional) e, ao mesmo tempo, por uma abertura às comunicações vindas do ambiente (abertura cognitiva). A evolução do direito é motivada pela necessidade de se adaptar à crescente complexidade, em razão da diversidade

[27] Rister, 2016, p. 72.

do número de situações e eventos possíveis[28]. Porém, a evolução não é necessariamente positiva, porque não significa progresso. Depois de variação e seleção (relacionada a eventos), é necessário que a auto-organização dos sistemas, através da estabilização, torne a evolução possível[29]. Daí é possível a involução, entendida como não ingresso e processamento no direito de nova complexidade.

Assim o STF busca uma realização simbólica do direito à saúde[30] de forma, ou seja, ideológica: a corte julga sob uma racionalidade exclusivamente adjudicatória, sem tentar de aprender do ambiente, nem de processar a complexidade externa, mas favorecendo uma minoria (aqueles que podem se dar ao luxo de iniciar a judicialização) e assim excluindo a maioria da população que não teve acesso aos tribunais – maioria que também é prejudicada pelos recursos desviados da saúde para cumprir as decisões. A Corte, ao tratar como intocável o direito à saúde, simplesmente tenta (involuntariamente?) fechar a operação jurídica às novas necessidades da sociedade. Trata-se de uma artificialidade muito usual no direito em outros tempos, cujo uso desmedido, desproporcional, pode, no entanto, aumentar demais a pressão social vinda do externo, a ponto de submeter o sistema a pressão muito maior do que a sua capacidade operacional pode suportar.

Os efeitos do fechamento cognitivo do direito é evidente no fenômeno, comum no Brasil, da *judicialização da saúde*, que representa essa tendência a expressar expectativas na forma de demandas de direitos. Isto produz um alto risco de fazer prevalecer os interesses individuais (do recorrente) sobre as necessidades coletivas (representadas pelo direito à saúde entendido como direito coletivo, como bem da comunidade, enfraquecido por causa de dinheiro gastado do Estado para executar as disposições das sentenças). Também produz uma confusão entre as noções de "direito individual" e de "interesse", enquanto a "Constituição menciona o direito à saúde, não o interesse individual"[31]. Trata-se, enfim, de um problema que não é nem jurídico nem médico, mas sim

[28] Luhmann, 1990, p. 38.

[29] Luhmann, 1997, cap. 3.

[30] Rister, 2015b, p. 81.

[31] Corsi; Martini, 2018a, p. 35.

uma característica da sociedade mundial funcionalmente diferenciada, ou seja, a "impossibilidade de coordenar os diferentes subsistemas diante de expectativas que não podem ser simplesmente ignoradas"[32].

Referências

CAMPILONGO, Celso. **Política, sistema jurídico e decisão judicial**. São Paulo: Max Limonad, 2002.

CORSI, Giancarlo; MARTINI, Sandra Regina. L'ambiguità dei diritti costituzionali. Il caso della *judicialização da saúde* in Brasile. **Sociologia del diritto**. N. 3, 2018a, p. 29-44, p. 35.

CORSI, Giancarlo; MARTINI, Sandra Regina. La costituzionalizzazione del diritto alla salute. **Revista Jurídica – Unicuritiba**. V. 1, 2018b, p. 62-75, p. 70.

DE GIORGI, Raffaele. Semântica da idéia de direito subjetivo. In: **Direito, democracia e risco**. Porto Alegre: Sergio Fabris, 1998. p. 99-112, p. 108

—. Por uma Ecologia dos Direitos Humanos. **Revista Opinião Jurídica**. A. 13. N. 20. Fortaleza: Unichristus, 2017. p. 324-340 (2017a).

—. Periferias da modernidade. **Revista Direito Mackenzie**. V. 11. N. 2, 2017. p. 39-47 (2017b).

LUHMANN, Niklas. **La differenziazione del diritto**. Bologna: il Mulino, 1990 (**Ausdifferenzierung des Rechts – Beiträge zur Rechtssoziologie und Rechtstheorie**. Frankfurt am Main: Suhrkamp, 1999 (1970)).

—. La Costituzione come acquisizione evolutiva. In: ZAGREBELSKY, Gustavo et al. (Orgs.), **Il futuro della costituzione**. Torino: Einaudi, 1996 (Verfassung als evolutionäre Errungenschaft. **Rechtshistorisches Journal**, 9, p. 176-220).

—. **Die Gesellschaft der Gesellschaft**. Frankfurt am Main: Suhrkamp: 1997.

—. **I diritti fondamentali come istituzione**. Bari: Dedalo, 2002 (**Grundrechte als Institution: Ein Beitrag zur politischen Soziologie**. Duncker & Humblot, 1965).

—. Inflazione di pretese nel sistema delle malattie: una presa di posizione dal punto di vista della teoria della società. In: CORSI, Giancarlo (Ed.). **Salute e malattia nella teoria dei sistemi. A partire da Niklas Luhmann**. Milano: Franco Angeli, 2015. p. 52-70.

[32] Corsi; Martini, 2018b, p. 70.

—. A modo de Introducción. In: Un Prefacio sobre Inclusión/Exclusión por Niklas Luhmann, sistemassociales.com, 1 fev. 2019. Disponivél em: <http://sistemassociales.com/un-prefacio-sobre-inclusion-exclusion-por-niklas-luhmann/>.

HOBBES, Thomas. **Leviathan or, the matter, forme and power of a commonwealth, ecclesiasticall and civil**, 1651.

NEVES, Marcelo. **Transconstitucionalismo**, São Paulo: Martins Fontes, 2009.

ORESTANO, Riccardo. Diritti soggettivi e diritti senza soggetto. Linee di una vicenda concettuale. **Jus**. XI, 1950. p. 149-196.

RISTER de SOUSA LIMA, Fernando. **Saúde e Supremo Tribunal Federal**. Curitiba: Juruá Editora, 2015a.

—. Atuação da Suprema Corte Brasileira no Direito à Saúde: Simbólica ou Efetiva?. In: Sociologia do Direito. Teoria e práxis. FEBBRAJO, Alberto; RISTER de SOUSA LIMA, Fernando; PUGLIESI, Marcio (Eds.). Curitiba: Juruá, 2015b. p. 81-102.

—. Descrição Pragmática da atuação do Supremo Tribunal Federal em direito à Saúde. **Quaestio Juris**. Vol. 9, n. 1, 2016. pp. 56-83.

SCHWARTZ, Germano. A reserva do possível no Direito à Saúde: uma falácia aplicável no Brasil?. **Estado de Direito**, março-abril 2009. p. 19.

15.
VIDA E MORTE EM DIREITO PENAL: REFLEXÕES À LUZ DA DIGNIDADE DA PESSOA HUMANA

CONCEIÇÃO FERREIRA DA CUNHA
PATRÍCIA VANZOLINI

Introdução

Sem vida humana não há liberdade, não há dignidade, não há Direito (nem direitos). Que a vida humana é o suporte de tudo o que é humano, é uma evidência. Mas já não será tão evidente a relação que deva existir entre vida, autonomia e dignidade, três pilares de ordens jurídicas democráticas, herdeiras da mundividência iluminista, fundadas em princípios humanistas, respeitadores dos direitos individuais.

Se a vida humana é um bem jurídico e o direito à vida um direito fundamental reconhecido universalmente[1], intencionalmente escolhido para abrir o catálogo de direitos fundamentais (nomeadamente nas Constituições portuguesa e brasileira[2]), não é menos verdade que a autonomia individual, relacionada com o livre desenvolvimento da personalidade, é também um direito fundamental, sendo a dignidade da pessoa humana um princípio fundante, transversal a toda a ordem jurídica[3].

[1] Cf. a Declaração Universal dos Direitos Humanos (art. 3º) e a Convenção Europeia dos Direitos Humanos (art. 2º).

[2] Cf. art. 24º da Constituição da República Portuguesa (CRP) e art. 5º da Constituição Brasileira.

[3] Note-se que o art. 1º da CRP estabelece que "Portugal é uma República soberana, *baseada na dignidade da pessoa humana...*" (sublinhado nosso). Considerando o princípio da digni-

Ora, o que nos traz aqui é um problema muitíssimo delicado: será possível resolver os conflitos entre vida e autonomia?

Sabemos que os direitos conflituam entre si em várias situações da vida e que a chave para a resolução dos conflitos deverá ser encontrada numa ponderação que respeite a ideia de *concordância prática*, segundo os princípios da mínima restrição de direitos – o que implicará que os direitos se devam mutuamente restringir, no mínimo necessário à sua sobrevivência, preservando, assim, o seu núcleo essencial –, da adequação e da proporcionalidade[4].

O problema é que o conflito entre vida e autonomia, de que iremos tratar, coloca-se em termos radicais, pois a vida não pode ser parcialmente restringida para se salvaguardar a autonomia, a vida é um direito de «tudo ou nada»[5] – ou se há de salvaguardar a vida humana, restringindo a autonomia, ou dar voz à autonomia pessoal, anulando a vida...

E é aqui que o princípio da *dignidade humana* pode iluminar e orientar a resolução do conflito. Na verdade, a solução terá de ser a que se considere mais respeitadora desta *dignidade pessoal.*

Não temos a veleidade de encontrar respostas definitivas e fechadas para problemas tão difíceis, que convocam também, necessariamente, discussões éticas, filosóficas e científicas; pretendemos apenas colocar questões para reflexão, abrir caminhos, encetar diálogos, tendo como principal cenário a ordem jurídica portuguesa e a recente polémica em

dade da pessoa humana "o princípio axiológico mais fundamental da ordem jurídica de qualquer Estado democrático", DIAS, Jorge, "A 'ajuda à morte': uma consideração jurídico-penal", **Revista de Legislação e de Jurisprudência,** nº 137º, março-abril de 2008, p. 205; salientando que é este princípio que "confere unidade de sentido ao conjunto de preceitos relativos aos direitos fundamentais", ANDRADE, José. **Direitos Fundamentais na Constituição Portuguesa de 1976**. Coimbra: Almedina, 2001, p. 97.

[4] Sobre o conceito de "concordância prática", cf. por todos, ANDRADE, José. **Idem,** pp. 275 e ss. e 294 e ss..; VAZ, Manuel, **Lei e Reserva da Lei – A causa da lei na Constituição Portuguesa de 1976.** Porto: UCP, 1992, pp. 327 e ss.; sobre o princípio da proporcionalidade em sentido amplo, que abrange o princípio da adequação, da necessidade e da proporcionalidade em sentido estrito, cf. MIRANDA, Jorge/SILVA, Jorge. «Anotação ao artigo 18º, X», in MIRANDA, Jorge/MEDEIROS, Rui. **Constituição Portuguesa Anotada**. Lisboa: UCE, 2017, pp. 274 e ss.; CUNHA, Conceição. **Constituição e Crime – Uma perspectiva da criminalização e da descriminalização**. Porto: UCP, 1995, pp. 211 e ss..

[5] MEDEIROS, Rui/SILVA, Jorge. «Anotação IV ao artigo 24º», **Idem**, p. 366.

torno da legalização da eutanásia. Porém, não fecharemos os horizontes da nossa discussão, tendo em conta a universalidade do problema, os instrumentos de Direito Internacional e os ensinamentos do Direito comparado (quer no que concerne à *law in books*, quer quanto à *law in action*). Tudo isto, porém, de forma necessariamente breve, tendo em conta constrangimentos de tempo e espaço, traçando apenas um quadro ilustrativo do problema, que assume dimensões bem mais vastas.

Comecemos por elencar as áreas de conflito entre vida e autonomia que iremos abordar: o suicídio, o incitamento e auxílio ao suicídio, os tratamentos médicos e a eutanásia (tentando também clarificar o/s/ seu/s sentido/s).

1. Suicídio *versus* incitamento e auxílio ao suicídio

Em Portugal, atualmente, o suicídio não é punido (leia-se, a tentativa de suicídio – como é óbvio). Para além da inadequação, ineficácia e até mesmo desumanidade da sua penalização, é também questionável a dignidade penal do comportamento suicida, uma vez que autor e vítima se identificam plenamente, sendo muito discutível a legitimidade de se impor, num Estado de Direito Democrático, respeitador dos direitos individuais, um dever de viver em prol da comunidade ou (menos heroicamente) simplesmente por sacrifício para com ela, ou por sua exigência. Neste plano, no conflito entre vida e autonomia prevalece a *autonomia*[6]. Porém, esta solução não parece implicar necessariamente o reconhecimento de um direito a morrer, não havendo qualquer implicação lógica entre não se reconhecer um dever de viver e a afirmação de um direito a morrer. O enquadramento que nos parece mais razoável será numa "zona livre de direito"[7], considerando que existem áreas do comportamento

[6] Muito embora se possa também legitimamente duvidar da liberdade da vontade da esmagadora maioria das pessoas que se tenta suicidar; vários estudos vêm demonstrando que cerca de 90% das pessoas que se tentam suicidar se arrependem de tal decisão (sobre as causas do suicídio, cf. SAGEL-GRANDE, Irene. "Suicídio e eutanásia à luz dos direitos à vida e à autodeterminação", **RMP**, nº 167, 2021, pp. 169 e ss.).

[7] Sobre a "zona livre de Direito", com indicações bibliográficas, CUNHA, Conceição, **Vida contra Vida – Conflitos existenciais e limites do Direito Penal.** Coimbra: Coimbra Editora, 2009, pp. 442 e ss. e pp. 597 e ss..

humano livres de regulação jurídica, a ideia de que entre o lícito e o ilícito há o "não ilícito", que foge à abrangência do Direito.

Saliente-se, porém, que a coação para evitar suicídio é permitida (art. 154º nº 3 al. b) do CP,[8] colocando-se a questão de saber se haverá mesmo um dever de salvar o suicida – questão que, em teoria, não encontra consenso, podendo entender-se haver um direito, mas não um dever de salvar[9]. Não ter salvo a suicida será a grande angústia, certamente, de Jean-Baptiste Clamence, na *Queda* de Albert Camus. Porém, já haverá consenso, no sentido de se afirmar este dever, se o suicida não tiver uma vontade livre e lúcida; ora, tendo em conta a frequência de suicídios que se devem a perturbações psiquiátricas e, assim, face à incerteza quanto a esta liberdade, cremos que deverá, em regra, afirmar-se o dever de salvar[10].

Solução diversa da que é dada ao suicídio está prevista no caso de incitamento ou de ajuda ao suicídio, pois estes comportamentos já implicam alteridade, não havendo identificação entre agente e vítima. No CP português, o art. 135º tipifica e parifica estes comportamentos, embora o incitamento ao suicídio se nos afigure conduta bem mais grave do que o auxílio, porquanto a ideia suicida parte de terceiro (trata-se de distinção semelhante à que intercede entre instigação e cumplicidade[11]). De todo o modo, o que a lei penal assume, com esta criminalização, é que há uma diferença fundamental entre comportamentos autolesivos, sem

[8] Sigla que utilizaremos para Código Penal Português.

[9] Andrade, Manuel, «Anotação ao art.135º, § 46», in **Comentário Conimbricense do Código Penal (dirigido por Jorge de Figueiredo Dias).** Vol. I, Coimbra: Coimbra Editora, 2012, p. 157.

[10] Não se podendo, porém, em regra, responsabilizar o agente que acredite na liberdade da decisão do suicida, a menos que o agente fosse um garante (p. ex. pai ou médico do suicida), devendo saber da sua perturbação, podendo, neste caso, haver homicídio negligente por omissão (cf. art. 10º e 137º do CP).

[11] Para uma crítica à parificação, quanto à moldura legal, entre incitamento e ajuda ao suicídio, cf. Cunha, Conceição. «Incitamento à automutilação e ao suicídio de adolescentes: que resposta jurídico-penal? Reflexão à luz dos valores constitucionais da vida humana, da integridade pessoal e da proteção da infância e juventude», **Constitucionalismos e (con)temporaneidade, Estudos em Homenagem ao Prof. Doutor Manuel Afonso Vaz, (Coord. Rita Lobo Xavier et. al.).** Porto: UCE, 2020, pp. 143 e ss.

qualquer intervenção de terceiros, em que prevalece a autonomia individual, e comportamentos heterolesivos, mesmo que com a conivência da vítima, em que prevalecerá a vida[12]. A ideia de que eu posso fazer o que quiser com a minha vida conquanto não prejudique terceiros, não podendo, assim, ajudar outra pessoa a destruir-se, parece conceder prevalência à vida face à autonomia – ou será que não se trata da prevalência da vida, mas da convicção de que esta vontade suicida não é livre, estando em causa uma presunção de falta de liberdade?[13]

2. Tratamentos médicos, distanásia e eutanásias passiva e ativa indireta

Começaremos por salientar que a *distanásia* não é tratamento médico, pois não visa curar ou debelar uma doença, mas prolongar artificialmente o processo da morte, impondo o Código Deontológico da Ordem dos Médicos a abstenção de "terapêutica sem esperança" (art. 49º).

Uma área do comportamento em que a prevalência é dada, claramente, à autonomia individual, é a dos tratamentos médicos. A ideia central é a de que ninguém pode ser tratado sem ter prestado o seu consentimento livre e esclarecido para tal tratamento. Assim, se o médico tratar o doente sem o seu consentimento válido, comete o crime de tratamentos médicos arbitrários (art. 156º CP), um crime que tem por bem jurídico a autonomia individual. E tal será assim, mesmo que tais tratamentos sejam *imprescindíveis* para salvar a vida do doente. Esta situação costuma ser designada de "eutanásia passiva"[14]. Poderá questionar-se o motivo pelo qual não tratar, sendo essa a vontade do doente, é lícito, mesmo que o resultado

[12] Porém, há doutrina que advoga a "parificação entre heterolesão consentido e autolesão" (cf. referência a esta doutrina in ANDRADE, Manuel, «Anotação ao art. 134º», in **Comentário...cit.**, pp. 100 e ss.).

[13] Estamos a pensar em ajuda ao suicídio sem que haja uma doença grave e incurável ou mesmo fatal do suicida, pois, a situação de doença grave será tratada *infra*, quando nos detivermos nos problemas da eutanásia ativa. Assim, estará em causa o sofrimento psicológico, que também poderá estar relacionado com doença grave, mas psiquiátrica.

[14] Sobre a importância do consentimento no âmbito da intervenção médica, cf. por todos, ANDRADE, Manuel, «Anotação ao art. 156º», in **Comentário... cit.**, pp. 595 e ss., esp., pp. 599 e ss.; ainda sobre o tema, CUNHA, Conceição, «Das omissões lícitas no exercício da medicina», in **As novas questões em torno da vida e da morte em Direito Penal** (org.

desse comportamento seja a morte, enquanto matar a pedido do doente constitui crime de homicídio a pedido da vítima (art. 134º do CP)[15]. Será que a diferença relevante consiste na distinção entre omissão e ação, considerando-se significativamente mais grave matar por ação? Na verdade, matar por omissão também é crime (posto que haja um dever de garante, como há entre doente e médico, e que o doente queira ser tratado). E mesmo que, em regra, matar por ação seja mais grave, cremos que o cerne da questão reside na diferença entre deixar que a doença siga o seu rumo até a um desenlace fatal (no caso de não tratamento, respeitando a vontade do doente) e introduzir uma nova causa de morte (matar por ação, por exemplo, dando uma dose de morfina letal a um doente). A diferença entre interferir no curso do destino, matando, e deixar que o destino siga o seu curso, deixando morrer... Já a ação de ministrar medicamentos com o intuito de atenuar o sofrimento do doente, com o seu consentimento, será lícita (ao abrigo da ideia de risco permitido, ou de adequação social), mesmo que tenha como consequência acelerar o momento da morte, porquanto se trata de efeito colateral, não diretamente pretendido (doutrina do "duplo efeito"[16]). Esta situação tem sido designada de "eutanásia ativa indireta". Neste âmbito, volta a ter prevalência a autonomia, relacionada com a dignidade do doente, cujo sofrimento se visa aliviar.

3. Eutanásia ativa direta e suicídio assistido

O conflito entre vida e autonomia torna-se mais difícil de resolver no caso de um doente em estado grave ou mesmo terminal pedir para ser morto e

José de Faria Costa/Inês Fernandes Godinho). Coimbra: Coimbra Editora, 2010, esp., pp. 82 e ss..

[15] Porém, o TC da Áustria (G 139/2019-71) considerou que, dada a importância da *autodeterminação e da vontade da pessoa* quanto a tratamentos médicos, mesmo nos casos em que estes são indispensáveis para assegurar a vida, não se justifica proibir, sem exceção e em quaisquer circunstâncias, o auxílio ao suicídio. Referindo também doutrina neste sentido, ANDRADE, Manuel. «Anotação ao art. 134º», in **Comentário...cit.**, pp. 100 e ss..

[16] Sobre a doutrina do "duplo efeito" na perspetiva da moral tradicional, cf. LEONE, Salvino/PRIVITERA, Salvatore/CUNHA, Jorge. **Dicionário de Bioética.** Vila Nova de Gaia: Editora Santuário, 2001, pp. 348-349.

de o médico[17] aceder à sua vontade, matando (ativamente, por exemplo, ministrando uma injeção letal), situação que se tem designado de "eutanásia[18] ativa direta" ou "ajuda à morte ativa direta"[19].

Poderia dizer-se que em qualquer situação em que uma pessoa pede a outra para ser morta estamos perante um conflito difícil, pois temos sempre, de um lado, a vida, do outro, a autonomia pessoal. Porém, não se tratando de pessoa com doença grave e incurável e/ou terminal, em regra, tal situação terá por causa uma depressão profunda ou outros problemas do foro psiquiátrico, apresentando importantes pontos de interseção com as questões que se suscitam a propósito do suicídio e da ajuda ao suicídio[20]. Ora, sempre que as coisas se apresentem desta perspectiva, poderemos duvidar da liberdade e lucidez da vontade de morrer, não chegando, deste modo, a haver verdadeiro conflito entre autonomia e vida, por deficiência na formação da vontade. E, de todo o modo, ainda que se acredite em pedidos para morrer e em suicídios livres e responsáveis[21], sempre se poderá dizer que a vida deverá prevalecer em relações de alteridade, restando ao próprio a possibilidade de atuar por si mesmo, não devendo o terceiro tomar sobre si a "responsabilidade" de acabar com uma vida alheia (ou de ajudar a que o próprio se mate). Ou seja, neste âmbito tem-se entendido que deve prevalecer a vida[22].

[17] O problema também se coloca, mas com contornos (e suscitando problemas) algo diversos, no caso de ser um familiar ou amigo a matar a pedido do doente. Assim, vamos centrar-nos na ajuda médica à morte, sendo esta, atualmente, a situação em debate na ordem jurídica portuguesa; isto, muito embora nos pareça que um familiar que atue num quadro de sofrimento intenso e pedido instante do doente possa vir a ser desculpado (cf. art. 35º CP).

[18] O termo *eutanásia* provém do grego (*eu* – bem – e *thanatos* – morte), significando "boa morte ou morte suave".

[19] Preferindo esta designação, Dias, Jorge, «Nótula antes do art. 131º», in **Comentário... cit.** p. 20, § 30 e p. 32, § 54.

[20] Na perspetiva a que nos referimos *supra* ponto 2.

[21] Podendo ainda entender-se que só neste caso haverá propriamente suicídio – sobre o problema, Andrade, Manuel, «Anotação ao art. 135º», **in Comentário...cit.**, p. 141 e ss.

[22] Porém, mesmo aqui, o consenso não impera, havendo autores que consideram legítimo alargar a estes casos a prevalência da autodeterminação (cf. referência a algumas posições neste sentido – Andrade, Manuel, «Anotação ao art. 134º», **in Comentário... cit.**, pp. 98 e ss).

Porém, se olharmos para situações graves, de doenças incuráveis e mesmo fatais, em que o próprio muitas vezes nem sequer consegue por si mesmo pôr fim à sua vida, tudo fica mais complexo.

Deve manter-se o princípio absoluto da inviolabilidade da vida (art, 24º da CRP), ou deve ceder-se e dar prevalência à autonomia da vontade? Qual a solução que preserva a dignidade da pessoa humana? Defender a vida até ao último suspiro, ou ceder à vontade do doente?

Na verdade, em nome da *dignidade da pessoa humana* já se têm defendido ambas as soluções.

Do lado da prevalência da autonomia, pode invocar-se que «o respeito pela *dignidade pessoal* postula o respeito pela *decisão compreensível* do paciente»[23], considerando-se, ainda, que há um direito, mas não um dever de viver, e invocando-se também a *intolerabilidade* do sofrimento, a compaixão, o princípio da humanidade e a defesa de uma morte digna: "O sofrimento, mesmo atroz, pode aguentar-se quando há esperança, mas o sofrimento atroz, quando não há esperança, não faz sentido se o próprio já não vir nele nenhum sentido"[24]. Para alguns autores, "apenas a vida compatível com a liberdade é objeto de pleno reconhecimento constitucional", enquanto "a absolutização da vida...redundará inevitavelmente no esmagamento da autonomia de cada ser humano para tomar e concretizar as decisões mais centrais da sua própria existência"[25]. Neste sentido, conceder ao doente o direito de escolha equivaleria a "reconhecer à pessoa fatalmente doente o direito a atribuir um sentido pessoal ao termo da vida e, por essa insubstituível via, respeitá-la até ao fim na sua eminente dignidade"[26].

Na verdade, estes argumentos ganham maior peso no caso de o processo de morte já se ter iniciado[27], não havendo quaisquer perspetivas de

[23] Referindo este argumento, ANDRADE, Manuel, «Anotação ao art. 135º», in **Comentário ... cit.,** p. 139, § 12.

[24] Voto de vencido de JOSÉ ABRANTES, in Ac. TC nº 123/2021, p. 89.

[25] MEDEIROS, Rui/SILVA, Jorge. «Anotação ao art. 24º**», in Constituição...cit**., p. 393.

[26] Voto de vencida (JOANA FERNANDES COSTA), p. 78.

[27] "...quando o processo de morte se iniciou já e esta está irremediavelmente próxima" (DIAS, Jorge, «Nótula nates do art. 131º», **Comentário...cit.,** p. 19, § 28).

sobrevivência e encontrando-se a pessoa em sofrimento "intolerável"[28] – mas há quem defenda que a prevalência da autonomia deve valer também em situações de doenças graves e irreversíveis, mesmo não sendo fatais.

Do lado da defesa da vida, invoca-se o princípio da inviolabilidade da vida humana (art. 24º da CRP), considerando-se que a vida não pode ser relativizada, não existindo um direito a morrer (nem à eutanásia), salienta-se a irreversibilidade da morte e, por outro lado, a existência de formas de aliviar o sofrimento – os cuidados paliativos, que incluem a sedação[29] –, advogando-se a cultura da vida e do cuidado para com o outro, só assim se respeitando a sua dignidade[30]. Questiona-se ainda a vontade do doente – como avaliar a sua liberdade e lucidez numa situação de extrema vulnerabilidade, não só em razão da doença, mas ainda por eventuais pressões sociais e familiares[31]? Por fim, mas não menos importante, põe-se em evidência o risco dos "passos sucessivos", o risco de, abrindo-se mão do princípio fundamental do respeito pela vida humana, se irem alargando as situações em que tal vida não é protegida – não só nos casos de doença terminal, mas também de doença grave, não só de doença física mas também psicológica, até se chegar à desvalorização da vida de deficientes e de idosos, riscos que parece já se verificarem nalgumas ordens jurídicas, nomeadamente na Holanda[32].

[28] De resto, quando Costa Andrade se refere à compreensibilidade da decisão (cf. *supra* nota 22), reporta-se a situações de "perda irreversível de sentido da continuação da vida, pela iminência irreversível da morte e pelo carácter incontrolável e insuportável do sofrimento" (**Idem**, p. 139, § 12).

[29] Lei nº 52/2012, de 5 de setembro – a Lei de Bases dos Cuidados Paliativos.

[30] «A sociedade, com as suas estruturas, tem o dever de cuidar, se possível; se não for possível, tem, pelo menos, o dever de aliviar o sofrimento» (Zagrebelsky. "Il diritto di morire non existe" **in Il Fatto Quotidiano di Silvia Truzzi**, 14 Dicembre 2011, *apud* **Ac. TC nº 123/2021,** p. 35). No sentido da *Proibição da eutanásia ativa e do suicídio assistido, cf.* a legislação Francesa e do Reino Unido, entre muitas outras.

[31] "Oferecer a opção de morrer a alguém [estamos a falar de pessoas gravemente doentes e dependentes] pode corresponder a dar-lhe novas razões para morrer." (Declaração conjunta de voto de vencido no **Ac. nº 123/2021**, p. 70).

[32] Note-se que o Comité de Direitos Humanos da ONU tem alertado os Países Baixos para a necessidade de instituírem um procedimento de *controlo prévio* à realização de procedimentos de morte assistida (in **Ac. do TC nº 123/2021**, p. 33). Para uma descrição (e problematização) da situação na Holanda, cf. Sagel-Grande, Irene. "Suicídio e euta-

Haverá algum compromisso possível entre estas duas perspetivas? Alguma "concordância prática"[33] entre a defesa da vida e da autonomia à luz da *dignidade da pessoa concreta em situação de vulnerabilidade*[34] – a pessoa doente?

Num Estado laico e pluralista, baseado na dignidade da pessoa humana, não se podem impor conceções particulares sobre o significado da vida, do sofrimento e da morte, mas deve proteger-se a vida de todas as pessoas, postergando-se qualquer ideia de vidas indignas; para tal, será imprescindível assegurar cuidados de saúde a todos, e cuidados paliativos a pessoas que deles necessitem, de acordo com uma cultura da vida e do cuidado. Ora, tendo em conta que não se devem permitir tratamentos fúteis ou inúteis, que a eutanásia passiva é imposta, em nome da vontade

násia à luz dos direitos à vida e à autodeterminação", **RMP**, nº 167, 2021, pp. 149 e ss.. No sentido da *despenalização* e *regulação* expressa da eutanásia ativa e/ou do suicídio assistido encontramos, de facto, as soluções legais dos Países Baixos, Bélgica, Luxemburgo – mesmo que a doença não seja fatal. Já nos ordenamentos jurídicos do continente americano onde a eutanásia é permitida exige-se o caráter fatal da doença (**Idem,** p. 49).

33 "Da jurisprudência do TEDH – respeitante exclusivamente a casos de *suicídio assistido* e de *eutanásia passiva* (e não já de *eutanásia ativa*, que não foram ainda objeto de apreciação por parte deste Tribunal) – é possível retirar as seguintes conclusões fundamentais: *i)* o direito à vida consagrado no artigo 2º da Convenção não compreende o direito a morrer, seja com a ajuda de uma terceira pessoa, seja com a assistência de uma autoridade pública; *ii)* o direito ao respeito pela vida privada consagrado no artigo 8º da CEDH compreende o direito de uma pessoa decidir por que meios e em que momento terminará a sua vida, desde que seja capaz de decidir livremente sobre esta questão e de agir em conformidade; *iii)* esse direito não é absoluto e deve ser ponderado por referência aos interesses contrapostos que com ele conflituam, com especial destaque para as obrigações estaduais positivas de proteção decorrentes do direito à vida consagrado no artigo 2º da CEDH, na parte em que vinculam os Estados a proteger as pessoas vulneráveis contra decisões tomadas por si próprias que possam colocar em risco as suas vidas; e *iv)* os Estados beneficiam de uma *ampla margem de apreciação* para fazer essa ponderação, devido ao facto de estarem em causa problemas éticos, científicos e jurídicos relativos ao fim da vida e de não existir um *consenso* entre os Estados membros do Conselho da Europa nesse domínio". (**Ac. TC 123/2021**, p. 32).

34 Sobre a dignidade da pessoa concreta, cf. Miranda, Jorge/Cortês, António: "A dignidade da pessoa é dignidade da pessoa concreta, na sua vida real e quotidiana; não é de um ser ideal e abstrato" («Anotação ao art. 1º», in Miranda, Jorge/Medeiros, Rui, **Constituição...cit.**, p. 63). Cf. ainda Garcia, M. da Glória. **Como defender hoje a dignidade humana**. Lisboa: Universidade Católica Editora, 2020.

do doente, que a eutanásia ativa indireta é permitida (aliviando a dor, ainda que acelere o momento da morte), que a sedação paliativa também é permitida, devendo-se aumentar ainda a disponibilidade e qualidade dos cuidados paliativos, o espaço para a eutanásia ativa direta *compreensível*[35] parece ficar reduzido[36]. Neste sentido, diz-nos Figueiredo Dias[37]:

> Um acompanhamento compreensivo e humano da morte, aliado a uma terapia da dor tão eficiente quanto possível (mesmo que atinja a natureza de ajuda à morte activa indirecta) conforma uma actuação que, devendo ainda ser considerada como "tratamento", cabe precipuamente na função do médico e tem vantagens de toda a ordem sobre a permissão jurídica, ainda que sob os mais rigorosos pressupostos procedimentais, de ajuda à morte activa directa.

No entanto, o Autor sugere ainda que se acrescente aos tipos legais de homicídio a pedido da vítima (art. 134º do CP) e de incitamento ou ajuda ao suicídio (art. 135º do CP) a previsão de *isenção de pena*, nestes precisos termos[38]:

> Quando a morte servir para pôr termo a um estado de sofrimento insuportável para o atingido, que não pode ser atenuado ou eliminado por outras medidas...quando o mortalmente enfermo, em cruel sofrimento e desejoso de morrer, não pode, por um lado, dar-se a morte por suas próprias mãos (suicídio), nem, por outro lado, ser liberto do sofrimento em medida que o torne suportável.

Saliente-se que a isenção de pena não retira a ilicitude ao ato; por outro lado, cremos que, mesmo face à lei atual, será possível não responsabilizar penalmente o agente, nestas situações-limite, tendo por fundamento a sua desculpação (art. 35º CP); porém, esta consideração das coisas não

[35] No sentido *supra* referido (cf. nota 27 e texto correspondente).

[36] Neste sentido, ANDRADE, Manuel – «Anotação ao art. 134º», in **Comentário...cit.**, p. 104, § 16.

[37] DIAS, Jorge, «Nótula antes do art. 131º», in **Comentário...cit.**, p. 33-34, § 55.

[38] **Idem**, p. 34, § 56.

será totalmente pacífica, tendo a previsão da isenção de pena, nos termos propostos, a vantagem de clarificar e criar maior segurança jurídica. Assim, esta proposta seria, em nossa opinião, uma solução a ponderar.

Porém, a optar-se pela legalização da eutanásia ativa direta, não se deveria circunscrever a casos extremos (que poderiam muito bem ser os descritos por Figueiredo Dias na passagem que acabámos de citar)? Por outro lado, o procedimento deveria rodear-se de particulares cautelas[39], quer na averiguação da liberdade da vontade, o que implicaria a avaliação do pedido por psicólogos ou mesmo psiquiatras, quer na comprovação da doença e da sua fatalidade por médicos especialistas; ademais, a lei deveria prever conceitos determinados e rigorosos, sendo necessário um controlo e atenção permanentes para evitar o risco da "rampa deslizante"[40].

"Se o direito à vida não é absoluto, o art. 24º, nº 1, da CRP impõe que se adote um *sistema legal de proteção orientado para a vida*"[41].

Assim, também o acórdão do TC nº 123/2021[42] se pronunciou no sentido de a eutanásia só dever ser permitida relativamente a "...casos em que uma proibição absoluta da antecipação da morte com apoio de terceiros determinaria a redução da pessoa que pretende morrer, mas não consegue concretizar essa intenção sem ajuda, a um mero *objeto de tratamentos verdadeiramente não desejados* ou, em alternativa, a sua condenação a um sofrimento sem sentido face ao desfecho inevitável"[43].

Não deveria, então, limitar esta possibilidade a casos em que o desfecho fatal fosse inevitável e próximo ("processo de morte em sentido

[39] Neste sentido, defendendo o rigor, quer na definição das situações a permitir, quer nos procedimentos a cumprir, Costa, José. «O fim da vida e o Direito Penal», ***Liber Discipulorum* para Figueiredo Dias**. Coimbra: Coimbra Editora, 2003, p. 795.

[40] Theo Boer (professor de ética na Holanda) abandonou os comités de análise de pedidos de eutanásia exatamente por entender que se está a caminhar neste sentido.

[41] **Acórdão do TC nº 123/2021**, p. 40.

[42] O Acórdão pronunciou-se sobre a constitucionalidade do Decreto nº 109/XIV. O art. 2º deste decreto determinava: 1- Para efeitos da presente lei, considera-se *antecipação da morte medicamente assistida* não punível a que ocorre por decisão da própria pessoa, maior, cuja vontade seja atual e reiterada, séria, livre e esclarecida, em situação de *sofrimento intolerável*, com *lesão definitiva de gravidade extrema de acordo com o consenso científico ou doença incurável e fatal*, quando praticada ou ajudada por profissionais de saúde. 4- O pedido pode ser *livremente revogado a qualquer momento*, nos termos do artigo 11º.

[43] **Acórdão do TC nº 123/2021**, pp. 39- 40.

estrito", segundo Figueiredo Dias[44])? E a situações em que o próprio não pudesse praticar o ato letal? Sendo assim, a ajuda ao suicídio não deveria ser solução mais aceitável, sempre que possível[45]?

Note-se, porém, que o TC não foi chamado a pronunciar-se sobre se a eutanásia, enquanto conceito, é ou não conforme com a Constituição, "mas antes sobre a questão de saber se a concreta regulação da morte medicamente assistida operada pelo legislador no presente Decreto se conforma com a Constituição, numa matéria que se situa no *core* dos direitos, liberdades e garantias dos cidadãos, por envolver o direito à vida e a liberdade da sua limitação, num quadro de dignidade da pessoa humana"[46].

Assim, o juízo de inconstitucionalidade centrou-se na "...insuficiente densificação normativa" dos conceitos *sofrimento intolerável e lesão definitiva de gravidade extrema de acordo com o consenso científico,* considerando que tais conceitos não estariam em conformidade "com a exigência constitucional em matéria de direito à vida e de dignidade da pessoa humana, nem com a certeza do Direito"[47]. No entanto, este juízo não foi unânime: nalguns votos de vencido considerou-se que tais conceitos seriam determináveis, noutros, criticaram-se outras insuficiências da lei, tais como, não estar prevista a obrigatoriedade de avaliação do doente por psiquiatra/s, nem a formação específica do médico orientador, assim como o médico especialista não ter de observar o doente, emergindo ainda o receio da "rampa

[44] Dias, Jorge, «Nótula antes do art. 131º», **in Comentário...cit.,** p. 19, § 28. Apontando também esta contradição, Gonçalo Almeida Ribeiro, voto de vencido, Ac. nº 123/2021, p. 99.

[45] Na verdade, há ordenamentos jurídicos que demonstram maior aceitação do auxílio ao suicídio (v.g. Alemanha, Itália, Suíça e, na sequência da decisão do *Verfassungsgerichtshof,* também a Áustria).

[46] **Acórdão do TC nº 123/2021,** p. 10.

[47] O TC pronunciou-se pela "inconstitucionalidade da norma constante do seu artigo 2º, nº 1, com fundamento na violação do princípio de determinabilidade da lei enquanto corolário dos princípios do Estado de direito democrático e da reserva de lei parlamentar, decorrentes das disposições conjugadas dos artigos 2º e 165, nº 1, alínea b), da Constituição da República Portuguesa, por referência à inviolabilidade da vida humana consagrada no artigo 24º, nº 1, do mesmo normativo; e, em consequência, b) Pronunciou-se pela inconstitucionalidade das normas constantes dos artigos 4º, 5º, 7º e 27º do mesmo Decreto" (**Idem,** p. 59).

deslizante". Questionou-se ainda, de modo certeiro, se o que conduziu ao juízo de inconstitucionalidade terá sido "apenas" a indeterminabilidade dos conceitos usados, ou se o problema será mais profundo, radicando na "amplitude do âmbito subjetivo das situações abrangidas pela norma fiscalizada", ou seja, no facto de não se cingir a admissibilidade da eutanásia a situações de doença fatal[48].

Entretanto, recentemente (5/11/2021), foi aprovado na Assembleia da República o Decreto nº 199/XIV, que legaliza a morte medicamente assistida[49], concretizando conceitos no art. 2º, nomeadamente: "al. d) ***Doença grave ou incurável***, doença grave que ameace a vida, em fase avançada e progressiva, incurável e irreversível, que origina sofrimento de grande intensidade; e) ***Lesão definitiva de gravidade extrema***, lesão grave, definitiva e amplamente incapacitante que coloca a pessoa em situação de dependência de terceiro ou de apoio tecnológico para a realização das atividades elementares da vida diária, existindo certeza ou probabilidade muito elevada de que tais limitações venham a persistir no tempo sem possibilidade de cura ou de melhoria significativa; f) ***Sofrimento,*** sofrimento físico, psicológico e espiritual, decorrente de doença grave ou incurável ou de lesão definitiva de gravidade extrema, com grande intensidade, persistente, continuado ou permanente e considerado intolerável pela própria pessoa."[50]

Não sabemos ainda qual será o destino deste diploma. Apesar de o diploma rodear o procedimento de ajuda à morte de certos cuidados[51] e controlos, surgem-nos dúvidas angustiantes. De acordo com estas definições, uma pessoa, por exemplo, com cegueira incurável ou com paralisia

[48] Neste sentido, voto conjunto de vencido, in **Ac. TC nº 123/2021**, p. 87. Note-se que o Conselho Nacional de Ética para as Ciências da Vida alertara para o facto de se referir a "lesão definitiva", que pode não ser fatal, não se vendo como possa estar aqui em causa a antecipação da morte.

[49] Com os votos a favor de grande parte dos deputados do PS, dos deputados do BE, PAN, PEV, IL e das duas deputadas não inscritas e de 13 deputados do PSD; dos 230 deputados, estiveram presentes 227, dos quais 138 votaram a favor, 84 contra e cinco abstiveram-se.

[50] Sublinhado nosso.

[51] Cremos, porém, que teria sido preferível prever-se a obrigatoriedade de avaliação do doente por um psiquiatra ao invés de só haver tal avaliação se solicitada pelo médico orientador ou pelo médico especialista – cf. art. 7º nº 1 do Decreto nº 199/XIV.

dos membros inferiores, sem perspetivas de melhoria, poderá ser morta a pedido? Fará sentido este alargamento do auxílio médico à morte? Não haverá o risco de se criar, implícita e sub-repticiamente, um ambiente que desvaloriza certas vidas humanas, quando há incapacidades e dependência[52] de terceiros? O risco de uma cultura em que a vida só parece fazer sentido quando a pessoa é autónoma, ao invés de se incentivar um ambiente de valorização de todas as vidas e das relações de cuidado, que mais do que dependências criam interdependências, reconhecendo-se que somos seres de "relação"?[53] Poderá contra-argumentar-se dizendo que a inflição da morte pressuporá sempre o pedido, a vontade do doente, que deverá ser respeitada, não cabendo ao Estado impor um sentido à vida das pessoas quando elas próprias não lhes dão sentido. Porém, com esta argumentação, a eutanásia poderia alargar-se a qualquer pedido para morrer, independentemente da motivação, da doença ou da sua gravidade. É um caminho perigoso. Por outro lado, seria ingénuo pensar que a "vontade" das pessoas e o significado que atribuem ou não às suas vidas não está fortemente condicionado pelo ambiente que as rodeia e o próprio sentido que os outros reconhecem às suas vidas... Se não se alimentar uma mundivisão de relação e cuidado, se não se der valor à vida de pessoas doentes e dependentes, mais facilmente estas pessoas se sentirão fardos para os outros e serão "empurradas" para uma solução radical e irreversível, como é a morte...O que nos conduz, de novo, à questão de saber se a sua vontade é verdadeiramente livre; assim, a posição de quem se inclina para a prevalência da vida nem sempre estará em oposição com a de quem dá ênfase à autodeterminação, voltando a surgir, a partir da dúvida sobre a liberdade da vontade, fortes pontos de interseção...[54]/[55]

[52] De resto, a dependência é um dos aspetos referidos na definição do art. 2º al. e).

[53] Cf. Ilharco, Fernando (coord.). **A sociedade do cuidado**. Lisboa: UCE, 2021.

[54] De resto, há quem entenda que o crime de homicídio a pedido da vítima "assenta na presunção legal de precipitação e falta de "amadurecimento subjectivo" (Jakobs, *apud* Andrade, Manuel, «Anotação ao art. 134º», **in Comentário... cit.,** p. 104). Para atenuar este problema, cremos que (tal como já referimos supra nota 52) seria preferível haver sempre uma avaliação do doente por um psiquiatra.

[55] O que não significa não haja também situações-limite de sofrimento face a incapacidades graves; nestas situações, cremos que o homicídio a pedido da vítima ou a ajuda ao suicídio poderão conduzir, mesmo no atual quadro legal, à desculpação do agente (cf.

4. Vida e morte em direito penal brasileiro

No Brasil, tal como em Portugal, a conduta daquele que tenta ceifar a própria vida não é penalmente tipificada, por todas as razões já deduzidas no presente texto, seja porque seria incompatível com o princípio da alteridade, seja porque seria incongruente com qualquer das finalidades da pena.

Não obstante, o entendimento largamente dominante de há muito na doutrina brasileira é que, embora não seja penalmente típico, o suicídio não constitui conduta juridicamente lícita, vale dizer, não há um direito de matar-se ou de morrer, garantido pelo ordenamento e oponível a terceiros.

Um dos apoios normativos para essa concepção é o fato de que o Código Penal brasileiro expressamente exclui da moldura típica do delito de constrangimento ilegal a coação exercida para impedir o suicídio (Art. 146 §3º, II do CPB[56]) bem como a intervenção médica ou cirúrgica, sem o consentimento do paciente ou de seu representante legal, se justificada por iminente perigo de vida (Art. 146 §3º, II do CPB)

Ademais, também como o ordenamento português o brasileiro tipifica a conduta de induzir, instigar ou auxiliar o suicídio. A previsão remonta o primeiro código brasileiro a tratar de matéria penal (Código Criminal do Império do Brazil – 1830 – Art. 196), manteve-se no segundo (Código Penal dos Estados Unidos do Brazil – 1890 – Art. 200) e chegou até a legislação atual (Código Penal – 1940 – Art. 122).

Em 2019, o tipo penal de participação em suicídio sofreu considerável alargamento passando a albergar também o induzimento, instigação e auxílio à automutilação sinalizando uma tendência de maximização da proteção da vida e da integridade física e em contrapartida minimizando o espaço reservado à autonomia individual, não apenas do tocante ao direito à vida mas também à integridade física.

De notar que antes da vigência da Lei 13.968/19 a participação na automutilação alheia não encontrava enquadramento típico, salvo se a vítima fosse pessoa desprovida, de modo permanente ou transitório, de

art. 35º do CP). Mas desculpar é diferente de considerar lícito, dando um diferente sinal à comunidade.

[56] Sigla que utilizaremos para Código Penal Brasileiro.

discernimento, quando então haveria que falar no crime de lesão corporal por autoria mediata. Trata-se portando de verdadeira *novatio legis* incriminadora, que não encontra paralelo na legislação portuguesa.

Quanto à eutanásia, a legislação criminal brasileira não trata especificamente do tema. É, no entanto, entendimento já bastante consolidado na doutrina e na jurisprudência o de que a conduta de causar, por ação (qualquer pessoa) ou omissão (do garantidor), a morte de doentes terminais, ainda que por respeito à autonomia desses e para abreviar-lhes o sofrimento, enquadra-se tipicamente no delito de homicídio privilegiado por motivo de relevante valor moral (Art. 121, §1º do CPB). Não há, no Brasil, ao contrário do que ocorre em Portugal, a tipificação do delito de tratamentos médicos arbitrários. Mais ainda, como já se viu, o legislador brasileiro expressamente excluiu do crime de constrangimento ilegal intervenção médica sem consentimento do paciente, quando justificada por iminente perigo de vida. Desse modo, não existe entre nós, ao menos no nível da lei posta, distinção jurídica entre eutanásia ativa e eutanásia passiva. Tanto a ação de matar quanto a ação de não intervir para impedir a morte são ambas penalmente relevantes. Por isso, se o paciente estiver sob os cuidados diretos do médico a conduta de deixar de impor tratamento imprescindível para preservação da vida, mesmo que a pedido do doente, poderia sujeitar o profissional a responder pelo crime de homicídio por omissão.

Na prática judiciária brasileira, no entanto, a questão da recusa ao tratamento médico e da proteção da autonomia individual quando conflite com a proteção da vida está longe de ser pacífica. No caso, por exemplo, de "testemunhas de jeová" [57] há decisões judiciais isoladas reconhecendo o direito de recusa à transfusão de sangue e, portanto, o dever do médico de respeitar a referida recusa abstendo-se de realizar o tratamento em nome do direito à autonomia e à liberdade religiosa, ainda que a transfusão fosse imprescindível para salvar a vida do paciente.

Para tentar alcançar segurança jurídica no tema, em 2019 a então Procuradora Geral da República Raquel Dodge ajuizou no Supremo Tribu-

[57] Denominação cristã que tem, dentre os seus dogmas, a recusa à transfusão de sangue.

nal Federal brasileiro ação constitucional – ADPF 618[58] – para que seja reconhecida a impossibilidade de realização de transfusão de sangue contra a vontade dos pacientes maiores e capazes, em face do direito à vida digna e do direito à liberdade de crença. Na referida ação o Ministério Público Federal insurge-se contra o supracitado art. 146, §3, I do CPB[59], bem como contra o item 2 do Parecer 21/1980 do Conselho Federal de Medicina[60], arts. 22 [61] e 31 [62] do Código de Ética Médica (Resolução 2.217/2018[63]) e por fim o artigo 3º [64] da Resolução 136/1999[65] do Conselho Regional de Medicina do Rio de Janeiro (CREMERJ). Pretende-se que se exclua dos referidos dispositivos a menção a que os médicos

[58] A ação é nomeada "Arguição de Descumprimento de Preceito Fundamental" e tramita sob o número 618.

[59] Art. 146 – Constranger alguém, mediante violência ou grave ameaça, ou depois de lhe haver reduzido, por qualquer outro meio, a capacidade de resistência, a não fazer o que a lei permite ou a fazer o que ela não manda. (...) §3º – Não se compreendem na disposição desse artigo: I – a intervenção médica ou cirúrgica, sem o consentimento do paciente ou de seu representante legal, se justificada por iminente perigo de vida; (...)

[60] O problema criado, para o médico, pela recusa dos adeptos da Testemunha de Jeová em permitir a transfusão sanguínea, deverá ser encarada sob duas circunstâncias: (...) 2 – O paciente se encontra em iminente perigo de vida e a transfusão de sangue é a terapêutica indispensável para salvá-lo. Em tais condições, não deverá o médico deixar de praticá-la, apesar da oposição do paciente ou de seus responsáveis em permiti-la.

[61] É vedado ao médico: Art. 22. Deixar de obter consentimento do paciente ou de seu representante legal de decidir livremente sobre a execução de práticas diagnósticas ou terapêuticas, salvo em iminente risco de morte.

[62] É vedado ao médico: Art. 31. Desrespeitar o direito do paciente ou de seu representante legal de decidir livremente sobre a execução de práticas diagnósticas ou terapêuticas, salvo em caso de iminente risco de morte.

[63] Código de Ética Médica – Resolução do Conselho Federal de Medicina – CFM 2217/2018. Disponível em:< https://portal.cfm.org.br/images/PDF/cem2019.pdf>. Acesso em: 18 de mar. 2022.

[64] Art. 3ª O médico, verificando a existência de risco de vida para o paciente, em qualquer circunstância, deverá fazer uso de todos os meios ao seu alcance para garantir a saúde do mesmo, inclusive efetuando a transfusão de sangue e/ou seus derivados, comunicando, se necessário, à Autoridade Policial competente sobre sua decisão, caso os recursos utilizados sejam contrários ao desejo do paciente ou de seus familiares.

[65] Resolução do Conselho Regional de Medicina do Rio de Janeiro – CREMERJ 136/1999. Disponível em: <https://sistemas.cfm.org.br/normas/arquivos/resolucoes/RJ/1999/136_1999.pdf>. Acesso em: 18 mar. 2022.

devam realizar a transfusão de sangue mesmo *contra a vontade* do paciente, por considerá-la incompatível com o princípio constitucional da dignidade humana (Art. 1ª, III da CF [66]) e com o direito à vida digna e à liberdade de consciência e de crença (Art. 5º, *caput*, VI e VIII da Constituição Federal[67]).

A ação ainda pende de julgamento. No entanto parece haver uma tendência, emanada do âmbito da deontologia médica, no sentido de progressiva valorização do direito à autonomia. Na Recomendação 1/2016 do Conselho Federal de Medicina[68], que dispõe sobre o processo de obtenção do consentimento livre e esclarecido na assistência médica lê-se que "a interpretação constitucional, aliada aos princípios da liberdade e da autonomia justifica o acatamento da vontade do paciente de recusar a transfusão de sangue, desde que seja maior e capaz".

Portanto, no Brasil, pune-se tanto a participação em suicídio quanto a eutanásia propriamente dita, tanto ativa quanto passiva, embora haja quanto a essa última, mais controvérsia e discussão do que em relação à primeira.

Situação diferente é a da ortotanásia. Embora não haja consenso absoluto entre os autores acerca dos conceitos e respetivas nomenclaturas designa-se aqui por ortotanásia a morte natural ou ao tempo certo. Em outras palavras, a abstenção do prolongamento artificial da vida de pacientes em estado terminal de enfermidade incurável.

[66] Art. 1º A República Federativa do Brasil, formada pela união indissolúvel dos Estados e Municípios e do Distrito Federal, constitui-se em Estado Democrático de Direito e tem como fundamentos: (...) III – a dignidade humana; (...)

[67] Art. 5ª Todos são iguais perante a lei, sem distinção de qualquer natureza, garantindo-se aos brasileiros e aos estrangeiros residentes no País a inviolabilidade do direito à vida, à liberdade, à igualdade, à segurança e à propriedade, nos termos seguintes: (...) VI – é inviolável a liberdade de consciência e de crença, sendo assegurado o livre exercício dos cultos religiosos e garantida, na forma da lei, a proteção aos locais de culto e suas liturgias. (...) VIII – ninguém será privado de direitos por motivo de crença religiosa ou de convicção filosófica ou política, salvo se as invocar para eximir-se de obrigação legal a todos imposta e recusar-se a cumprir prestação alternativa, fixada em lei; (...).

[68] Recomendação do Conselho Federal de Medicina CFM n. 1/2016. Disponível em: https://portal.cfm.org.br/images/Recomendacoes/1_2016.pdf. Acesso em: 18 mar. de 2022.

A ter-se em conta a relevância causal da omissão para o garantidor (Art. 13, §2ª do CPB), ausência de tipificação do delito de tratamento médico arbitrário, as limitações presentes do crime de constrangimento ilegal (Art. 146, §3 do CTB), a compreensão do suicídio como ato ilícito embora não penalmente tipificado, a incriminação da participação em suicídio, todo esse panorama legislativo parece permitir a conclusão de que o médico teria o dever de, a qualquer custo, agir para evitar a morte do paciente. Uma tal conclusão, no entanto, desconsidera o sofrimento físico e psíquico que a condição de terminalidade pode ensejar, sofrimento que pode ser estendido e intensificado pela adoção de medidas que prolongam a existência física sem nenhum benefício à saúde e muitas vezes com severo dano ao bem-estar e à dignidade.

De modo a regular os deveres e direitos de médicos e pacientes nestas situações, protegendo os primeiros de eventual acusação criminal e os segundos de serem submetidos à distanásia, prática que pode inclusive classificar-se como tratamento cruel vedado pela Constituição Federal, o Conselho Federal de Medicina publicou em 2006 a Resolução CFM 1.805/2006[69].

Na epígrafe do documento consta que "na fase terminal de enfermidades graves e incuráveis é permitido ao médico limitar ou suspender procedimentos e tratamentos que prolonguem a vida do doente, garantindo-lhe os cuidados necessários para aliviar os sintomas que levam ao sofrimento, na perspectiva de uma assistência integral, respeitada a vontade do paciente ou de seu representante legal".

A Resolução é importante não apenas por delimitar o dever do médico, que é sempre cuidar mas não necessariamente curar ou evitar a morte, mas também por traçar os contornos da ortotanásia, distinguindo-a, por exclusão, dos casos de eutanásia. A conduta permitida pela resolução deve ser: i) necessariamente omissiva; ii) recair sobre paciente acometido por doença grave e incurável; iii) ser praticada apenas na fase terminal;

[69] Resolução do Conselho Federal de Medicina – CFM n. 1.805/2006. Disponível em: <http://www.cremesp.org.br/?siteAcao=PesquisaLegislacao&dif=s&ficha=1&id=6640&tipo=RESOLU%C7%C3O&orgao=Conselho%20Federal%20de%20Medicina&numero=1805&situacao=VIGENTE&data=09-11-2006>. Acesso em: 18 de mar. 2022.

iv) ser condizente com a vontade do paciente ou de seu representante legal.

O Ministério Público Federal ingressou com ação civil pública pretendendo a decretação de nulidade da Resolução CFM 1.805/2006. O argumento principal era o de que o Conselho Federal estaria extrapolando suas atribuições e legislando sobre matéria penal, promovendo verdadeira *abolitio criminis* de conduta penalmente tipificada.

Não nos parece. A imputação ao médico de crime omissivo impróprio implica a definição concreta do elemento normativo consistente no dever de agir. O que o Conselho Federal de Medicina fez, e tinha o dever de fazê-lo no exercício de sua função deontológica, foi estabelecer de forma mais clara e detalhada o conteúdo deste dever de acordo com o princípio geral da dignidade humana e com os princípios específicos da bioética. De fato, a ação foi julgada improcedente tendo, portanto, a justiça, ainda que de forma indireta, chancelado a atipicidade da ortotanásia no ordenamento jurídico brasileiro.

Por fim, em 2012, o Conselho Federal de Medicina avançou no tratamento da questão relacionada à proteção da autonomia do paciente, quando em conflito com a conservação da vida, publicando a Resolução CFM 1.995[70] que dispõe sobre as diretivas antecipadas de vontade, considerando que "os novos recursos tecnológicos permitem a adoção de medidas desproporcionais que prolongam o sofrimento do paciente em estado terminal, sem trazer benefícios, e que essas medidas ter sido antecipadamente rejeitadas pelo mesmo".

Em resumo, até hoje o ordenamento jurídico brasileiro parece dar pouca relevância à autonomia da vontade quando em conflito com a vida, em comparação com o ordenamento jurídico português. Pune-se aqui tanto a participação em suicídio quanto em automutilação, tratando-se ademais, segundo a visão dominante, de crime formal, que se consuma ainda que não sobrevenha nenhum resultado material lesivo. Pune-se também a eutanásia, tanto ativa quanto passiva. Não há previsão do crime de tratamento médico arbitrário, mas, ao contrário, é ele expressamente permitido pelo artigo 146 §3 do CPB. Não se pune a ortotanásia. Os avan-

[70] Resolução do Conselho Federal de Medicina – CFM n. 1995/2012. Disponível em: https://www.legisweb.com.br/legislacao/?id=244750. Acesso em: 18 de mar. 2022.

ços que há em direção à maior valorização da autonomia têm sido impulsionados pela deontologia médica e depois absorvidos, de forma tímida e muitas vezes hesitante, ao ordenamento jurídico.

Conclusões

Como se pode depreender, Vida e Morte no âmbito do Direito Penal, seja português seja brasileiro, estão longe de ser temas pacificados.

Movimentações legislativas acontecem lá e cá, além de posicionamentos jurisprudenciais que buscam trazer ao assunto uma pretensa e desejável harmonização.

O que não se pode perder de vista é que, por vezes, expressões como "dignidade" e "autonomia" acabam por legitimar escolhas e caminhos dos mais variados e o que pode trazer melhores resultados e a segurança que se deseja à matéria é a discussão e normatização e neste âmbito, indubitavelmente, Portugal está anos luz à frente do Brasil.

Referências

ACÓRDÃO DO TRIBUNAL CONSTITUCIONAL nº 123/2021; Processo nº 173/2021 in Acórdão do Tribunal Constitucional nº 123/2021 | DRE.

ANDRADE, José Carlos Vieira de. **Direitos Fundamentais na Constituição Portuguesa de 1976**. Coimbra: Almedina, 2001

ANDRADE, Manuel da Costa. «Anotação ao art.134º», in **Comentário Conimbricense do Código Penal (dirigido por Jorge de Figueiredo Dias).** Vol. I, Coimbra: Coimbra Editora, 2012.

ANDRADE, Manuel da Costa. «Anotação ao art.135º», in **Comentário Conimbricense do Código Penal (dirigido por Jorge de Figueiredo Dias).** Vol. I, Coimbra: Coimbra Editora, 2012.

COSTA, José de Faria. «O fim de vida e o Direito Penal», ***Liber Discipulorum*** **para Figueiredo Dias**. Coimbra: Coimbra Editora, 2003.

CUNHA, Conceição Ferreira da. **Constituição e Crime – Uma perspectiva da criminalização e da descriminalização.** Porto: Universidade Católica Portuguesa, 1995.

CUNHA, Conceição Ferreira da. **Vida contra Vida – Conflitos existenciais e limites do Direito Penal.** Coimbra: Coimbra Editora, 2009

CUNHA, Conceição Ferreira da. «Das omissões lícitas no exercício da medicina», in **As novas questões em torno da vida e da morte em Direito Penal** (org. José de Faria Costa/Inês Fernandes Godinho). Coimbra: Coimbra Editora, 2010.

CUNHA, Conceição Ferreira da. «Incitamento à automutilação e ao suicídio de adolescentes: que resposta jurídico-penal? Reflexão à luz dos valores constitucionais da vida humana, da integridade pessoal e da proteção da infância e juventude», **Constitucionalismos e (con)temporaneidade, Estudos em Homenagem ao Professor Doutor Manuel Afonso Vaz, (Coord. Rita Lobo Xavier et. al.). Porto:** Universidade Católica Editora, 2020.

DIAS, Jorge de Figueiredo. «A 'ajuda à morte': uma consideração jurídico-penal». **Revista de Legislação e de Jurisprudência,** nº 137º, março-abril de 2008.

DIAS, Jorge de Figueiredo. «Nótula antes do art. 131», in **Comentário Conimbricense do Código Penal (dirigido por Jorge de Figueiredo Dias).** Vol. I, Coimbra: Coimbra Editora, 2012.

GARCIA, Maria da Glória. **Como defender hoje a dignidade humana**. Lisboa: Universidade Católica Editora, 2020.

ILHARCO, Fernando (coord.). **A sociedade do cuidado**. Lisboa: Universidade Católica Editora, 2021.

LEONE, Salvino / Privitera, Salvatore / Cunha, Jorge. **Dicionário de Bioética.** Vila Nova de Gaia: Santuário, 2001.

MEDEIROS, Rui/Silva, Jorge Pereira da. «Anotação IV ao artigo 24º», in Miranda, Jorge/Medeiros, Rui. **Constituição Portuguesa Anotada**. Lisboa: Universidade Católica Editora, 2017.

MIRANDA, Jorge/Medeiros, Rui, «Anotação ao art. 1º», in Miranda, Jorge/Medeiros, Rui. **Constituição Portuguesa Anotada**. Lisboa: Universidade Católica Editora, 2017.

MIRANDA, Jorge/Silva, Jorge. «Anotação ao artigo 18º», in Miranda, Jorge/Medeiros, Rui. **Constituição Portuguesa Anotada**. Lisboa: Universidade Católica Editora, 2017.

SAGEL-GRANDE, Irene. "Suicídio e eutanásia à luz dos direitos à vida e à autodeterminação", **Revista do Ministério Público**, nº 167, 2021

VAZ, Manuel Afonso. **Lei e Reserva da Lei – A causa da lei na Constituição Portuguesa de 1976.** Porto: Universidade Católica Portuguesa, 1992.